Ralf von den Hoff
Wilfried Stroh
Martin Zimmermann

DIVUS AUGUSTUS

Ralf von den Hoff
Wilfried Stroh
Martin Zimmermann

DIVUS AUGUSTUS

Der erste römische Kaiser
und seine Welt

C.H.BECK

Vorderer und hinterer Vorsatz: Rom, Forum Romanum in Augusteischer Zeit. Digital rekonstruierte Ansichten (Stand Dezember 2013). Projekt Digitales Forum Romanum des Winckelmann-Instituts der Humboldt-Universität zu Berlin / Susanne Muth (Computermodell Armin Müller). http://www.digiforo.hu-berlin.de/. Das Projekt wird gefördert und finanziert von der Humboldt-Universität zu Berlin, dem Exzellenzcluster TOPOI und dem Deutschen Archäologischen Institut Berlin.

Mit 74 überwiegend farbigen Abbildungen, zwei Plänen und einer Karte

Gesetzt aus der Bembo MT und der Trajan Pro bei: Fotosatz Amann, Memmingen
Druck und Bindung: CPI – Ebner & Spiegel, Ulm
Umschlaggestaltung: Uwe Göbel, München
Umschlagabbildung: (vorne) Oberes Bildregister der Gemma Augustea. (hinten) Unteres Bildregister der Gemma Augustea. Onyx, Entstehungszeitraum ca. 1. Jh. n. Chr.; Aufbewahrungsort: Kunsthistorisches Museum Wien. © akg-images, Berlin
Gedruckt auf säurefreiem, alterungsbeständigem Papier
(hergestellt aus chlorfrei gebleichtem Zellstoff)
Printed in Germany
ISBN 978 3 406 66052 8

www.beck.de

INHALT

ANHANG

Die Kapitel zur **Geschichte** der Augusteischen Zeit hat Martin Zimmermann, die zur **Archäologie** Ralf von den Hoff und jene zur **Literatur** Wilfried Stroh verfasst.

VORWORT

Mit Augustus beginnt die römische Kaiserzeit. Auch wenn seine Regierungszeit nicht nur als Erfolgsgeschichte zu lesen ist – sie war zweifellos eine Blütezeit, die eine rund 200 Jahre währende Friedensperiode einleitete. Dies gilt zumindest für Rom, wenn auch sicher nicht für jeden und auch nicht an allen Grenzen. Am Anfang dieser Epoche steht der Principat und damit jenes Herrschaftssystem, das Augustus Schritt für Schritt entwickelt und seinen Zeitgenossen in Tat, Wort und Bild als Wiederherstellung bester Traditionen angepriesen hat. Nach den endlosen blutigen Bürgerkriegen mit all ihrem Grauen waren die Römer bereit, diese fromme Fiktion zu akzeptieren, ja mehr noch sie mitzutragen und alle Macht des Staates auf einen einzigen Mann zu übertragen. Diese Entscheidung wurde ihnen dadurch erleichtert, dass der Erbe Caesars keinen Zweifel daran ließ, dass er seine Herrschaft nicht nur mit rücksichtsloser Brutalität zu erwerben verstanden hatte, sondern auch bereit war, sie ebenso zu sichern. So unübersehbar wie seine Erfolge, so spürbar blieb auch die Gewalt, mit der sie errungen waren, und sie wirkte als Drohung zeitlebens fort.

Düstere Faszination und entschiedene Ablehnung bestimmen bis heute das Bild des Augustus: Als Gelehrte im 16. Jahrhundert den idealen Fürsten nach antiken Vorbildern beschrieben, wurde der Princeps übergangen. Noch Friedrich der Große nannte ihn einen Herrscher, «triefend vom Blut seiner Bürger». Zu seinem 2000. Geburtstag im Jahr 1938 ließ sich Benito Mussolini als neuer Augustus feiern und lenkte so den Abscheu gegenüber Faschismus und Kriegsdrohung auch auf den ersten römischen Kaiser. Das Porträt, das der Historiker Sir Ronald Syme 1939 von ihm in seinem Buch *The Roman Revolution* entwarf, dürfte nicht zuletzt als Reaktion auf diese politische Instrumentalisierung zu verstehen sein. Im Jahr 2014 können wir bei der Erinnerung an den 2000. Todestag des Augustus ausgewogener urteilen. Die intensive Forschung der letzten Jahrzehnte ermöglicht es heute, Schwarz-Weiß-Malerei zu vermeiden und einen unverstellten Blick auf jene Welt im Umbruch zu werfen, in der er lebte und die er maßgeblich gestaltete. Die Nachtseite des Herrschers wird dabei eindringlich vergegenwärtigt. Gleichwohl sollen auch jene wegweisenden Impulse gebührend gewürdigt werden, die der erste römische Kaiser den Römern für eine radikale gesellschaftliche Erneuerung gab. Der von ihm inspirierte politische und soziale Wandel war ebenso beeindruckend wie der kulturelle in Kunst, Architektur und Literatur seiner Zeit: Allein schon die augusteische Dichtung gilt unbestritten als ein Höhepunkt der europäischen Literatur. In einer solchen Gesamtschau tritt eindrucksvoll vor Augen, wie vielfältig und wirkungsmächtig Augustus seine Welt gestaltet und Weltgeschichte geschrieben hat.

Freiburg, Freising und München im Januar 2014

Ralf von den Hoff
Wilfried Stroh
Martin Zimmermann

I.

AUS OCTAVIUS WIRD CAESAR – DIE JAHRE 63 BIS 44 V. CHR.

– 1 –

DIE JUGENDZEIT BIS ZUR ERMORDUNG CAESARS

MORIENDUM EST!

Die Reaktionen auf seinen Tod lassen erahnen, welche Bedeutung die Zeitgenossen dem ersten römischen Kaiser beimaßen. Die römischen Senatoren etwa übertrafen sich gegenseitig darin, nie dagewesene Ehren für den am 19. August 14 n. Chr. im Alter von 77 Jahren in Nola verstorbenen Princeps – den ersten Mann im Staat – vorzuschlagen. Der Leichnam möge auf der Totenbahre wie ein Triumphator durch die *porta triumphalis* aus der Stadt geleitet werden, die Victoria-Statue aus der Kurie sei ihm voranzutragen. Die Aristokraten wollten in der Trauerzeit die goldenen Ringe, Abzeichen ihres Standes, ablegen und eiserne tragen. Priester sollten nach der Kremation seine Knochen auflesen und ihnen so göttliche Weihen verschaffen. Der Monat September sollte fortan ebenfalls August heißen, da er in dem einen Monat geboren, in dem anderen gestorben sei. Schließlich schlug jemand vor, die Zeit zwischen Geburts- und Todestag das «Augusteische Zeitalter» (*saeculum Augustum*) zu nennen und unter diesem Namen für alle Zeiten in den Kalender einzutragen (Sueton, *Augustus* 100, 2–3).

Die Lebenszeit des Augustus war für die antiken Römer eine unvergleichliche Ära, deren Nachleben keine zeitlichen Grenzen zu besitzen schien. Die mit Augustus verbundenen Umwälzungen und Neuerungen sahen sie als so elementar an, dass ihr Urheber ohne Vorbild in der Geschichte dastand. Kein anderer Politiker vorher, so nahm es jedenfalls ein ihm wohlgesinnter Zeitzeuge wie sein Biograph Nikolaos von Damaskus wahr, habe über derart viele Menschen und über ein Gebiet solchen Umfangs geherrscht wie Augustus. Keiner sei nach kritischen Anfängen auf Grund der zahllosen Wohltaten so beliebt gewesen und überall (gemeint war der griechische Osten) als Gott verehrt worden wie er.

Man datiert diese Biographie, in der sich solch überschwängliche Worte finden, mit guten Argumenten in die Zeit um 20 v. Chr. Sie wurde demnach verfasst, als Augustus gerade einmal 15 Jahre an der Spitze der römischen Politik stand. Es sollten noch rund 35 Regierungsjahre folgen, was der Autor selbstverständlich nicht wissen konnte. Dennoch lag es für Nikolaos schon zu diesem Zeitpunkt nahe, dem erst 43-jährigen Augustus ein glänzendes Zeugnis für sein Lebenswerk auszustellen. Angesichts der antiken Lebenserwartung und einer eher schwachen Konstitution des Augustus schien dies auch dem solcherart Geehrten sicherlich nicht anstößig, zumal er selbst wenige Jahre zuvor mit Mitte Dreißig bereits seine Autobiographie mit dem Titel *De vita sua* verfasst hatte.

Was einem Griechen wie Nikolaos bereits nach 15 Jahren Regierungszeit seines Protagonisten ehrliche Anerkennung abnötigte, musste den Römern folglich beim Tode des Augustus 14 n. Chr. und nach dann insgesamt 50 Jahren politischen Wirkens noch ungeheuerlicher erscheinen. Augustus hat mit rücksichtsloser, ja äußerst brutaler Konsequenz seine Machtstellung okkupiert und nach den Bürgerkriegen einen kompletten Neuanfang gestaltet, der alle Bereiche römischen Lebens betraf. Selbst kritische Zeitgenossen mussten eingestehen, dass wirtschaftliche Prosperität und die gewonnene innere Sicherheit ihm in seinem Handeln Recht gaben. Man war in Folge der unbestritten positiven Konsequenzen seiner Politik sogar bereit, eine bis dahin unbekannte Machtfülle einer einzelnen Person zu akzeptieren, die man sich in Rom bis dahin nur als drückende Tyrannis hatte vorstellen können. Es gibt gleichwohl kaum einen Herrscher der europäischen Geschichte, bei dem sich die Frage, ob das Ergebnis die dafür eingesetzten Mittel rechtfertigt, so dringend stellt wie bei Augustus. An keinem anderen lässt sich so gut studieren, wie es einem Politiker nach düstersten, geradezu erschreckend gewalttätigen Anfängen gelang, die Mehrheit der Beherrschten auf sich zu verpflichten und schließlich selbst in gleißendem Licht zu erscheinen, oder besser gesagt, wie er es zumindest schaffte, dieses Licht zu entzünden.

Augustus selbst hat alles daran gesetzt, die Schattenseiten seines Handelns vergessen zu machen. Zu diesen Bemühungen zählt zweifellos auch die erwähnte Autobiographie, die er bereits wenige Jahre, nachdem er sich gegen seine innenpolitischen Gegner im Bürgerkrieg durchgesetzt hatte, verfasste. Es ging ihm darin in erster Linie darum, seine dunklen Anfänge nach dem Tod Caesars aus dem öffentlichen Bewusstsein zu tilgen und die Geschichte der Bürgerkriege aus seiner Sicht, eben der Sicht des Siegers zu erzählen. Zu Beginn des Werkes setzte er die eigene Herkunft, Kindheit und Jugend ins rechte Licht. Dass in seiner Darstellung das Kind, das wie sein Vater den Namen C. Octavius trug, vor lauter Lobhudelei geradezu gesichtslos wurde, war durchaus beabsichtigt. In seiner Autobiographie konnte er die eigene Kindheit und Jugend nur als mustergültiges Beispiel einer traditionell strengen aristokratischen Erziehung präsentieren, die ihn bestens auf eine politische Karriere vorbereitet hatte.

Das Buch ist verloren, aber man kann sich anhand anderer Texte, wie der späteren Biographie des Nikolaos, einen ungefähren Eindruck davon verschaffen, welches Bild der Princeps von sich selbst zeichnete. Als Knabe habe er bereits seine gleichaltrigen Gefährten an Beredsamkeit, Auffassungsgabe und in allen anderen Fähigkeiten überragt, die für eine glänzende politische Laufbahn erforderlich waren. Alle, die später eine politische Karriere planten, hätten damals bereits die Nähe des Knaben gesucht. Er sei nicht müde geworden, seinen Geist in den schönsten Studien zu üben und seinen Körper mit sportlichem wie militärischem Training zu stärken. Seine Eltern behielten ihn stets im Auge. Besonders die Mutter Atia sei streng gewesen. Selbst nach dem Anlegen der *toga virilis* – dem Zeichen der Mannbarkeit – im Alter von 14 Jahren habe er außerhalb des Hauses keine ihm unbekannten Orte aufsuchen dürfen und zuhause weiter in seinem Jugendzimmer schlafen müssen. Er sei nach dem Gesetz ein Mann gewesen, aber weiterhin behandelt worden wie ein Knabe. Als gottesfürchtiger Jüngling habe er die Tempel nur nachts besucht, da ihm auf Grund seiner äußeren Erscheinung viele Frauen nachgestellt hätten. Octavius habe nämlich stets keusch und ganz auf sein späteres öffentliches Wirken hin orientiert leben wollen.

Diese Selbstinszenierung im Stile hellenistischer Fürstenspiegel hat durchaus Wirkung gezeigt. Der Kaiserbiograph Sueton berichtet, man habe die Orte dieser vorbildlichen Kindheit und Jugend in seiner Geburtsstadt

Rom und der Heimatstadt seiner Familie – Velitrae, das rund 20 km von der Hauptstadt entfernt lag – noch den folgenden Generationen gezeigt. Am Ort seiner Geburt auf dem Palatin wurde nach seinem Tod gar eine kleine Kapelle (*sacrarium*) errichtet (Suet. *Aug.* 4,5–6). Jedenfalls ließ sich noch im 2. Jahrhundert n. Chr. in den Senatsakten ein Beschluss finden, demgemäß der Teil des Hauses, in dem der Princeps am Tag der Geburt nach römischem Ritus zuerst den Boden berührte und der später in den Besitz eines anderen Senators übergegangen war, heilig sein sollte. Noch hundert Jahre nach seinem Tod habe man ferner das Zimmer, in dem der nachmalige Augustus einst als Kleinkind laufen lernte, auf einem Landgut der Familie besichtigen können. Es soll bescheiden, kaum größer als ein Vorratsraum (*cella penuaria*) gewesen sein. Die Nachbarn sollen diese Kammer gar für den Ort seiner Geburt gehalten haben. Es sei verboten gewesen, den Raum zu betreten, andernfalls sei einem ein entsetzlicher Schrecken (*horror*) eingejagt worden.

Von offiziellen Senatsbeschlüssen bis hin zu Erzählungen und Akten schlichter Volksfrömmigkeit der Landbevölkerung reichten die Formen, mit denen man an Kindheit und Jugend des Princeps erinnerte. Andere Autoren (Suet. *Aug.* 94,4) vor allem griechischer Herkunft, wie etwa der Ägypter Asklepiades von Mendes, brannten in ihren Texten ganze Feuerwerke angeblicher göttlicher Vorzeichen ab, mit denen seiner Mutter, dem Kleinkind selbst sowie anderen Zeitgenossen die Geburt eines mit göttlicher Kraft ausgestatteten Weltenheilands angezeigt worden sei. Die Autobiographie des Augustus wird in dieser Hinsicht zurückhaltend gewesen sein, vermutlich Derartiges sogar gänzlich ausgespart haben. Der Princeps konnte solche Erfindungen getrost Autoren des Ostens überlassen, die auf eine lange Tradition angeblicher Wunderzeichen, welche die göttlich legitimierte Stellung von Königen unter Beweis stellten, zurückblicken konnten. Falls er von Wunderzeichen berichtet haben sollte, so wird ihm aber selbst eher an einer recht zurückhaltenden Darlegung seiner familiären Herkunft gelegen gewesen sein. Wie Sueton schreibt, hat er nämlich korrekt angegeben, dass er aus einer vermögenden ritterlichen Familie stammte und sein gleichnamiger Vater der erste Senator dieses Familienzweigs gewesen sei (Suet. *Aug.* 1–3). Er war mit dieser Herkunft ein ‹neuer Mann› (*homo novus*), der sich besonders anstrengen musste, um sich gegen die jungen Männer aus altehrwürdigen Familien durchzusetzen.

Dieser biographische Bescheidenheitsgestus ist vor dem Hintergrund von Pamphleten zu verstehen, die auch nach Ende der Bürgerkriege weiterhin in Rom kursierten und offenbar, wie der Biograph Sueton bezeugt, noch im 2. Jahrhundert n. Chr. gelesen werden konnten. Seinen politischen Gegnern wie ihm selbst waren in der heißen Phase der politischen Kampfes um die Macht wirklich alle Mittel recht, um den Gegner und dessen Familie zu verunglimpfen. Marcus Antonius – einst Partner, dann Todfeind des Octavius – oder dessen politischer Freund Cassius aus Parma versuchten die Herkunft ihres Gegners mit üblen Unterstellungen als senatsunwürdig zu beschreiben. Cassius behauptete etwa in einem Brief, Octavius sei Enkel eines Bäckers, der zugleich – wie später sein Vater – den besonders verrufenen Beruf eines Geldwechslers ausgeübt habe. Die Familie habe Brot verkauft, dessen Teig mit von Münzen schmutzigen Händen geknetet worden sei (Suet. *Aug.* 4,2). In einer streng hierarchisch gegliederten und von sozialer Distinktion geprägten Gesellschaft wie der römischen waren das üble Vorwürfe, die Cassius übrigens nach der Schlacht bei Actium im Jahr 31 v. Chr. mit dem Leben bezahlte.

Doch dieser Unrat, den politische Gegner über die Familie des Augustus ausgeleert hatten, war fester Bestandteil und Stilmittel der politischen Auseinandersetzung im Alltag der Zeitgenossen. Das tadellose Bild von Kindheit und Jugend, das man sicherlich in der Autobiographie betrachten konnte, gehörte indes nicht nur zu den gängigen Motiven griechischer Fürstenspiegelliteratur und Panegyrik, sondern war gleichsam das Gegengift, das gegen derartige politisch motivierte Unterstellungen und Gerüchte über eine Person zum Einsatz kam. Die Erzählungen von den nächtlichen Besuchen der Tempel, mit denen der Jüngling C. Octavius angeblichen Nachstellungen von Frauen aus dem Weg zu gehen trachtete, konterten beispielsweise Gerüchte seiner politischen Gegner, er habe ein ausuferndes Sexleben gepflegt, das vor allem von homosexuellen Exzessen geprägt gewesen sei (Suet. *Aug.* 68). Antonius behauptete gar, dass jener die Adoption durch Caesar allein dem Umstand verdanke, dass er sich ihm sexuell hingegeben habe.

DIE KRISE DER REPUBLIK

Der Leser muss bei der Lektüre solcher Invektiven aufpassen, dass er sich nicht genau in den Sumpf ziehen lässt, der präpariert wurde. Weder den üblen Verleumdungen noch den von Augustus verbreiteten Dementi ist zu trauen. Überhaupt wäre die Frage, wie es angesichts dieser Nachrichten denn nun wirklich um Kindheit und Jugend bestellt war, falsch formuliert.

Beide Überlieferungsstränge führen auf ein ganz anderes Feld. Nichtssagende Panegyrik aus der Feder des Augustus und seiner Parteigänger auf der einen Seite und die gehässigen Schmähungen der politischen Gegner auf der anderen Seite lenken unseren Blick vielmehr auf den dunklen Alltag politischen Kräftemessens, in dem C. Octavius im 1. Jahrhundert v. Chr. aufwuchs und sozialisiert wurde. Ihn prägte eine politische Kultur, in der zur Durchsetzung eigener Vorteile jedes Mittel recht war. Sicherlich erhielt der Senatorensohn die seit Jahrhunderten übliche Ausbildung, zu der militärisches Training, rhetorischer Schliff und andere Elemente eines aristokratischen Habitus bis hin zu neuen Formen der Repräsentation gehörten. Doch dies waren nur Grundfertigkeiten, die allein keinen politischen Erfolg versprachen. Man muss also die eingangs geschilderte Verehrung des Augustus wie die lupenreinen Bilder eines vielversprechenden Auftaktes des jungen Mannes komplett ausblenden, um die ungeheure Rücksichtslosigkeit und Brutalität begreifen zu können, welche die ersten politischen Aktionen des späteren Kaisers begleiteten.

Es würde zu weit führen, im Einzelnen zu analysieren, wie das politische Klima, das ihn nachhaltig prägte, entstanden ist. Aber einige Elemente der umfassenden Krise, mit denen sich der spätere Princeps auseinanderzusetzen hatte, müssen zum besseren Verständnis doch entfaltet werden. Die Entwicklung dieser Krise verlief schleichend. Sie eskalierte in Folge einer Jahrhunderte währenden historischen Entwicklung, in deren Verlauf aus dem Stadtstaat Rom, der eine perfekt auf seine lokalen Bedürfnisse zugeschnittene politische Ordnung besaß, das römische Reich entstand, das mit diesen herkömmlichen Mitteln nicht mehr zu kontrollieren war. Der Erfolg der Römer gründete vom 4. Jahrhundert v. Chr. an ursprünglich darauf, dass sich eine relativ kleine adlige Führungsschicht, die sich im Senat versammelte, auf Mittel und Ziele der Politik verständigen konnte. Im Konsens wurde von wenigen Männern über die Außenpolitik, Diplomatie und Kriegsführung entschieden, während es die Rolle des stadtrömischen Volkes war, die Politiker in ihrem Tun zu bestätigen, selbst aber keine Initiative zu ergreifen. Neben einvernehmlichem politischem Handeln prägte gleichzeitig lebhafte Konkurrenz um Einfluss, Macht und persönliches Ansehen die Politik. Dies blieb unproblematisch bis zu den Siegen über Karthago (241/201/146 v. Chr.) und einer anschließenden ungeheuren Ausdehnung des römischen Reiches zunächst im Westen, dann im Osten des Mittelmeers. Vom 3. Jahrhundert v. Chr. an erlangten einzelne Senatoren, die als Consuln erfolgreich Krieg führten, ein herausragendes Prestige, das den innenpolitischen Einfluss immens erhöhte. Dank der römischen Beuteregelung, die den Feldherren einen guten Teil der Kriegsbeute überließ, sammelten einzelne zudem große Reichtümer, die wiederum gezielt eingesetzt werden konnten, um daraus politisches Kapital zu schlagen. Die Kehrseite der erfolgreichen Expansion und Schlagkraft der Legionen war eine ungeheure Arroganz der Macht gegenüber den Unterworfenen. Die in den neuen Provinzen eingesetzten Statthalter verlegten sich vor allem auf das Ausplündern der einheimischen Bevölkerung. Alle Versuche, diese unhaltbaren Zustände zu beheben, scheiterten letztlich daran, dass über die raffgierigen Senatoren eben andere Senatoren zu urteilen hatten, die selbst ein lebhaftes Interesse an persönlicher Bereicherung hatten. Die römische Herrschaft war in Folge dieser Misswirtschaft und der Geldgier ihrer Politiker in einer permanenten Krise, die den Provinzen keine Luft zum Atmen ließ und ständigen Hass gegen Rom schürte. Dieser entlud sich bisweilen in dramatischen Aufständen, die mit Massakern an Römern und Italikern verbunden waren.

Verschiedene innen- wie außenpolitische Konflikte waren im Laufe des 2. Jahrhunderts v. Chr. derart brisant geworden, dass der Senat unbedingt handeln musste, um den sozialen wie den politischen Frieden zu erhalten. Die Unzufriedenheit der Italiker über mangelnde Mitspracherechte in römischen Angelegenheiten, die Landnot eines Teils der Bevölkerung und dergleichen mehr mussten gelöst werden, aber der Senat konnte sich nicht auf eine einheitliche Linie einigen, da bei jedem der angedeuteten Probleme Privatinteressen einzelner Senatoren berührt wurden. Der lange gepflegte Konsens der römischen Senatoren über Ziele und Mittel der Politik zerbrach schließlich ganz. Senat und Volksversammlung waren fortan nicht mehr in der Lage, die führenden Männer zu kontrollieren und in ihre Schranken zu weisen. Unterschiedliche Parteiungen standen sich unversöhnlich gegenüber und versuchten mit allen Mitteln, ihre Interessen durchzusetzen. An die Stelle des über mehrere Jahrhunderte einigermaßen erfolgreich erhaltenen Einvernehmens war eine zerstörerische Konkurrenz getreten, in der einzelne Senatoren immer unerbittlicher und rücksichtsloser um Macht, Ansehen und Einfluss stritten. Als um 100 v. Chr. das alte Bürgerheer, in dem einst alle sozialen Schichten römischer Bürger gleichermaßen vertreten waren, von den vor allem aus Besitzlosen zusammengesetzten Legionen abgelöst wurde, verschärfte sich die Situation weiter. Da die Prätoren und Consuln, welche die Truppen nun aushoben, auch für deren Ausrüstung zu sorgen und nach Ablauf der Dienstzeit die weitere Versorgung durch Landzuweisungen sicherzustellen hatten, waren ihnen diese Soldaten besonders treu ergeben. Sie konnten folglich auch im innenpolitischen Kampf instrumentalisiert und als handfestes Drohmittel eingesetzt werden. Damit war nicht nur die Tür zum Bürgerkrieg aufgestoßen, sondern auch der Einsatz physischer Gewalt bis hin zum politischen Mord auf die Tagesordnung gesetzt worden. Mit militärischer Erpressung, privaten Absprachen und eigenmächtigen Entscheidungen übergingen die Hauptakteure die Institutionen wie Senat und Volksversammlung. Politik und die Durchsetzung eigener Interessen verlagerten sie zunehmend in rechtsfreie Räume.

So sah die politische Welt aus, in die C. Octavius im September 63 v. Chr. geboren wurde. In seinem Geburtsjahr bekleidete Cicero den Consulat und deckte die Catilinarische Verschwörung auf. Catilina, ein mittelmäßig begabter Politiker und Abenteurer, hatte versucht, nach vorhergehendem Scheitern durch ein Komplott bei den Wahlen doch noch das Amt des Consuls, die höchste Ehrenstellung, zu erlangen. Es war keine wirklich große Gefahr von dieser Verschwörung ausgegangen, aber der glänzende Redner und Autor Cicero hatte alle Register gezogen, um sich selbst – für viele Senatoren geradezu enervierend – als Held und Retter der Republik zu feiern. Hinter dieser Selbstinszenierung stand ein Zeitgefühl der politischen Klasse, das von kompromissloser Rivalität und rücksichtsloser Durchsetzung politischer Interessen geprägt war: Das Recht wurde ausgehöhlt und selbst der Einsatz physischer Gewalt war gängige Münze. Cicero selbst setzte die Hinrichtung der Verschwörer ohne Gerichtsverhandlung und in den Augen vieler Zeitgenossen rechtlich fragwürdig, wenn nicht rechtswidrig durch.

GROSSE MÄNNER UND DAS ENDE DER REPUBLIK – POMPEIUS UND CAESAR

Die Mitte des 1. Jahrhunderts v. Chr. war die Zeit militärisch potenter Politiker, unter denen Pompeius und Caesar wohl das größte Gewicht hatten. Sie gingen einigermaßen systematisch vor, die *res publica* ihren eigenen Interessen zu unterwerfen – und waren dabei nicht die Ersten. Sie hatten beispielsweise in Sulla einen Vorläufer, der sich den Staat mit militärischer Gewalt angeeignet und mit ungeheurer Brutalität Tausende von Mitgliedern der Führungsschicht in Rom und Italien hatte abschlachten lassen, wobei er versuchte, dies als politischen Akt zu verkaufen, der dem Wohl aller diente. Pompeius hatte ihn als junger Mann unterstützt und im Zuge

1 In Glanum (St. Rémy) errichteten um 30 v. Chr. Lucius und Marcus Iulius zu Ehren ihrer Vorfahren ein Kenotaph direkt neben dem Stadttor. Stolz stellen die beiden Gallier das von Caesar verliehene römische Bürgerrecht zur Schau und feiern ihre Zugehörigkeit zum Reich.

dessen selbst erstes Ansehen als Militärführer erworben. Entgegen allen gerade von Sulla persönlich jüngst formulierten oder neuerlich eingeschärften alten Regeln, nach denen die Karriereverläufe der Politiker geordnet wurden, waren Pompeius im Alter von kaum zwanzig Jahren außerordentliche Kommandos übertragen worden, Kriege in Nordafrika und Spanien zu führen; im Ergebnis konnte er schließlich 71 v. Chr. ein Consulat für sich regelrecht erpressen. Zu Beginn der sechziger Jahre erhielt er ein besonders umfangreiches Kommando, um gegen die Seeräuber im östlichen Mittelmeer vorzugehen, das letztlich einer monarchischen Ausnahmestellung ähnelte. Nicht nur fehlte dem Sonderkommando die übliche zeitliche Begrenzung von einem Jahr, sondern es war zudem sowohl den Kompetenzen anderer Amtsträger in der Region als auch im senatorischen Gefolge übergeordnet. Pompeius besiegte die Seeräuber und richtete neue Provinzen in Kleinasien sowie in Syrien ein. Eigenmächtig und ohne Beteiligung des Senats hatte er bis zum Geburtsjahr des Octavius den Osten völlig neu geordnet.

2 Silberdenar des L. Hostilius Saserna zeigt 48 v. Chr. den Kopf des gefesselten Vercingetorix, der nach dem Triumphzug Caesars in Rom hingerichtet wurde. Numismatische Bilddatenbank Eichstätt

Der Senat nahm diese Eigenmächtigkeit übel. Und so gelang es Pompeius in den folgenden Jahren nicht, seine Neuordnung ratifizieren zu lassen oder gar einen Triumph feiern zu dürfen. An seinen Ambitionen und seiner Selbstherrlichkeit änderte dies freilich nichts. In Caesar fand er damals einen kongenialen Verbündeten. Pompeius unterstützte ihn bei seiner Bewerbung für den Consulat 59 v. Chr., worauf Caesar ihm ein politisches Bündnis vorschlug, zu dem er einen weiteren einflussreichen Senator, nämlich den unermesslich reichen Crassus, einlud. Dieses sogenannte Erste Triumvirat war eine informelle Absprache, sich gegenseitig zu unterstützen, jedenfalls nichts gegen die Interessen der jeweils anderen beiden zu unternehmen. Jeder konnte fortan die Verabschiedung von Gesetzen durchsetzen, an denen ihm besonders gelegen war. Während Crassus ein relativ überschaubares Kommando erhielt, war dies auf Seiten des Pompeius die fällige Anerkennung seiner Leistungen im Osten. Zugleich konnte man die Amtsstellungen der folgenden Jahre aushandeln. Dazu gehörte bei Caesar ein Kommando über die gallischen Provinzen für die Jahre 58 bis 54 v. Chr. Dieses Kommando wollte und musste Caesar nutzen, um wie Pompeius außergewöhnliche militärische Erfolge zu erzielen und sich große Reichtümer aus der anfallenden Beute zu verschaffen. Nur so konnte er darauf vertrauen, dass die wegen der ständigen Rechtsbrüche der Triumvirn aufgebrachten Senatoren nach seiner Rückkehr seiner Bitte um weitere Unterstützung nachkommen würden.

Was folgte, war ein innenpolitisch motivierter Krieg in Gallien, für den es keine militärisch zwingenden Gründe gab und in dessen Folge weite Teile der einheimischen Bevölkerung in einer endlosen Reihe von Massakern abgeschlachtet wurden. In geradezu buchhalterischer Manier legte Caesar später den Senatoren Listen vor, aus denen hervorging, er habe mit seinen Soldaten 1 192 000 Feinde getötet (Plinius, *Naturalis historia* 7,92). Die großmäulige Präsentation solcher entsetzlichen Todeslisten war typisch für die großen Befehlshaber der Zeit. Pompeius soll nach seinem Feldzug gegen Aufständische auf einem bis heute nicht entdeckten Monument in den Pyrenäen 876 eroberte Städte aufgelistet haben. Nach seinen Feldzügen im Osten des Mittelmeeres gab er an, 12 183 000 Menschen vertrieben, in die Flucht geschlagen, getötet oder unterworfen zu haben, darüber hinaus habe er 846 Schiffe versenkt oder erobert und 1538 Städte und Burgen zur Aufgabe gezwungen (Plin. *nat.* 7,96).

Die Römer jubelten angesichts dieser Zahlen. Sie liebten solche Buchhalter des Todes. Caesar gelang mit den militärischen Erfolgen im Rücken im Jahr 56 v. Chr. die Erneuerung des Triumvirats, in dem er sich von seinen Partnern eine Verlängerung seines Kommandos in Gallien um weitere fünf Jahre zusichern ließ. Als kurz darauf Crassus bei einer Niederlage gegen die Parther bei Carrhae fiel und die römischen Feldzeichen verloren gingen, was als besondere Schmach empfunden wurde, standen sich vom ehemaligen Dreibund nur noch Pompeius und Caesar gegenüber. Pompeius verstand es in den folgenden Jahren, seine Position in Rom kontinuierlich auszubauen, indem er innenpolitischen Unruhen entgegentrat. Die Stadt selbst wurde damals durch eine Welle der Gewalt erschüttert. Prügelnde und mordende Schlägertrupps, die der Volkstribun Clodius Pulcher engagiert hatte, griffen dessen politische Gegner an. Clodius verstand es zudem, Berufsvereine für sich zu gewinnen und damit seinen Schlägertrupps einen institutionellen Rahmen zu verschaffen. So wurde die Gewalt der Straße nun für längere Zeit Teil des römischen Alltags und auch der politischen Entscheidungsprozesse und Wahlkämpfe. Titus Annius Milo, der Kontrahent des Clodius, stellte den prügelnden Horden Gladiatorentrupps entgegen, was uns eine Vorstellung vom Ausmaß der physischen Gewalt vermittelt.

Dann aber wurde Clodius selbst bei einer Schlägerei auf der Via Appia im Jahr 52 v. Chr. getötet. Nun brach offener Aufruhr bei seinen Anhängern in Rom aus, und bei den Straßenschlachten ging das Senatsgebäude in Flammen auf (vgl. S. 36). In dieser Situation gelang es Pompeius, den man zum Consul gemacht hatte, mit Soldaten die öffentliche Ordnung wieder-

3 Die sog. Laudatio Turiae, die in Marmortafeln eingemeißelte Grabrede eines Senators auf seine verstorbene Gattin, ist eindrucksvolles Zeugnis für die Brutalität der Bürgerkriegszeit. Der Senator, ein Anhänger des Pompeius, stand auf den Proskriptionslisten der Triumvirn und wurde von seiner Frau versteckt, bis Octavian die Ächtung aufhob. Der Triumvir Lepidus befahl dennoch «in rücksichtloser Grausamkeit», der bittflehenden Frau «rohe Schläge» zu verpassen, worauf die Gattin «den Körper voller blauer Flecken» hatte, wie ihr Gatte schreibt. Museo Nazionale Romano, Diokletiansthermen, Rom

herzustellen. Sein dadurch weiter gestiegenes Ansehen nutzte er schließlich, um Caesar bei dessen geplanter Rückkehr 50/49 v. Chr. das avisierte Consulat zu verweigern. Daraufhin überquerte Caesar am 10. Januar 49 den Rubikon in Norditalien und eröffnete den Bürgerkrieg. Ein neues und besonders dramatisches Kapitel römischer Politikgeschichte ward aufgeschlagen.

DER JUNGE OCTAVIUS UND SEIN ADOPTIVVATER CAESAR

Der zu diesem Zeitpunkt 13-jährige C. Octavius wurde vor Ausbruch der Kämpfe auf einem Landsitz der Familie in Sicherheit gebracht. Ein Jahr zuvor soll er einen ersten öffentlichen Auftritt absolviert haben: Als Zwölfjährigen hatte man ihn die Leichenrede auf seine verstorbene Großmutter Julia halten lassen. Da es sich um eine Schwester Caesars handelte, dürfen wir annehmen, dass er seinen Großonkel und dessen aktuelle Erfolge in Gallien wenigstens beiläufig erwähnte. Im Jahr 48 v. Chr., nach dem Sieg Caesars über Pompeius bei Pharsalos, aber noch mitten im Bürgerkrieg, kleidete man ihn am 18. Oktober zum Zeichen der Volljährigkeit mit der *toga virilis*; dank Caesars Einfluss wurde er unter die Priester aufgenommen. Spätestens jetzt war für jeden Römer klar erkennbar, dass die familiäre Nähe zu Caesar die Zukunft des jungen Mannes wesentlich bestimmen sollte.

Es ist müßig, darüber zu spekulieren, wie C. Octavius die politischen Ereignisse bis dahin wahrgenommen hat. Sein Vater Octavius, der nach militärischen Erfolgen für 57 v. Chr. den Consulat angestrebt hatte, aber noch vor den Wahlen verstorben war, vermittelte ihm sicherlich ebenso wie sein Stiefvater Lucius Marcius Philippus, Consul des Jahres 56 v. Chr., erste Einblicke in das politische Tagesgeschäft – und das schmutzige politische Handwerk. Als Großneffe Caesars dürfte Octavius aber vor allem Bewunderung für dessen Erfolge empfunden haben, denn schließlich eröffneten diese dem jungen Mann glänzende Perspektiven, selbst einmal auf der politischen Bühne zu agieren.

Es gehört zu den Eigenarten der Krise, dass trotz aller Gewalt immer noch Einzelne einen Großteil der stadtrömischen Bevölkerung für sich einnehmen konnten – allerdings zu einem hohen Preis. Kostenlose Getreideverteilungen, ein wucherndes Spielewesen und Bestechungen waren an der Tagesordnung. Grundlagen dieser generösen Geldverteilungen – einst eines Marius und Sulla, jetzt eines Pompeius und Caesar – waren die Beute, die weiterhin nach Rom fließen musste, und die Erpressungsgelder der Provinzstatthalter. Die Zeche für das politische Chaos zahlten demnach die Nichtrömer. Eroberungen und Siege schufen Gelegenheit, prächtige Triumphzüge abzuhalten mit hunderttausenden von Zuschauern, während die ungeheure Beute eine Selbstdarstellung erlaubte, die in dieser Form und in diesem Ausmaß selbst in Rom neu war. Zu ihren Ausdrucksmitteln gehörte neben der Münzprägung, mit der die eigenen Vorfahren im Münzbild gefeiert wurden, und Ehrenstatuen vor allem eine Baupolitik, die neue Maßstäbe setzte und Rom nun allmählich in eine Stadt verwandelte, die erstmals in ihrer Geschichte mit den großen Metropolen des Ostens wie Alexandria oder Pergamon mithalten konnte (S. 30–40). Von dem Senat war nichts Vergleichbares zu erwarten; er war in seiner Gesamtheit durch die Spaltung seiner Mitglieder in Partikularinteressen handlungsunfähig und konnte derartige Projekte als öffentliche Aufgaben nicht in Angriff nehmen.

In den Jahren der Bürgerkriege 49 bis 45 v. Chr. führte Caesar schließlich seinen Zeitgenossen – und unter ihnen auch dem jungen C. Octavius – vor, dass man das Gemeinwesen gänzlich der eigenen Person unterwerfen konnte. Auf dem Rücken der römischen Soldaten wie der notleidenden Bevölkerung in den Provinzen riss er die *res publica* komplett an sich. Was die ängstliche Aristokratie zu einem guten Teil für ihn einnahm – obwohl er sie um ihre politische Spielwiese gebracht hatte –, war der Umstand, dass Caesar, anders als Sulla, auf ein Blutbad in Rom verzichtete und stattdessen seinen politischen Gegnern mit der berühmten Milde (*clementia*) begegnete. Mit zahlreichen Gesetzesinitiativen und Reformen propagierte er zwar eine Restaurierung der *res publica*, aber der Titel, den er seit Februar 44 v. Chr. trug und der ihn Zeit seines Lebens zum Dictator erhob (*dictator perpetuus*), führte allen vor Augen, dass er dauerhaft die Macht alleine besitzen wollte, ja eigentlich eine Monarchie etabliert hatte. Mit der angeblichen Wiederherstellung der Republik, deren Amtsstellungen befristet und grundsätzlich allen Senatoren zugänglich sein mussten, hatte das nichts mehr zu tun. Diese Perspektive war vielen im vergrößerten und mehrheitlich von Caesarianern besetzten Senat dann doch zuwider. Ihren Traum von politischem Einfluss und Partizipation an der Macht wollten sie noch nicht aufgeben. Glänzende Aussichten, die Konkurrenz zu überwinden und sich selbst an die Spitze zu setzen, schienen nach wie vor zu bestehen, wenn man nur das größte Hindernis beseitigte. So fanden sich unter Führung des Brutus und des Cassius erstaunlich viele Gegner zusammen, die schließlich im Jahr 44 v. Chr. an den Iden des März im Theater des Pompeius, wo der Senat tagte (Abb. 6: B), zuschlugen und Caesar gemeinsam ermordeten.

Bis zu seinem Tod hatten sich die Beziehungen zwischen Caesar und C. Octavius intensiviert: Caesar nahm Octavius unter die Patrizier auf, folglich unter jenen Teil römischer Familien, die traditionell die angesehensten Adelsfamilien stellten. Beim Triumph für den afrikanischen Sieg gegen die Pompeianer erhielt auch Octavius eine Auszeichnung. Schließlich reiste er 45 v. Chr. seinem Großonkel auf den Bürgerkriegsschauplatz in Spanien nach und kehrte prominent in dessen Gefolge nach Rom zurück – eine glänzende Gelegenheit, Kontakte zu führenden Politikern und Anhängern Caesars zu knüpfen. Zugleich konnte er Caesar von seinen eigenen politischen Talenten überzeugen, sodass dieser ihn im September 45 v. Chr. als Erben in sein Testament einsetzte. Anfang 44 v. Chr. ernannte ihn der Dictator sogar zum Reiterführer (*magister equitum designatus*), eine Offiziersstellung, die seit jeher dem altrepublikanischen Amt des Dictators beigeordnet war. Die Nachricht von der Ermordung Caesars und der testamentarischen

Adoption erreichte Octavius im makedonischen Apollonia, wo er sich zu Bildungszwecken aufhielt und auf Caesar wartete, um ihn auf dessen geplantem Partherfeldzug zu begleiten. Octavius nahm das Testament des Ermordeten an und nannte sich seit dem 8. Mai 44 v. Chr. fortan selbst C. Iulius Caesar – ein großer Name, der seinem Stiefvater Philippus nie über die Lippen gekommen sein soll (Cicero, *Epistulae ad Atticum* 14,12,2). Der uns heute geläufige Name Octavian hingegen stammt von Cicero. Der junge Caesar und seine Anhänger haben ihn nie verwendet. Da aber die Namensführung zugleich ein politisches Programm signalisierte, sollte man heute eher jenen verwenden, den Octavius selbst gewählt hat und nur gelegentlich, aus Gründen literarischer Konvention, von Octavian sprechen.

– 2 –

DER JUNGE C. OCTAVIUS UND DIE ERFAHRUNGSWELT DES SPÄTREPUBLIKANISCHEN ROM

MYTHISIERTE ABKUNFT UND GEBURT

Augustus hat sich selbst und wurde von anderen als Über-Vater des römischen Kaisertums in das kulturelle und historische Gedächtnis eingeschrieben: in Literatur und Geschichtsschreibung, aber auch – und vielleicht gerade zu seiner Zeit sinnfälliger – in die sichtbare Welt: durch Bauten, Denkmäler und Kunstwerke, an den Stätten seines Wirkens und im ganzen Imperium Romanum. Stil und Inhalte der Kunst- und Bildwelt des *saeculum Augustum*, wie man die Zeit seines Wirkens bald nannte, wurden geradezu zur Mode, erhielten auch durch ihre Renaissancen normativen Charakter. Diese dauerhaft visuell vermittelte Erinnerung bezog die Kindheit des späteren Princeps durchaus ein: Die Stätte seiner Geburt auf dem Palatin in Rom heiligte man (Sueton, *Augustus* 1,5), den Herkunftsort seiner Familie verehrte man: ein Landgut in Velitrae, südöstlich vor den Toren der Stadt, auf dem C. Octavius seine Kindertage verbrachte (Suet. *Aug.* 5–6). Doch archäologisch nachgewiesen sind diese Gedenkstätten nicht. Besser scheint zunächst die spätere Erinnerung an die Anfänge des Augustus durch Bildwerke greifbar, die uns erhalten sind. Diese Bilder aber sind stilisiert und lassen aus dem Rückblick nach 27 v. Chr. seine Anfänge geschönt erscheinen.

Unter dem Tierkreiszeichen des *capricornus*, so wird überliefert – es ist

4 Denar des Augustus. Capricorn mit Globus, einem Steuerruder und einem Füllhorn, 18–16 v. Chr. Silber, Staatliche Museen zu Berlin, Münzkabinett

unklar, welcher Bestandteil des Horoskops damit gemeint war – wurde der nachmalige Herrscher am 23. September 63 v. Chr. geboren. 20 Jahre später habe ihm ein Astronom ein großartiges Schicksal geweissagt. Daraufhin ließ er, so überliefert sein Biograph Sueton im frühen 2. Jahrhundert n. Chr. (Suet. *Aug.* 94), den *capricornus* auf Münzen prägen – doch geschah dies, wie wir wissen, erst nach dem Sieg bei Actium (31 v. Chr.), als man dem unumschränkten Herrscher die Legitimität seiner Macht gleichsam von Geburt an zuschreiben wollte (Abb. 4). Man schmückte sodann Bauwerke und Altäre mit dem Capricorn und trug Ringe und andere Schmuckstücke mit diesem Bild. Man versah es mit dem Füllhorn als Zeichen des Wohlstandes, manchmal auch mit dem Globus als Zeichen der Weltherrschaft (Abb. 4; 25): Schon die Geburt des Augustus verhieß, so versicherte man sich rückblickend auf diese Weise, Wohlstand und Macht. Gezielt wurde das Geburtszeichen des Princeps als Glücks- und Herrschaftssymbol instrumentalisiert, als sei schon die Geburt des Augustus Zeichen kosmischer Vorsehung eines glücklichen Zeitalters gewesen.

Stilisiert wurde in Bildwerken auch Augustus' Abkunft. Statuen seiner Ahnen schmückten seit 2 v. Chr. das Forum Augustum in Rom (Abb. 46; 50). Auf der einen Seite stand dort die Reihe der Mitglieder der altrömischen Familie der *Iulii*, zu denen Augustus' Mutter gehörte. Sie führte sich auf Aeneas, den Sohn der Venus, und dessen Sohn Iulus zurück, die aus Troja flohen. Sein leiblicher Vater, C. Octavius, spielte dabei nur eine untergeordnete Rolle. Den Iuliern gegenüber standen Romulus, der sagenhafte Stammvater der Römer (Abb. 46), und die größten Männer der römischen Geschichte. Die auf die Iulier und nicht auf die leibliche Abstammung ausgerichtete Familienlinie und die Ruhmesgeschichte Roms liefen, so vermittelte dies, von den Helden der Vorzeit an auf Augustus zu: gewissermaßen in mythischer Vorsehung.

EXZESSIVE KONKURRENZ: ROMS PRACHT AM ENDE DER REPUBLIK

So stark also Herkunft und Geburt des Augustus allenfalls in retrospektiv inszenierter Weise in die Bildwelt eingeschrieben waren – als kosmisches Ereignis und als Zielpunkt von Mythos und Geschichte, wie es früher für Herrscher bereits häufig geschehen war –, so gut ist doch unsere Vorstellung der Erfahrungswelt des jungen C. Octavius in den Jahren um die Mitte des 1. Jahrhunderts v. Chr. in Rom. Bei Caesars Tod im März 44 v. Chr. hatte er das neunzehnte Lebensjahr noch nicht vollendet. Während der vorausgegangenen prägenden Jugendjahre war er im politischen Klima der späten römischen Republik sozialisiert worden: in der eskalierenden ‹Krise ohne Alternative›, geprägt vom Klientelwesen und dem Konkurrenzstreben unter Senatoren und Feldherren, vom exzessiven Repräsentationsbedürfnis der Eliten Roms, von eskalierendem politischem Dissens, drastischer werdenden sozialen Konflikten, aber auch von neuen Möglichkeiten, sich Macht durch Anhängerschaft zu erkämpfen (S. 17–27). Wachsender Luxus, Prachtbauten und ein Bauboom hatten aus der Urbs Roma damals endgültig eine mediterrane Metropole gemacht.

Octavius' Mutter Atia, eine Nichte des C. Iulius Caesar, hatte nach dem Tod ihres Mannes 59 v. Chr. den L. Marcius Philippus geheiratet. Ihr Sohn lebte in dessen Haus, als Philippus 56 v. Chr. Consul wurde. Er verkehrte im Umfeld führender politischer Figuren wie Caesar, der ihn bald protegierte, Pompeius und Cicero, den sein Stiefvater gut kannte. In diesen Kreisen bemühte man sich nachgerade exzessiv um standesgemäße Selbstdarstellung in der Öffentlichkeit, nicht zuletzt, um daraus auf jede Weise machtpolitisches Kapital zu schlagen und Anhänger zu gewinnen. Wie dabei das Selbstbild von Senatorenfamilien aussah, verdeutlichen beispielhaft Denare, die Octavius' Stiefvater herausgeben ließ (Abb. 5). Auf der Vorderseite sieht man das Phantasieporträt des Königs Ancus Marcius, der angeblich im 7. Jahrhundert v. Chr. Rom regierte. Auf ihn, auf die Anfänge Roms, führte sich die Familie der Marcii zurück, zu der Philippus gehörte. Die andere Seite der Münze schmückte die Reiterstatue eines weiteren Vorfahren, entweder des hochberühmten Q. Marcius Tremulus, dessen Statue zudem auf dem Forum Romanum stand (Abb. S. 35: 8), oder des Quintus Marcius Rex, der im 2. Jahrhundert v. Chr. eine der bedeutendsten Wasserleitungen nach Rom hatte erbauen lassen, die *Aqua Marcia*. Unter der Statue nämlich sieht man die Bögen dieser Leitung, denen die Buchstaben ihres Names

5 Denar des L. Marcius Philippus. **Links** Kopf des Königs Ancus Marcius mit Priesterstab. **Rechts** Aquaeduct der Aqua Marcia mit Reiterstatue, 56 v. Chr. Silber, Staatliche Museen zu Berlin, Münzkabinett

AQUA M[A]R[CIA] eingeschrieben sind. Der Name des Prägeherrn Philippus selbst ist als Beischrift ins Bild gesetzt. Sicher wird der junge C. Octavius diese Münzen gesehen haben, doch waren solche personalisierten Emissionen kein Einzelfall. Jeder, der die Möglichkeit hatte, verwies damals auf diese oder andere Weise auf die eigenen Ahnen und die eigene Geschichte (Abb. 17). Man sieht hier eindringlich, wie die Familien der Nobilität Roms die Münzen, die ja jeder in Händen hatte, als Medium nutzten, um ihren sozialen Status zu demonstrierten und Prestige zu gewinnen: durch ihre ruhmreiche Genealogie, ihre enge Verbindung mit der Größe Roms und ihre Leistungen für das Wohl der *res publica* über Jahrhunderte. Dies kulminierte darin, dass C. Iulius Caesar 44 v. Chr. als erster Römer zu Lebzeiten sein eigenes Bildnis in Rom auf Münzen prägen ließ. Er stellte sich in die Mitte jener ruhmreichen Traditionen, die die Nobilität gerade in diesem Medium so exklusiv feierte – folgte aber auch den hellenistischen Monarchen, die ihr Bildnis ebenfalls auf Münzen gesetzt hatten. Dem jungen Octavius werden der Stolz auf die familiäre und staatliche Tradition, der Anspruch, diesem rücksichtslos öffentlich Geltung zu verschaffen, und das von Konkurrenzdenken bestimmte Klima, der drängende, gerade auch in Bildern ausgelebte Wettkampf führender Familien untereinander selbstverständlich gewesen sein.

Die Stadt Rom, in der er seine Jugend verbrachte, war von dieser Prestigekonkurrenz gleichfalls geprägt, ja sie hatte ihre Pracht nicht zuletzt als Folge dieser Konkurrenz erhalten. Die Feldherren, die seit dem 2. Jahrhundert v. Chr. Roms Herrschaft mit ihren Heeren nach Griechenland und Kleinasien getragen hatten, waren sehr konkret verpflichtet, Teile ihrer reichen Beute der *res publica* zurückzuerstatten, die ihnen die Möglichkeit zu ruhmvollem Wirken erst eröffnet hatte. So brachten sie Kunstwerke aus Griechenland nach Rom. Sie setzten aber auch ihr Beutegeld ein zur Stiftung von Gebäuden, die dem Nutzen aller dienten. Münzen prägten sie

6 Rom in augusteischer Zeit, Holzmodell. Abguss-Sammlung Antiker Plastik der Freien Universität Berlin
Legende: A=Marsfeld; B=Pompeiustheater C=Forum Iulium, D=Forum Romanum, E=Mausoleum des Augustus F=Ara Pacis Augustae und Horologium G=Forum Augustum

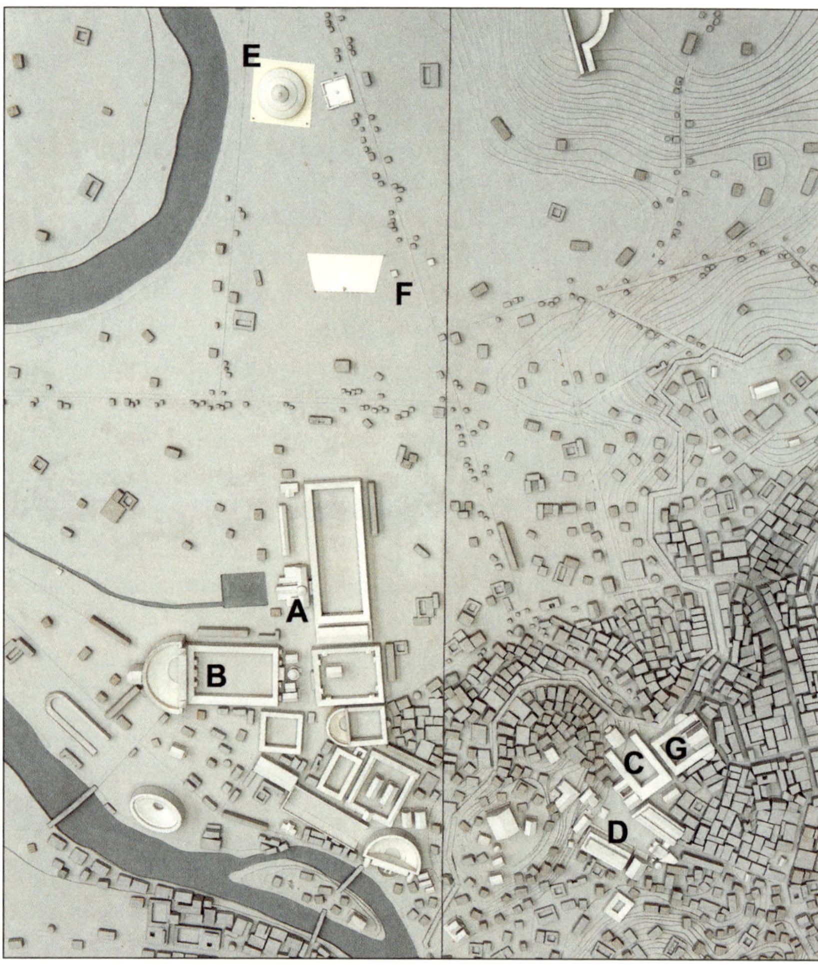

7 Wandmalerei im sogenannten zweiten pompejanischen Stil. Torre Annunziata/Oplontis, ‹Villa der Poppaea›, Raum 23, Mitte des 1. Jh.s v. Chr.

zudem als Sold für ihre Soldaten. So konnten sie Prestige gewinnen und Wahlerfolge herbeiführen – oder bei deren Ausbleiben den militärischen Druck auf den Senat erhöhen. Das Marsfeld war ein visuelles ‹Schlachtfeld› ihrer Konkurrenz um Prestige und Anerkennung. Einer der Höhepunkte dieser Auseinandersetzung war die Stiftung des ersten steinernen Theaters der Stadt. Pompeius weihte es 55 v. Chr. ein, ein Jahr nach dem Consulat des L. Marcius Philippus (Abb. 6: B). Die spektakuläre Eröffnungsfeier ließ jeden Bürger Roms den Luxus spüren, über den man dank des Stifters nun verfügte. Es gab Theateraufführungen zu Themen aus dem trojanischen Sagenkreis, fünftägige Tierhatzen, bei denen 500 Löwen getötet wurden, und am letzten Tag den Auftritt von Elefanten. Das Pompeiustheater selbst stand sicherlich in seiner Materialpracht nicht hinter älteren, nur auf Zeit und nur aus Holz erbauten Theatern Roms zurück. Zu diesen gehörte das noch im Jahre 58 v. Chr. aufgerichtete Theater des Scaurus mit 360 Säulen, Glasbauteilen, Vergoldungen und 3000 Statuen (Plinius, *Naturalis historia* 36,115).

Die Prachtentfaltung, die mit solchen Bauwerken einherging, kam nicht nur im öffentlichen Raum zum Tragen. Sie war auch charakteristisch für den Wohnstil der Stifter der Bauwerke. In Villen und reichen Häusern bemalte man damals, seit dem Beginn des 1. Jahrhunderts v. Chr., die Wände im (heute sogenannten) zweiten pompejanischen Stil (Abb. 7). Typisch für diese Mode waren nicht mehr Stuckimitationen von Wänden aus großen Steinblöcken und farbigen Flächen, wie noch eine Generation früher, sondern Panoramen prächtiger, begehbar erscheinender Großarchitekturen mit Toren, Säulen und Durchblicken. Sie griffen weit in den Raum aus und flossen nur so über von Gold, farbigem Stein und schmückendem Beiwerk. Das Theater des Pompeius brachte solchen Luxus realiter in die Mitte Roms und ergänzte ihn durch eine weitere Besonderheit: Hinter dem Bühnengebäude lag eine von Säulenhallen umgebene Parkanlage (Abb. 6: B). Der zeitgenössische Dichter Properz (um 50–15 v. Chr.) rühmte ihre schattigen Wandelgänge, Brunnen mit Skulpturen und Bäume (2,32,20); hier begegnete man der *jeunesse dorée* und den Schönheiten Roms, wie Catull (87 – um 54 v. Chr.) bezeugt (*Carmina* 55,6). Verbunden war der Komplex aus Theater, Wandelhallen und Platzanlage mit einem Raum für Senatssitzungen (*curia*), die an diesem Ort vor der Stadt auch nach Rom zurückkehrende Feldherren besuchen konnten, die das Stadtzentrum selbst vor ihrem Triumph nicht betreten durften. *Last but not least* gehörten ein Tempel der Venus Victrix, der Ahnmutter Roms und Bringerin der Siege des Pompeius, der das Theater überragte, und Heiligtümer für *Honos* (Ehre), *Virtus* (Tugend), *Felicitas* (Glück) und *Valetudo* (Kraft) dazu. So wurden die herausragenden Qualitäten des Stifters eindrücklich ins öffentliche Bewusstsein gehoben, ja sakralisiert. Selbstdarstellung, Luxus für die Stadt, Demonstration von Frömmigkeit und Vereinnahmung des (machtlosen) Senats kamen gleichermaßen im Pompeiustheater zum Ausdruck. Sie bezeichnen Anspruch und Zielrichtung dieser beispielhaften Stiftung.

DAS NEUE ROM IM ZEICHEN CAESARS

C. Octavius wuchs in diesem Luxus auf. Er war acht Jahre alt, als das Pompeiustheater eingeweiht wurde. Sein Großonkel Caesar führte gerade den Krieg um die Eroberung Galliens und wollte natürlich im Klima drängender Konkurrenz mit seinen Stiftungen aus eigener Kriegsbeute gegenüber Pompeius nicht zurückstehen. Seit 54 kaufte Caesar folglich mit Ciceros Unterstützung Land für die Schaffung einer großen Platzanlage: nun aber nicht vor, sondern mitten in der Stadt, und nicht als Theater und Park,

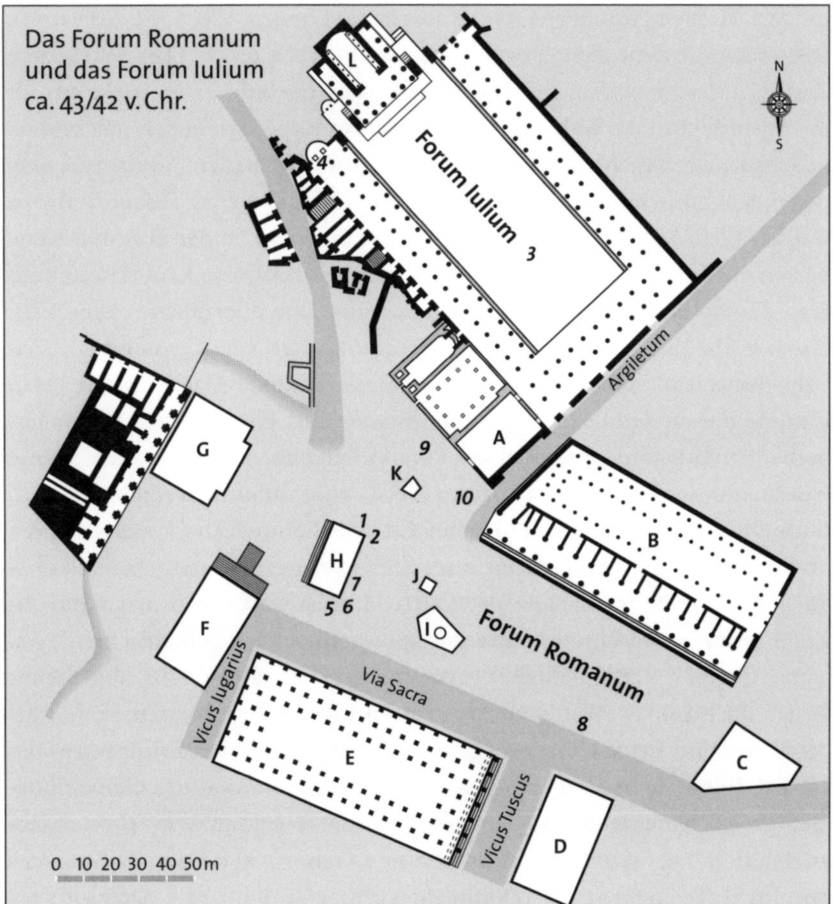

A	Curia Iulia *(29 v. Chr. vollendet)*	**1**	Reiterstatuen des Cn. Pompeius und des L. Cornelius Sulla
B	Basilica Aemilia	**2**	Reiterstatue und zwei vergoldete Statuen des C. Iulius Caesar
C	Regia	**3**	Reiterstatue des C. Iulius Caesar
D	Tempel der Castores	**4**	Panzerstatue des C. Iulius Caesar
E	Basilica Iulia	**5**	Reiterstatue des L. Antonius
F	Tempel des Saturn	**6**	Reiterstatue des M. Aemilius Lepidus
G	Tempel der Concordia	**7**	Reiterstatue des C. Caesar ‹Octavianus›
H	Rostra Iulia	**8**	Reiterstatue des Q. Marcus Tremulus
I	Lacus Curtius	**9**	Säulen mit Ehrenstatuen für C. Duilius und C. Maenius
J	Statue des Marsyas	**10**	Republikanische Ehrenstatuen am Comitium
K	«Lapis niger»		*Die exakten Standorte der Statuen sind unsicher.*
L	Tempel der Venus Genetrix		

sondern als Heiligtum für Venus und als neues Forum (Abb. S. 35; Abb. 6: C). Der Platz auf dem alten Forum Romanum (Abb. 6: D; Plan S. 35), dem Zentrum der *res publica*, und seine Gestaltung reichten kaum mehr aus für die Ansprüche einer Weltstadt, von der aus ein Imperium beherrscht wurde. In seinem eigenen Namen wollte Caesar Abhilfe schaffen. Venus war eine passende Gottheit, um ihr den neuen Tempel an seiner Platzstiftung zu weihen (Plan S. 35: L): Sie verband Rom mit Caesar in der üblichen Konkurrenzhaltung, denn schon Pompeius hatte sich ja in seinem Theater auf diese Göttin berufen; ihn konnte Caesar nun noch übertreffen, denn nicht nur war Roms Stammvater Aeneas ein Sohn der Venus, sondern dessen Sohn Iulus war zugleich Urahn der *Iulii*, der Familie Caesars selbst. Man kämpfte um die Größe der eigenen Abstammung. Caesars *monumentum* beherbergte deshalb den Tempel der Venus Genetrix, der Stammmutter, und wurde mit seinem Familiennamen als Forum Iulium bezeichnet. Man weihte es bei Caesars Triumph über Gallien, Pontus, Africa und Ägypten im Jahre 46 v. Chr. ein. Geplant war auch ein neues Sitzungsgebäude (*curia*) für den Senat (S. 35: A). Die alte Curia Hostilia war – man mag kaum an Zufall glauben – während einer der gewalttätigen Straßenschlachten zwischen Trupps unterschiedlicher Parteiungen im Jahre 52 v. Chr. abgebrannt (S. 23), doch kam es zum Neubau erst nach Caesars Tod. Mit Curia, Tempel der Venus und Erinnerung an Caesars eigene Familie und Erfolge kam das Forum Iulium derselben Anspruchstrias von Frömmigkeit, Gemeinnutz und Prestigegewinn nach, der auch Pompeius gefolgt war. C. Octavius erlebte drei Tage nach seinem siebzehnten Geburtstag die Einweihung des Forums als Teilnehmer des Triumphzugs seines Großonkels. Caesar soll später als Dictator selbstherrlich vor dem Tempel der Venus Genetrix sitzend – wie ein götternaher griechischer Herrscher – die Senatoren empfangen haben (Sueton, *Divus Iulius* 78,2), ein Zeichen, wie im Rom der späten Republik und in der Quasi-Monarchie des Jahres 44 grenzenloser Machtanspruch, prächtige Baustiftungen und selbstherrliches Auftreten zu Bildern drängender Wirkungskraft gerinnen konnten.

C. Octavius erlebte in den Jahren vor 44 auch die Renovierung weiterer wichtiger Bauten durch seinen Großonkel besonders auf dem altehrwürdigen Forum Romanum, dem Zentrum der Erinnerung an Roms Ruhm und denjenigen seiner Nobilität, der Führungsschicht, die die Inhaber der obersten Staatsämter wie die Consuln und Feldherren stellte. Ein Wald von Ehren- und Erinnerungsmonumenten sowie Statuen schmückte diesen geschichtsträchtigen, von Basiliken gerahmten Platz (Plan S. 35: I, J, K, 8–10). Caesar betrieb dort den Neubau der sogenannten Basilica Iulia

(Plan S. 35: E). So schrieb er sich und seine Familie auch an dieser Stelle ins Stadtbild ein. Zudem wurde der Forumsplatz im Anschluss an den Bau des Forum Iulium grundlegend umstrukturiert: Indem man die Curia ans Caesarforum verlegen wollte, wurde die ihr von alters her vorgelagerte Rednerbühne (*rostra*) am uralten Comitium, dem alten Ort der Volksversammlung, auf dem Forum Romanum aufgegeben. Comitium und Rostra hatten Jahrhunderte das ideelle Zentrum des Platzes dargestellt (s. Plan S. 35: K; 9–10). Caesar wollte selbstherrlich nicht nur die Curia seinem eigenen Forum zuordnen, er ließ auch eine neue Rednerbühne errichten, nun aber an der Westseite des Platzes (Cassius Dio 43, 49, 1; Plan S. 35: H). Das Forum Romanum wurde damit ganz neu auf die Rostren Caesars hin ausgerichtet. Damit gewann es eine neue, hierarchisch orientierte Gestalt. Die Idee, aus Rom eine Prachtstadt in Anlehnung an die königlichen Residenzen im griechischen Osten zu schaffen, war zur selben Zeit auf dem besten Weg der Umsetzung: Octavian erfuhr von großen Bauplänen im Westen der Stadt und am Kapitol, wo ein riesiges Theater entstehen sollte – doch kam die Ausführung mit der Ermordung Caesars im Jahre 44 zunächst zum Erliegen.

IM ANGESICHT DER GROSSEN: EHRENSTATUEN IM STADTRAUM

Neben der urbanistischen Neugestaltung Roms als Folge der Prestigekonkurrenz der spätrepublikanischen Potentaten, neben ihrem rücksichtslosen Repräsentationsbedürfnis und ihrem Anspruch auf Luxus muss noch ein weiteres Phänomen für die Erfahrungen des Octavius von Bedeutung gewesen sein: So wie die Mächtigen der Republik die Bildwelt des überall kursierenden Münzgeldes dominierten, besetzten sie auch den Stadtraum, und dies nicht nur durch Bauwerke, sondern auch durch ihre eigenen Bildnisse. Porträtstatuen, die herausragende Männer Roms als Ehrung immer wieder zugesprochen bekamen oder beanspruchten, verschafften ihnen im Verbund mit ihren tatsächlichen Auftritten und ihren Stiftungen eine drängende visuelle Präsenz. Dies machte sie zu sinnfälligen *exempla* des Einsatzes für die *res publica*. Das Forum Romanum war ein zentraler Ort dieser Form der Erinnerung und Konkurrenz (Plan S. 35; Abb. 6: D). Dem Pompeius gewährte man indes nicht nur dort Statuen von Seiten des Senats. Sein Bildnis stand auch in der Curia, die seinem Theater angegliedert war. Unter dieser Statue tagte der Senat seit 52 v. Chr. häufiger, vor ihr wurde an den Iden des März 44 Caesar ermordet. Dessen Statuen wiederum erreichten zu seinen Lebzeiten eine sonst nie dagewesene Präsenz in Rom: auf dem Kapitol, in Tempeln und auf dem Forum Romanum. Dort standen vor allem im Bereich des alten Comitium, bereits einige Ehrenstatuen (Plan S. 35: 9; 10). An den neuen Rostra wurden nun geradezu ‹Schlachten› um die statuarische Erinnerung ausgetragen. Man hat dabei die Bildnisse gleichsam wie die dargestellten Politiker selbst behandelt. So ließ das Volk nach Caesars Sieg im Bürgerkrieg im Jahr 48 die Statuen seiner Vorgänger und Gegner, Sulla und Pompeius, entfernen; Caesar selbst stellte diese dann 44 wieder auf, schuf so eine neue Traditionslinie, überließ die Stifterinschrift an den Statuen aber seinem Weggefährten M. Antonius (Plan S. 35: 1). Dessen Namen tilgte man wiederum später, als er im Krieg gegen Octavian zur *persona non grata* wurde. Neben Sulla und Pompeius stand dort sodann eine Reiterstatue Caesars zusammen mit zwei weiteren Statuen, mit denen der Senat ihn ehrte und die Caesar zum Sieger nach Punkten im Bildniswettstreit aufsteigen ließen (Plan S. 35: 2). Der Forumsplatz war damit nicht nur auf die neue caesarische Rednerbühne, sondern auch auf Caesars Statuen ausgerichtet. Auf dem Forum Iulium war dies nicht anders. An diesem Ort ehrte man ihn durch eine Porträtstatue in militärischer Tracht (Plan S. 35: 4). Er selbst ließ wohl mitten auf dem Platz eine zweite Statue zu Pferd aufstellen, die vorher Alexander dem Großen dargestellt hatte, und stellte sich damit in dessen Tradition (Plan S. 35: 3).

Wir wissen nicht mit Sicherheit, wie die Porträtköpfe aussahen, die diese Statuen krönten. Wir kennen aber (in späteren Kopien) Bildnisköpfe des Pompeius und des Caesar jeweils aus ihrer Lebenszeit, die zu solchen Statuen gehört haben müssen; sie stammen aus den Jugendjahren des C. Octavius. Das Bildnis des Pompeius ist das ältere von beiden (Abb. 8; Abb. 17 links). Es zeigt den etwa Fünfzigjährigen wohl um 50 v. Chr. als durchaus wohlgenährten, aufmerksam die Brauen hebenden Mann, mit im Übrigen ruhigen Gesichtszügen. Auffällig ist, dass dieser Habitus mit einer äußerst bewegten Stirnhaarfrisur kontrastiert. Deren aufstrebende Bewegung, die sogenannte Anastole, erinnert an das Stirnhaar des großen Alexander und sollte offenbar die Energie und Dynamik des Feldherrn andeuten, der auch in seinem Auftreten Alexander nachzuahmen trachtete, wie Sallust (*Historiae* 3,88) und Plutarch (*Pompeius* 2,1) bezeugen. Ganz anders das Bild, das man von Caesar verbreitete! Es ist uns in einem wohl kurz vor 44 geschaffenen Porträt überliefert (Abb. 9). Der Dictator war damals etwa so alt wie Pompeius, als dessen Bildnis geschaffen wurde. Doch wie viel stärker wird in seinem Fall das Alter hervorgehoben durch das schüttere Haar und das

8 Bildniskopf des Cn. Pompeius. Kopie des 1. Jh.s n. Chr. nach einer Ehrenstatue um 50 v. Chr. Marmor, Kopenhagen, Ny Carlsberg Glyptotek

9 Bildniskopf des C. Iulius Caesar. Kopie des späteren 1. Jh.s v. Chr. nach einer Ehrenstatue kurz vor 44 v. Chr. Marmor, Turin, Museo di Antichità

hagere Gesicht; wie viel konzentrierter und asketischer erscheint der Dictator: ein Inbegriff von *gravitas*, von Würde und Ernst. Folgt Pompeius mehr den Vorbildern aus dem griechischen Osten, so Caesar mehr dem traditionellen Alters- und Erfahrungsideal der römischen Senatsaristokratie. Auch in den Statuenkörpern kamen solche unterschiedlichen Botschaften zum Tragen, die wiederum je individuell das Prestige des Einzelnen lobten: in Caesars Reiterstatue (Plan S. 35: 3), die ja ehemals Alexander gehört hatte – hier schloss auch er sich an den großen Feldherrn an –, der Herrschaftsanspruch, in seiner Panzerstatue (Plan S. 35: 4) die Bereitschaft des Senats, ihm militärische Macht zuzugestehen. Wie Pompeius' Statuen aussahen, wissen wir nicht. Sie standen hinter denjenigen Caesars sicher nicht zurück. Statuen in idealer Nacktheit sollten damals den Anspruch auf heroengleiche Überlegenheit verdeutlichen (vgl. Abb. 10), während Togastatuen eher den Bürgerstatus des Römers betonten (Abb. 59 links; 60). Die Kontraste, die man in der Jugendzeit des Octavius den omnipräsenten

10 Bildnisstatue eines Feldherrn. Aus Tivoli, um 80 v. Chr. Marmor, Rom, Museo Nazionale Romano

Bildnisstatuen in Rom ablesen konnte, konnten also kaum größer sein. Man sieht, dass auch die mit diesen Bildnissen ausgetragenen Konflikte als Ausfluss exzessiver Prestigekonkurrenz zu verstehen sind. Es waren aber nicht nur die machtgierigen Feldherren, die zu diesem Erinnerungskrieg in Bildern beitrugen, es ging keinesfalls nur um deren ‹Selbstdarstellung›. Der Senat selbst hatte vielmehr als Stifter von Bildnissen regen Anteil daran. Insofern lässt sich in der bildlichen wie in der gebauten Welt Roms, die Octavius bis zum Jahr 44 v. Chr. kennenlernte, bereits die Sprengkraft erkennen, die in der Ermordung Caesars und im folgenden Bürgerkrieg mit katastrophalen Folgen zur Explosion kommen sollte.

CAESARS LEICHENFEIER UND DIE MACHT VON BILDERN

Schlaglichtartig erhellt die Leichenfeier Caesars vor den Rostra des Forum Romanum (Plan S. 35: H) im März 44 nochmals viele der prägenden Bildphänomene dieser Zeit und die hohe Bedeutung visueller Erfahrungen (Suet. *Iul.* 84,1): Man sah das luxuriös vergoldete, große Modell des Venus Genetrix-Tempels, den Caesar auf seinem Forum Iulium gestiftet hatte (s. Plan S. 35: L) In seinem Inneren befand sich ein elfenbeinernes Bett mit goldpurpurner Decke, leer und gleichsam bereit für die Wiederkehr des Dictators – wie ein *lectus*, den man in Erwartung der Ankunft von Göttern aufstellte, die man bewirten wollte. Vor dem *lectus* stand ein Pfahl mit der blutverschmierten Toga, in der Caesar ermordet worden war, als Mahnung für seine Erben. Nicht weit von dieser Installation an den Rostra sah man die Statuen, die man Caesar errichtet hatte und in denen er weiter anwesend war (Plan S. 35: 2). C. Octavius, damals noch im achtzehnten Lebensjahr, war durch das Testament Caesars zu dessen Erben und Adoptivsohn geworden. Mit eigenen Augen konnte er, der sich damals in Apollonia (heute in Albanien gelegen) aufhielt, die eindrucksvolle Inszenierung nicht sehen. Seine Erfahrungen mit der so drängenden und konfliktträchtigen Bilderwelt Roms hatte er bereits vorher gemacht.

Litterae vero artesque nullo tempore magis floruere, ea aetate plurimis scriptoribus viventibus, a quibus fontibus quasi omnes populi eruditionem hauriebant.

Literatur und Wissenschaften haben zu keiner Zeit mehr in Blüte gestanden, lebten doch in diesem Zeitalter die meisten der Schriftsteller, aus denen als Quellen geradezu alle Völker ihre Bildung schöpften.

Karl Marx: *de Augusti aetate* – über das augusteische Zeitalter (1835)

– 3 –
DIE RÖMISCHE LITERATUR ZUR ZEIT DES JUNGEN C. OCTAVIUS

Das Zeitalter des Augustus, *saeculum Augustum*, wie man es schon bald nannte, brachte einen Höhepunkt der römischen Kultur und des Geisteslebens, von dem wir noch heute zehren: Vergil gilt geradezu als Vater Europas, Horaz legte für fast zwei Jahrtausende fest, was Lyrik zu sein hat, und der frivole Ovid wird bis heute geliebt wie kaum sonst ein antiker Dichter. Aber dieser Höhepunkt war nicht der Erste. Anderthalb Monate, nachdem auf dem Palatin der künftige Herrscher als C. Octavius geboren worden war, hielt am 8. November 63 der Consul M. Tullius Cicero (106–43 v. Chr.) in einem Tempel am nahen Forum seine erste Rede gegen Catilina, bis heute das berühmteste Prosawerk der lateinischen Literatur. Mit dieser Rede und anderen *Orationes consulares*, die Cicero bald mit beispielloser Kühnheit als ein Corpus von zwölf Nummern herausgab, erhob er, wie er Freunden zu verstehen gab, den Anspruch, mit dem größten griechischen Prosaiker, dem berühmten Demosthenes und dessen *Philippischen Reden* gleichgezogen zu haben. Noch heute nennen wir die Namen beider Redner in einem Atem.

DIE ANFÄNGE DER RÖMISCHEN LITERATUR

Dies war ein wichtiger Schritt bei dem großen Unternehmen, das im *saeculum Augustum* schließlich kulminierte, nämlich eine nationalrömische, lateinische Literatur zu schaffen. Begonnen hatte es im 3. Jahrhundert, als der alte Censor Appius Claudius Caecus eine von ihm gehaltene Rede schriftlich herausgab und vor allem als dann Livius Andronicus, ein eingebürgerter Grieche aus Tarent, Tragödien und Komödien für römische Feste schuf, nach griechischem Vorbild, aber in lateinischer Sprache. Das war ja das Besondere der Römer, dass nur sie das Bedürfnis hatten, sich die in aller Welt bewunderten literarischen Schätze der Griechen in ihrer eigenen Sprache anzueignen und dabei sogar volkstümlich zu machen. Wenn der Jude Ezechiel eine Tragödie über den Nationalhelden Moses schrieb, verwendete er natürlich griechische Trimeter; der Römer Naevius, wenn er den Stadtvater Romulus zum Helden einer Tragödie machte, ließ ihn lateinisch sprechen – wobei immerhin das Versmaß ein griechisches war, denn es sollte ja klingen wie eines der Dramen, die römische Soldaten etwa in Tarent oder Messina gesehen hatten (ohne davon wohl allzu viel zu verstehen). Den Römern wegen dieser einzigartigen Kulturleistung mangelnde Originalität vorzuwerfen, ist abwegig.

So eroberte man, wie man das Imperium arrondierte, sich allmählich alle die verschiedenen Gattungen der griechischen Literatur in der eigenen Sprache. Der Hexameter, das Versmaß des Epos, machte anfangs Schwierigkeiten, die sich aber schließlich besiegen ließen. Und wenn die ersten römischen Geschichtsschreiber noch die griechische Sprache bemühten, dann nicht, weil die lateinische dafür nicht gebildet genug gewesen wäre, sondern weil es zunächst einmal galt, dem griechischen Ausland gegenüber den römischen Imperialismus zu rechtfertigen. Denn bei allen staunenswerten Fortschritten, die die Literatur in lateinischer Sprache machte, bis ins erste nachchristliche Jahrhundert blieb doch Griechisch die Weltsprache, auch im Westen.

DIE BEDEUTUNG CICEROS

Dafür freilich, dass sie den Primat schließlich an das Lateinische abgeben musste, bis im 4. Jahrhundert die Griechischkenntnisse außerhalb des Ostens ganz versickerten, ist entscheidend verantwortlich eben Cicero (M. Tullius Cicero), ein Mann der das Lateinische geprägt hat wie vielleicht kaum je ein anderer die eigene Sprache. Er war ja nicht nur der mitreißende Redner, der, wie er selber einmal sagt, «die Leute lachen ließ, wenn er wollte, und wenn er wollte, weinen ließ» (*Brutus* 290); er fasste die griechischen Regeln der Rhetorik in gründlichen, künstlerisch anspruchsvollen Werken zusammen und adaptierte sie an die römischen Verhältnisse und die Erfahrungen seiner eigenen Praxis. Die Geheimnisse des Prosarhythmus hat er als gestandener Consular gründlicher als je ein Grieche erforscht. Und vor allem studierte er wie kein Römer vor ihm die griechische Philosophie, in die ihn der damals führende Kopf, Philon von Larisa, eingeführt hatte. Dieser war Vorstand der von Platon gegründeten Akademie, und bei ihm begeisterte sich der noch ganz junge Cicero für ein politisch-philosophisches Ideal, Platons Philosophenkönig, die Vereinigung von Macht und Einsicht, ein Ideal, das er dann zeitlebens zu verkörpern suchte – nicht nur in seinem schon erwähnten Consulat, sondern gerade auch dann, als er Ende 44 dem jungen «Caesar», schon nicht mehr Octavius, in fataler Weise zur Macht verhalf.

Wie er über Politik dachte, hat er in den leider zur Hälfte verlorenen Büchern *De re publica* (Über den Staat, verfasst 54–51 v. Chr.) dargelegt. Der von Platon nur erdachte Idealstaat, so führt er dort aus, sei schon vorhanden, und zwar im real existierenden römischen Staat mit seiner Balance von Magistraten, Senat und Volk – sofern sich dieser Staat eben nur auf seine Grundlagen besinne und die recht gesinnten Männer hervorbringe: *Moribus antiquis res stat Romana virisque* – «Männer wie einst und Sitten wie einst sind Roms Fundamente» (ein Hexameter des alten Ennius, *Annales* 500). Von solchen erzkonservativen Gedanken konnte der spätere Kaiser Augustus, der angeblich «die Republik der Verfügung von Senat und Volk wiedergeben» und selber nur durch Autorität ausgezeichnet sein wollte (S. 79), einiges für sich verwerten: Wiederherstellung der alten *mores* war ja Hauptpunkt seines Programms.

Philologen, die sich zugleich für Cicero und Augustus begeistern wollten, haben darüber hinausgehend gemeint, Cicero habe, die alte Verfassung kühn übersteigend, für Notzeiten einen Führer, lateinisch gesprochen: einen *princeps* mit diktatorischer Vollmacht postuliert und auch damit schon dem Princeps Augustus, der diese Bezeichnung ja quasi als Titel führte, den Weg bereitet. Doch hat der Latinist Richard Heinze schon 1924, als wollte er deutschem Unglück vorbeugen, dergleichen widerlegt: Ciceros *princeps* oder, wie er selbst meist sagt, sein *rector rei publicae*, ist kein anderer als der maßgebliche Mann im Senat, derjenige, auf den man hört, also kein Princeps im Sinn des Augustus, dessen Macht zwar auch dem Namen nach auf der Autorität, in Wirklichkeit aber vor allem auf dem Heer beruhte. Im Übrigen konnte Augustus viel auch aus Ciceros Werk *De legibus* (Über die Gesetze), das leider unvollendet blieb, lernen: Hier mochten ihn, den zukünftigen Restaurator von Tempeln und Priesterschaften, vor allem die Sakralgesetze faszinieren, in denen der römische Religionsformalismus durch eine fast schon christliche Gesinnungsfrömmigkeit veredelt wurde, in dem Sinn etwa: dem Gott sei mehr am reinen Herzen als am aufwändigen Opfer gelegen.

Aber das Credo der römischen Religion schrieb Cicero in einem ganz und gar auf griechischer Philosophie aufruhenden Werk: *De natura deorum* (Über die Natur der Götter). Hier erläutert zunächst ein römischer Epikureer, Velleius, dann ein Stoiker, Balbus, die theologischen Ansichten der jeweiligen Schule; und schließlich werden beide von einem skeptischen Akademiker, dem auch als Redner berühmten Cotta, advokatisch zerpflückt: Auch nicht einen einzigen Gottesbeweis lässt dieser scharfsinnige Vordenker der kantischen Aufklärung gelten. Der Stoiker warnt ihn im Voraus: Cotta solle bitte daran denken, dass er auch römischer Priester sei (es gibt in Rom keinen Klerikerstand, sondern alle Priester sind zugleich römische Politiker). Worauf Cotta zu einer bemerkenswerten Grundsatzerklärung ausholt: Jawohl, daran denke er; und keine Philosophie der Welt werde ihn von dem abbringen, was die Väter über Opfer, Auspizien (Vogelschau) und Orakel verfügt hätten. Denn auf diesen Dingen beruhe ja der römische Staat, der ohne peinlich genaue Religionsausübung nie so groß geworden wäre (ein echt römischer Gottesbeweis). Aber das sei seine Meinung als Cotta und als Priester, der keine Argumente brauche. Von einem Philosophen dagegen verlange er, dass er seine Meinung über die Religion auch begründen könne. Und so legt er denn los mit seiner gnadenlosen Kritik an allem, was der ein bisschen bigotte Stoiker vorgebracht hat.

Ist diese Schizophrenie von denkendem Philosophen und gläubigem Priester haltbar? Die christlichen Kirchenväter haben ja anders gedacht. Wir lassen dies dahingestellt sein, um zu konstatieren, dass der spätere Augustus hier lernen konnte, wie sich der religiöse Konservatismus der Römer mit freisinnigem griechisch-philosophischem Denken vereinen lasse. In seinem Staat wird es keine Kirchenstrafen oder Philosophenausweisungen geben. Und im Mittelpunkt des am meisten «augusteischen» Dichtwerks, der die römische *pietas* (Frömmigkeit) verherrlichenden *Aeneis*, steht ein Stück rein philosophischer Theologie: *mens agitat molem* ... (Vergil, *Aeneis* 6,727: «Es ist der Geist, der die Masse bewegt»). Griechisch zu denken stand immer frei; nur ausländische Kulte, wie der der ägyptischen Isis, wurden auch unter Augustus beargwöhnt.

Diese Schrift über die Götter, eines von Ciceros Meisterwerken, war nur Teil des größten philosophischen Projekts, das ein Römer (vor Boethius im 6. Jh.) in Angriff genommen hat: In der Zeit von Caesars Dictatur, als Ciceros politische Handlungsmöglichkeiten eingeschränkt waren, unternahm er es, das Gesamtgebiet der griechischen Philosophie, soweit es für Römer interessant war – also mit Ausschluss von eher esoterischen Teilen der Logik und der Physik – seinen gebildeten Landsleuten, die an sich alle griechisch sprachen, in lateinischer Sprache darzustellen, um deren Ausdrucksmöglichkeiten zu erproben. Dieses Corpus begann mit einem Dialog, in dem die Notwendigkeit des Philosophierens überhaupt dargelegt wurde; dann wurde, von Ciceros skeptischem Standpunkt aus, die Erkenntnistheorie (ein Teil der Logik) in vier Büchern abgehandelt. Es folgte die für Cicero zentral wichtige Ethik in zweimal fünf Büchern, von denen die *Tusculanae disputationes* bis heute zu den beliebtesten Schriften der Antike zählen. Und mit insgesamt fünf Büchern über Themen der Physik (im antiken Sinn), nämlich die Götter, die Prophetie und das Schicksal (verbunden mit der Frage der Willensfreiheit), schloss das gewaltige Corpus von 21 Buchrollen. Es fasste zusammen, was griechische Philosophen in dem Zeitraum seit Aristoteles (4. Jh.) und bis einschließlich Poseidonios (1. Jh.) gedacht haben – Gedanken, die uns sonst in Ermangelung der Originalwerke weithin verloren wären; und so darf diese Enzyklopädie als das überhaupt Wertvollste gelten, was der rührige Cicero seiner Zeit geschenkt und der Nachwelt hinterlassen hat. Noch mehr Erfolg hatte er allerdings mit seiner nachgereichten, an den Stoikern orientierten Schrift *De officiis* (Über die Pflichten). Von ihr wollte Friedrich der Große, Ciceros Nachfahre als «Philosophenkönig» (*Frédéric philosophe stoicien*), dass sie an allen Schulen gelesen werde.

Aber nicht nur Cicero schrieb damals Enzyklopädien: Ihr Meister wurde Marcus Terentius Varro (116–27 v. Chr.), den Quintilian später «den gebildetsten der Römer» nannte (*Institutio Oratoria* 10,1,95) und Petrarca gar im *Trionfo della Fama* «il terzo gran lume romano» («das dritte große Licht der Römer» – nach Cicero und Vergil). Vielleicht angeregt durch Ciceros philosophisches Corpus schrieb er eine Gesamtdarstellung der Wissenschaften, *Disciplinarum libri*, in neun Büchern, von denen wir leider nicht viel wissen, außer dass sie auch Architektur und Medizin enthielten. Lange glaubte man, dass ihnen im Übrigen der durch Varro kanonisch gewordene Zyklus der Sieben «Freien Künste» (*artes liberales*) zugrunde gelegen hätte, aber das scheint unbeweisbar. Mehr erfahren wir von 41 Büchern der *Antiquitates rerum humanarum et divinarum* (Menschliche und göttliche Altertümer), von denen Cicero rühmt, Varro habe durch sie erst die Römer, die wie Zugereiste durch die eigene Stadt geirrt seien, in dieser gewissermaßen zu Einheimischen gemacht. Denn ähnlich wie Cicero die *mores* der Alten wiederbeleben wollte, so ging es Varro um deren Tempel, Götter, Institutionen und Gebräuche. Er wie keiner war wichtig für den späteren Augustus, dessen Principat er – Gelehrsamkeit hält jung – gerade noch erlebte. Sonstige Schriften betrafen Geschichte, Literaturwissenschaft, auch Philosophie. Erhalten sind nur drei Bücher über die Landwirtschaft und sechs besonders kostbare aus dem Cicero gewidmeten Werk *De lingua Latina* (Über die lateinische Sprache). Dass er auch noch Dichter war und in seinen Prosa und Vers, griechische und römische Weisheiten lustig mischenden menippeischen Satiren zum ersten Mal lateinisch philosophierte, macht ihn noch interessanter für uns, die wir leider meist nur noch über seine Gedichttitel lachen können. Aus dem Spruch des weisen Kleobulos (und noch Ludwig Erhards) *Metron ariston* – «Maß ist das Beste» – machte er (*Saturae Menippeae* 111, Titel) *Est modus matulae* – «Auch der Nachttopf hat sein Maß».

DER BILDUNGSGANG DES JUNGEN OCTAVIUS

Was davon hat der künftige Augustus im Unterricht gelesen? Er dürfte nach häuslicher Unterweisung im Schreiben, Lesen und Rechnen Privatunterricht bei einem *grammaticus* (Sprachlehrer) in griechischer und lateinischer Literatur genossen haben. Bei wem, wissen wir nicht, denn der dafür manchmal in Anspruch genommene Sklave (dann Freigelassene) Sphairos war sein «Pädagoge» (*paedagogus*), d. h., er war für das gute Betragen und den Schutz des Jungen vor zudringlichen Älteren, nicht für seine intellektuelle Bildung zuständig. Aber geliebt haben muss ihn sein Schützling, denn er ehrte ihn später mit einem Begräbnis auf Staatskosten. Jedenfalls wurden im lateinischen Literaturunterricht noch keine Zeitgenossen behandelt (auch diese Neuerung bringt erst die Augusteerzeit), vielmehr las man die alten Klassiker bis hinauf zu Altvätern wie dem erwähnten Livius Andronicus, ja bis zu den in höchst urigem Latein verfassten XII Tafeln (Mitte 5. Jh.). Die Literaturlehrer waren eben immer auch Sprachhistoriker. Auch im Theater sah man ja Älteres und Bewährtes (wie heute meist in der Oper). Es wird später ein wichtiges Anliegen des Augustus sein, die Poesie seiner Zeit auf einen höheren, der Marmorstadt Rom würdigen Stand zu bringen. Er als Poet trug dazu wenig bei: Seine eigenen dichterischen Werke, darunter Griechisches und ein Büchlein mit erstaunlich obszönen Epigrammen, scheinen wenig Beachtung gefunden zu haben.

Zum *rhetor* (Redelehrer), der in Rom die ganze höhere Bildung etwa von der Pubertät an abdeckt, scheint man den jungen Octavius früher als üblich geschickt zu haben (hier kennen wir den Namen: M. Epidius, der auch M. Antonius, den Anhänger Caesars, unterrichtet haben soll). Immerhin schon mit zwölf Jahren wird er betraut mit der Aufgabe, auf seine Großmutter Julia die *laudatio funebris* (Leichenrede) zu halten. Da rhetorische Ausbildung nicht nur in der Schule, durch Theorie und praktische Deklamation, stattfindet, sondern vor allem auch auf dem Forum, durch das Anhören der großen Redner, könnte der Zehnjährige schon Ciceros berühmte Rede *Pro Milone* mitbekommen haben. Das rednerische Training betrieb er «mit Hingabe und größter Mühe» (Sueton, *Augustus* 84) und setzte es fort in einem Alter, in dem andere glaubten, ausstudiert zu haben. Noch während des strapaziösen Kriegs um Mutina (Sommer 43) «liest und schreibt und deklamiert er täglich» – sicherlich schon in lateinischer Sprache, die sich damals in dem früher fast ganz griechischen Rhetorikunterricht allmählich durchsetzt. Zuvor war aber auch Apollodoros von Pergamon, einer der berühmtesten griechischen Rhetoriker der Zeit, sein Lehrer gewesen: Ihn hatte er mitgenommen, nach Apollonia, um dort mit ihm zu üben, als ihn die Nachricht von Caesars Tod erreichte. Vielleicht aus einem gewissen Nationalstolz heraus vermeidet er es als Augustus später, selber griechische Texte zu verfassen (wie doch zum Beispiel noch Cicero): Im Bedarfsfall formuliert er lateinisch und lässt andere übersetzen.

Jedenfalls weiß er, wie sehr es immer noch auf das Reden in Rom ankommt, auch wenn ihm seinen Consulat ein Centurio vor dem Senat mit gezücktem Schwert ohne viel Worte durchsetzt (Suet. *Aug.* 26): *Hic faciet, si von non feceritis* («Das wird es machen, wenn ihr es nicht macht»). Auch als er schon an der Macht ist, nimmt er noch Unterricht beim Logopäden (*phonascus*), denn seine Stimme ist nicht sehr strapazierbar, und er bereitet seine Reden gründlich vor – mit einem Unterschied zur guten alten Republik: Er liest vom Manuskript ab, statt frei zu sprechen. Nicht weil er nicht hätte improvisieren können, versichert Sueton, sondern aus Sicherheitsbedürfnis, und um keine Zeit mit Auswendiglernen zu vertun. Der erste Grund dürfte der primäre sein: Selbst wichtigere Unterredungen mit seiner Frau Livia soll Augustus schriftlich vorbereitet haben. Er wollte nicht nur alles durchdenken, sondern auch zeigen, dass er alles durchdacht hatte. Und von unbedachter Improvisation hielt ihn sein Wahlspruch zurück: *Speude bradeos, Festina lente* («Eile mit Weile»). Zurückhaltend scheint er auch mit der Herausgabe seiner Reden gewesen zu sein: Während wir massenhaft Briefe und Brieffragmente von ihm haben, gibt es so gut wie kein wörtliches Zitat aus seinen Reden.

Neben der rhetorischen Ausbildung steht, auch der Zeitmode entsprechend, die philosophische, von der Cicero im Dialog *De oratore* (Vom Redner 55) dargelegt hatte, dass sie für den Redner geradezu unentbehrlich sei. Sie ist damals noch fest in griechischer Hand: Philosophischer Lehrer vielleicht schon des jungen Octavius ist vor allem ein gewisser Areios (Didymos?), dessen Identität ebenso unsicher ist wie sein Einfluss auch in politischen Fragen auf den Schüler nicht bestritten wird: Weil der Stoiker Seneca ihm eine feinsinnige Trostrede an Augustus' Ehefrau Livia (zum Tod von deren Sohn Drusus, 9 n. Chr.) in den Mund legt, nimmt man an, es handle sich um einen Stoiker. Und ebenfalls zur Stoa gehörte bestimmt Athenodoros von Tarsos, der als zweiter Lehrer des zukünftigen Augustus bezeugt ist. Dazu passt, dass nach Lehrmeinung gerade der Stoa die Monarchie die beste Verfassungsform war; auch sieht man, dass später die «augusteischsten» Dichter, Vergil und Horaz, zunehmend zur Stoa neigen: Der Jupiter in Vergils *Aeneis,* der mit dem Rom die Weltherrschaft verheißenden Fatum fast identisch ist, lässt sich geradezu als Verkörperung der stoischen Weltvernunft, *logos*, auffassen. Sicherlich in lateinischer Sprache schreibt Augustus selber (uns verlorene) *Hortationes ad philosophiam* (Ermahnungen zur Philosophie), schwerlich ein Jugendwerk, wie man annimmt, eher doch eine Schrift des Älteren, bestimmt für die Jugend, etwa für die Caesares, seine Enkel.

CICERO UND CAESAR: POLITIK UND LITERATUR

Gerne möchte man sich ausmalen, was der junge Octavius schon von den Auseinandersetzungen zwischen Cicero und seinem Adoptivvater Caesar mitbekommen haben mag. Bei den Debatten um Catilina, 63, hatten sich die beiden, wie eine von Ciceros Consulatsreden zeigt, noch mit Glacéhandschuhen angefasst – dass Caesar, wie die heutigen Historiker, die Hinrichtung der Catilinarier als widerrechtlich bezeichnet hätte, ist unrichtig; zur Verstimmung kam es erst, als Cicero die ihm angebotene Teilnahme am Dreibund von Pompeius, Crassus und Caesar, 60, nicht akzeptierte – ein konservativer Historiker ließ später mit diesem Jahr den Bürgerkrieg beginnen (S. 160) – und dass er dann während Caesars Consulat, 59, gegen dessen Rechtsbrüche einige Sottisen riskierte. So war schließlich Caesars vor der Stadt lauerndes Heer entscheidend dafür, dass der eben noch als *pater patriae* (Vater des Vaterlands) gefeierte Cicero 58/57 vor seinem Todfeind Clodius ins griechische Ausland flüchten musste. Dass er damit Rom vor einem Bürgerkrieg bewahrt habe, wie er in den ruhmseligen Reden nach seiner Rückkehr behauptete, war wohl nicht einmal ganz unrichtig. Danach jedoch musste er sich Caesar und dessen Genossen unterwerfen. Seine 55 gehaltene Rede *De provinciis consularibus*, in der er sich für die Verlängerung von Caesars Statthalterschaft in Gallien einsetzte, markiert einen moralischen Tiefpunkt in seiner Karriere; für uns ist diese in ihrer Art meisterliche Rede ein erstes Präludium zur späteren, von Augustus bis ans Ende des Altertums blühenden Kaiserpanegyrik (S. 286 ff.). Cicero, der das Reden zum Glück nie lassen konnte, verstummte auch in diesen bitteren Jahren nicht; er spricht geradezu von seinem Vergnügen an der Rhetorik, das ihm die physische Anstrengung des Redens versüße; und einmal trotzte er es sogar Pompeius ab, dass er sich für dessen Gegner, seinen eigenen Freund, den Haudegen Milo, in einem Mordprozess (52, S. 23) einsetzen durfte, freilich erfolglos.

Dieser berühmte Prozess, bei dem zum ersten Mal Soldaten auf dem Forum erschienen, um Ruhe zu schaffen (wenn nicht, um Cicero einzuschüchtern), bezeichnete dann auch gewissermaßen das Ende der großen römischen Prozessrhetorik, die mit der Politik so unlösbar verknüpft gewesen war. Wenn Cicero noch während des Bürgerkriegs, an dem er zunächst selber beteiligt war, wieder redet, sechs Jahre nach dem Miloprozess, geschieht dies unter einem Dictator Caesar in einem Senat, der diesem längst hörig ist: Dabei verbindet Cicero in der sogenannten Rede *Pro Marcello* (46) höchstes Lob für den neuen Monarchen, dessen Milde (*clementia*) schon sprichwörtlich ist, mit einer sehr ernst gemeinten Mahnung zur Erneuerung des Staates: «Herstellung der Justiz, Stabilisierung des Kreditwesens, Zügelung der Ausschweifungen, Förderung der Geburtenrate, strenge Gesetze für alles, was in Unordnung geraten ist» (*Marc.* 23) – und Cicero bot dabei seine Hilfe an. Aber Caesar schien nicht interessiert, eher vielleicht sein späterer Adoptivsohn, der das zwar nicht selbst gehört haben kann – der römische Senat hatte keine Zuschauertribüne –, dem aber die schriftlich abgefasste Rede des großen Senators kaum entgangen sein dürfte. Bei den folgenden zwei Schauprozessen gegen zwei alte Caesarfeinde, Ligarius und König Deiotarus, an denen Cicero als «Verteidiger» beteiligt war, könnte der als Solorichter fungierende Caesar den Octavius sogar schon in sein beratendes Gremium aufgenommen haben. Was aber Cicero dort über die *clementia* gegenüber den im Bürgerkrieg Unterlegenen, die nicht böse, sondern «tragisch» verblendet gewesen seien, sagte, kann sich der junge Mann, seinem späteren rücksichtslosen Verhalten nach, nicht sehr zu Herzen genommen haben. Nun, die Iden des März schienen dann ja auch zu zeigen, dass man die *clementia* nicht übertreiben sollte: Manche der Caesarmörder hatten von ihr profitiert.

Cicero und Caesar waren nicht nur vorsichtige politische Gegner, die vor allem nach 56 durch eine formelle «Freundschaft» (*amicitia*) verbunden waren, sie waren auch ein wenig literarische Rivalen. Während der fünfziger Jahre publiziert nicht nur Cicero seine Reden, auch Caesar verfasst, während er Gallien erobert, seine *Commentarii de bello Gallico*, in denen er seinen aggressiven Krieg als gerechtfertigt und notwendig hinstellt. Sie waren nicht als literarisches Werk verfasst, wozu ausführliche Reden, vertiefende Exkurse und vor allem ein rhythmisch ausgefeilter Prosastil gehört hätten; indem sie sich als bloße *commentarii* (Materialien) gaben, wollten sie den Anschein schlichter, ungeschminkter Wahrheit erwecken. Der Erfolg war groß, bis heute. Wer ein reines, schlicht elegantes Latein sucht, wird es in diesen «Kommentaren» wie nirgendwo sonst finden. Und wären sie nicht vom Inhalt her für unsere Fünfzehnjährigen so wenig ansprechend, dann könnte man sie auch weiterhin als Anfängerlektüre empfehlen (wobei zu bedenken ist, dass Caesar seine Kariere als Schulautor erst dem nationalistischen, militärbegeisterten 19. Jahrhundert verdankt). Cicero jedenfalls schwärmte von ihnen (so wenig sie seinem eigenen Stil entsprachen): «Sie sind nackt, aufrecht und anmutig, wobei ihnen jeder Redeschmuck fehlt, als hätte man ihnen das Kleid heruntergezogen. Er wollte zwar anderen Material zur Verfügung stellen, um daraus ein Geschichtswerk zu verfassen. Aber vernünftige Menschen jedenfalls hat er vom Schreiben abgeschreckt; denn in der Geschichtsschreibung ist nichts süßer als die reine und strahlende Kürze» (Cic. *Brutus* 262). Auch über Caesars Reden äußerte sich Cicero mit Anerkennung. Dazu hatte er auch einigen Anlass. Denn Caesar hatte ihm zuvor schon in einer während des Gallienkriegs verfassten Schrift über ein Problem der Sprachwissenschaft das Kompliment gemacht (Cic. *Brut.* 253), er sei «fast der bahnbrechende Erfinder der Redefülle (*copia*)», ein Lieblingswort Ciceros, und anderer Stelle gar: «Sein Triumph ist um soviel größer als der Lorbeer der anderen, als es mehr bedeutet, die Grenzen des römischen Geistes so weit vorgerückt zu haben als die des römischen Reiches» (Plinius, *Naturalis historia* 7,117). Da fühlte sich Cicero nicht nur geschmeichelt, sondern sogar getroffen.

Den antiken Urteilen zufolge, scheint in den Redestil des Augustus, von dem hier schon die Rede sein soll, mehr vom Adoptivvater Caesar, dessen *munditiae* (Feinheit) er angestrebt habe, als von Ciceros *copia* übergeflossen zu sein. Es heißt, die «Fülle des Ausdrucks» habe ihm zwar gefehlt, aber nicht der «feine Witz (*lepos*) des seinerzeit noch unverdorbenen Latein» (Fronto p. 117 v. d. H.). Man rühmt seinen «eleganten und ausgewogenen Stil» (Suet. *Aug.* 86), in dem er die damals aufkommende Pointensucht, den allzu abgezirkelten Periodenbau (*concinnitas*) und das Streben nach «entlegenen, stinkenden Wörtern» (*remotorum verborum fetores*), wie er selbst sagte, gemieden habe. Zu denken ist dabei an Caesars berühmten Ausspruch, man habe ein ungewöhnliches Wort wie der Schiffer die Klippe zu fliehen. Seinem Gegner Antonius warf der neue «Caesar» in den dreißiger Jahren vor, er schwanke zwischen einem mit Altertümlichem aufgeputzten Stil, wie ihn Sallust mittlerweile in der Geschichtsschreibung aufgebracht hatte, und dem leeren Redeschwall der «Asiaten». Dies deutet darauf hin, dass er nicht unberührt geblieben war von der ersten stilkritischen Debatte, die es in Rom (Ende der fünfziger, Anfang der vierziger Jahre) gegeben hatte. Junge Redner, vor allem ein Licinius Calvus, hatten den damals schon geradezu klassischen Cicero provoziert, indem sie seinen angeblich aufgeblasenen Stil gegenüber den schlankeren griechischen Rednern, besonders Demosthenes, herabsetzten. Verdorben hätten Cicero seine Lehrer in Kleinasien (*Asia*), so sei er selber ein *Asianus*. Cicero konterte in zwei Schriften, in denen er die Verurteilung des «Asianertums» rundweg akzeptierte, aber dagegen zu zeigen versuchte, dass sein Stil durchaus demosthenisch und «attisch» sei. Dabei war das von beiden Seiten gebrauchte Wort *Asianus* ein reines Schimpfwort, dessen auch der junge Caesar sich bedienen konnte. Es bedeutet nicht etwa, dass, wie man heute manchmal liest, Antonius einer «asianischen» Stilrichtung angehangen habe. Eine solche hat es nie gegeben. Geistesgeschichtlich bedeutsam ist immerhin, dass es junge römische Redner waren, die zum ersten Mal eine Ausrichtung des Stils nach bestimmten Vorbildern, hier den attischen Rednern, verlangten. Dieses Konzept der *imitatio* (Nachahmung) nicht der Wirklichkeit, sondern des vorbildlichen Autors, wurde bald auch von griechischen Rhetorikern übernommen.

DIE JUNGEN DICHTER UM CATULL

Licinius Calvus, der als «römischer Demosthenes» noch in der Kaiserzeit gewisse Leser faszinierte, aber allzu früh gestorben ist, war Ciceros genialer Widersacher auch in politischer Hinsicht, indem er nämlich als Vertreter der konservativen römischen Jugend in Prozessen die Auseinandersetzung mit Caesar fortsetzte, die Cicero aufgegeben hatte. Er war aber auch ein führender Dichter, von dem nur leider kaum etwas erhalten ist, während wir von seinem noch jüngeren Freund Catull (C. Valerius Catullus, 87? – 53?) wohl fast das ganze Oeuvre besitzen. Man nennt diese Dichter, zu denen noch ein paar andere kommen, vor allem Helvius Cinna, heute mit dem Namen «Neoteriker» und schreibt ihnen (seit Theodor Mommsen) ein gemeinsames poetisches bzw. poetologisches Programm zu: Sie hätten Epos und Tragödie als veraltete Großformen verabscheut, die Kleinform nach dem Vorbild des hellenistischen Dichters Kallimachos gepflegt und überhaupt ausgefeilte Qualität über bloße Quantität gesetzt; als ihr gemeinsamer Lehrer gilt ein Schulmeister namens Valerius Cato, ein als Dichterphilologe gut bezeugter Mann (der aber nicht älter als Calvus und Catull gewesen zu sein scheint). An dieser Konstruktion, die aus wenigen, oft schief interpretierten Zeugnissen herausgesponnen ist, ist nicht viel Wahres dran, wie einige nüchterne Kritiker seit Jahrzehnten wissen. Und wenn vollends heute, besonders in der Gymnasialliteratur, behauptet wird, diese «Neoteriker» hätten sich von Cicero und der *res publica* im Überdruss abgewandt, um sich der Freundschaft und Liebe, dem Wein und den Musen zu ergeben, so ist zumindest dies handgreiflich unrichtig: Calvus hat Caesar wie Pompeius auch in Versen kräftig gezaust, und Catull, der fürs Forum wohl noch zu jung war, hat ihm dabei erfolgreich sekundiert. Sein jambisch gefiederter Spruch über die beiden prominenten Herren Roms, die durch Julia (Caesars Tochter und Pompeius' Gattin) miteinander verwandten «Dreimänner», ging als Slogan durch die Münder: *socer generque perdidistis omnia* – «Schwiegervater und Schwiegersohn, ihr habt alles hingemacht» (Catull 29,24). Richtig ist allerdings, dass wegen solcher Verse Caesar bei Catulls Vater vorstellig wurde und dieser den Sprössling zurückpfeifen musste. Dagegen wusste Catull seinen Patron, den Proprätor Memmius, ebenfalls mit Versen zu unterstützen. Wenn er nämlich in zwei Gedichten übertrieben bittere Klage darüber führt, dass er ihm, seinem Begleiter in der Provinz, nichts zugeschanzt habe, nicht einmal ein paar lumpige Sänftenträger, mit denen er in Rom vor den Mädels renommieren könnte, dann ist das natürlich nicht die ernstliche Attacke eines zu kurz Gekommenen, wie die Biographen wähnen, sondern die beredte Unterstützung für den Leumund eines Mannes, über dem wie über jedem Provinzstatthalter das Damoklesschwert eines Prozesses wegen Repetunden (Provinzausbeutung) schwebte. Auch Memmius war übrigens ein Gegner Caesars, mit dem er sich schließlich arrangierte – wie Catull.

Schon das Angeführte zeigt, wie interessant und lebendig in ihre Zeit verwoben diese jungen Dichter waren, die viel Modernes in die lateinische

Literatur brachten. Für die Poesie war ja seit dem Tod des langlebigen Tragödiendichters Accius in den achtziger Jahren eine Art Sauregurkenzeit angebrochen. Aus unerklärten Gründen schrieb niemand mehr für die Bühne; und auch sonst war es eigentlich als Einziger Cicero, der etwa mit einem Kleinepos über den großen Volkshelden *Marius* und einer Übersetzung des im Altertum so beliebten Lehrgedichts des Arat über die Astronomie (*Phainomena*) der Welt bewies, dass er, staunenswert genug, auch dieses Handwerk verstand. Als er freilich in einem größeren Epos über seinen glorreichen Consulat (*De consulatu suo*) Homer und Achill in Personalunion sein wollte und sich darin gar von den Musen persönlich gratulieren ließ, da erntete er mehr Spott von den Gegnern als Anerkennung von den Freunden; und von seinen späteren poetischen Projekten ist uns nicht mehr viel erhalten.

Während solche Werke formal auf gebahnten Wegen daherkamen, waren die in den fünfziger Jahren tätigen Dichter um Calvus künstlerisch innovativ und einfallsreich. Um mit der Metrik zu beginnen: Neben dem seit langem gängigen Hexameter, dessen Technik sie raffiniert verfeinerten, wurde vor allem die bisher vernachlässigte Elegie, also die Verbindung von Hexameter mit Pentameter, gepflegt, in großen Gedichten, aber auch in kürzeren, oft zugespitzten Epigrammen (wie sie auch noch Augustus, wohl in seiner Jugend, verfasst hat). Eines davon, Catulls unvergleichliches *Odi et amo* (Ich mag sie nicht und liebe sie), war schon vor Carl Orffs genialer, wenn auch sprachwidriger Vertonung das berühmteste Sinngedicht in lateinischer Sprache. Dazu kamen ganz neue Versmaße, die tänzelnden Elfsilbler (bei denen wir nicht einmal wissen, woher diese Dichter sie hatten), die gegen den rhythmischen Fluss anstampfenden Hinkjamben und eine Fülle aeolischer Maße, die man den alten lesbischen Lyrikern abgelauscht hatte, nebst manchem sonst. Catulls *Attis*, ein in sogenannten Galljamben verfasstes Gedicht über einen jungen Mann, der sich in heiliger Verzückung selbst kastriert, um der Göttin Kybele als Priester dienen zu können, ist schon wegen der metrischen Virtuosität, die mit ihrer Stakkatohäufung kurzer Silben die lateinische Sprache an ihre Grenzen treibt, wohl das erregendste Stück religiöser Poesie, das wir aus dem Altertum haben.

Die Thematik dieser Werke könnte vielfältiger und bunter kaum sein. Alle diese Dichter scheinen das mythologische «Epyllion», also Kleinepos, gepflegt zu haben, wobei die Stoffe bevorzugt dem Bereich der fabulösen Mythologie, nicht der bisher gepflegten, halb historischen Heroenzeit entnommen werden: Calvus schreibt über die in eine Kuh verwandelte *Io*, Cinna über die als Myrrhenbaum weinende *Zmyrna*; in Catulls *Peleus* vereinen sich in wundersamen Hochzeiten die Göttin mit dem Menschen, die Menschenfrau mit dem Gott. Die große Elegie dient vorzugsweise der Klage: um den Tod der Geliebten, den des Bruders; aber auch der Abschiedschmerz einer von der Königin Berenike abgetrennten Haarlocke wird (nach Kallimachos) kunstreich beseufzt. Ja sogar zum ausgeklügelten Preisgedicht und zum obszönen Riesengraffito muss das Versmaß herhalten. Die kleinen Gedichte vollends, bei Catull *nugae* (Schnickschnack) genannt, denn sie geben sich ganz improvisiert und wie hingeschlenzt, spiegeln in bunter Fülle das Leben junger Leute, denen die Politik in der Tat nicht alles bedeutet – und die Liebe nicht wenig.

EROTIK UND ATOMPHYSIK IN RÖMISCHER POESIE

Über die andern können wir hier nichts sagen, Catull aber verdankt seinen bleibenden Ruhm den Liebesgedichten, vor allem den kleineren. Er ist, was es noch nie in Rom gegeben hat – ich sage nicht: ein ernstlich verliebter Mensch (denn solche gab es immer), nein: er ist der erste literaturoffiziell verliebte Römer. Was war Gott Eros bzw. Amor oder Cupido, wie sie ihn nannten, bei den Römern? Im Kult hatte er überhaupt keine Bedeutung – und bei den Poeten? Die Tragödie ignorierte ihn, im Epos scheint er jedenfalls keine große Rolle gespielt zu haben; nur in der alten Komödie trat er in Erscheinung – aber wie? Man muss wissen, dass diese Stücke alle in Griechenland spielten, wie ja auch ihre Vorbilder griechisch waren. Die dort sentimental ihr Liebesglück bejubelnden, vor allem aber ihr Leid bejammernden Liebhaber waren also Griechen, Angehörige eines, nach römischer Ansicht, leichtlebigen, mit Geld und Moral freizügigen Volks, das man unterworfen hatte und über das auf alle Fälle kräftig gelacht werden durfte. Es gibt in sämtlichen zwanzig erhaltenen Komödien des Plautus nicht eine einzige Szene, wo der Zuschauer angehalten wäre, mit einem Liebenden mitzufühlen, es gibt, trotz Ubiquität des Erotischen, keine echte Liebesszene. Und dasselbe gilt zum großen Teil auch für den etwas ernsthafteren Terenz.

Aber nun kommt Catull. Vom zweiten seiner Gedichte an – nach der Reihenfolge der Überlieferung, die z. T. noch auf Catull selbst zurückgeht – also beginnend mit dem berühmten *Passer* (Spatz) macht er uns zu Miterlebenden seiner Passion: Mit diesem Spatz spielt sein Mädchen, pickend und schnickend – will sie doch mit solchem Spiel die Glut ihres

Herzens eindämmen. «Möchte ich doch der Spatz sein», erwartet der Leser. Aber Catull, so viel feiner, zarter gegenüber der Geliebten, die das ja wohl zu lesen bekommt: «Möchte doch auch ich mit dir, du Spatz, spielen dürfen.» (Nur nebenbei: Seit 500 Jahren versuchen gelehrte, mit Parallelstellen gerüstete Philologen zu zeigen, dass mit dem Spatzen Catulls Genitale gemeint sein müsse, was sie dann kühn und witzig finden.) Im folgenden Gedicht ist der Spatz gestorben, und Catull betrauert ihn, der Liebsten zuliebe, mit einem Lied, das das Vögelchen auf dem Weg in den Orkus geleitet – womit aber nun für Catull gewissermaßen die Bahn frei ist: Unzählige Küsse erhofft er von seiner jetzt erst mit Namen genannten *Lesbia* (ein Pseudonym) in zwei Gedichten (die im 16. Jahrhundert eine literarische Kussepidemie bei vielen Dichtern auslösen sollten). Dann kommt es jäh zum Bruch (markiert durch den Wechsel von perlenden Elfsilblern zu widerborstigen Hinkjamben): *Miser Catulle, desinas ineptire* («Armer Catull, hör auf, den Narren zu spielen»). Sie will nichts mehr von ihm, und er versucht von ihr loszukommen, ohne Erfolg, wie man fühlt. In einem späteren Gedicht, verfasst im berühmten Odenmaß der großen Sappho, trägt er zwei Freunden auf, ihr seine Abschiedsgrüße, schmerzlich obszön formuliert, zu übermitteln. Aber erst später spüren wir, dass seine Liebe völlig überwunden ist. Wieder in Elfsilblern kann er sich dann erfreuen am Duft eines ihm verbliebenen Parfümfläschchens, das seinem Mädchen einstmals die Liebesgötter geschenkt haben: «Wer das riecht, wünscht sich, nur noch Nase zu sein.» So hat Catull selbst in sieben ausgewählten, zu einem kleinen Zyklus geordneten Gedichten die Geschichte einer Liebe skizziert, die aber auch sonst seine Werke durchzieht. Die unmittelbar packende, fast atemberaubende Kraft dieser Verse ist auch in der uns bekannten griechischen Literatur ohne rechtes Beispiel. Sogar in unserem nüchternen Zeitalter, wo die Mode der Literaturwissenschaft, jedenfalls für die Antike, streng gebietet, zwischen der Person des Autors und seinem lyrischen Ich zu unterscheiden, hat es, glaube ich, noch keiner gewagt, Catulls Liebe zu bezweifeln. Dafür haben sich die Romanautoren, wie Thornton Wilder, darauf gestürzt.

Zur selben Zeit wie Catull, vielleicht etwas später, schon im Schatten des im Jahr 49 ausbrechenden Bürgerkriegs, dichtet in Rom noch ein anderer Genius, ein Mann, von dem wir wenig mehr wissen, als dass sein Patron, Memmius, derselbe war wie der Catulls: Lukrez (T. Lucretius Carus). Auch er schuf ein Werk, wie es die griechische Literatur noch nicht kannte, ein Lehrgedicht, nicht über poetisch dankbare Stoffe, wie die Sternsagen des Eratosthenes, oder über ein absichtlich besonders abwegiges Thema, wie die Mittel gegen Schlangengifte des Nikander, sondern über etwas, das ihm, so spröde es auch schien, wie kein anderes wichtig war: die Atomlehre des Epikur (*De rerum natura* – Über die Natur). Auf ihr ruhte ja die ganze Philosophie dieses erstaunlichen Denkers, der mit seiner Lehre von der Lust als höchstem Gut, seiner Leugnung von göttlicher Vorsehung und Unsterblichkeit, ja mit seinem radikalen, alles Geistige aufs Physikalische reduzierenden Materialismus so völlig herausfiel aus dem eher betulichen Miteinander der Philosophenschulen, die alle irgendwie auf Sokrates zurückgingen und sich unter dem Sammelnamen «Alte Akademie» (so Antiochos von Askalon) vereinigen ließen. Er hatte damals wie kein anderer zumindest für kurze Zeit Erfolg bei den Römern: Cicero in den vierziger Jahren klagt darüber, dass sich eine Flut von (dilettantisch verfassten) lateinischen epikureischen Schriften über Italien ergossen habe; in griechischer Sprache dozierte in Kampanien der uns neuerdings wieder (aus seiner verkohlten Bibliothek) bekannt gewordene Philodemos von Gadara, dem auch noble Römer, wie Caesars Schwiegervater Piso, zuhörten, obschon er, dem Meister Epikur folgend, von politischer Tätigkeit abriet (Cicero setzte sich damit im Prooemium zu *De re publica* scharf auseinander). Lukrez lässt dieses heikle Thema fast völlig aus, indem er zu Beginn nur Rom Frieden und Memmius Muße zur Lektüre wünscht; dann stürzt er sich ganz in die spinösen Feinheiten seines physikalischen Stoffs, ausgehend von den Eigenschaften der solid gepanzerten Atome und deren Bewegungen, von dort übergehend zur materiell konzipierten Seele und deren Wahrnehmungen und schließlich endend bei der Weltentstehung und den Subtilitäten der Meteorologie. Und dies alles in packendem, anschaulichem Latein, nicht in den geschleckten, modernen Hexametern Catulls, sondern in einer Sprache, die, archaisch aufgeraut, Autorität beanspruchen soll. Dabei liegen zwei Dinge Lukrez, wie dem von ihm abgöttisch verehrten Epikur, besonders am Herzen: die Menschen von der Todesangst zu erlösen (Lukrez, *De rerum natura* 3,830: *Nil igitur mors est ad nos* – «Also betrifft uns der Tod gar nicht») und ihnen die «Religion», d. h. die Furcht vor den Göttern, zu nehmen. Beim Gedanken an die Opferung Iphigenies durch Vater Agamemnon formuliert er den Vers, der bis heute der Schlachtruf antireligiöser Aufklärer geblieben ist (1,101): *Tantum religio potuit suadere malorum* – «So viel an Bösem konnte die Religion den Menschen einreden». Freilich auch die Religionsfeindschaft.

ZUSAMMENFASSUNG

So hatte bereits diese dem *saeculum Augustum* vorausgehende Epoche, die wir bis zu Ciceros Tod ruhig die «Ciceronische Zeit» nennen dürfen, in vielem mit den großen Leistungen der immer bewunderten griechischen Literatur gleichgezogen. Schon damals konnten wenigstens die zeitgenössischen Griechen den römischen Literaten nicht mehr Paroli bieten, zumal diese auch vieles hervorbrachten, was durchaus Originalität beanspruchte. Wir denken an Ciceros Corpora von Reden und Philosophica, an das Gedicht des Lukrez und an manches von Catull. Anderes freilich stand noch aus: das große nationale Epos (die *Annales* des Ennius waren ohne künstlerische Einheit gewesen und sprachlich überholt), die große Lyrik, besonders auch die Chorlyrik, in ihren klassischen Formen (Catull hatte sie kaum berührt), das vor allem metrisch auszufeilende Drama (das schon Jahrzehnte lang keinen Dichter mehr gefunden hatte) und nicht zuletzt das nationale Geschichtswerk künstlerischen Anspruchs: Caesars *Commentarii* hatten das ja nicht sein wollen, von den Viten des Cornelius Nepos ganz zu schweigen; und was Cicero anging, so juckte es ihn zwar in den Fingern, aber er fand nicht auch noch dafür Zeit. Viele dieser Forderungen sollte nun das Augusteische Zeitalter einlösen – jedoch keineswegs alle. Und überhaupt war das meiste, was unter Augustus blühte, in der Zeit vor ihm schon angelegt; manches wie Ciceros meisterliche Reden und Varros stupende Handbücher konnte überhaupt nie mehr überboten werden. So wäre also auch ohne Augustus Großes in der römischen Literatur zu erwarten gewesen – und die Begeisterung für ihn hielt sich ja lange Zeit in Grenzen.

II.

EINE BLUTIGE KARRIERE –
DIE JAHRE 44 BIS 27 V. CHR.

– 1 –

DIE DUNKLEN JAHRE: POLITISCHE AMBITIONEN, RÜCKSICHTSLOSE BRUTALITÄT UND BÜRGERKRIEGE

DER ADOPTIVSOHN CAESARS BETRITT DIE BÜHNE

In der Forschung wurde viel darüber nachgedacht, ob Caesar mit der testamentarischen Adoption und der Vererbung von drei Vierteln seines Vermögens den jungen C. Octavius auch als seinen politischen Nachfolger inaugurieren wollte. Dies wird sich nicht eindeutig klären lassen, liegt aber nahe. Ein Mann wie Caesar wird gewusst haben, welche politischen Optionen mit der Erbschaft verknüpft waren. Es ging nicht allein um Geld, sondern, was politisch vielleicht bedeutender war, auch darum, eine treue Gefolgschaft zu vererben – die Klienten Caesars. Im konkreten Fall hatte dies zur Konsequenz, dass Gefolgsleute Caesars sich dessen Nachfolger umgehend als Berater anboten und dass der junge Caesar bei seiner Ankunft in Lupiae nahe Brundisium begeistert von den Soldaten des ermordeten Dictators begrüßt wurde, die ihm von nun an ebenso wie dessen Veteranen zur Seite stehen wollten. Mit diesen Truppen im Rücken akquirierte Octavius umgehend das für den Partherfeldzug bereitgestellte Geld sowie den gerade im Hafen eintreffenden Jahrestribut der Provinz Asia. Dieser erste Willkürakt zeigt, dass er von Beginn an eine ähnliche Zielstrebigkeit und spontane Entschlusskraft an den Tag legte wie sein ermordeter Adoptivvater. Wenn Augustus am Ende seines Lebens im Tatenbericht diese Tage mit den Worten zusammenfasst (und dabei vermutlich die Inschrift zitiert, die sein

43 v. Chr. auf dem Forum Romanum errichtetes Reiterstandbild schmückte; s. Abb. 16), er habe auf privaten Entschluss hin aus privaten Mitteln ein Heer aufgestellt (*Res gestae* 1), dann ist dies eben nur ein Teil der Wahrheit. Geschichtsklitterung und politisch motivierte Lügen waren von Beginn an ein wesentliches Kennzeichen seiner öffentlichen Selbstdarstellung.

Vor Ankunft des jungen Caesar in Rom hatte sich der rund zwanzig Jahre ältere Marcus Antonius als amtierender Consul durch eine flammende Rede bei der Bestattung des Dictators in den Vordergrund gespielt. So setzte er die Caesarmörder, denen Straffreiheit zugesichert worden war, unter Druck, hielt sich ansonsten aber bei der Entscheidung, wie mit dem Andenken Caesars umzugehen war, eher bedeckt. Angesichts der Zuneigung, welche die stadtrömische Bevölkerung dem ermordeten Dictator entgegenbrachte, hatte der junge Caesar bei seiner Ankunft leichtes Spiel, Teile der Öffentlichkeit für sich einzunehmen. Für einen Römer war es selbstverständlich, dass der Sohn verpflichtet war, den Mord an seinem Vater zu rächen. Dies gebot die *pietas*, eine spezielle römische Vorstellung davon, welche Achtung den Vorfahren wie allgemein dem Herkommen entgegenzubringen war. Solche tödlichen Racheakte kamen im an Mordkomplotten reichen politischen Alltag der späten Republik häufig vor. Als schließlich im Juli noch während der von Octavian zu Ehren des Verstorbenen abgehaltenen Siegesfeiern ein Komet (*sidus Iulium*) erschien, wurde er als Zeichen der Vergöttlichung Caesars gedeutet; die damit verbundenen propagandistischen Möglichkeiten, das persönliche Ansehen zu steigern, nutzte der Adoptivsohn, wie Münzbilder eindrucksvoll zeigen (s. Abb. 15).

Im politischen Alltag zählte dies freilich nicht allzu viel. Es war entscheidender, dass sich Truppenteile auf die Seite des jungen Caesar geschlagen hatten und dieser nun dem Senat seine militärische Hilfe anbieten konnte, um gegen den bei vielen Senatoren unbeliebten Marcus Antonius vorzugehen. Cicero spielte in diesen Tagen eine zentrale Vermittlerrolle für den nicht einmal 20-jährigen Octavian, der nun tatsächlich in den Senat aufgenommen wurde und ein Kommando (*imperium*) erhielt, um Antonius in die Schranken zu weisen. Der junge Mann erhielt innerhalb des stark hierarchisch gegliederten Senats die besonders angesehene Stellung eines Consulars (ehemaliger Consul) – ein unerhörter Vorgang –, die sein bisheriges Vorgehen legalisierte und ihm beste Aussichten für die weitere Zukunft eröffnete. Die Lage blieb aber unübersichtlich, da der Senat weiter zwischen einer Unterstützung der Caesarianer und der Caesarmörder schwankte. Als nach einem Sieg über Antonius bei Mutina im April 43 v. Chr. auch die beiden amtierenden Consuln gefallen waren und Antonius seine eigene Machtstellung dennoch gefestigt hatte, erhöhte C. Caesar den Druck. Er zog mit seinen Soldaten nach Rom und erpresste durch die Präsenz der Soldaten in der Volksversammlung seine Wahl zum Consul. Damit war eine Voraussetzung geschaffen, die Rache für die Ermordung des Dictators zu forcieren. Dafür aber war eine Allianz mit den Caesarianern notwendig. Und dies bedeutete vor allem, einen Pakt mit einem ihrer wichtigsten und machthungrigsten Protagonisten zu schließen, mit Marcus Antonius.

DAS BÜNDNIS DER DREI SCHLÄCHTER

Im Oktober trafen sich C. Caesar, Antonius und der ebenso ambitionierte Senator Marcus Aemilius Lepidus in Norditalien nahe Bologna, um über das weitere Vorgehen zu beraten. Ergebnis dieser Beratung, bei der es allen dreien um den Ausbau und die Absicherung der eigenen Machtstellung ging, war das Zweite Triumvirat. Im Gegensatz zum Ersten Triumvirat in den sechziger Jahren, einer rein privaten Absprache zwischen Caesar, Pompeius und Crassus, wurde dieser neue Bund durch die Volksversammlung in einem eigens verabschiedeten Gesetz am 27. November 43 v. Chr. abgesegnet. Die drei trugen offiziell den euphemistischen Titel *tresviri rei publicae constituendae*, Dreimännerkollegium zur Gestaltung des Staates, und hatten eine zwar auf fünf Jahre begrenzte, aber beinahe allumfassende Machtstellung.

Nachdem die neuen Triumvirn den Westen des Reiches unter sich aufgeteilt hatten, beschlossen sie ein grauenvolles Gemetzel unter ihren politischen Gegnern. Nach dem Vorbild Sullas, der nach 88 v. Chr. unter Senatoren und Rittern ein im öffentlichen Bewusstsein nie vergessenes Blutbad angerichtet hatte, sollten neuerlich Proskriptionen durchgeführt werden. Mit dem Begriff Proskription ist eigentlich eine einfache öffentliche Bekanntmachung gemeint, doch hatte der Begriff unter Sulla eine entsetzliche neue Bedeutung erhalten. Jener ließ die Namen politischer Widersacher auf öffentlich ausgehängte Listen schreiben und erklärte sie damit für vogelfrei, was einer Aufforderung zu deren Ermordung gleichkam. Um dem Ganzen Nachdruck zu verleihen, wurden hohe Belohnungen ausgesetzt, die nun auch die Triumvirn versprachen. Für jeden abgeschlagenen Kopf wurde die exorbitante Summe von rund 70 bis 80 (!) Jahresgehältern eines einfachen Arbeiters in Aussicht gestellt, die aus dem Vermögen des

Exekutierten beglichen werden sollte. Bei solch hohen Kopfgeldern (in der Summe nach heutigen Maßstäben ein Millionenbetrag) fanden sich nicht nur zahllose Mörder. Wir hören auch von grauenvollen Szenen, die sich damals in den Straßen Roms und auch sonst allenthalben in Italien abspielten. Aus Geldgier stritt man um abgeschlagene Köpfe oder exekutierte Personen, die nur entfernte Ähnlichkeit mit den Proskribierten hatten. An zentralen Sammelstellen, wie zum Beispiel an den Rostra auf dem Forum Romanum, wo eigentlich die Redner zum Wohle des Volkes debattieren sollten und das Reiterstandbild Octavians stand, wurden Köpfe gesammelt, ausgestellt und der Blutsold ausbezahlt.

Mehr als 300 Senatoren und 2000 Ritter – unter den Ersten so prominente Opfer wie Cicero – sollen auf den Listen gestanden haben. Diese Zahlen sind in der Forschung relativiert worden, dennoch dürfte die Gesamtzahl der Ermordeten noch deutlich höher gewesen sein. Die Triumvirn rotteten so die alte Führungsschicht und viele angesehene römische Familien regelrecht aus – ein Schlag, von dem sich die altrepublikanischen Familien nicht mehr erholen sollten. Selbst in den italischen Städten, in denen die führenden ritterlichen Familien in den Stadträten betroffen waren, haben die drei Schlächter an die Stelle ermordeter Gegner eigene Gefolgsleute, oft verdiente und reich entlohnte Offiziere gesetzt, die künftig verlässlich die Politik des Triumvirats unterstützten. Die mit den Morden verbundenen Konfiskationen schufen zugleich die materiellen Ressourcen für die anstehenden militärischen Schläge gegen die Caesarmörder.

Mit der Besetzung der freigewordenen Plätze in Senat und Ritterstand hatte man die politischen Kräfteverhältnisse völlig neu gestaltet und dadurch eine wichtige Voraussetzung für die spätere Neuordnung des Staates durch Augustus geschaffen. Mit dem Tod der Proskribierten standen auch die von ihnen repräsentierten althergebrachten politischen Vorstellungen und Ideale zur Disposition. Das wirft die Frage nach der Verantwortung des jungen Caesar an den Morden auf. Bildeten von Anbeginn unsägliche Gewalt und blutiger Terror die Basis seines Neubaus des Staates? Man muss dies bejahen, auch wenn Augustus selbst später sehr darum bemüht war, seine Rolle herunterzuspielen. Jedenfalls behauptete er von sich, dass er tagelang versucht habe, die beiden anderen Triumvirn von Proskriptionen abzuhalten. Als er die Aussichtslosigkeit seines Widerstands spürte, habe er noch den Kopf Ciceros retten wollen, der aber Marcus Antonius wegen seiner gegen ihn gerichteten Reden besonders verhasst war.

Auch wenn sich der Anteil des jungen Caesars wegen der bald tobenden Propagandaschlacht mit Antonius kaum mehr rekonstruieren lässt, wird man ihn so wenig wie die beiden anderen Triumvirn aus der historischen Verantwortung entlassen können. Da die Erinnerung an das Terrorregime nicht so bald aus dem öffentlichen Bewusstsein verdrängt werden konnte, scheinen beide ständig unter Rechtfertigungszwang gestanden zu haben. Jedenfalls können wir lesen, dass die Gegner C. Caesars unterstellten, der Erbe des Dictators habe entgegen anderslautenden Beteuerungen besonders rücksichts- und gnadenlos morden lassen (Sueton, *Augustus* 27). Diese Negativberichte haben deutliche Spuren bei Sueton hinterlassen. Griechische Autoren wie Plutarch oder Appian folgen hingegen der Sicht des jungen Caesars, der die Mordlust des Antonius besonders düster dargestellt haben wird. Die Rolle C. Caesars angemessen zu beschreiben, war vor dem Hintergrund seines späteren politischen Sieges natürlich ausgeschlossen. Dies verboten, wie Appian es etwas umständlich ausdrückte, «die Wesensart und das Glück des einen unter (den Triumvirn), der die Regierung auf eine solide Grundlage stellte und seine Abfolge und seinen Namen hinterließ, der jetzt noch von ihm her an höchster Stelle steht» (Appian, *bella civilia* 4,62).

Jedenfalls hat sich C. Caesar als politischer Anfänger mit einer Rücksichtslosigkeit und Brutalität eingeführt, die auch heute noch Schaudern macht. Dass die Konfiskationen wegen der Geldgier der Soldateska gleichwohl nicht für den entscheidenden Schlag gegen Brutus und Cassius ausreichten, war für ihn angesichts gewachsenen Einflusses in Rom zu verschmerzen – und dies umso mehr, als der Sieg über die Caesarmörder im Oktober 42 v. Chr. bei Philippi dennoch gelang. Mit dem Tod der beiden Exponenten des Mordkomplotts an den Iden des März waren die letzten einflussreichen Köpfe republikanischer Tradition abgeschlagen und konnten als makabre Sendung nach Rom geschickt werden.

Kurze Zeit später konnte C. Caesar seine skrupellos ausagierte Gewaltbereitschaft erneut unter Beweis stellen. Als im Zuge der Veteranenansiedlung in Italien, die ihm zugleich eine solide Machtbasis auf der Halbinsel sicherte, der Widerstand der davon betroffenen italischen Städte eskalierte, stellte sich Lucius Antonius, der Bruder des Triumvirn, auf die Seite der betroffenen Italiker. Große Teile des Senats unterstützten ihn, da man die Machtfülle C. Caesars zunehmend fürchtete und ihr Grenzen ziehen wollte. Da die Veteranen aber unbedingt auf Ansiedlung bestanden, wurde die Situation gefährlich. C. Caesar schloss Lucius Antonius und führende Widerständler, darunter etliche Senatoren, in Perusia ein und belagerte die Stadt. Nach der Kapitulation soll der junge Caesar am 15. März 40 v. Chr. außer den Ratsherren der Stadt rund 300 Ritter und Senatoren an einem Altar des vergöttlichten Caesar haben töten lassen. Auch wenn diese Zahl und die

Umstände der Exekutionen nicht sicher überliefert sind, so sind die Zerstörung der Stadt und die anschließende Hinrichtung vieler führender Gegner historisch belegt.

Auf einer anderen Ebene und doch in ihrer zeittypischen politischen Skrupellosigkeit vergleichbar erscheint auch seine im Jahr 40 v. Chr. geschlossene Ehe mit Scribonia, der Schwägerin seines politischen Gegners Sextus Pompeius, des Sohnes des Großen Pompeius. Jener galt als Anhänger der alten Republik und als politischer Abenteurer, der mit Hilfe von Piraten und seiner Flotte Sizilien und die übrigen Inseln des Tyrrhenischen Meeres kontrollierte. Diese Ehe des C. Caesar sollte Kontakte des Antonius mit Sextus Pompeius neutralisieren; sie hielt gerade einmal ein Jahr. Immerhin ging aus dieser Verbindung seine einzige Tochter Julia hervor, die später eine prominente, aber eher traurige Rolle während seiner Herrschaft als Kaiser Augustus spielen sollte.

SOHN DES VERGÖTTLICHTEN

Ende Oktober/Anfang November 40 v. Chr. wurde schließlich die offizielle Vergöttlichung (*consecratio*) des Dictators Caesar vollzogen. Sein Adoptivsohn C. Caesar wechselte erneut den Namen und nannte sich von nun an *Imperator Caesar divi filius* (Imperator Caesar, Sohn des Vergöttlichten). Ungeheuerlich und ohne Parallele waren bereits die Vergöttlichung eines verstorbenen Römers und die prestigeträchtige Angabe des Vatersnamens in Verbindung mit *divus*. Mit der Annahme des Vornamens *Imperator* unterstrich er seine Nähe zu Soldaten wie Veteranen und seine militärische Durchsetzungskraft. *Caesar* trat an die Stelle des Gentilnomens (Familiennamens), womit der *divi filius* (der Sohn des Vergöttlichten) gewissermaßen eine Familientradition propagierte, auf deren Grundlage er eine außerordentliche Stellung beanspruchte und fortsetzen wollte. Mit dieser völlig neuartigen und bis dahin in Rom unbekannten Namensform formulierte er die Stellung, die er von nun an gegenüber jedermann beanspruchte.

Der Konflikt mit Antonius begann sich in der Folge zu verschärfen, auch wenn es in Brundisium im selben Jahr noch einmal zu einem Abkommen kam, in dem Antonius der Osten und Imperator Caesar der Westen zugeteilt wurde. Die Eheschließung des Antonius mit Caesars Schwester Octavia sollte diesen brüchigen Ausgleich der Opponenten stützen. Brisanter in diesen Jahren war freilich der Konflikt mit dem jungen Pompeius, der sich umfangen von ähnlicher Hybris wie Imperator Caesar «Sohn Neptuns» (*Neptuni filius*) nannte. Er bedrohte mit seinen Flotten Italien und kontrollierte die Getreidezufuhr. Nach Zugeständnissen und einem 39 v. Chr. mit ihm in Misenum geschlossenen Vertrag war er jedoch bereit, die Blockade aufzuheben.

Doch selbst ein Caesar und Göttersprosss hat ein Privatleben, und so war es für ihn von noch größerer Bedeutung, dass er in diesem Jahr Livia Drusilla, seiner späteren Frau, begegnete. Sie stammte aus einer bedeutenden Senatorenfamilie der Claudier, war zu diesem Zeitpunkt noch mit Tiberius Claudius Nero verheiratet und zum zweiten Mal schwanger. Dies hielt Imperator Caesar nicht davon ab, sie gegen alle sakralen Regeln im Jahr 38 v. Chr. zu heiraten. Livias beide Kinder – der Erstgeborene (und spätere Kaiser) Tiberius sowie dessen jüngerer Bruder Drusus – unterstellte ihr leiblicher Vater wenig später testamentarisch der Obhut und Vormundschaft des jungen Caesar. Dass Imperator Caesar und Livia trotz mancher Widerstände diese Ehe eingingen, dürfte seine Ursache in echter Zuneigung gehabt haben, die beide verband. Dass dem Imperator Caesar aus einer Ehe mit einer Frau aus altehrwürdiger patrizischer Familie zudem gesellschaftlich-politisches Prestige erwuchs, war dabei eine höchst willkommene Nebenwirkung.

Im Dezember desselben Jahres endete der Triumvirat. Wenige Monate später traf Imperator Caesar ein letztes Mal Antonius in der unteritalischen Stadt Tarent, um den Pakt zu verlängern. Caesar trug fortan den Titel «Triumvir zum zweiten Mal», war also erneut darauf bedacht, seiner Ausnahmestellung eine legale Grundlage in Form eines von der Volksversammlung verabschiedeten Gesetzes zu geben. Antonius und Lepidus waren solche Formen offenbar gleichgültig, weil sie im Osten und in Nordafrika agierten, den Senatoren Roms also nicht so nah wie Imperator Caesar waren. Dieser machte sich nun daran, den selbsternannten «Sohn Neptuns», Sextus Pompeius – Sohn Pompeius' des Großen –, endgültig als Kontrahenten auszuschalten. Was er selbst später in Anspielung auf die beteiligten Piraten als «Seeräuberkrieg» (*Res gestae* 25) bezeichnete, war nichts anderes als ein Bürgerkrieg um Macht und Einfluss. Unter der Führung seines treuesten Gefolgsmannes Agrippa, der als höchst talentierter Kommandeur die Flotte befehligte und erstmals als bedeutender Partner des jungen Caesar auftrat, wurde Pompeius endgültig in Naulochos geschlagen. Als ein Teil seiner Truppen zu Lepidus überlief, versuchte dieser ein letztes Mal in der Politik dieser Jahre mitzumischen und die für Rom so wichtige Kornkammer Sizilien unter seine Kontrolle zu bringen. Vergeblich! Imperator Caesar

11 Denar des C. Caesar ‹Octavianus›. **Links** Kopf des Octavian mit Lorbeerkranz. **Rechts** Ehrenstatue Octavians in heroischer Pose mit Lanze und Schwert auf einer *columna rostrata*, wie sie auf dem Forum Romanum aufgestellt war, um 31/29 v. Chr. Silber, Staatliche Museen zu Berlin, Münzkabinett

agierte geschickt. Es gelang ihm, die gerade übergelaufenen Truppen an sich zu binden, worauf Lepidus aufgeben musste und sich ins Privatleben, in eine Art Hausarrest zurückziehen musste. Allein die Stellung als Oberpriester – *pontifex maximus* – blieb ihm bis 12 v. Chr. erhalten.

Vorerst begnügte sich Imperator Caesar damit, als Triumphator in Rom einzuziehen. Zuvor hatte er mit der Kreuzigung von 6000 Sklaven, die zu Pompeius übergelaufen waren, noch einmal gezeigt, dass er römisches Recht gnadenlos durchsetzen konnte. Ihr Tod war den freien Italikern eher gleichgültig und in Erinnerung an die bedrohlichen Sklavenaufstände etwa eines Spartacus (73–71 v. Chr.) sogar willkommen, denn solche Massenhinrichtungen schüchterten ihre unzufriedenen Sklaven nachhaltig ein. Für die Italiker war wichtiger, dass der junge Caesar sie von Konfiskationen verschonte und die Soldaten nach Beendigung des Krieges *außerhalb* Italiens mit Land versorgte.

In Rom selbst stellte der Senat ein Ehrenmonument in Form einer *columna rostrata* auf das Forum, die auf ihrer Spitze Imperator Caesar in heroischer Nacktheit zeigte (Abb. 11; S. 86 f.). Die zugehörige Inschrift feierte den jungen Caesar als den Mann, der den Bürgerkrieg beendet und den Frieden wiederhergestellt hatte. Damals brach die Zeit an, in der Rom mit Ehrenmonumenten für den neuen Helden überschwemmt wurde (S. 83–89). Auch die Münzdarstellungen feierten den Triumphator über den «Sohn Neptuns». Innenpolitisch bedeutender war jedoch, dass der Senat Imperator

Caesar, bald darauf auch Livia und selbst seiner Schwester Octavia die Unverletzlichkeit eines Volkstribunen (*sacrosanctitas*) verlieh. Jeder Angriff auf ihre Personen war fortan ein Angriff auf den *populus Romanus* selbst. In einem 36 v. Chr. veröffentlichten Rechenschaftsbericht verbreitete Imperator Caesar erstmals schriftlich und so für jedermann nachlesbar seine Sicht der Dinge und seine Vision von der politischen Rolle, die er für Rom spielen wollte.

ENDKAMPF MIT ANTONIUS

Imperator Caesar setzte im weiteren Verlauf alles daran, große Teile des Senats auf seine Seite zu bringen, um endlich den von vielen Römern weiterhin verehrten Antonius als Gegenspieler entscheidend zu schwächen. Die letzte und entscheidende Konfrontation ist heute in den Einzelheiten schwierig zu rekonstruieren, da vor der entscheidenden Schlacht bei Actium im Jahr 31 v. Chr. und besonders nach dem endgültigen Sieg Imperator Caesars, als er Alexandria eingenommen hatte, eine ungeheure publizistische Schlammschlacht geführt wurde. Zunächst verbreiteten die Kontrahenten übelste Verleumdungen und Lügen übereinander, wobei die Gegner des Antonius insbesondere das Repertoire orientalischer Tyrannentopik bemühten. Sie zeichneten Antonius vor allem wegen seiner Beziehung zu Kleopatra als orientalischen Despoten, der schwach und willenlos an den Lippen einer ägyptischen Königin hing, für die er bereit war, das römische Reich zu verkaufen. Die Phantasie der Zeitgenossen ließ sich umso leichter beflügeln, als Alexandria Schauplatz dieser Liebesgeschichte war – seit Generationen Sinnbild des Überflusses und des Luxus. Die römischen Senatoren schwelgten zwar ebenfalls in privatem Luxus und in einer regelrechten Ägyptomanie bei der Innenausstattung privater Villen, aber zumindest waren sie sich darüber einig, dass dies nicht den altrömischen Idealen entsprach, die sie selbst jenseits der privaten Lebenspraxis in Wort und Schrift nach wie vor für verbindlich erklärten. Von einem ägyptischen Herrscher erwarteten die Untertanen hingegen, dass er seinen Luxus und überbordenden Genuss in der Öffentlichkeit regelrecht zur Schau stellte. Wesentlicher Bestandteil dieser herrscherlichen Selbstdarstellung war die sogenannte *tryphe*, die Präsentation von Prunk und Glanz, Reichtum und unerschöpflichen Ressourcen an Speisen und Trank. Dieses Ideal aber war verbunden mit dem Kult des Gottes Dionysos, der für exzessiven Konsum von Wein und Völlerei stand, welche die Anhänger nicht als rauschhafte Entgleisung, sondern als göttliche Garantie menschlichen Glücks verstanden. Als Augenzeugen erzählten, Antonius sei gemeinsam mit Kleopatra auf einem Prunkwagen unter dem Jubel der Bevölkerung durch Alexandria gefahren und wie ein neuer Dionysos (*neos Dionysos*) verkleidet gewesen, während die Königin wie die Göttin Isis drapiert gewesen sei, musste man glauben, er sei verrückt geworden. Ein Römer schien er jedenfalls nicht mehr zu sein.

Dass ägyptische Lebensart auch die reichen Römer anzog und faszinierte, zeigt die erwähnte Ägyptomanie, die wohl einen Höhepunkt erreichte, als Kleopatra noch als Geliebte Caesars einige Zeit in Rom lebte und als beeindruckende Persönlichkeit die senatorischen Salons geschmückt haben mag. Angesichts der politisch motivierten Ressentiments der Römer gegenüber hellenistischen Königen – stammte Kleopatra doch aus dem hellenistischen Herrschergeschlecht der Ptolemäer – und einer ziemlich verlogenen Beschwörung altrömischer Sitten (*mos maiorum*) war es ein Leichtes, die von Wohlwollen unterlegte Faszination und die Bewunderung des modischen Trends in strikte Ablehnung zu verwandeln. Die Betonung altrömischer Tugend war vor allem ein wohlfeiles Lippenbekenntnis, im Wesentlichen konsequenzlos und folglich hervorragend zu instrumentalisieren. Die Römer waren leicht auf angeblich altrömische Sitten einzuschwören, weil sie täglich an sich selbst beobachteten, dass sie diese Werte nicht mehr lebten. Solches hat Imperator Caesar selbstverständlich durchschaut, als er mit aller Macht versuchte, aus Antonius einen orientalischen Despoten zu machen.

Ihm spielte in die Hände, dass Antonius bei seinem Versuch, die militärische Schmach, die Crassus gegen die Parther erlitten hatte (s. S. 23), wettzumachen, kläglich gescheitert war. Als Antonius schließlich seine Frau Octavia – des Imperator Caesars Schwester – nach Rom heimschickte, um nicht nur seine leidenschaftliche Liebe zu Kleopatra ausleben zu können, sondern auch deren Unterstützung in finanzieller und militärischer Hinsicht zu erhalten, konnte Imperator Caesar diese gedemütigte römische Matrone als lebendes Beispiel dafür vorführen, dass sein Widersacher die Werte Roms endgültig zugunsten der fremdländischen Königin preisgegeben hatte. Man wusste ferner von mehreren Kindern, die Antonius und Kleopatra hatten. Als Antonius im Jahr 34 v. Chr. das gerade eroberte Armenien an den gemeinsamen Sohn Alexander Helios verschenkte und Kleopatra den Titel «Königin der Könige» gab, schien gar, oberflächlich betrachtet, das Imperium Romanum auf dem Spiel zu stehen. Dass Antonius bei all dem eine kluge Politik der Arrondierung im Osten verfolgte, ließ sich demgegenüber leicht dementieren. Imperator Caesar gab sich bei der Verunglimpfung des Antonius auch deshalb besondere Mühe, da dieser den leiblichen Sohn, den Kleopatra Caesar geboren hatte und der den Namen Kaisarion trug, anerkannte. Ein leiblicher Sohn war einem Adoptivsohn im Ansehen immer überlegen, was Kaisarion nach der Eroberung Alexandrias durch Imperator Caesar mit dem Leben bezahlen sollte.

Die militärische Entscheidung rückte näher, als Imperator Caesar im Januar 33 v. Chr. seinem Consulat antrat und seine erste Rede nutzte, um Antonius heftig anzuklagen. Dieser beorderte einen Teil seiner Truppen nach Ephesos, während Agrippa und Imperator Caesar ihrerseits Vorkehrungen trafen, um zu verhindern, dass Italien Kriegsschauplatz würde. Die Flotte operierte in der Adria, und die Landtruppen sammelten sich in Illyrien. Es dauerte noch bis zum Januar 32 v. Chr., bis der Bruch zwischen den Kontrahenten offensichtlich wurde. Dies mag damit zusammenhängen, dass der Triumvirat erst Ende 33 v. Chr. auslief. Aber das ist alles andere als sicher, da die Vereinbarungen über die Laufzeit des im Jahr 37 v. Chr. geschlossenen Vertrags in Tarent nicht überliefert sind. In Rom gab Imperator Caesar ein gigantisches Grabmal für sich in Auftrag, um im Unterschied zu Antonius seine noch über die eigene Lebensspanne hinaus unverbrüchliche Verbundenheit mit Italien und Rom zu unterstreichen (Abb. 20; 48). Alle wirkmächtigen Register politischer Propaganda wurden gezogen, aber auch ganz offen martialische Drohgebärden vorgeführt. Jedenfalls nutzte Imperator Caesar einen Auftritt im Senat, um begleitet von bewaffnetem Gefolge den Ton gegen Antonius zu verschärfen. Besonders die Androhung physischer Übergriffe mit den Waffen tragenden Soldaten war unerhört und musste dahingehend verstanden werden, dass eine Usurpation der Macht durch Imperator Caesar unmittelbar bevorstand. Die beiden Consuln und 300 Senatoren verließen darauf die Stadt und machten sich auf die Reise zu Antonius, den sie gemeinsam mit Kleopatra in Athen trafen.

Ein Teil der Senatoren war irritiert über das, was dort zu sehen war. Ein römischer Senator, umgeben von der Entourage eines ptolemäischen Königshofes, war doch ein ziemlich gewöhnungsbedürftiger Anblick. Einzelne wechselten daraufhin die Seite und gingen zu Imperator Caesar über, der insbesondere Informationen des Munatius Plancus begierig aufnahm. Dieser kannte als Zeuge das Testament des Antonius, dessen Einzelbestimmungen exakt die Propaganda Caesars zu bestätigen schienen. So ließ er das im Vesta-Tempel hinterlegte Testament widerrechtlich öffnen und Teile im Senat verlesen. Antonius wünschte eine Bestattung in Alexandria und vermachte römisches Gebiet den gemeinsamen Kindern mit Kleopatra. Es schien tatsächlich alles so entsetzlich zu sein, wie von Octavian und seinen Anhängern behauptet.

12 Marmorfragment des monumentalen severischen Stadtplan Roms (*Forma Urbis Romae*), auf dem Bauten des Agrippa auf dem Marsfeld eingraviert sind. Ein Rest der Beischrift «Thermae Agrippae» ist erhalten. Museo della Civiltà Romana, Rom

Da Antonius nach Ansicht des Senats gänzlich von Kleopatra beherrscht wurde und willenlos war, erklärte man ihr den Krieg. Es sollte ein Krieg gegen eine auswärtige Macht, nicht gegen römische Bürger sein, auch wenn der Großteil der Truppen des Antonius römische Legionäre waren. Mit militärischem Druck von Soldaten wie angesiedelten Veteranen gelang es Imperator Caesar, ganz Rom und die italische Halbinsel eidlich auf sich zu verpflichten. Immerhin mussten die Italiker ein Viertel ihres Jahreseinkommens für die Finanzierung des Krieges abliefern. In seinem Tatenbericht sprach er später vom *consensus universorum* (der Übereinstimmung aller), der ihn zum Führer (*dux*) gegen die Feinde gemacht habe. Mit diesem propagandistisch unterfütterten Euphemismus gab er in der Tat recht treffend wieder, dass er nicht allein im Hinblick auf die bevorstehenden Kämpfe, sondern insbesondere mit Blick auf seine politischen Pläne eine möglichst breite Unterstützung benötigte. Der klugen Taktik Agrippas war es schließlich zu verdanken, dass seine Partei weiter gestärkt wurde. Dazu gehörte Agrippas umsichtige Baupolitik in Rom, die ihm in einer Mischung aus Infrastrukturmaßnahmen und Prachtbauten auf dem Marsfeld den Zuspruch der stadtrömischen Bevölkerung sicherte (Abb. 12).

Bedeutsamer und folgenreicher war freilich Agrippas überlegene militärische Taktik vor Actium. Agrippa hatte es geschafft, den Landkrieg zu vermeiden und Antonius mit seiner Flotte wochenlang einzukesseln und vom Nachschub abzuschneiden. Dessen Verbündete setzten sich ab, in Scharen liefen Soldaten über oder starben angesichts haltloser hygienischer Zustände in der griechischen Sommerhitze. Im September versuchte Antonius den Ausbruch zur See. Dieser misslang, woraufhin Kleopatra nach Alexandria floh und ihr Geliebter ihr nacheilte. Die Truppen der Unterlegenen liefen geschlossen zu Imperator Caesar und Agrippa über, womit der Sieg feststand. Es wurde propagiert, dass der Gott Apoll, der den Beinamen *Actiacus/Actius* erhielt, den Römern beigestanden habe, weshalb der nach Naulochos – dem Sieg über Pompeius – gelobte Neubau auf dem Palatin in Rom diesem Apoll geweiht wurde (S. 35). Wo er einst sein Feldlager aufgeschlagen hatte, gründete Imperator Caesar die Stadt des Sieges, Nikopolis, in deren Nähe ein spektakuläres Monument an ihn als den Mann erinnerte, der endlich Frieden über den ganzen Erdkreis gebracht hatte (Abb. 23).

AEGYPTO CAPTA – DAS ENDE DES BÜRGERKRIEGS UND DIE NEUE FRIEDENSZEIT

Die anschließende Eroberung Ägyptens gelang handstreichartig, da Antonius über kein bedeutendes Heer mehr verfügte. Im Sommer 30 v. Chr. war Ägypten, eines der reichsten Länder der Mittelmeerwelt, Teil des römischen Reiches. Antonius beging in Alexandria Selbstmord, und auch Kleopatra zog daraufhin den Freitod der Erniedrigung vor, im Triumphzug durch Rom geführt zu werden. Beide wurden gemeinsam in Alexandria bestattet. Der Sieger Imperator Caesar trat nun an die Stelle des ägyptischen Pharaos und machte das Land am Nil zu einer römischen Provinz, die ihm von nun an unmittelbar unterstand.

Die Sieger kehrten beladen mit Beute, wie sie die Welt noch nicht gesehen hatte, nach Rom zurück – freilich erst, nachdem sie die Verhältnisse im Osten geregelt hatten. In einem drei Tage dauernden Triumphzug führten sie vom 13. bis 15. August einer staunenden Öffentlichkeit den sagenhaften Reichtum vor. So war Imperator Caesar seinem Ziel, den römischen Staat allein in seinen Händen zu halten, schon recht nah gekommen. Er wusste gleichwohl, dass eine dauerhafte Kontrolle in einem rein autokrati-

13 Marmorrelief vom Apollontempel des C. Sosius. Es zeigt Szenen vom dreifachen Triumph des Imperator Caesar nach Actium. Konservatorenpalast, Rom

schen System und allein gestützt auf Soldaten nicht denkbar war. Rom war nur zu kontrollieren, wenn es ihm gelingen sollte, eine breite Masse der stadtrömischen Bevölkerung wie der ritterlichen und senatorischen Führungsschichten zu gewinnen. Dass dies Repressalien, nackte Drohungen und Exekutionen nicht ausschloss, war kein Widerspruch. Nach tausenden von Toten, die man in den Bürgerkriegen, in Folge der Proskriptionen und der Alltagsgewalt auf den Straßen zu beklagen hatte, gaben sich die Zeitgenossen diesbezüglich keinen Illusionen hin, zumal der Imperator Caesar im Ruf stand, ein blutiger Schlächter zu sein. Nun galt es, die befleckte Toga schnell zu reinigen und das weiße Gewand des vorbildlichen Römers anzulegen, wollte man einen tragfähigen Frieden erreichen. Doch wie sollte das in einer Gesellschaft bewerkstelligt werden, die noch damit beschäftigt war, ihre Toten zu beklagen? Die Römer verfügten angesichts des Chaos, das in den letzten Jahrzehnten die Politik bestimmt hatte, über keinerlei Vorstellung, wie ein Neubeginn gemeinsam gestaltet werden konnte.

Das Zauberwort, mit dem ein Neuanfang und das dafür nötige Vergessen zu erreichen waren, konnte nicht häufig genug hinausposaunt werden: Friede, Friede, Friede. Um die geradezu magische Wirkung dieses Wortes begreifen zu können, muss man sich vergegenwärtigen, dass in den zurückliegenden Jahren und Jahrzehnten die älteren Römer, aber auch bereits die junge Generation des Imperators Caesar wahre Orgien der Gewalt und immer wieder lebensbedrohliche Situationen im Alltag erlebt hatten. Ein Drittel der 1000 Senatoren, zahllose Ritter und Abertausende von Soldaten

hatten ihr Leben verloren. Jede römische Familie hatte Tote zu beklagen. Italien und viele Provinzen litten unter den Legionären und ihrer unersättlichen Geldgier, die viele Städte in den Ruin stürzte. Nach diesen Erfahrungen, welche die Realität der alten republikanischen Ordnung längst vergessen gemacht hatten, waren die führenden Männer, aber auch die einfachen Römer bereit, Imperator Caesar als Triumphator und Verkünder des Friedens große Zugeständnisse zu machen. Dazu gehörte, dass Senat und Volk ihn mit neuen Ehrungen feierten. Von 31 v. Chr. an bekleidete er jährlich den Consulat, was ihm hinreichend Freiheit für politische Initiativen eröffnete. Ob er darüber hinaus auch Rechte des Triumvirats behielt, ist umstritten. Es spricht einiges dafür, dass nach Ende des Triumvirats 33 v. Chr. seine außerordentliche Stellung nicht staatsrechtlich gefasst wurde, sondern allein mit wolkigem Hinweis auf den *consensus universorum* – die Zustimmung aller – propagiert und durch handfeste Kontrolle des Militärs unterfüttert wurde. Ende 30 v. Chr. erhielt er, der seinerseits von Caesar zum Patrizier gemacht worden war, selbst das Recht, Patrizier zu ernennen, mithin Vertraute mit einer besonderen Stellung auszuzeichnen, die in eigenen Rangzeichen und in der Bekleidung bestimmter Priesterschaften für alle sichtbar gemacht werden konnte. Hinzu kamen das Sonderrecht des Volkstribunen, römische Bürger vor Übergriffen von Magistraten zu schützen (*ius auxilii*). Damit scheint die jurisdiktionelle Kompetenz verbunden gewesen zu sein, bei Anrufung eines Bürger selbst als Richter tätig zu werden und Urteile von Magistraten aufzuheben – mithin bereits ein

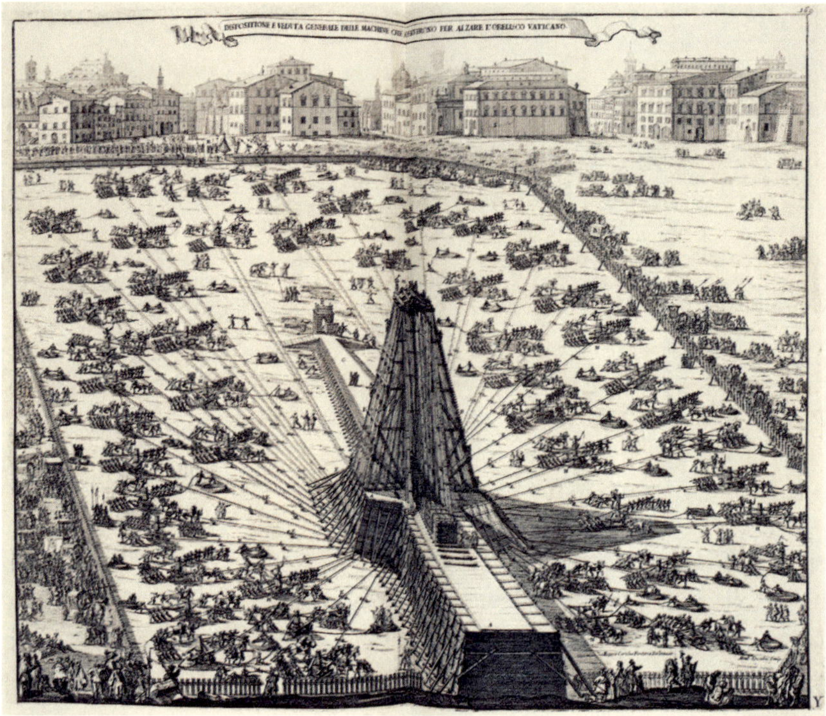

14 Der Stich von der Aufstellung des Obelisken auf dem Petersplatz im Jahr 1586 verdeutlicht, welches Spektakel schon die antike Errichtung geboten haben muss. Den Monolithen hatte Augustus nach Rom bringen und eine Inschrift einmeißeln lassen, laut der er Ägypten «in die Verfügungsgewalt des römischen Volkes übergeben» habe.

beachtliches Bündel an besonderen Vollmachten, die später zur Entwicklung des Kaisergerichts führten.

Dass die Senatoren mehrheitlich bereit waren, die von ihm okkupierte Stellung zu akzeptieren, zeigen die Ehrenbeschlüsse für ihn (Cassius Dio 51,19,1–7). Dazu zählten eine besondere Form der Ehrenkrone, Triumphbögen in Brundisium und auf dem Forum Romanum sowie die Ausschmückung des Tempels, den man für den *divus Caesar* errichtet hatte, mit den bei Actium erbeuteten Schiffsschnäbeln und die alle vier Jahre wiederholte Abhaltung eines Festes zu Ehren des Siegers. Der Jahrestag des Sieges, der Tag seiner Rückkehr und der Geburtstag von Imperator Caesar wurden ebenfalls offizielle Festtage. Priester und Senat sollten seinen Namen in ihre Gebete einschließen, bei öffentlichen und selbst bei in Privathäusern abgehaltenen Gelagen sollten die Römer ihm zum Heil ein Trankopfer darbringen. Die Ehrung seiner Person wurde folglich offiziell bis in jedes Privathaus getragen, eine Ehre, welche die Zeitgenossen bisher nur als Anmaßung hellenistischer Könige gekannt hatten. Als Imperator Caesar 29 v. Chr. selbst in Rom eintraf, ersann der Senat weitere Auszeichnungen. Besonders wichtig war neben der Aufnahme seines Namens in ein Kultlied der altehrwürdigen Priesterschaft der Salier die Schließung des Janus-Tempels am 11. Januar, der – wie Augustus später selbst stolz in seinem Tatenbericht schreibt – «nach dem Willen der Vorfahren» nur geschlossen werden darf, wenn «im ganzen Herrschaftsbereich des römischen Volkes, zu Wasser und zu Lande ein durch Siege gefestigter Friede eingekehrt sei» (*Res gestae* 13).

In diesen Monaten hat Imperator Caesar notgedrungen auch die Grundlagen für eine Neuordnung des Militärs geschaffen. Experten für die Militärgeschichte haben errechnet, dass unmittelbar nach dem Sieg von Actium rund 120 000 Veteranen versorgt werden mussten, denen Augustus jeweils 1000 Sesterzen zahlte und die er mit Land in neuen, außerhalb Italiens gegründeten Kolonien versorgte – eine gigantische Aufgabe, die mehrere Jahre organisatorischen Geschicks erforderte. Parallel dazu reduzierte er die Zahl der Legionen auf 26 bis 28 und sicherte sich zugleich den Oberbefehl. Die in den Legionen dienenden Soldaten sollten bald nicht mehr jene der Bürgerkriegszeit sein, und auch das Offizierskorps wählte künftig der Kaiser selbst sorgfältig aus. Durch eine lange Dienstzeit von zunächst 16, dann 20 Jahren entstand ein ausgezeichnet trainiertes, schlagkräftiges und loyales Heer. Die Versorgung altgedienter Männer und die Neurekrutierung von Legionären waren zugleich wesentliche Bestandteile der Machtbasis des neuen Alleinherrschers. Besonders positiv aufgenommen wurde zunächst, dass die Legionen fern von Italien und somit fern von Rom operierten und die italischen Landgemeinden nicht mehr von Enteignungen zugunsten der Versorgung von Veteranen bedroht waren.

UND NUN? – DIE ETABLIERUNG DER ALLEINHERRSCHAFT ALS ERNEUERTE REPUBLIK

Im Jahr 29 v. Chr. konnte also in Rom auf ganzer Linie gefeiert werden. Gleichzeitig war nach der bisherigen Biographie des Imperators Caesar klar, dass er diese mit viel Mühen und Geschick erlangte Position nicht einfach preisgeben würde. Die Frage muss in diesen Monaten vielmehr gelautet haben, was der äußere Zwang der Verhältnisse von ihm verlangte und welche Gestaltungsmöglichkeiten existierten. Angesichts des großen Zuspruchs, der ihm entgegengebracht wurde, konnte er in aller Ruhe die nächsten Schritte planen. Anscheinend sollte im Jahr 27 v. Chr. der nächste und entscheidende Schritt zur Machtsicherung erfolgen, während die Zeit bis dahin genutzt wurde, diesen vorzubereiten. Erstmals seit 42 Jahren führte er 28 v. Chr. einen Census durch und erstellte eine Liste aller römischen Bürger, geordnet nach Vermögensklassen. Damit regelte er den Zugang zu den Volksversammlungen und schrieb zugleich, was innenpolitisch ebenso, wenn nicht noch bedeutender war, die Zusammensetzung des Senats fest. Dass mehrere Jahrzehnte kein solcher Census durchgeführt worden war, hing vor allem damit zusammen, dass die Senatoren keinem aus ihren Reihen eine solche Entscheidungsmacht übertragen wollten, die weitreichende gesellschaftliche Veränderungen auslösen konnte. Und so nutzte Imperator Caesar die Gelegenheit, um seine grundsätzlich senatsfreundliche Haltung zu demonstrieren. Indem er einzelne seiner Anhänger in den Patrizierstand erhob und anderen durch Geldgeschenke überhaupt erst das Mindestvermögen verschaffte, das die Voraussetzung für die Zugehörigkeit zu dieser Institution bildete, hat er die Betreffenden noch stärker an sich gebunden. Mit den Übrigen, die noch in den Bürgerkriegswirren in den Senat gekommen und nicht seine Parteigänger waren, sollte er zehn Jahre später (19/18 v. Chr.) aufräumen, was ihm dann nach der Konsolidierung der Herrschaft und der Überwindung verschiedener Krisen keine Probleme mehr bereiten sollte. Zu diesem Zeitpunkt rechnete die öffentliche Meinung jene alten Senatoren, so überliefert es zumindest Sueton, bereits einer Zeit zu, mit der viele Römer nichts mehr zu tun haben wollten. Der Volksmund nannte angeblich diese Zeugen einer vergangenen Epoche *orcivi* (Suet. *Aug.* 35,1), was man mit «Senatoren aus dem Totenreich» übersetzen kann. Ob dieser Begriff tatsächlich in der stadtrömischen Öffentlichkeit gebraucht oder ihr von Augustus in den Mund gelegt wurde, lässt sich heute nicht mehr sagen. Der einstige Dictator Caesar hatte diese Senatoren testamentarisch, mithin aus der Unterwelt, in den Senat bestellt.

Im Jahr 28 v. Chr. wurde bereits überall in Rom gebaut (S. 93–97). Imperator Caesar ließ 82 Tempel wieder herrichten (*Res gestae* 21) und erneuerte so demonstrativ das öffentliche sakrale Leben. Als Zeichen der Rückkehr zu guten alten Zuständen war auch ein Edikt gedacht, mit dem Ende des Jahres alle rechtswidrigen Verfügungen der Triumvirn für ungültig erklärt wurden. Im Gestus selbstkritischer Reflexion signalisierte Imperator Caesar, dass er einst unter dramatischen, nun aber vergangenen äußeren Umständen gezwungen war, Dinge zu tun, die gegen geltendes Recht verstießen. Mit der Rückkehr zur Gesetzlichkeit sollten der Senat und die übrigen Institutionen ihre alte Stellung zurückerhalten.

Der Census, die hauptsächlich auf Heiligtümer konzentrierte Baupolitik und das genannte Edikt zielten darauf ab, eine voranschreitende Wiederherstellung der *res publica* zu propagieren. An den Tagen zwischen dem 13. und 16. Januar des Jahres 27 v. Chr. erfolgte dann der eigentliche Staatsakt, mit dem der traditionsreiche Begriff *res publica restituta* seine der Gegenwart entsprechende spezifische Kontur erhalten sollte. In der ersten Senatssitzung am 13. Januar gab Imperator Caesar zunächst – wie es im Tatenbericht später hieß – die *res publica*, in der er dank des *consensus universorum* zu höchster Machtfülle gelangt war, in die Entscheidungsgewalt von Senat und Volk zurück (*Res gestae* 34). Über diese dunkle Formulierung ist in der Forschung viel gerätselt worden. Sie lässt sich, da der Protagonist gleichzeitig amtierender Consul mit allen Rechten blieb, am besten folgendermaßen deuten: Auf die zuvor angemaßten Vollmachten und die durch militärischen Erfolg erreichte, aber nicht eindeutig definierte und schon gar nicht institutionell abgesegnete Stellung (‹höchste Machtfülle›) wollte er fortan verzichten.

Durch die Rückgabe der *res publica* in die Verfügungsgewalt von Senat und Volk verfolgte Imperator Caesar jedoch nicht etwa das Ziel, selbst auf diese außerordentliche Stellung zu verzichten. In Abstimmung mit seinen Parteigängern sollte sie vielmehr legalisiert und mit neuen, verfahrenstechnisch wie institutionell abgesicherten Formen und Inhalten versehen werden, um Legitimität zu suggerieren. Umgehend stellte jemand den Antrag, Imperator Caesar den Schutz und die Fürsorge des Staates zu übertragen. Dafür benötigte er den Befehl über das Heer, weshalb ihm Senat und Volksversammlung gleichzeitig für zehn Jahre fast alle Provinzen anvertrauten, in denen Legionen standen oder die außenpolitisch gefährdet waren. Zu diesem Zweck erhielt er neben seiner Amtsgewalt als Consul (*imperium consulare*) auch die in solchen Fällen seit Sulla übliche Gewalt eines Proconsuls (*imperium proconsulare*). Es war demnach nicht die alte republikanische Ordnung der Zeit vor den Bürgerkriegen wiederhergestellt, sondern die Machtstellung des Imperators Caesar in ein neuartiges rechtliches Gewand gekleidet worden, selbst wenn andere, wie Pompeius, zeitweise vergleichbar neuartige und außerordentliche Befugnisse erhalten hatten. So konnte der Senat Kritiker immer daran erinnern, dass es in der Vergangenheit bereits Präzedenzfälle gegeben hatte.

JANUAR 27 V. CHR. – DER STAATSSTREICH DES FRIEDENSFÜRSTEN

Die in den Senatssitzungen des Januars 27 v. Chr. gehaltenen Reden sowie die damals gestellten Anträge hatte Imperator Caesar mit seinen Gefolgsleuten sicherlich wochenlang bis in Einzelheiten der Formulierung vorbereitet. Der Eindruck eines Staatsstreiches, mit dem er eine Monarchie konstituierte, wobei er die tatsächliche Machtstellung in zynischer Weise mit überkommenen Institutionen rechtlich absicherte, musste vermieden werden. Ziel des Manövers war die Artikulation eines Ausgleichs, bei dem der erste Mann im Staat seine Machtfülle nicht aufgeben musste und die Senatoren ihre noch vorhandenen Vorrechte gewahrt sahen, die bereits in den letzten Jahrzehnten der Republik immer weiter aufgeweicht und ausgehöhlt worden waren. In Erinnerung an das Agieren der führenden Männer im rechtsfreien Raum, das die Bürgerkriegszeit geprägt hatte, mochte mancher Anwesende eine solche Senatssitzung tatsächlich mit etwas Wohlwollen als Rückkehr zu geordneten Verhältnissen empfunden haben. Illusionen über die tatsächliche politische Situation hat sich jedoch mit Sicherheit damals niemand gemacht. In der Folgezeit konnte es nur darum gehen, diese Lösung, bei der der führende Mann seine faktische Machtstellung durch die Camouflage senatorischer Teilhabe an der Politik kaschierte, mit Leben zu füllen und das Paradoxon einer nur dem Worte nach wiederhergestellten Republik mit einer neuen politischen Kultur zu versehen. Formal blieb der neue Herrscher ein Bürger – wenn auch der Erste unter den Bürgern oder, wie es die Zeitgenossen ausdrückten, der *princeps*. Aus diesem Begriff hat die Forschung für die Zeit des Augustus und seiner Nachfolger die Bezeichnung Principat entwickelt. Faktisch aber war Augustus nunmehr Kaiser.

Dem ersten Kaiser reichte es vollkommen, dass er seine Stellung offiziell Anträgen einzelner Senatoren und daraufhin gefällten offiziellen Beschlüssen des Senats verdankte. Auch bei den avisierten weiteren außerordentlichen Ehrungen hatte der Senat brav mitgespielt. Die Verleihung des Bürgerkranzes (*corona civica*), mit der bedeutende Römer für die Rettung ihrer Mitbürger (*ob cives servatos*) geehrt wurden, die Aufstellung von Lorbeerbäumen vor dem neuen Haus des neuen Herrn auf dem Palatin, mit denen der Senat ihn mit dem Gott des benachbarten Tempels, Apollon, assoziierte, und der im Senat aufgehängte goldene Ehrenschild (*clipeus virtutis*; Abb. 29) gehörten dazu. Letzterer verzeichnete seine vier Haupttugenden, *clementia* (Milde und Schonung der Besiegten), *virtus* (Mannesmut), *iustitia* (Gerechtigkeit) und *pietas* (Ehrfurcht vor Göttern und Vaterland). Ein besonderer Clou war die Verleihung des Beinamens *Augustus*, die Imperator Caesar sich wünschte und auf Antrag des Munatius Plancus, jenes Mannes, der einst den Inhalt des Testaments von Antonius verraten hatte, erhielt. Angeblich war auch der Beiname Romulus im Gespräch. Den mythischen Gründer hatten in der Bürgerkriegszeit aber mehrfach volks- oder senatsfreundliche Politiker politisch instrumentalisiert. Zudem war er der erste König Roms – und dieser Titel war mit dem Odium der Tyrannenherrschaft behaftet. Statt solcher Assoziationen wünschte sich Imperator Caesar, dass die Zeitgenossen ihn mit jenem göttlichen Beistand verbanden, der die Entstehung und das Gedeihen Roms begleitet hatte. Für jeden Römer war der Beiname Augustus mit dem *augurium* verbunden – einem sakralen Ritus, mit dem die Priester die Zustimmung der Götter zu politischen Entscheidungen einholten. Schon Romulus, so die bei dem römischen Dichter Ennius überlieferte Legende, habe ein solches *augustum augurium* (Suet. *Aug.* 7,5) durchgeführt, als er den Vogelflug bei Gründung der Stadt beobachtete und als göttlichen Zuspruch deuten durfte.

Die heute gängige Übersetzung des Beinamens Augustus mit ‹der Erhabene› ist demnach zu schwach, um die weitreichenden Assoziationen aufzurufen, die dieser Ehrentitel barg. Er bringt das ungeheure Sozialprestige zum Ausdruck, das Augustus nach dem Januar 27 v. Chr. besaß. Wenn er später in seinem Tatenbericht schreibt, er habe nach den Beschlüssen dieses Jahres nie einen Amtskollegen an Machtfülle (*potestas*), sondern allein an Ansehen (*auctoritas*) übertroffen (*Res gestae* 34), dann trifft dies in besonderer Weise für das in jenen Ehrungen abgebildete Prestige zu. Doch der Inhalt seiner *auctoritas* bestand nicht in der glänzenden Fassade von Kompetenzübertragung, Ehrung und Namensgebung. Basis und Kern seines ‹Ansehens› bildeten die Legionen, ein unbedingter Machtwille, eine ungeheure Rücksichtslosigkeit und die Unterstützung von bedeutenden anderen Männern vom Schlage eines Agrippa. Auch im Jahr 27 v. Chr. war das Blut an seiner Toga noch weithin sichtbar, und seine *auctoritas* besaß und behielt einen bedrohlichen Grundton.

– 2 –

DER KAMPF UM DIE BILDER: VOM TOD CAESARS BIS ZUR VERLEIHUNG DES EHRENNAMENS AUGUSTUS

UNTER DEM STERN CAESARS

Was im Jahre 27 mit dem Namen ‹Augustus› in eine neue Phase trat, hatte spätestens sechs Wochen nach dem Tod des Dictators Caesar, am 8. Mai 44 v. Chr., seinen Ausgang genommen. Damals nahm C. Octavius die Adoption durch C. Iulius Caesar und dessen Erbe offiziell an. Von nun an nannte er sich wie sein Adoptivvater C. Iulius Caesar, sicherlich im vollen Bewusstsein des Potentials, das die Identität beider Namen ihm bot: Sie ließ ihn im Lichte des großen Caesar mit diesem geradezu verschmelzen, dessen Tod er rächen wollte. Aber nicht nur die Macht der Namen, auch die Macht der Bilder, ja die Macht der Bildnisstatuen spielte in den folgenden Auseinandersetzungen um die Herrschaft in Rom weiterhin eine Rolle – in nahtloser Fortsetzung spätrepublikanischer politischer Strategien. Sie erlaubte es fortan, C. Caesar, oder, wie Cicero ihn verächtlich nannte, Octavian, in das Stadtbild und die Erinnerung Roms einzuschreiben und sich dabei all der Strategien zu bedienen, die bis zu Caesars Tod die römische Republik geprägt hatten.

Bereits eine der ersten öffentlichen Handlungen des jungen C. Caesar nach dem Tod seines Adoptivvaters und seiner eigenen Rückkehr nach Rom verdeutlicht dies sinnfällig. Ende Juli 44 führte er, noch keine neunzehn Jahre alt und nicht einmal Senatsmitglied, die zehntägigen Spiele durch, die Caesar bei der Einweihung des Venus-Tempels zwei Jahre zuvor

15 Denar des Augustus. *Sidus Iulium* mit Kometenschweif, 19–18 v. Chr. Silber, Staatliche Museen zu Berlin, Münzkabinett

gelobt hatte – er gerierte sich so als dessen wahrer Erbe. Während der Spiele sei, so wird berichtet, mehrere Tage lang ein hell leuchtender Komet am Himmel erschienen. Ihn interpretierte man als Zeichen der Vergöttlichung Caesars, als seinen Stern (*sidus Iulium*; Abb. 15; S. 62). Octavian reagierte sofort und mit Hilfe der politisch instrumentalisierten Bildnisstatuen Caesars: Diese ließ er mit einem Stern versehen (oder er stellte eine neue Statue mit diesem Attribut auf), um auf die göttliche Legitimation des Dictators und damit implizit auch seiner selbst hinzuweisen. C. Caesar erschien so als Vollstrecker dieses Anspruchs. Andere versuchten Ähnliches: Der amtierende Consul M. Antonius ließ an einer der Caesarstatuen an den Rostra des Forum Romanum (Abb. S. 35: 2), die Inschrift anbringen: *parenti optime merito* («dem hochverdienten Vater», Cicero, *Epistulae ad familiares* 12,3,1). Auch er brachte auf diese Weise seine politischen Erbschaftsansprüche ins Spiel.

ERSTE EHRUNGEN NEBEN DEN GROSSEN

Doch erschienen die Kontrahenten um die Macht bald selbst mit eigenen Statuen im Stadtbild: im Dezember 44 M. Antonius' Bruder L. Antonius, damals Volkstribun, durch gleich vier Statuen, eine davon eine vergoldete Reiterstatue an den Rostra in der Nähe derjenigen Sullas, Pompeius' und Caesars (Abb. S. 35: 5). Sie wurde gestiftet von den 35 Tribus, den Gliederungseinheiten des römischen Volkes, mithin von der gesamten Bürgerschaft. M. Aemilius Lepidus wurde vom Senat am 2./3. Januar 43 auf Antrag Ciceros eine gleichartige Reiterstatue am selben Ort zugesprochen (Abb. S. 35: 6).

16 Aureus des C. Caesar ‹Octavianus›. Reiterstatue Octavians auf dem Forum Romanum, 42 v. Chr. Gold, Numismatische Bilddatenbank Eichstätt

Sie sollte übrigens kaum sieben Monate existieren, bis Lepidus zum Staatsfeind erklärt und die Statue zerstört wurde. In denselben Sitzungen vom Anfang Januar 43 nahm der Senat Octavian unter Verzicht auf jede der üblichen Vorbedingung in seine Reihen auf. Seine wider das Gesetz unterhaltene Privatarmee wurde unter der Begründung, sie diene zum Vollzug der Rache an den Caesarmördern, mit dem Mandat eines *imperium* legitimiert; und man sprach dem künftigen Feldherrn auf Antrag seines Stiefvaters L. Marcius Philippus ebenfalls eine vergoldete Reiterstatue an den Rostra zu (Abb. S. 35: 7): Der Caesarerbe musste mit den Kontrahenten gleichziehen. Wir finden diese erste Statue Octavians abgebildet auf Münzen der Jahre 43 und 42. Auf einem ruhig stehenden Pferd sitzt der Imperator, bekleidet vermutlich mit einer Toga und die rechte Hand erhoben wie bei der Ansprache eines römischen Magistrats. Als Ehrung, die im vollen Interesse des Senats gewährt wurde, ist die Statue gekennzeichnet durch die Beischrift *S[enatus] C[onsultu]*, «auf Beschluss des Senats». Auf jüngeren Prägungen hält Octavian den *lituus* in der Hand (Abb. 16), ein priesterliches Attribut in Form eines gekrümmten Stabes, das die religiöse Legitimität seiner Tätigkeit unterstreicht – Priester (*pontifex*) war er bereits seit 48 v. Chr. Die Münzmeister konnten Bilder durchaus im propagandistischen Sinne entgegen der Realität abwandeln, so dass wir nicht genau wissen, ob dieses Attribut auch der realen Statue eigen war. Jedenfalls suggerierte sie im Sinne des Senats den zivilen und sakralen Charakter der Leistungen des jungen Caesarerben – auch wenn er sich tatsächlich schierer militärischer Gewalt bediente. Gleichrangig erschien er jetzt auf dem Forum Romanum neben Caesar, Pompeius und Sulla, aber auch neben einem Mitglied der Familie des M. Antonius und neben Lepidus, Octavians aktuellen Kontrahenten, aber auch Partnern im folgenden Triumvirat, obgleich er noch kurz vorher keinem von diesen in Amt oder Rang gleichgekommen wäre. Die Inschrift der Statue betonte zudem explizit, dass er damals erst 19 Jahre alt war. So jung, ohne jedes höhere Amt und den damit verbundenen exemplarischen Einsatz für die *res publica* hatte noch niemand eine solche Ehrung erhalten. Zusammen mit der Reiterstatue erschien der Porträtkopf des Imperators nun auch erstmals auf Denaren, wie früher bereits derjenige seines Adoptivvaters. Statue und Münzen, zwei der wichtigsten Bildmedien der Zeit, verhalfen so dem jungen C. Caesar zum begehrten Status in der römischen Öffentlichkeit: Sein Ansehen wuchs im wahrsten Sinne des Wortes sichtbar.

Nachdem er im August 43 mit militärischem Druck seine Wahl zum Consul erzwungen und sich wenig später im zweiten Triumvirat mit Lepidus und M. Antonius außerordentliche Machtbefugnisse gesichert hatte (S. 63–66), setzte sich die Präsenz seiner Bildnisse auch auf Goldmünzen fort. Nach Proskriptionen und Morden sollte Ende 42 schließlich der Sieg über die Caesarmörder bei Philippi vor einer Porträtstatue enden: Octavian oder M. Antonius beabsichtigten angeblich, den Kopf des Marcus Iunius Brutus zu Füßen einer Caesarstatue niederlegen zu lassen, so jedenfalls behauptet es Sueton (*Augustus* 13,1–2). Bedenkt man, dass auch die abgeschlagenen Köpfe weiterer Triumviratsgegner nach den brutalen Proskriptionen unter anderem an dem Ort gesammelt wurden, an dem die so zivil erscheinende Reiterstatue das jungen C. Caesar stand, auf dem Forum Romanum (Abb. S. 35: 7) werden, Doppelbödigkeit und Kalkül statuarischer Repräsentation und politischer Ambitionen umso deutlicher erkennbar.

Der Kampf um die Macht in der *res publica* war mit dem Sieg bei Philippi nicht beendet. Er wurde weiter auch in Form symbolischer Handlungen ausgetragen, mit denen die Kontrahenten soziales und politisches Kapital zu gewinnen suchten. Für den jungen C. Caesar ließ sich eine herausgehobene Stellung nun noch klarer als früher im Hinblick auf seine Familientradition formulieren: Im November 40 nämlich wurde sein Großonkel C. Iulius Caesar offiziell vergöttlicht. Ihn nannte man von nun an *Divus Iulius*, ein Priester war für seinen Kult zuständig. Als dessen legitimer (Adoptiv-)Sohn wurde Octavian damit aber offiziell zum «Sohn des Vergöttlichten» (*Divi filius*). Es verwundert nicht, dass er seit den frühen dreißiger Jahren mit diesen Titeln beispielsweise in der Münzprägung auf den Status Caesars und den Glanz hinwies, der so auch auf ihn fiel, ohne dass er selbst *divus* war. Fortan machte er diesen Anspruch auch durch Münzbilder mit dem *sidus Iulium* geltend (Abb. 15). Auf Grund der fehlenden rechtlichen und laufbahntechnischen Voraussetzungen seiner Macht – hatte er doch nur eine Station des *cursus honorum*, der römischen Ämterlaufbahn, regulär erlangt –, aber auch um die Zeit der Bürgerkriege möglichst vergessen zu machen, waren solche Implikationen umso wichtiger. Der ehemalige C. Octavius hatte seine bereits durch die Adoption veredelte Familientradition damit noch anspruchsvoller gestaltet und öffentlich sichtbar gemacht.

DER SEESIEGER WIRD ÜBERHÖHT

Mit Ausnahme des M. Antonius, der im Osten und in Ägypten weilte, war in dieser Zeit nurmehr Sextus Pompeius, der Sohn des großen Pompeius, als Widersacher des Caesarerben im Spiel. Dessen Seeherrschaft aber konnte mit dem Sieg der Flotte unter Befehl des M. Agrippa, dem treuesten Gefolgsmann des jungen Caesar, bei Naulochos im September 36 v. Chr. gebrochen werden (S. 67). Eine erneute Welle von Ehrungen war die Folge: C. Caesar erhielt eine *ovatio* als triumphale Ehrung, insbesondere aber wiederum eine goldene Ehrenstatue – und zwar in optisch gesteigerter Form. Sie sollte auf einer mehrere Meter hohen Säule auf dem Forum Romanum stehen (s. Abb. S. 94: 11). Als Hinweis auf den Seesieg wurde sie mit Schiffsschnäbeln dekoriert. Zwar gab es auf dem Forum bereits ältere Säulen-

17 Denar des Sextus Pompeius. **Links** Kopf des Cn. Pompeius mit Opferkanne als Sakralsymbol. **Rechts** Poseidon mit Schiffsbeute zwischen den Brüdern von Katane, die ihre Eltern retten, als Zeichen von *pietas*, um 40 v. Chr. Staatliche Museen zu Berlin, Münzkabinett

monumente, doch überragte der Seesieger Octavian nun zumindest die Reiterstatuen seiner unmittelbaren Widersacher deutlich. Und die Inschrift des Monument legte fest: «Den seit langem durch Bürgerkrieg gestörten Frieden stellte er zu Wasser und zu Lande wieder her.» Man behauptete, das Ende der Kriege im Inneren sei eine gewaltlose Friedenstat – auch wenn dies tatsächlich damals noch ein frommer Wunsch war. Denare späterer Jahre zeigen vermutlich dieses Monument (Abb. 11 rechts). Auf der mit Schiffsschnäbeln und Ankern geschmückten Säule steht die Statue Octavians. Die rechte Hand stützt er auf eine Lanze, die linke greift an das Schwert, das an seiner linken Seite hängt, beides Hinweise auf seine Rolle als Feldherr. Die Beischrift *IMP[erator] CAESAR* hebt das nochmals ausdrücklich hervor. Doch trägt Octavian weder die Feldherrntracht noch die Toga des Bürgers. Vielmehr ist er nackt bis auf einen zusammengelegten Mantel, der auf der linken Schulter als Bausch sichtbar ist und am Rücken herabfällt – ein bekannter heroischer Darstellungstypus des späten Hellenismus. Durch die Statue wurde also das friedenbringende Ende innerer Kriege verheißen, und zugleich verdeutlichte sie (vielleicht erstmals) im öffentlichen Raum Roms den besonderen Status des Imperators nicht nur durch die den Dargestellten buchstäblich heraushebende Säule, sondern auch durch einen außeralltäglichen Statuenkörper. Dieser war zwar im Kreis der Eliten insbesondere außerhalb Roms nicht unüblich (vgl. Abb. 10), aber vor allem dem Habitus hellenistischer Herrscherbildnisse ähnlich, der in der Urbs

18 Denar des C. Caesar ‹Octavianus›. **Links** Geflügelte Büste der Victoria. **Rechts** Octavian mit Schwert, Szepter, Globus und Schiffsbug, um 31/29 v. Chr. Silber, Staatliche Museen zu Berlin, Münzkabinett

Roma noch eine Seltenheit war. Umso bemerkenswerter ist es, dass dies das Resultat einer Ehrung durch den Senat war und kein Ausfluss purer Selbstdarstellung. Im Vergleich zu der Anerkennung der Sonderstellung des Dictators C. Iulius Caesar war kaum mehr ein Unterschied (allenfalls noch ein staatsrechtlicher) zu erkennen, oder ging man bei seinem Erben sogar schon weiter?

In welcher Weise der Kampf gegen seine Gegner auch ein Kampf um Bilder und eine komplexe, aufgeladene Symbolik war, zeigen andere Münzen derselben Prägeserie (Abb. 18 rechts): *CAESAR DIVI F[ilius]* erscheint wieder heroisch-nackt und abermals mit Lanze und Schwert. Diesmal hält jedoch die rechte Hand ein *aplustre*, die Heckzier eines Kriegsschiffes, das auf den Seesieg von Naulochos verweist, während der rechte Fuß, auftrumpfend auf einen Globus gesetzt, die Weltherrschaft andeutet. Ob es tatsächlich eine solche Statue des C. Caesar gegeben hat, ist unklar, jedenfalls war dies aber ein ihn ehrendes Münzbild. Vor allem seine Pose ist bedeutungsreich gewählt: Eine Figur mit sieghaft auf den Rammsporn eines Schiffes gestelltem Bein und *aplustre* hatte der soeben überwundene Gegner Sextus Pompeius wenige Jahre zuvor auf seine Münzen geprägt und damit vielleicht sogar sich selbst, den *Neptuni filius*, gemeint (Abb. 17). C. Caesar triumphierte durch Übernahme genau dieses Motivs aus demselben Bildmedium erkennbar über den Kontrahenten. Er hatte sich der Seemacht ebenso wie der Bilder bemächtigt, die nun auftrumpfende, herrschergleiche Formen annahmen.

DAS BILDNIS DES DYNAMISCHEN ‹MACHERS›

In den späten dreißiger Jahren lag der Tod des Dictators Caesar bereits mehr als zehn Jahre zurück, aber der brutale Kampf um die Macht war noch immer nicht entschieden. C. Caesar war damals um die 30 Jahre alt. Wir kennen in späteren Kopien eines seiner Bildnisse aus dieser Zeit wenige Jahre vor dem Erfolg gegen M. Antonius (Abb. 19). Der Porträtkopf gehörte vielleicht zu einer der Bildnisstatuen, die wir kennengelernt haben. Wir wissen aber nicht, welche Art von Statuenkörper einmal mit ihm verbunden war. Doch auch der Kopf alleine spricht eine deutliche Sprache. Das Alter des Dargestellten von etwa 30 Jahren ist relativ realistisch getroffen, zumindest wenn man das etwas hagere Gesicht zum Maßstab nimmt. Dies unterscheidet sich zwar von den Porträts älter dargestellter Männer, die typisch waren für die Bildnisrepräsentation der späten Republik, gleichwohl ist eine klare

19 Bildniskopf des C. Caesar ‹Octavianus›. Kopie des späten 1. Jh.s v. Chr. nach Bildnis von ca. 40–31 v. Chr. Marmor, La Alcudia/Mallorca, Sammlung Marques de Campo Franco

Spur des *divinus adolescens*, des ‹göttlichen Jünglings›, als den man den jungen Caesar 43 bezeichnete (Cicero *Philippica* 5,16,[43]; vgl. S. 103; 114), kaum zu erkennen: Allein auf seine Jugend setzt C. Caesar offenbar nicht. Mehr als in den Bildnissen eines Pompeius oder eines Iulius Caesar (Abb. 8; 9) aber kennzeichnet den Kopf Bewegung und Dynamik, so durch die heftige Wendung, die sich bis in die schwungvoll zur Seite fallenden Stirnhaare fortsetzt. Die Mimik zeigt nur eine leichte Anspannung, die Brauen sind kaum zusammengezogen. Auch dies ist kein Imitat der *gravitas* (geschweige denn der Alterszüge) des Caesarporträts oder des aufmerksamen, aber dem großen Alexander angeglichenen Pompeiusbildnisses, und doch hat es von beiden etwas. Das früheste Bildnis des C. Caesar vereint Energiemotive mit mimischer Anspannung und Lebensnähe wie in der hageren Physiognomie und den leicht abstehenden Ohren. Das Bildniskonzept scheint das eines dynamischen, entschlossenen, aber nicht übermäßig idealisiert wiedergegebenen Mannes zu sein, der auf Präsenz und Tat setzt, eines ‹Machers›, der sich von den spätrepublikanischen Traditionen löst und sich vorsichtig an hellenistischen Energie-Formeln orientiert. Es drückt die Rolle des C. Caesar nach dem Erfolg von Naulochos in bezeichnender Weise aus. Dies war das Bild, das er verbreitet sehen wollte; darauf zumindest weist die Tatsache hin, dass es bis zu seinem Tod vielfach kopiert wurde.

MIT BAUTEN DIE STADT BEHERRSCHEN: MAUSOLEUM UND HAUS AUF DEM PALATIN

Die andauernden Machtkämpfe in den Jahren zwischen Philippi und dem Sieg über M. Antonius 31/30 v. Chr. gaben C. Caesar wenig Gelegenheit, sich außer durch Statuen und Münzen auch durch die Fortführung von Bauprojekten seines Adoptivvaters oder eigene Stiftungen in Rom Geltung zu verschaffen. Gleichwohl sind Ansätze zu solchen Maßnahmen erkennbar. Er hatte bei Philippi einen Mars-Tempel gelobt, der Tempel des Divus Iulius war noch zu errichten, die Curia am Forum Iulium fertigzustellen, doch einige Tempel wurden bereits renoviert: alles demonstrativ zum Wohle der *res publica.* Aber es ist bezeichnend, dass die beiden einzigen uns besser bekannten Bauprojekte, die noch in den dreißiger Jahren von ihm selbst durchgeführt wurden, weniger mit Blick auf das Gemeinwohl als auf ihn persönlich angelegt waren: die Errichtung seines Grabmonuments und der villaartige Ausbau seines Wohnhauses.

Caesars Erbe hatte das Testament seines letzten verbliebenen Kontrahenten M. Antonius im Jahre 32 öffentlich verlesen lassen: wohlüberlegt! Antonius wolle, so war dort festgehalten, im luxuriösen Alexandria neben Kleopatra bestattet werden, der ägyptischen Pharaonin, bei der er sich damals aufhielt (s. S. 69): ein Affront gegen die notorisch weiterhin bekennenden Monarchiefeinde in Rom. Es war ein Leichtes für den jungen Caesar, sich im Kontrast dazu als echter Römer zu zeigen, als Diener der *res publica.* Er wollte in Rom selbst bestattet werden und machte dies durch den Baubeginn seines Grabes auch glaubhaft – natürlich nicht ohne politisches Kalkül, das zwar, gleichsam durch die Hintertür, monarchische Ideen voranbrachte, aber eben anders als es M. Antonius tat. Dabei war es keine Besonderheit, dass man schon zu Lebzeiten seinen Grabbau errichtete. Eine Besonderheit aber waren Form und Größe des Bauwerks, das bis 28 v. Chr. fertiggestellt wurde (Abb. 20). Sein Name ‹Mausoleum› ist früh bezeugt. Unmittelbar verband es sich so mit dem berühmten Grab des kleinasiatischen Herrschers Maussolos von Halikarnass aus dem 4. Jahrhundert v. Chr., das zu den Weltwundern zählte. Der Bau des Caesarsohnes bestand aus einem zylinderförmig gemauerten, etwa 10 Meter hohen äußeren Ring mit einem Durchmesser von 87 Metern. In dessen Zentrum erhob sich ein kleinerer Bauzylinder, der den äußeren überragte. Auf ihm und zwischen beiden war Erde aufgeschüttet, so dass ein gewaltiger Grabhügel entstand, ein Tumulus mit einer Höhe von 40 Metern. Im Inneren befanden sich kreisförmig an-

20 Rom, Mausoleum des Augustus, um 32–28 v. Chr. Rekonstruktionsszeichnung

geordnete Räume. Im Zentrum lag die Grabkammer des C. Caesar. Senkrecht darüber erhob sich auf der Spitze des Tumulus eine überlebensgroße Statue des Grabherrn. Damit sprengte der Grabbau die Dimensionen des Weltwunders ‹Maussoleion› und zugleich das Maß aller bisher in Rom errichteten Grabbauten: ein wahrhaft herrscherlicher Bau in der Nachfolge hellenistischer Monarchen. Der Bautypus aber hatte mit dem rechteckigen Maussoleion auch nichts zu tun. Er folgte der traditionellen italischen Grabform des Tumulus, des Erdhügels. Der kurz vor seinem endgültigen Machtgewinn stehende junge Caesar verband damit auftrumpfend und programmatisch Herrschaftsanspruch und römische Traditionswahrung. Auch die Ortswahl folgte diesem Anspruch (Abb. 6: E; Abb. 48): Umgeben von einem baumbestandenen Park setzte sich C. Caesar das riesige Denkmal unmittelbar vor den Nordtoren der Stadt auf dem Marsfeld mit all seinen ebenfalls gewaltigen Stiftungen von Militärs der späten Republik. Wer die Stadt betrat, kam um ihn nun nicht mehr herum. Damit hatte er sich selbst gewissermaßen als optische Ouvertüre dem Stadtbild Roms vorangestellt. Im Hinblick auf die Machtverhältnisse ließ das Monument keine Frage offen.

Ein zweites Bauprojekt hatte ähnlich weitreichende Folgen für das Stadtbild: Es begründete den römischen Kaiserpalast auf dem Palatin. C. Caesar hatte dort, südlich des Forum Romanum, im Jahre 42 v. Chr. das

Haus des Hortensius übernommen, das unweit alter Tempelanlagen in einem der besseren Stadtviertel lag. An der südlichen Kante des Stadthügels gelegen, gab es den Blick nach Süden über den Circus Maximus frei, war von dort aus aber auch weithin sichtbar. In seinen Dimensionen wurde das Haus bereits vor dem Sieg bei Naulochos erweitert und prachtvoll mit Wandmalereien ausgestattet. Sie gehören zur Spätphase des sogenannten zweiten pompejanischen Stils (Abb. 21); der Besitzer steht damit durchaus in der Geschmackstradition der luxusverliebten späten Republik. Die Wanddekorationen zeigen aber gleichwohl einen anderen Geschmack als den der caesarischen Zeit (Abb. 7). Zwar werden weiterhin Architekturen dargestellt, doch erscheinen diese nun filigraner, weniger überladen und monumental, weniger luxuriös. Im ‹Maskenzimmer› beispielsweise imitierte man eine griechische Theaterbühne; Theatermotive und Sakrallandschaften füllten Durchblicke und freie Wandflächen. In den Jahren nach Naulochos wurde das Wohnhaus mit einem zweiten Hof gewaltig symmetrisch vergrößert. Zwar finden sich Hinweise auf sakrale Ausstattungsbestandteile, woraus man folgern könnte, dass C. Caesar Teile des Hauses zur öffentlichen Nutzung freigab. Doch erfährt die schriftliche Überlieferung, derzufolge bereits damals als selbstlose Stiftung aus dem Haus ein Tempel des Apoll geworden sei, im archäologischen Befund keine Bestätigung. Vielmehr wuchs zunächst die Wohnanlage selbst auf eine Fläche von an die 5000 Quadratmeter und übertraf damit die Häuser der römischen Nobilität aus den Jahren zuvor. Man meint, einen ähnlichen Größenanspruch zu erkennen wie in dem gewaltigen Mausoleum.

Mit dem villenartigen Augustushaus am Südrand des Palatin war der Nukleus des späteren Kaiserpalastes entstanden, mit dem Mausoleum der Ort der gestalteten Erinnerung an den ersten Princeps Roms auf dem Marsfeld. Auf dem Forum stand sein Bildnis mehrfach. Noch bevor das Jahr 31 v. Chr. die finale Entscheidung im Machtkampf brachte, war die Verankerung des neuen Machthabers im Stadtbild durchgesetzt.

DER TRIUMPH BEI ACTIUM UND DIE SAKRALISIERUNG VON STADT UND PERSON

Der Seesieg bei Actium in Nordwestgriechenland am 2. September 31 v. Chr., errungen durch die Flotte unter M. Agrippa, schwächte C. Caesars letzten Kontrahenten M. Antonius entscheidend; dessen Selbstmord

21 Wandmalerei im sogenannten späten zweiten pompejanischen Stil. Rom, Palatin, Haus des Augustus, ‹Maskenzimmer›, kurz nach 40 v. Chr.

gefolgt von jenem Kleopatras bei der Einnahme Alexandrias Anfang August 30 v. Chr. machte den Weg zur Alleinherrschaft frei: Dies war die später geradezu mythisierte Geburtsstunde der ‹wiederhergestellten Republik›. Nach fast 15 Jahren in blutigen Bürgerkriegen durchgefochtener Rache für Caesars Tod propagierte man nun den sehnsüchtig erwarteten Frieden (S. 74). Im Januar 29 schloss man als sichtbares Zeichen dafür den Janustempel, der in Kriegszeiten stets offen stand. Aber C. Caesar und der Senat steigerten gleichwohl weiter die auftrumpfende Selbstdarstellung, die die Jahre seit Naulochos geprägt hatte: Durch die überreiche Beute aus dem Sieg gegen die letzte Pharaonin und M. Antonius waren die damit verbundenen Gesten noch großzügiger zu finanzieren. Im Zuge dessen bildete im August 29 der dreitägige Triumph des Imperators C. Caesar einen ersten Höhepunkt. Verbunden war diese Form performativer und visueller Machtdemonstration bereits seit der Zeit vor dem Sieg von Actium mit einem Bauprogramm der sakralen Restitution und Legitimation. Bis zum Jahr 28 wurden zahlreiche Tempel in Rom wiederhergestellt (*Res gestae* 20); das Forum Iulium mit der Curia Iulia hatte man schon 29 vollendet (*Res gestae* 20; Abb. S. 35: A; Abb. S. 94: A), ebenso den Bau der Tempels für den Divus Iulius am Forum Romanum (Cassius Dio 51,22,3; Abb. S. 94: P). Der militärische Sieg erhielt damit den Anstrich einer friedlichen religiösen Renaissance. Ähnliches vollzog sich nun auch in C. Caesars Wohnhaus auf dem

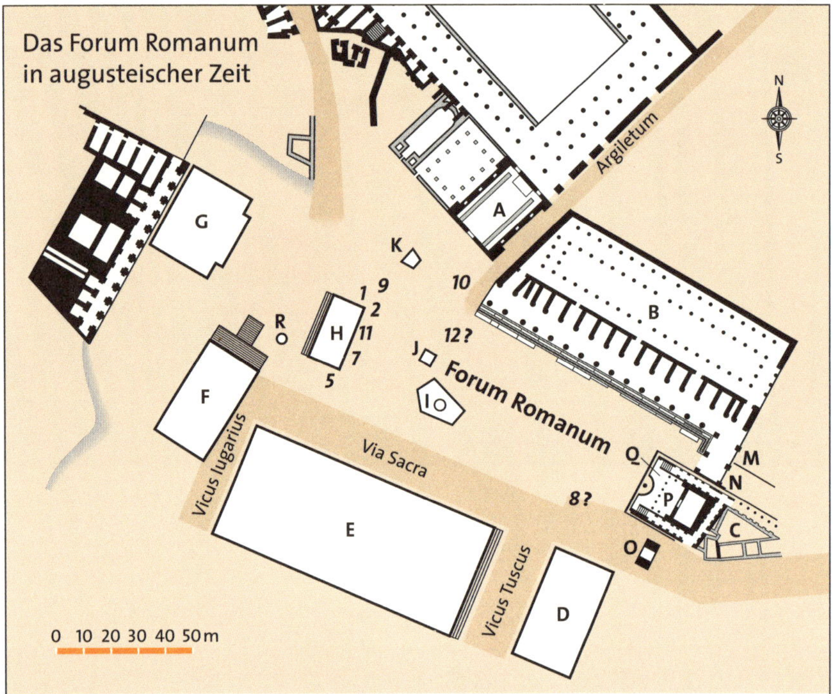

A Curia Iulia
B Basilica Aemilia
C Regia
D Tempel der Castores
E Basilica Iulia
F Tempel des Saturn
G Tempel der Concordia
H Rostra Iulia
I Lacus Curtius
J Statue des Marsyas
K «Lapis niger»
M Bogen für C. und Lucius Caesar
N Bogenmonument
O Bogen für Augustus
P Tempel des Divus Iulius
Q Rostra am Tempel des Divus Iulius
R Milliarium Aureum

1 Reiterstatuen des Cn. Pompeius und des L. Cornelius Sulla
2 Reiterstatue und zwei vergoldete Statuen des C. Iulius Caesar
5 Reiterstatue des L. Antonius
7 Reiterstatue des C. Caesar ‹Octavianus›
8 Reiterstatue des Q. Marcus Tremulus
9 Säule mit Ehrenstatue für C. Duilius
10 Republikanische Ehrenstatuen am Comitium
11 Säule mit Ehrenstatue des C. Caesar ‹Octavianus›
12 Weitere Statuen des Augustus

Die exakten Standorte der Statuen sind unsicher.

Palatin: Gleich nach (oder allenfalls wenig vor) Actium und wohl nicht bereits nach Naulochos, wie manche antike Autoren suggerieren (Cass. Dio 49,15,5; vgl. Velleius 2,81), erfolgte dort ein grundlegender Umbau. Man schüttete Teile des Untergeschosses der Villa zu, um eine Terrasse zu schaffen. Auf dieser erbaute man mitten im Wohnhaus des Siegers von Actium den Tempel seines göttlichen Helfers in der Schlacht, des Apoll. Apoll selbst, so sagte man, habe den Platz durch einen Blitzeinschlag angezeigt (Suet. *Aug.* 29,3). Dem sterblichen Hausbesitzer blieb nurmehr der nördliche, kleinere Teil seiner ehemals so riesigen Villa. Nicht nur hatte der Sieger auf diese Weise angemessen für seinen Sieg gedankt, er hatte auch Apoll in sein Haus aufgenommen und dieses auf so bisher unbekannte Weise sakralisiert. Auch der Tempel des Apollon konnte im Oktober 28 geweiht werden: Horaz (65–8 v. Chr.) schrieb ebenso ein Gedicht zu diesem Anlass (*Carmina* 1,31) wie Properz, der die Gold und Marmorpracht des Tempels lobte (2,31,1), der weithin sichtbar am Südhang des Palatin lag. Ihn umgab ein heiliger Bezirk, die *area Apollonis*, die von Säulenhallen aus gelbem, nordafrikanischem und Statuen aus schwarzem Marmor gerahmt war. Der Luxus des Wohnhauses ging auf das Heiligtum über und ließ C. Caesar in völlig unkriegerischem und sakralem Licht erscheinen. Wenig später zeigte C. Sosius, der Consul des Jahres 32, der früher einmal Anhänger des M. Antonius gewesen war, wie man als Mitglied der römischen Nobilität nun seine Verbindung zu C. Caesar ebenfalls im sakralen Zusammenhang artikulieren konnte. Mit dem von ihm finanzierten Neubau des Tempels für Apollo Medicus, den er zwanzig Jahre vorher sicher allein zur Präsentation eigenen Ruhmes genutzt hätte, verfolgte er jetzt weitere Ziele: Er war nicht nur mit Giebelskulpturen ausgestattet, die zur in Griechenland errungenen Beute gehörten (ganz wie bei den republikanischen Feldherren), sondern auch mit einem Fries, der den Triumphzug des C. Caesar von 29 zeigte (Abb. 13) – in geradezu selbstloser Schmeichelei des Stifters gegenüber dem neuen Potentaten. Auch andere einflussreiche Männer richteten ihr Handeln fortan auf den Imperator aus.

DAS FORUM ROMANUM IM ZEICHEN DER JULIER

Die Maßnahmen, die dem Erfolg und dem gewonnenen Frieden eine sakrale Aura verliehen, waren, wie sich schon in diesem Zusammenhang zeigt, keine Bescheidenheitsgesten, sondern Mittel der erhöhenden Repräsentation des Imperators C. Caesar, sei es durch ihn selbst, sei es durch andere.

Diese erschöpfte sich jedoch auch jetzt nicht in einer Friedens- und Sakralrhetorik. Noch im Jahr 28 wurde das mächtige Mausoleum, bekrönt von einer kolossalen Bildnisstatue seines Inhabers, auf dem Marsfeld fertiggestellt (Abb. 20). Weitere Ehrungen werfen ein noch helleres Licht auf seine Überhöhung. Dabei kommt wiederum dem Forum Romanum besondere Bedeutung zu. Das Podium des dort im Jahre 29 geweihten Tempels des Divus Iulius wurde als Rostra gestaltet und triumphal mit den erbeuteten Schiffsschnäbeln von Actium geschmückt (Cass. Dio 51,19,2; Abb. 94: Q). So verband man symbolisch Adoptivvater und Adoptivsohn, den Tod des Caesar und den Vollzug der Rache durch den sieghaften Erben. Indem Tempel und Rostra die Ostseite des Forum Romanum besetzten, lagen die Rostra Iulia ihnen gegenüber (Abb. S. 94: H). Der Zentralplatz Roms war auf diese Weise endgültig von iulischen Monumenten gerahmt. Zu der Reiterstatue des Imperators Caesar aus dem Jahre 43 v. Chr. (Abb. S. 94: 7) und seiner erhöhten Statue auf der *columna rostrata* (Abb. S. 94: 11) am Forum Romanum kamen weitere Statuen und ein Ehrenbogen des Senats für den Actiumsieger – üblicherweise statuenbekrönt (Abb. S. 94: O). Die Vereinnahmung des politischen Zentrums war damit komplett. Die angeblich 80 silbernen Statuen seiner selbst, die Augustus später aus der Stadt entfernen ließ (*Res gestae* 24), zeugen von einer geradezu drängenden Präsenz – und dies waren nur die silbernen! Weder Pompeius noch Caesar noch eine andere Familie hatte je solche Dominanz im Stadtbild Roms beansprucht und

22 Denar des C. Caesar ‹Octavianus›. **Links** Kopf des Octavian. **Rechts** Statue der Victoria mit Palmzweig und Ehrenkranz auf dem Globus, um 31/29 v. Chr. Silber, Staatliche Museen zu Berlin, Münzkabinett

vom Senat auch erhalten. Welche Rolle in dieser bildmächtigen Strategie der Senat dabei in Zukunft spielen sollte, verdeutlicht die damals ebenfalls erfolgte Einweihung der Curia Iulia zwischen Forum Iulium und Forum Romanum (Cass. Dio 51,22,1–2; Abb. S. 93: A). Auch der Sitz des Senats führte nun den Namen der Familie des Imperators; Münzen aus diesen Jahren zeigen die Inschrift *IMP[erator] CAESAR* unter dem Giebel des Bauwerks. Und in seinem Inneren wurde eine Statue der Siegesgöttin Victoria aufgestellt, die aus Tarent nach Rom gebracht worden war und auf einem Globus stand (Abb. 22 rechts). Sie hatte C. Caesar den Sieg gebracht und stellte jetzt seinen Weltherrschaftsanspruch dauerhaft vor Augen: Der Senat tagte gleichsam in einem Siegesdenkmal der Familie des Imperators.

MEDIENPOLITIK MIT MÜNZEN: DER TRIUMPHALE *IMPERATOR* UND *DIVI FILIUS*

Die Victoriastatue in der Curia scheint Erfolge und Stellung des Imperators Caesar in den Jahren nach Actium in besonderer Weise repräsentiert zu haben. Sie erscheint nämlich wiederholt auf den Münzen einer einzigartigen Serie von mehr als 20 unterschiedlichen Gold- und Silberprägungen dieser Zeit (Abb. 11; 18; 22). Außer ihr und dem erwähnten Bild der Curia sah man in dieser Serie mit der Darstellung des Ehrenbogens und einer Triumphalquadriga weitere Bilder, die mit den Ereignissen von 29 verbunden sind. Zugleich aber wird in einer historisch-symbolischen Gesamtschau erneut an Naulochos und Philippi erinnert. Wir finden darin die auf Sextus Pompeius anspielende Figur (Abb. 18 rechts), eine mit Naulochos verbundene Darstellung eines Siegesmales (*tropaeum*) und die *columna rostrata* mit der Statue des C. Caesar (Abb. 11 rechts) – vermutlich die Ehrenstatue, die schon nach 36 errichtet wurde. Vor allem aber dominiert neben der vielfach präsenten Victoria (Abb. 18 links; 22 rechts) die in ganz neuer Weise isoliert im Münzfeld stehende Bildnisbüste des Imperators C. Caesar die gesamte Münzserie – noch nie hatte ein Porträt solcherart einen ganzen Satz von Münzen beherrscht (Abb. 11 links; 22 links). Die Namensbeischriften *Imperator* und *Divi filius*, sonst Beischriften des Porträts auf der Vorderseite, sind hier jeweils auf die Rückseiten der Münzen versetzt und dabei unüblicherweise waagerecht, also leicht lesbar ins Bildfeld gestellt. Sie machen den Imperator damit auch auf den Münzrückseiten präsent und verbinden ihn dort in programmatischer Weise mit den weiteren Bildern.

Als Köpfe und Figuren erscheinen Apoll, Mars (der an Philippi erinnert) und Venus sowie programmatische Personifikationen wie Pax und Victoria (Abb. 18 links; 22 rechts). Ganzfigurige Darstellungen des Imperators selbst sind schließlich mit diesen Götterbildern kreuzweise gekoppelt (Abb. 11 rechts; 18 rechts), und auch der Hinweis auf das *sidus Iulium* und auf Caesar fehlt nicht. Eine vergleichbar große und kompliziert konzipierte Münzserie hatte es noch nie gegeben. Man muss sich klar machen, dass die komplexen Bezüge der Münzen untereinander natürlich gar nicht wahrnehmbar waren, wenn sie sich verstreut im Umlauf befanden: Sie waren Teil der offenbar zentralen Konzeption in Rom und für den Imperator. Die Serie ist ein intellektuell anspruchsvolles Konstrukt, durch das einzelne Bildchiffren zu einem ideologisch hoch aufgeladenen Programm der triumphalen Erhöhung der Leistungen und der Stellung des Imperators C. Caesar stilisiert wurden, ohne dass die Münzen dies je explizit machten. Sie schrieben ihn – wie einst den Adoptivvater Caesar – in neuer Weise in die numismatische Erinnerung Roms ein und mithin in das Medium, das traditionell Geschichte und Ruhm zum eigentlichen Thema hatte. Und sie schrieben dem Imperator eine triumphal-divine Aura zu, die offenbar kennzeichnend für seine Rolle in den Jahren vor 27 v. Chr. war. Indes: Sie machten ihn weder zum Dictator noch zum Alleinherrscher. Und sie erreichten ihre Ziele nicht durch Hinweise auf mythologische Traditionen oder eine große Vergangenheit, wie in den spätrepublikanischen Münzprägungen (vgl. Abb. 5), sondern durch die Präsentation des *Imperator Divi filius C. Caesar* selbst im Netz diviner und ideologischer Bezüge. Auch wenn wir nicht genau wissen, ob die Prägung der sogenannten Triumphalserie in Teilen vielleicht schon vor 29 begann, so bleibt sie doch ein sinnfälliges Zeugnis für den komplex-symbolischen Stil der Präsentation des neuen Status des C. Caesar im Visuellen und für das gegenwartsbezogene, auftrumpfende Erfolgsbewusstsein, das nach 36 und 31/30 in Rom herrschte.

NIKOPOLIS, DAS SIEGESDENKMAL IN DER PROVINZ

Die Münzen kursierten nicht nur in Rom, sondern auch im Imperium, und die visuelle Präsentation der Stellung des Imperators nach Actium beschränkte sich fortan tatsächlich nicht mehr auf die Hauptstadt. Am Ort des entscheidenden Sieges von Actium in Nordwestgriechenland (beim heutigen Preveza) hob C. Caesar die Verbreitung seiner Erfolge auf eine neue

23 Siegesmonument des C. Caesar ‹Octavianus› bei Actium/Nikopolis

Oben Gesamtansicht, vorläufige Rekonstruktionszeichnung
Unten Altar, Rekonstruktionszeichnung

Stufe. Dort wurde nicht nur die ‹Siegesstadt› Nikopolis gegründet. An der Stelle, an der bei der Schlacht das Feldlager des C. Caesar gelegen hatte, begann man mit der Errichtung eines Heiligtums für Apoll (Abb. 23 oben). Es beherbergte einen gewaltigen, mehr als 20 Meter breiten Altar (Abb. 23 unten). Dieser war mit Reliefs geschmückt, die die Waffenbeute und den Triumph von 29 zeigten. Nach Süden, zum Meer hin, erstreckte sich die 62 Meter lange Stützmauer der Heiligtumsterrasse, die C. Caesar vermutlich bereits im Jahre 29 vor der Rückkehr nach Rom einweihte: das Siegesmonument von Actium. An dieser Mauer nämlich waren mindestens 36 Schiffsschnäbel (*rostra*) unterschiedlicher Größe angebracht: Beutestücke der Flotte des M. Antonius. Darüber prangte eine Weihinschrift in 30 Zentimeter hohen Buchstaben: Der *Imperator Caesar Divi filius* habe das Monument mit den Beutestücken der Schiffe dem Mars und Neptun geweiht nach seinem Kriegserfolg für die *res publica*, der Frieden zu Land und zur See gebracht habe. In der Friedensrhetorik und der Nutzung der Schiffsschnäbel als Signa des Actiumerfolges entspricht das Denkmal den Monumenten in Rom, in seiner gewaltigen Größe dem Machtanspruch des Imperators. Neu war allerdings, dass sich der Herr über das Imperium Romanum damit in monumentaler Weise auch in das Landschaftsbild einer Provinz eingeschrieben hatte. Er selbst war der Stifter. Neu war auch, dass sich Stiftungen und Monumente nun offenbar auch weit über Rom hinaus auf die imperiale Machtstellung im Reich beziehen sollten.

DAS NETZ DER SYMBOLE, DIE UNSICHTBARKEIT DES BÜRGERKRIEGS UND DIE NEUE MACHTSTELLUNG DES AUGUSTUS

Der Triumph des Siegers wurde in der Bildkunst spätestens seit Naulochos also Schritt für Schritt gesteigert; Actium stellte dabei keinen Bruch dar, sondern sollte vielmehr wie die Erfüllung einer Vorhersehung erscheinen. Die visuellen Chiffren zur Verbreitung der besonderen Stellung des C. Caesar waren dann spätestens um 30 v. Chr. etabliert, und inzwischen war auch ein dichtes Netz solcher Chiffren entstanden: der Bildniskopf des Imperators selbst (Abb. 11 links; 19; 22 links), die Figur der Victoria auf dem Globus (Abb. 22 rechts), die Schiffsschnäbel (*rostra*) (Abb. 11 rechts; 23 oben) sowie unter den Göttern besonders der siegbringende Apoll von Actium, zudem der *capricornus* als Zeichen der segensreichen Geburt des C. Caesar (Abb. 4). Die Bildchiffren fanden immense Verbreitung und blieben weit über die Jahre nach Actium hinaus Zeichen der Macht als ein gleichsam

24 Feldzeichenaufsatz mit Capricorn, dem Geburtszeichen des Augustus, augusteisch? Bronze, Stadtmuseum Wiesbaden

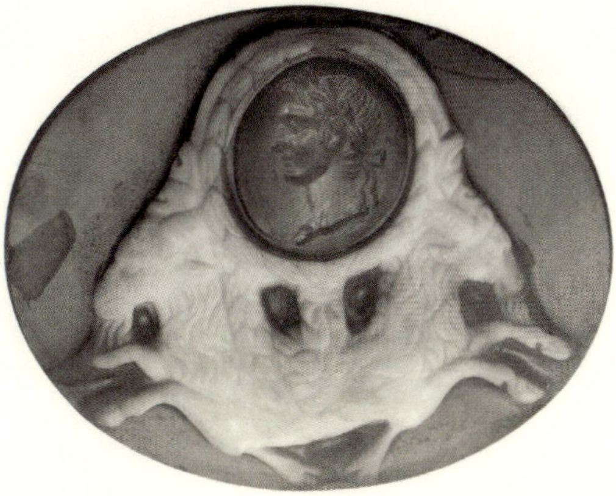

25 Schmuckstein mit Capricorn und Bildnis des Augustus, augusteisch. Sardonyx, Staatliche Museen zu Berlin, Antikensammlung

imperiales Vokabular. Ja, sie machten geradezu Mode: auf Tonziegeln von Dächern ebenso wie an Feldzeichen und auf Halbedelsteinen (Abb. 24; 25). Durch die neue Symbolsprache wurde die Integration der Machtzeichen in die Bildmode der Zeit möglich – ein kaum zu steuernder, vor allem aber von allen Bürger mitgetragener Prozess, der C. Caesar auf eine selbst in der Privatsphäre der Römer sinnfällige und damit fast schon totalitäre Weise in die visuelle Kultur einschrieb.

Hinter den omnipräsenten Sieges- und Segenschiffren aber verschwand jeder Hinweis auf die Besiegten unter den römischen Bürgern – auf die Caesarmörder und M. Antonius. Offenbar spielte das Vergessen, dem ja auch eine Unzahl von Morden anheimfallen sollte, auch hier, in den Bildern, eine entscheidende Rolle – ein visuelles Schweigen in der Öffentlichkeit. Eines der wenigen möglichen Zeugnisse, die als Hinweis auf den Sieg über einen konkurrierenden Feldherrn zu verstehen sein könnten, ist ein reliefierter Ringstein aus Hadrumentum im heutigen Tunesien (Abb. 26). Laut seiner griechischen Inschrift (seitenverkehrt, um damit zu siegeln) befand er sich einmal im Besitz eines Popilius Albanus. Man sieht C. Caesar nackt und mit dem Dreizack wie Neptun, als Meeresherrscher nach Actium. Er besteigt einen Wagen, den Hippokampen – pferdegestaltige Wasserwesen – ziehen. Unter ihren Vorderhufen sieht man eine Figur in den Wellen versinken. Sollte nicht ein Wassermensch als Teil eines Meereszuges gemeint sein, worauf ein Delphin als Begleiter weisen könnte, handelt es sich um einen Gegner zur See, der niedergeritten wird: Sextus Pompeius oder M. Antonius? Sollte man daran tatsächlich denken, dann wäre an diesem Beispiel erkennbar, dass drastische Siegesbilder in eher pri-

26 Ringstein des Popilius Albanus. C. Caesar ‹Octavianus› als Beherrscher der Meere, augusteisch. Carneol, Boston, Museum of Fine Arts

vaten, dem Imperator aber umso mehr schmeichelnden Bildmedien möglich gewesen sind, wie eben in einem solchen Ringstein. In der Öffentlichkeit beispielsweise der Münzen aber bezeichnete man allenfalls das Land der fremden Feindin, der Königin Kleopatra, explizit als besiegt: *AEGYPTO CAPTA*, «nach der Einnahme Ägyptens» (S. 73); dies verkündeten mit dem Bild eines Krokodils Denare des C. Caesar aus dem Jahr 28. Man propagierte damit allerdings mehr den Landgewinn des Imperiums, die Tat eines beispielhaften römischen Feldherrn, als das Ende eines Bürgerkrieges.

Die offene Frage, wie mit der im Jahre 31/30 gewonnenen Macht so umzugehen sei, dass sie in einer nicht monarchischen, senatsregierten *res publica* Bestand haben könnte, wurde im Januar 27 v. Chr. beantwortet, und zwar mit der raffinierten Konstruktion des Principats: der Konstruktion der konsensualen Vorrangstellung eines Ersten (*princeps*) unter Gleichen im Rahmen der *de iure* fortbestehenden Senatsherrschaft (S. 79–81). C. Caesar gab am 13. Januar in einem symbolischen Akt alle Amtsgewalten an die *res publica* zurück. Im Gegenzug erfolgte am 16. Januar durch den Senat die Zuerkennung einer Machtfülle, die eigentlich an bestimmte Ämter geknüpft war, nur dass der neue Princeps außer dem Consulat keines dieser Ämter tatsächlich inne hatte. Vom Kampf um die Macht wandelte sich damit die Situation in Rom zu einem dauerhaften Kommunikationsprozess um Ausgleich zwischen dem formal nicht übermächtigen Herrscher und dem real nicht zu lebhaft auf seine Macht pochenden Senat. In einem solchen Kommunikationsprozess können wiederum Bilder eine große Stärke entfalten, um in der sichtbaren Welt Machtfragen und -verhältnisse zu verhandeln.

– 3 –

CICERO UND DIE LITERATEN UM OCTAVIAN BIS ZU DESSEN ALLEINHERRSCHAFT

Genau am 20. Dezember 44 hielt der junge «Caesar», wie Octavius sich nun selbst nannte, seinen triumphalen Einzug in die römische Literatur. Cicero feierte in einer seiner besten Reden, jedenfalls der fatalsten seines Lebens (der «3. Philippica»), im Senat den Neunzehnjährigen unter anderem als «Jüngling, fast noch Knaben, der mit unglaublicher und geradezu göttlicher Gesinnung und Tugend ein mächtiges Heer beschafft und sein väterliches Vermögen zum Heil des Staates angelegt hat» (*Phil.* 3,2); und er beantragte, die eigenmächtigen, eigentlich hochverräterischen Maßnahmen des Caesarerben, der dem legitimen Consul Antonius viele seiner Truppen abspenstig gemacht hatte, von Senats wegen zu belobigen.

Diese Worte präludieren vielem, was auch die spätere Verherrlichung des Augustus bestimmt: seine unglaubliche Jugendlichkeit, die er auf Bildern lebenslang behält; die Aura des Göttlichen, das ihn zu umweben scheint; schließlich sein selbstloser, rettender Einsatz für das Gemeinwohl. Und wenn Cicero sagt, «Caesar» habe «nach privatem Entschluss den Staat von einer Pest befreit» (*Phil.* 3,5), so konnte Augustus dies später fast wörtlich in seinen Tatenbericht (*Res gestae* 1) übernehmen, freilich nur, indem er nebulös von der Herrschaft einer *factio*, d. h. einem Komplott sprach, das damals den Staat unterdrückt habe, der dann von ihm befreit worden sei. Denn das Komplott bzw. Ciceros «Pest» war ja nichts anderes als Antonius, gegen den sich Octavian damals ein Kommando verschaffte, um ein halbes Jahr später selber mit ebendemselben ein schlimmeres Komplott zu schmieden.

OCTAVIANS ERFOLGREICHES WERBEN UM CICERO

Cicero hatte sich mit dem Einsatz für diesen – fast möchte man sagen: neuen Catilina nicht so leicht getan, wie es nach jenen überschwänglichen Worten den Anschein hat. Wir wissen es aus seinen zahlreichen Briefen. Nach Caesars Tod war er zunächst um Verständigung mit Consul Antonius, dessen Freund und Quasinachfolger, bemüht. Anders sah es aus, als vom Mai 44 an die Zwistigkeiten zwischen dem neuen Caesar und Antonius offen ausbrachen und Cicero selbst sich mit Antonius überwarf. Am 2. September hatte er ihn in einer Senatsrede, der sogenannten «1. Philippica», vorsichtig und unter Wahrung der formell bestehenden «Freundschaft» (*amicitia*) wegen seiner diktatorischen Allüren kritisiert. Antonius wollte das nicht hören und schlug am 19. September zurück mit einer Generalattacke gegen Cicero, in der dessen ganzes politisches Leben vor Gericht gezogen wurde. Cicero hielt zwar seine sofort erstellte Gegenrede, die berühmte (nach der Kranzrede des Demosthenes disponierte) «2. Philippica», Schulmuster aller Invektiven, noch in der Schublade zurück, aber an Verständigung mit Antonius war nun nicht mehr zu denken. Auch Antonius' Zwist mit Octavian spitzte sich jetzt zu. Nachdem dieser angeblich dem Leben des Consuls nachgestellt hatte, verließ Antonius Rom, um sich vier ihm zustehende Legionen zu sichern. Der junge Caesar warb diese teils ab, teils rekrutierte er, dank seinem Namen und unter Einsatz seines Vermögens, Truppen aus den Veteranen seines Adoptivvaters.

Aber der sich anbahnende militärische Konflikt musste auch rechtlich und vor allem publizistisch abgesichert werden. Octavians Augen richteten sich auf Cicero. Schon am 21. April, noch bevor er in Rom war, hatte er dem berühmten Consular in Cumae seine Aufwartung gemacht, «sehr ehrerbietig und freundschaftlich», heißt es (*Epistulae ad Atticum* 14,12,2). Jetzt erbittet er in Briefen Ciceros Rat, möchte sich mit ihm treffen. Schließlich: Er solle bitte noch einmal den Staat retten. Geht es ihm wirklich darum? Cicero windet sich: «Sieh seinen Namen an! Sein Alter!» (*Att.* 16,8,1). Die Bedenken waren berechtigt. In einer Volksrede erkühnt sich Caesars Adoptivsohn auszurufen: «So wahr ich die Ehren meines Vater erlangen möchte», und streckt dabei auch noch die Rechte zu einer Statue von Caesar aus. Ciceros Entschluss scheint gefasst: «Von so einem möchte ich nicht einmal gerettet werden!» (*Att.* 16,15,3). Und doch kam es anders.

Antonius zieht mit seinen verbliebenen Truppen nach Norditalien, um von dort aus die ihm für 43 zustehende Provinz Gallia Cisalpina zu übernehmen. Dort ist noch Decimus Brutus Statthalter, einer der Caesarmörder (nicht der bekanntere Marcus Brutus). Cicero beschwört ihn brieflich, die Provinz nicht zu übergeben. Und Brutus folgt ihm. Am frühen Morgen des 20. Dezember trifft sein Edikt in Rom ein: Er werde die Provinz dem Senat zur Verfügung stellen. Nun sieht Cicero intuitiv die große Chance für eine Allparteienkoalition gegen Antonius, in die auch «Caesars» Legionen eingebunden werden müssen. Er nutzt die für diesen Tag schon früher angesetzte Senatssitzung, um in der kühnen Improvisation seiner «3. Philippica» – denn Cicero hatte gar nicht geplant, in den Senat zu kommen – drei gravierende, freilich illegale, Senatsbeschlüsse durchzusetzen: Die Politik des D. Brutus wird gebilligt; wie er sollen alle Statthalter vorläufig ihre Provinzen behalten; und schließlich werden den von Caesar aufgebotenen, zum Teil von Antonius abgefallenen Truppen Ehrungen in Aussicht gestellt, ihm selbst wird bescheinigt, dass durch seine «Mühe, Tugend und Entschlusskraft das römische Volk vor schwersten Gefahren verteidigt worden» sei (*Phil.* 3,38). So lautete die offizielle, vom Senat abgesegnete Laudatio; in der Rede selbst wurde Cicero noch weit blumiger. So schien des jungen Caesars paradoxes Bündnis mit dem skeptischen Senat und letztlich den leibhaftigen Caesarmördern, deren einer ja mit ihm zusammen belobigt wurde, besiegelt.

PHILIPPICAE ORATIONES

Spätestens als Cicero diese Meisterrede aufschrieb und an Freunde verschickte, mussten die Literaturkenner unter ihnen sehen, dass dieses Stück waghalsiger Politik auch eine aufregende literarische Bedeutung hatte. Besonders in dieser «3. Philippica», aber auch in vielen nachfolgenden Reden, versuchte Cicero in noch nie da gewesener Weise das Vorbild des berühmten Demosthenes nachzuahmen, nicht etwa nur im Stil, sondern auch in den einzelnen Gedanken, zum Teil im Aufbau und im ganzen Duktus. Wie Demosthenes in seinen Reden gegen Philipp auf rasches Handeln drängte, so nun Cicero gegen Antonius. Wie dieser dort in jeder Änderung der Lage eine unerwartete, von den Göttern gesandte Chance der Rettung erkannte, ebenso nun Cicero in dem tatsächlich unerwarteten Handeln des jungen Caesar, der ja selbst schon göttlich schien. Und wie im Falle von Athens Schicksalskrieg gegen den halbbarbarischen Makedonenkönig, so geht es auch für Cicero im Krieg gegen Antonius um den Kampf zwischen Freiheit und Sklaverei; und so müsse man denn, fordert er wie Demosthenes, um der Freiheit willen auch zum Tod bereit sein. Fast hellsichtig, obschon ungewollt, hat dabei Cicero sein eigenes, schreckliches Ende prophezeit «Wenn denn also – die Götter mögen das Omen abwenden – schon die letzte Schicksalsstunde für den Staat gekommen ist, dann wollen wir es halten wie edle Gladiatoren, die sich einen schönen Tod bereiten; so wollen auch wir, die Herren über den Erdkreis und alle Völker Sorge tragen, dass wir lieber mit Würde sterben, als mit Schmach Knechte sind» (*Phil.* 3,35 f.) (wozu man wissen muss, dass römische Gladiatoren, wenn sie sterben, nicht im Kampf, wie in unseren Römerfilmen, fallen, sondern sich rituell hinrichten lassen): Nie zuvor hatte Cicero dieses grandiose Pathos erreicht.

Im Bewusstsein auch seiner literarischen Meisterschaft fasste er, wie seinerzeit zwölf *Orationes consulares* (S. 42), so nun zwölf *Orationes Philippicae* – hier ein sachlich unpassender Titel – zu einem Corpus zusammen, das mit einer am Tag des Siegs bei Mutina (noch ohne dessen Kenntnis) gehaltenen Rede abschloss. Wenn wir heute, unseren Handschriften folgend, vierzehn Philippiken zählen, so darum, weil in der späteren Überlieferung die beiden ersten Reden gegen Antonius zum Zwölfercorpus gezogen wurden, so dass sie jetzt als «1. und 2. Philippica» firmieren; die echten Philippiken sind die jetzt als «3 bis 14» gezählten. Nur sie haben Topik und Tenor der demosthenischen Philippiken, und sie sind auch künstlerisch wohlgeordnet. Auf die zwei noch ins Jahr 44 gehörenden Reden («3/4»), in denen Cicero vor Senat und dann Volk die Grundlagen für die Politik, d. h. den Krieg des nächsten Jahres legt, folgen zwei kleinere Zyklen von je fünf Reden («6 bis 10» und «11 bis 14»), in deren erstem es um eine umstrittene Gesandtschaft an Antonius geht, während sich im zweiten der Blick auf den Osten hin weitet, wo inzwischen die Caesarmörder M. Brutus und Cassius sich Truppen beschaffen. Vor allem im ersten Zyklus wird die Lobpreisung des «göttlichen Jünglings», dem Cicero bald ein proprätorisches Imperium verschafft, fortgesetzt. Hier macht Cicero in der «5.» Rede seinen verhängnisvollsten, von ihm später bitter bereuten Fehler: Er behauptet, der junge Caesar sei zutiefst verschieden von seinem Vater, der das eigentliche Wesen des Ruhms nie verstanden habe. Woher weiß Cicero das? «Alle *sensus* (Gedanken und Empfindungen) des jungen Mannes sind mir bekannt: Nichts ist ihm lieber als der Staat, nichts ist ihm wichtiger als eure Autorität, nichts erwünschter als das Urteil guter Männer, nichts süßer als der wahre Ruhm» (*Phil.* 5,50). Offenbar scheint der Junge ja gründlich sein Herz vor dem alten Herrn ausgeschüttet zu haben; und Cicero vergisst prompt alles, was dieser vor Caesars Statue kurz zuvor geschworen hat, und behauptet: «Ich verspreche es, ich verbürge mich, ich gelobe es euch: C. Caesar wird immer ein solcher Bürger sein wie heute, und so wie wir ihn immer wollen und wünschen müssen» (a. O. 51).

OCTAVIANS VERRAT

Es muss jeden Freund der lateinischen Literatur schmerzen, dass die Philippiken, dieser Höhepunkt der Prosakunst, einem Verräter zugute kamen. Und auch wenn diese Frage nicht mehr zur Geschichte der Literatur gehört: Wie kam Cicero zu dieser selbstmörderischen Gewissheit? Dass es klug war, Octavian zumindest vorläufig mit dem Senat zu verbünden, sei nicht bestritten: Cicero zeigte hier politischen Spürsinn und ungewohnte Geistesgegenwart. Dass er sich aber in diesem so täuschen konnte, muss noch an anderem liegen. Eine Rolle mag spielen, dass Octavian ihm schön tat, ihn «Vater» nannte (Plutarch, *Cicero* 45,2), während zur gleichen Zeit von seinem eigenen Sohn, einem bekennenden Alkoholiker, aus der Studentenstadt Athen weniger Gutes gemeldet wurde. Und nicht vergessen sei die Bedeutung, die Irrationales auch für den aufgeklärten Römer haben mochte. Plutarch erzählt in seinen Biographien viel von Träumen, was heute von nüchternen Historikern rasch beiseitegelegt wird. Da ist nun auch die Rede davon, dass Cicero schon zu Lebzeiten von Pompeius im Traume einen Knaben mit den Zügen von Octavius gesehen habe: Jupiter selbst habe ihm diesen als den Erlöser Roms vom Bürgerkrieg bezeichnet.

Entsetzlich war Ciceros Erwachen aus allen Träumen: Nach seiner letzten «14.» Rede gibt es von ihm nur noch zunehmend verzweifelte Briefe. Denn nachdem Antonius bei Mutina scheinbar entscheidend besiegt worden war – gleichsam symbolisch fielen beide rechtmäßigen Consuln in diesem Krieg –, dauerte es nicht lange, da begann Octavian sich insgeheim mit Antonius zu verständigen; er erzwang sich mit Militärgewalt den Consulat, und bald kam es durch die neuen *tresviri*, Octavian, Antonius und den Caesarianer Lepidus, die diesmal sogar formal legitimiert waren (S. 63), zu den brutalen Proskriptionen, denen am 7. Dezember auch Ciceros Haupt zum Opfer fiel (wobei er sich durchaus mit gladiatorischem Todesmut bewährte). Antonius, heißt es, habe auf der Ermordung dieses Erzfeinds bestanden – seine Frau soll dann sogar die verhasste Rednerzunge mit der Nadel durchstochen haben –, während Octavian sich in einer längeren Schamfrist dagegen gesträubt habe. Letzteres mag sogar richtig sein. Denn, von moralischen Hemmungen abgesehen, er musste ja ahnen, wie dieses Verbrechen an dem Mann, dem er neben seinem Geld und seinem «Vater» alles verdankte, einmal auf seinem Namen lasten werde. Vielleicht hatte er diese schreckliche Konsequenz, zu der er letztlich gezwungen wurde, zu spät bedacht, und sein späterer erfolgreicher Leitspruch *Festina lente* mag auch gerade aus den Erfahrungen in diesem überstürzt turbulenten Jahr erwachsen sein.

DAS SCHWEIGEN DER LITERATUR

Wenig ist so empörend an der Literatur der ganzen folgenden Zeit, als dass kein einziger Schriftsteller es wagt, diese Schandtat des späteren Augustus zu erwähnen, geschweige denn zu geißeln (das tut erst der Grieche Plutarch). Der Historiker Livius, einige Jahrzehnte später, versteht sich bei seiner eindrucksvollen Darstellung von Ciceros Tod zu einem nur gerade sauersüßen Lob des Mannes: kein Wort zu Octavian. Nichts las man auch, wie der ältere Seneca referiert, bei dem uns verlorenen Historiker Asinius Pollio, nichts bei zwei Geschichtsschreibern der frühen Kaiserzeit, Cremutius Cordus und Aufidius Bassus. Der Dichter Sextilius Ena beklagte immerhin in berühmten Versen das «Verstummen von Latiums Zunge» (Seneca maior, *Suasoriae* 6,27: *Latiae ... silentia linguae*), mehr nicht. Besonders bezeichnend ist das Verhalten der römischen Rhetoren, d. h. Rhetoriklehrer, die ihren Deklamationen (vgl. S. 165 f.), in diesem Fall Suasorien (Beratungsreden), folgenden geradezu unsinnigen Fall zugrunde legten: Antonius habe Cicero Straflosigkeit versprochen, wenn dieser dafür seine Schriften (gemeint sind die Philippiken) verbrennen würde. Was sollte die Verbrennung von Werken bezwecken, die sich schon in vielen Abschriften über die Welt verbreitet hatten! Ausnahmslos alle Rhetoren beziehen hier beredte Stellung gegen Antonius – natürlich: Nach seiner Niederlage bei Actium (31 v. Chr.) war Octavians einstiger Kompagnon gewissermaßen zur Beschimpfung freigegeben, und Ciceros erste Reden gegen ihn gewannen neue Aktualität. Was aber noch aufschlussreicher ist: Zwar raten alle Rhetoren, die nach den Gesetzen der *suasoria* die Rolle eines Ratgebers einnehmen, von der Bücherverbrennung ab, aber nur einer von ihnen, Albucius, riskiert die zarte Andeutung, dass Antonius ja nicht als Einziger Cicero gefährlich sei. Einen so tiefen Schock haben offenbar die Proskriptionen und bald wohl auch Octavians Grausamkeiten im Perusinischen Krieg (S. 65 f.) verursacht.

Was die späteren Dichter angeht, so wagt es bis zum Tod des Augustus keiner, den Namen Cicero auch nur in den Mund zu nehmen. Auch nicht Horaz, der immerhin bei Philippi gegen den jungen Caesar für die Caesarmörder gekämpft hat; nicht einmal Ovid, der sich sonst doch einiges herausnimmt (S. 210) – von Properz und Vergil zu schweigen: Letzterer hat ihn vielleicht in der Gestalt des kriegsuntüchtigen, aber redegewaltigen Drances im 11. Buch der *Aeneis* abgebildet; und schwer wiegt der Halbvers, dass die griechische Gerichtsrhetorik der römischen überlegen sei (*Aen.* 6,849: *orabunt causas melius* sc. *Graeci*). Ein begreifliches Tabu liegt über dem Namen des Mannes, der Augustus so schwer belastet. Bezeichnend dafür, aber auch für dessen spätere Haltung ist eine von Plutarch (*Cicero* 49,5) berichtete Anekdote über Augustus: Er habe einen seiner Enkel bei heimlicher Cicerolektüre ertappt, worüber dieser betreten gewesen sei. Da habe ihm Augustus das Buch weggenommen und, um ihn zu beruhigen, gesagt: «Ein redegewaltiger Mann und ein Patriot.» Augustus durfte das.

Umgekehrt aber hatte offenbar kein wirklich namhafter römischer Literat Lust dazu, die Nachfolge Ciceros als Lobredner des neuen Caesar anzutreten und diesen in den folgenden Jahren publizistisch zu unterstützen, nicht einmal, als nach dem *bellum Siculum* im Jahre 36 offiziell die Bürgerkriege beendet waren und sich der Caesar als Friedensfürst präsentierte. Nun sang er sich selbst sein Lob in Redepamphleten; und im Übrigen übernahmen seine Münzmeister die Propaganda (S. 86 ff.). Immerhin scheint ihm sein General, der auch als Redner tüchtige Valerius Messalla, mit einer kleinen Erwiderung «Gegen die Schriften des Antonius» die Stange gehalten zu haben; obskur bleibt eine entsprechende Schrift (?) des Asinius Pollio, der aber bezüglich der sich mit Antonius anbahnenden Auseinandersetzung gesagt haben soll (Velleius Paterculus 2,86,3), er werde die «Beute des Siegers» sein (so hatte er sich erfolgreich schon im Jahre 43 verhalten). In den etwa zwischen 43 und 35 entstandenen Werken des großen Historikers Sallust (C. Sallustius Crispus) – für die antike Schule der wichtigste Prosaiker nach Cicero – sucht man vergebens nach einer Stellungnahme zu den zeitgenössischen Ereignissen. Er hatte sich nach dem Tod Caesars, der ihn gefördert hatte, aus der Politik zurückgezogen und behandelte in seinen historischen Monographien und *Historiae* auch die neuere Vergangenheit mit geflissentlicher Betonung seiner Überparteilichkeit. So lässt er in seinem bekanntesten Werk, dem *Bellum Catilinae*, die damaligen Kontrahenten und später erbitterten Feinde im Bürgerkrieg, Caesar und Cato, beide nebeneinander als die herausragenden Persönlichkeiten, mit nur eben divergenten Tugenden, gelten. Um dagegen etwas über Caesars Adoptivsohn und die Dreimänner zu erfahren, muss man schon allzu sehr zwischen den Zeilen lesen.

Noch auffallender ist, dass wir in diesem Zusammenhang nichts über den großen Dichter Cornelius Gallus hören. Er war nämlich nicht nur mit seinen Versen auf die Schauspielerin Lycoris der eigentliche Begründer der römischen Liebeselegie, mit dem für diese charakteristischen Konzept der Geliebten als gebietender Herrin (*domina*), sondern machte auch dank Octavians Freundschaft Karriere als Politiker und Militär. Nach der Eroberung von Alexandria wurde er von diesem sogar zum Präfekten Ägyptens ernannt. Seine Tätigkeit als Dichter scheint aber wohl schon vorher geendet zu haben. Ein von ihm verfasstes, von Vergil gerühmtes Epyllion wurde noch zu Ciceros Lebzeiten veröffentlicht; das Bruchstück einer uns auf Papyrus erhaltenen Elegie – ein seltener, kostbarer Rest seines Werks – bezieht sich huldigend sogar auf den noch lebenden Iulius Caesar, der bald «größtes Stück der römischen Geschichte» sein werde (3,2, *FPL* Blänsdorf). Nach Vergils zehnter Ekloge soll Lycoris dem Gallus mit einem römischen Offizier an den Rhein durchgebrannt sein: Das dürfte sich etwa auf das Jahr 39 beziehen, welches dann das Ende der Liebesdichtung des Gallus markieren könnte.

Auffallend ist, wie gesagt, sein Schweigen im folgenden Jahrzehnt. Als ägyptischer Präfekt soll er übermütig geworden sein (vgl. S. 122 f.), und seine Großmäuligkeit scheint beim Wein, wie Ovid bezeugt (*trist.* 2, 446), so weit gegangen zu sein, dass Augustus sich mit dem Vorwurf der verratenen Freundschaft von ihm lossagte und ihn im Jahre 26 zum Selbstmord zwang. Man müsste von einem zweiten Verbrechen des Princeps an der römischen Literatur sprechen, würden wir nur die Vorgänge genauer kennen – und hätte Gallus damals noch gedichtet. Er ist übrigens der Erste, von dem wir wissen, dass er auch außerhalb Italiens Leser und Käufer hatte. Und «Gallus im äußersten Westen berühmt und Gallus im Osten» (*Gallus et Hesperiis et Gallus notus Eois*), sagt Ovid (*Amores* 1,15,30).

VERGIL – EIN AUGUSTEER DER ERSTEN STUNDE?

War somit der berühmte Freund des Gallus, Vergil (P. Vergilius Maro), der erste Herold und Lobredner des Augustus, nachdem es für Cicero ein so böses Ende genommen hatte? So meint man seit dem Altertum, aber bei näherem Zusehen drängt sich der Verdacht auf, dass Vergil diesen Ruf mehr den Philologen als der Realität verdankt. Debütiert als Dichter hat er jedenfalls mit einem packenden kleinen Poem (in catullischen Hinkjamben), in dem er sich von Politik und Rhetorik lossagt, um, durchaus im Geiste der Zeit (S. 57), beim Epikureer Siron Philosophie zu studieren. In die Politik zurück führt uns die erste Ekloge, ein entfernt nach griechischem Vorbild verfasstes Hirtengedicht (nicht «Schäfergedicht», denn Vergils Hirten sind großenteils Cowboys). Hier nimmt Vergil unbestritten auf die Landenteignungen Bezug, die der junge Caesar, nachdem im Jahre 42 bei Philippi die Caesarmörder geschlagen waren, durchzuführen hatte, um den Veteranen des siegreichen Heers Grund und Boden zu beschaffen und damit deren Lebensunterhalt zu sichern. In dieser Ekloge huldigt nun also ein gewisser Tityrus voll Überschwang einem als leibhaftigem Gott (*praesens divus*) zu verehrenden Jüngling (*iuvenis*), den er in Rom erlebt und der ihm in einem Bescheid (*responsum*) gestattet habe, wie bisher seine Rinder zu weiden, d. h., auf dem bisherigen Grundstück zu verbleiben. Seit den Kommentaren der antiken Philologen scheint klar, dass nach den Regeln einer «bukolischen Maskerade» dieser Tityrus Vergil selbst sein müsse und der göttliche Jüngling – man denke nur an Ciceros schwärmerische Epitheta – natürlich kein anderer als der junge Caesar: Vergil, so glaubt man zu wissen, habe bei den Landenteignungen seinen Grundbesitz verloren, ihn aber dank der Fürsprache mächtiger Freunde durch «Caesar» wieder restituiert bekommen; und dies Gedicht sei nun der Dank dafür.

Die Realien des Gedichts machen dies aber unwahrscheinlich. Tityrus ist kein Grundeigentümer, sondern ein besitzloser Hirtensklave, der nicht nach Rom reist, um ein Grundstück, das ihm ja gar nicht gehören kann, wiederzubekommen, sondern um sich seine Freilassung mit Hilfe eines mühsam gesammelten Sparpfennigs zu erkaufen. Wie käme dieser armselige Hirte dazu, sich von dem großen Triumvirn einen Bescheid einzuhandeln? Dass die Landenteignungen hier ins Spiel kommen, ist allerdings unbestreitbar. Aber der Göttliche dürfte dann nicht Octavian sein, sondern eher doch der neue Eigentümer, der es Tityrus gestattet, auf dem erworbenen Grundstück auch als Freigelassener weiter verbleiben zu dürfen (solche ‹Augenblicksapotheosen› bei unverhoffter Hilfe sind in der Antike, wo die Grenzen von Gott und Mensch durchlässiger sind, nichts Ungewöhnliches). Grund genug ist das für seinen enthusiastischen Jubel, denn andere Hirten, so hört man, «werden überall von den Ländereien» vertrieben; und die Klage eines von ihnen, Meliboeus, bildet das zweite, kontrastierende Thema des wundervollen Gedichts, in dem es vor allem auch um das Weh der Heimatvertriebenen geht – nicht der Grundbesitzer, sondern der Hirten, die ja mehr als ihre meist in Rom weilenden Herren mit dem jeweiligen Stück Land verbunden sind. Mit diesem Leid der Landvertreibung befasst sich vor allem auch die neunte Ekloge, in der man mit etwas besserem Grund nach Vergil suchen darf. Denn hier ist im Gespräch der Hirten davon die Rede, dass ein gewisser musisch begabter Menalcas vergebens versucht habe, mit seinen Liedern Landenteignungen zu verhindern und dass er dabei in Lebensgefahr gekommen sei. Da in der vorausgegangenen fünften Ekloge Menalcas eindeutig mit Vergil identifiziert wurde, wird man auch hier an ihn zu denken haben. Aber dass er selbst enteignet und dann von Octavian wieder beschenkt worden wäre, ergibt sich gerade aus diesem Gedicht schon gar nicht.

Nur drei von Vergils Freunden und vielleicht Förderern werden in den Eklogen genannt: der erwähnte Cornelius Gallus (6; 10), der Dichter und Redner Asinius Pollio (4; 8) und ein uns weniger bekannter P. Alfenus Varus (6). Angesichts dessen, dass der spätere Vergil in der Tat lauter als irgend ein anderer den göttlichen Augustus gepriesen und ihm sozusagen die Welt zu Füßen gelegt hat, ist es jedoch begreiflich, dass man auch schon in diesen frühen (wohl bald nach 39 veröffentlichten) Gedichten nach seinen Spuren sucht. Aber dabei ist nur Abwegiges zu Tage gekommen. So wollen viele im Adressaten der achten Ekloge, von dem es heißt (V. 10), dass seine «Gedichte wie die keines anderen den Kothurn des Sophokles verdienen» (also dessen Dramen ebenbürtig seien) wieder den künftigen Augustus erkennen, weil dieser sich einmal an einer Tragödie *Aias* versucht haben soll. Wozu aber gesagt werden muss, dass dieses Werk nach dem eigenen Bekunden des Autors ihm so missriet, dass sich sein Aias, wie der des Sophokles ins Schwert, so in den Schwamm gestürzt habe (mit dem löscht man nämlich die Tinte auf dem Papyrus, um diesen wieder verwenden zu können). Und der «sophokleische» Tragiker in der Ekloge ist, wie teilweise schon der Antike bekannt war, der berühmte Dichter Pollio, Vergils Freund.

DAS RÄTSEL DER VIERTEN EKLOGE

Nicht genug damit. Sogar die berühmte vierte Ekloge, das prophetische Gedicht Vergils, in dem dieser exakt für das Jahr 40, das Consulatsjahr seines Freundes Pollio, die Geburt eines Weltenheilands prophezeit, haben neuerdings einige deutsche Gelehrte, denen sonst aber noch niemand gefolgt zu sein scheint, auf Augustus bzw. den jungen Caesar beziehen wollen. Wer sonst?, sagen sie; aber leider ist ihr Kandidat Augustus schon im Jahre 63 geboren worden. Doch auch wenn er es also mit Sicherheit nicht sein kann, muss zu diesem Gedicht noch etwas gesagt werden. Vergil, der als Prophet spricht – das Wort *vates*, eigentlich «Prophet», wird damals auch für den Dichter üblich – weissagt also die Geburt eines Knaben, mit dem wiederum die berühmte Goldene Zeit, die in phantastischen Farben ausgemalt wird, zurückkehren soll, nicht in einem Augenblick, sondern Stück für Stück: Schon während seines Knabenalters wird Honig aus den Eichen tropfen; wenn er zum Mann gereift ist, spazieren die Schafe in purpurner Wolle herum und ersparen dem Färber die Arbeit. Trotz diesen Phantastereien eines etwas überhitzten Hirtenpropheten – denn Vergil fingiert hier, selbst Hirte zu sein – drückt das Gedicht eine ergreifend formulierte, aus der Not dieser furchtbaren Jahre geborene Sehnsucht nach einem Heilsbringer aus, den Vergil am Ende sogar anredet: «Sieh an, wie die Welt schwankt unter dem Gewicht ihrer Wölbung und die Länder und die Meere und der endlose Himmel! Sieh, wie alles sich freut über das kommende Zeitalter (*aspice venturo laetentur ut omnia saeclo*)!» (V. 50–52). Kaum angeredet, ist das Baby während des Gedichts auch schon geboren worden, und es wird vom Dichter mit dem zauberhaften Vers begrüßt: «Fang an, du kleiner Knabe im Lachen die Mutter zu erkennen (V. 60: *incipe, parve puer, risu cognoscere matrem*)!»

Welchen Knaben meint Vergil? Darüber rätselt man seit dem Altertum. Ein Sohn des Asinius Pollio, den Cicero ja anredet, behauptete, er sei es. Ein Weltenheiland war er aber nicht. Andere raten heute auf einen erhofften Sohn «Caesars» oder des Antonius oder – am Ende gar des Königs Herodes. Und weil man sich nicht einigen kann, glauben manche, das Kind sei nur eine Allegorie des Friedens oder der Goldenen Zeit – was den detaillierten Aussagen über das Heranreifen des Knaben natürlich jeden Sinn nimmt. Es gibt aber eine Lösung. Der Fehler bei allen Identifizierungen war nämlich, dass man Vergils Gedicht immer als höfisch, d. h. als Huldigung an einen der Großen verstanden hat, dem der schmeichelnde Dichter dann den Wunderknaben quasi in die Wiege gelegt hätte. Viel wahrscheinlicher ist aber, dass Vergil hier als echter, begeisterter Prophet spricht (wie etwa Jesaja bei seinen ähnlichen Prophezeiungen auf ein Wunderkind, die Vergil aus der *Septuaginta*, also der griechischen Übersetzung der hebräischen Bibel, durchaus bekannt sein konnten). Er mochte dann, vielleicht auch inspiriert durch den glückverheißenden Frieden von Brundisium in diesem Jahr (S. 66), der visionären Gewissheit sein, dass ein solcher Knabe eben jetzt geboren werden müsse, wobei er sich deutlich auch auf ein sibyllinisches Orakel bezieht. Und er brauchte dazu durchaus nicht zu wissen, wessen Kind der Knabe sei. Uns ist natürlich klar, dass Vergil, wenn diese prophetische Verzückung nicht überhaupt fingiert bzw. nur ein leidenschaftlicher Wunsch war, sich geirrt hat. Aber das wusste er offenbar bald auch selbst. In seinen *Georgica*, zehn oder fünfzehn Jahre später (S. 118), als der Wunderknabe nicht aufgetreten war, schrieb er in der Tat den Friedenswunsch der vierten Ekloge auf den real existierenden jungen Caesar um, indem er die Götter anfleht: «Hindert nicht, dass wenigstens (!) dieser Jüngling dem zerrütteten Zeitalter zu Hilfe komme (1,500 f.: *hunc saltem everso iuvenem succurrere saeclo / ne prohibete*)!» Die Christen allerdings konnten sich mit dieser Korrektur nicht zufrieden geben. Und so deutete man seit dem allerchristlichsten Kaiser Konstantin die Ekloge auf den Messias und reihte Vergil unter die alttestamentarischen Propheten ein. Was diesen vielleicht sogar gefreut hätte – nur ist eben Jesus Christus ebenso wenig im Jahre 40 geboren worden wie der Kaiser Augustus.

HORAZ: EIN EPIKUREER NÄHERT SICH DEM NEUEN CAESAR

Auch Horaz (Q. Horatius Flaccus), nur zwei Jahre älter als «Caesar», war lange kein Parteigänger des künftigen Princeps. Wie schon erwähnt, kämpfte er noch bei Philippi (42) als Militärtribun gegen den jungen Caesar und für die Mörder seines Adoptivvaters, wohl gemäß der philosophischen Überzeugung, die er in Platons Akademie gewonnen hatte, dass der Tyrann der böseste aller Menschen sei. Nachdem er in dieser Schlacht aber höchst unrühmlich seinen Schild verloren und bald danach auch sein Vermögen eingebüßt hatte, änderte er seine Philosophie, wurde Epikureer, d. h., er setzte eigenem Bekenntnis nach alles daran, unter Vermeidung alles Politischen mit möglichst wenig Bedürfnissen möglichst lustvoll zu leben. So jedenfalls lehrt er es in seinem ersten Dichtwerk, einem Satirenbuch, das nicht nur dem traditionellen Spott, sondern auch der moralphilosophischen Betrachtung gewidmet ist: bis heute das Handbuch eines vernünftigen, anspruchslosen Lebens. An Politik war Horaz, gebranntes Kind, wie er sagt, nunmehr desinteressiert. Dennoch wird C. Maecenas, der hochgebildete, mächtige Freund Octavians und Förderer aller Talente, auf ihn aufmerksam und zieht ihn in seinen Freundeskreis, dem auch schon beispielsweise Vergil und (der uns leider verlorene) Varius Rufus angehören – was ihm viele Neider verschafft, denn Horaz war Sohn eines Freigelassenen, also von niedrigster Herkunft. Schließlich schenkte ihm Maecenas sogar ein Grundstück im Sabinerland, das weniger der Freizeit diente als dem Lebensunterhalt des Dichters, der es verpachtete.

Mit politischen Auflagen war weder dieses Geschenk noch der Eintritt in den ‹Maecenaskreis›, wie man ihn nennt, verbunden: Die Satiren, *Saturae*, des Horaz, veröffentlicht um 35, sind Werke eines Privatiers, der von Staatsgeschäften nichts weiß. Als Maecenas 38 in hochbrisanter diplomatischer Mission zu Antonius nach Brundisium reiste und einige seiner Dichterfreunde mitnahm, erwähnt Horaz in seinem amüsanten poetischen Reisetagebuch, der 5. Satire (*Iter Brundisinum*), mit keiner Silbe diese staatsmännischen Implikationen, sondern kümmert sich als apolitischer Epikureer nur immer darum, wie das Essen, das Quartier und die Transportmöglichkeiten sind. Soll das ein «augusteischer» Dichter sein? Der junge Caesar kommt in diesem ganzen Buch nicht vor, obwohl es Maecenas gewidmet ist und Horaz die Bekanntschaft mit diesem in wunderbaren Versen beschreibt. Maecenas, obwohl man ihn gerne als eine Art Kult- oder gar Propagandaminister des Mächtigen hinstellt (S. 144), dürfte die Literaten seines Kreises in diese Richtung nicht angespornt haben, zumindest damals nicht. Auch er selbst scheint aus seinen eigenen Schriften alles Politische ausgeschlossen zu haben.

Nach Actium ändern sich die Dinge ein wenig. In seinem um 30 veröffentlichten zweiten Satirenbuch bleibt Horaz zwar seiner unpolitischen, epikureischen Grundhaltung treu, aber als mögliches poetisches Projekt wird von einem Freund immerhin ins Spiel gebracht: *Caesaris invicti res dicere / multa laborum praemia laturus* (*Saturae* 2,1,11 f.: «die Taten des unbesiegten Caesar zu singen, um reiche Belohnung für die Mühen zu erhalten») – wozu Horaz den interessanten Kommentar macht: Es sei gar nicht so leicht, die Aufmerksamkeit des hohen Herrn zu erreichen; wenn man ihn ungeschickt tatschle (die Vokabel *palpare* gebraucht man sonst bei Pferden), schlage er aus von allen Seiten. Die launige Formulierung klingt nicht, als ob der Caesar damals begierig auf Hofdichter gewesen wäre. Politischer sind dann in der Tat aber die etwa zur selben Zeit herausgegebenen *Epoden*, ein nach altgriechischem Vorbild verfasstes Buch jambischer, d. h. eigentlich aggressiv spöttischer Gedichte. Gleich das erste, obschon ein reines Freundschaftsgedicht, scheint auf die Schlacht bei Naulochos Bezug zu nehmen. Das siebte enthält eine schwere Anklage gegen die Römer, die sich, verflucht seit dem Brudermord des Romulus, im Bürgerkrieg zerfleischen. Die neunte Epode gibt sich dann als schon unmittelbar nach Actium geschrieben: Der entflohene Antonius lebt noch und wird, dem Gattungscharakter gemäß, beschimpft, dass er als «Römer Sklave eines Weibes (Kleopatra)» sei, der «runzligen Eunuchen diene» (V. 12–14). Der Ton steigert sich dann fast zum Triumphgesang, wird aber zum Schluss behutsam zurückgenommen: Horaz brauche, sagt er, größere Becher, «um «Sorge und Angst um Caesars Ergehen mit süßem Wein zu lösen» (V. 37 f.).

Das drückt eine Nähe zum künftigen Augustus aus, aber die höchst überraschende, sehr berühmte sechzehnte Epode zeigt, dass Horaz noch nicht an Caesar als endgültigen Friedensherrscher glauben kann. Als Prophet wie Vergil, nur in anderem Sinn, weissagt er Rom den Untergang durch den Bürgerkrieg; und er plant, mit seinen Freunden in einen Goldenen Westen zu fliehen, auf die Inseln der Seligen, wo Jupiter den Frommen ein einfaches, aber glückliches Leben reserviert habe. Das ist, wörtlich genommen, ebenso phantastisch wie manches in der vierten Ekloge Vergils, lässt sich aber allegorisch lesen als Aufforderung zu einem Leben nach den glückverheißenden Regeln Epikurs. Auf jeden Fall ist die dahinterstehende Verzweiflung am Bürgerkrieg echt. Da man sie mit dem erwähnten Actiumgedicht nicht zusammenbringen konnte, hat man meist angenommen, hier spreche noch der ganz junge Horaz, bald nach Philippi. Aber dem widerspricht die ausdrückliche Datierung, wonach schon die zweite Generation (zu rechnen ab Caesars Überschreiten des Rubikon, 49) sich im Bürgerkrieg aufreibe (V. 1: *Altera iam teritur bellis civilibus aetas*), und die Logik des Gedichtbuchs, das eine chronologische Folge affektiert: Die Epode ist nach Actium geschrieben oder gibt sich jedenfalls so. Auch jetzt ist also für Horaz der Bürgerkrieg noch nicht zu Ende.

VERGILS *GEORGICA*, EIN WERK IM ÜBERGANG ZUR AUGUSTEERZEIT

Anderes gilt für Vergils zweites, großes Werk, das Lehrgedicht über die Landwirtschaft, *Georgica* (vom Ackerbau über Öl und Wein, Tierzucht bis zur Bienenhaltung), ein damals aktuelles Thema, da sich nach den Landzuweisungen viele Soldaten zu Bauern umschulen mussten. Wir lesen das heute nur als gebildete Unterhaltung; im Altertum suchte man darin aber in der Regel echte, sachliche Belehrung. Und unbezweifelbar ist, dass Vergil, dem man selbst ein bäurisches Wesen nachsagte, darin Freude an der

Landwirtschaft zu wecken sucht: Er preist das Leben der Landleute, das glücklicher sei als das der sittlich degenerierten Städter – bäuerliche Tugenden hätten Männer wie Scipio und jetzt Caesar hervorgebracht –, und er rechtfertigt sogar die Mühsal der «bösen Arbeit» (1, 145: *labor improbus*) gut stoisch als im pädagogischen Heilsplan Jupiters gelegen.

Nach Vergils eigenen Zeitangaben wurde das Gedicht verfasst, während der junge Caesar am Euphrat bzw. gegen die Inder siegreiche Kriege führte, also nach Actium bzw. nach dem Fall von Alexandria (30), es muss aber natürlich größtenteils schon im Lauf der dreißiger Jahre verfasst worden sein. Darin finden sich nun huldigende Erwähnungen Caesars. Die eindrucksvollste haben wir bereits beiläufig erwähnt (S. 114): Am Ende des ersten Buches fleht der Dichter die Vaterlandsgötter an, «wenigstens diesen Jüngling» der Welt zu erhalten, damit er ihr zu Hilfe kommen könne. Vielleicht denkt Vergil insgeheim daran, dass die Gesundheit des späteren Augustus immer schlecht war; ausdrücklich jedenfalls argwöhnt er, die Götter könnten diesen vorzeitig in den Himmel abberufen, in der Meinung, er sei zu gut für diese Welt mit ihren ewigen Kriegen. Welchen? «Von hier rüstet der Euphrat zum Krieg, von dort Germanien» (1,509). Das überrascht: Vergil denkt nicht mehr an den Bürgerkrieg, den er offenbar für beendet hält. Also anders als Horaz.

Pompöser ist das Prooemium zum dritten Buch. In allegorischer Rede kündigt Vergil an, einen Tempel in seiner Vaterstadt Mantua errichten zu wollen: «In seiner Mitte wird mir Caesar sein» (V. 16), seine Taten und die seiner trojanischen Ahnen werden die Tempeltore schmücken. Am Schluss sagt er es unverblümt: Er plant ein Preisgedicht, wohl ein Epos, auf Caesar. Wir wissen, dass daraus letztlich die *Aeneis* geworden ist. Aber wie es zu dieser Planänderung kam, wird uns später beschäftigen (S. 153). Während diese Form der Panegyrik leicht verständlich ist, ist die Apostrophe an Caesar im Prooemium des Werks fast rätselhaft. Nach einer Reihe ländlicher Gottheiten ruft der Dichter auch ihn an, damit er sich zusammen mit ihm «der armen Landleute erbarme» (1,41). In übermütigem, geradezu schäkerndem Ton stellt er ihm nun, um die Anrufung als Quasigott zu rechtfertigen, seine künftige Apotheose in Aussicht: Ungewiss sei nur, ob er als Gott dereinst für die Erde oder das Meer zuständig sein wolle oder einen Platz im Himmel beanspruche – wo immerhin schon der Skorpion die Scheren eingezogen habe, um Platz zu machen! Der Orkus komme ja hoffentlich nicht in Frage, meint der neckische Dichter, der, so hat man den Eindruck, mit dem Mächtigen auf recht vertrautem Fuß stehen muss. Und da man kaum annehmen mag, er habe sich solche Keckheiten ganz auf eigenes Risiko erlaubt, muss man auch vermuten, dass der zukünftige Augustus sich allzu plump direkte Huldigungen verbeten hat. Tatschelt man ihn nicht richtig, schlägt er aus, sagte Horaz (S. 115). Vergil machte es wohl richtig.

Längst hat man bemerkt, dass diese Caesar-Partien aus dem Werk leicht auslösbar sind, dass sie also Zufügungen von letzter Hand sein könnten. Auch wenn das Gedicht gut zu der Kulturpolitik des späteren Augustus passt, dem die Wiederherstellung römischer Bauerntugenden, Stichwort: Sabinermoral, in der Tat am Herzen lag, die *Georgica* als Ganzes dürften kein Werk in seinem Auftrag sein. Vergil schreibt die Anregung dazu ja auch Maecenas zu, zu dessen Kreis er schon vor Horaz gehört hat. Eine wertvolle Nachricht sagt, dass Vergil und Maecenas das Werk dem siegreich aus dem Osten heimkehrenden «Caesar» im Wechsel vorgelesen hätten. Da könnte dann manches hinzugekommen sein. Nach einer weiteren Nachricht hätte Augustus sogar Vergil dazu veranlasst, die ursprünglich den Abschluss des Werks bildenden *laudes Galli*, einen Lobpreis des mit Vergil befreundeten Dichters Gallus, nach dessen Sturz und Selbstmord im Jahre 26 (S. 110) zu entfernen bzw. zu einer unverfänglichen Partie über den Sänger Orpheus umzuschreiben (die wir jetzt auch lesen). Wenn dies richtig ist – die Nachricht lässt sich bezweifeln, ließ sich aber bisher nicht widerlegen –, hätten wir in den *Georgica* von letzter Hand ein Werk der zwanziger Jahre, also ein schon echt ‹augusteisches› Werk, vor uns (das dann eigentlich nicht mehr in dieses Kapitel gehört). Könnte etwa auch der Abschnitt, in dem Vergil bei Behandlung des «Bienenkönigs» (an den damals die Zoologen glaubten) von der Monarchie schwärmt, in diese Zeit gehören? «Ist der König unversehrt, sind alle eines Sinns; ist er verloren, ist Treu und Glauben dahin» (4,212 f.), sagt er. Zum ersten Mal hat, wie es scheint, Augustus in das literarische Schaffen in Rom eingegriffen.

III.

HERRSCHER VON ROM –
DIE JAHRE 27 BIS 17 V. CHR.

– 1 –

KONSOLIDIERUNG DER ALLEINHERRSCHAFT UND DER BEGINN EINES NEUEN ZEITALTERS

DIE HYPOTHEK DER POLITISCHEN FIKTION

Mit der Formel einer *res publica restituta* – einer wiederhergestellten Republik – war eine schwierige Ausgangslage geschaffen worden. Augustus selbst wie die Senatoren und die übrige stadtrömische Öffentlichkeit mussten der Alleinherrschaft in der Verkleidung einer republikanischen Ordnung erst Leben einhauchen. Der im Januar 27 v. Chr. gefundene Kompromiss hat eine paradoxe Situation entstehen lassen: Der erste Kaiser hatte weiterhin seine tatsächliche Machtfülle zu leugnen, und die Senatoren mussten nicht nur ihren Machtverlust verkraften, sondern auch noch so tun, als habe er gar nicht stattgefunden. Mit dieser Konstellation hat Augustus eine kommunikative Situation entstehen lassen, die fortan als politische Hypothek auf dem Principat lastete. Wie sich in den folgenden Jahrhunderten zeigen sollte, funktionierte diese Übereinkunft nur, wenn beide Seiten bereit waren, das Paradoxon in Kommunikation und Habitus mitzutragen. Trug ein Kaiser seine Macht allzu sehr zur Schau oder nutzte sie gar aus, um die Führungsschicht zu erniedrigen, bezahlte er dies mit dem Leben. Verstanden sich umgekehrt einzelne Senatoren als mögliche Thronprätendenten und suchten hierfür insgeheim Unterstützung bei anderen Senatoren, zog auch dies nach Aufdeckung des Komplotts unwillkürlich das Todesurteil für die Verschwörer nach sich.

Die Ruhe zwischen Princeps und Senat blieb demnach prekär. Die neue Ordnung blieb permanent brisant, da der Princeps Augustus den Senatoren unausgesetzt signalisieren musste, dass sie unverzichtbarer Teil der Lösung waren. Ihre notwendige Teilhabe an der Macht traf sich zugleich mit dem überkommenen, aus langer republikanischer Tradition gespeisten senatorischen Selbstbewusstsein. Die Senatoren hatten diese Zeit selbst nicht mehr erlebt, aber die angebliche Wiederherstellung der *res publica* suggerierte eben auch ein ideelles Wiedererstarken politischer Traditionen, die sie mit einem starken Senat verbanden. Der durfte aber fortan als Gremium nicht mehr wirklich einflussreich sein, auch wenn Augustus wie alle folgenden Kaiser auf die Senatoren bei der loyalen Wahrnehmung zahlloser Amtspflichten angewiesen war.

Das auf den Staatsakt von 27 v. Chr. folgende Jahrzehnt war folglich erster und vielleicht entscheidender Bewährungszeitraum der neuen Ordnung. Schon im Jahr 30 v. Chr. war eine Senatsverschwörung gegen den Imperator Caesar, die der gleichnamige Sohn des Triumvirn Marcus Aemilius Lepidus angeführt hatte, aufgedeckt worden. Augustus wusste auch drei Jahre später um die Gefahr für sein Leben. Dass einige Wochen nach der Verkündung der *res publica restituta* der Sold der neuen Leibgarde des Kaisers, der Prätorianer, verdoppelt wurde, spricht Bände. Augustus und die ehrgeizigen Männer des Senats mussten zudem erst ihre neuen Rollen lernen, wie sich noch im selben Jahr deutlich zeigte, als Marcus Licinius Crassus aus Makedonien siegreich nach Rom zurückkehrte und einen Triumph feierte. Als er auch noch seine Beute in einem spektakulären Akt Jupiter weihen wollte, um die *virtus* des Princeps zu übertreffen, schloss Augustus ihn fortan vom politischen Leben aus.

EIN PRINCEPS – DAS ENDE REPUBLIKANISCHER KONKURRENZ

Augustus war von Beginn an daran gelegen, unmissverständlich zu demonstrieren, dass es von nun an keinen Wettstreit in der öffentlichen Selbstdarstellung mehr geben sollte, oder besser gesagt: keinen Wettstreit mit dem ersten Princeps. Zu diesen Signalen, welche allmählich die Exklusivität herrscherlicher Repräsentation anzeigten, gehörte auch der Sturz des ersten Statthalters von Ägypten (*praefectus Aegypti*) Gaius Cornelius Gallus, der zudem bekannter Literat der Zeit war (S. 110). Gallus hatte sich in seiner Provinz als Politiker und durchsetzungsstarker Feldherr in einer Weise feiern lassen, die sogar die Selbstdarstellung ptolemäischer Könige übertroffen

27 Stele des Gaius Cornelius Gallus, des ersten Präfekten Ägyptens, aus Rosengranit, von der Nilinsel bei Philae. Der Text ist in ägyptischen Hieroglyphen, auf Griechisch und Latein abgefasst. Gallus feiert sich in lokaler Tradition der Könige und mit großem Eigenlob als erfolgreicher Eroberer, der den einheimischen Göttern und dem Fluß Nil für Unterstützung dankt. Ägyptisches Museum, Kairo

hatte. Eine dreisprachige Ehreninschrift, die auf der Nilinsel Philae erhalten ist, feiert ihn in einem Ton, der bei den Provinzialen unwillkürlich Assoziationen mit den ägyptischen Pharaonen und Königen weckte.

Wenn der Text hervorhebt, er habe Länder erobert, «in die weder vom römischen Volk noch von den ägyptischen Königen eine Kriegsmacht hingeführt worden war» (*Inscriptiones Latinae Selectae* 8995 Z. 5 f.), erscheint er in üblicher Siegesrhetorik so bedeutend wie der Eroberer Ägyptens – Augustus selbst. Auch soll Gallus «vielfach respektlose Äußerungen» (Cassius Dio 53,23,5) über den Herrscher getan haben. Auf Wunsch des Augustus eröffnete der Senat nach dessen Abberufung aus der Provinz und nach seiner Rückkehr nach Rom ein Verfahren gegen Gallus, dessen Anklagepunkte unbekannt sind, das aber 26 v. Chr. zur Konfiskation seines Vermögens führte und ihn schließlich zum Selbstmord in der Verbannung zwang. Obwohl wir den Wortlaut der Anklage nicht kennen, spricht viel dafür, dass Augustus an seinem einstigen engen politischen Freund ein Exempel statuiert hat. Es sollte den Senatoren nahelegen, ein mögliches Interesse an politischem Einfluss in andere Richtungen zu lenken, es jedenfalls nicht mit Selbstüberhöhung und gleichzeitigen Schmähungen des Princeps zu verbinden.

Angesichts der völlig neuartigen Situation ist es durchaus bemerkenswert, dass Augustus noch im Sommer des Jahres 27 v. Chr. Rom für längere Zeit verließ, um in Gallien und Spanien Krieg zu führen. So signalisierte er gleichwohl, die ihm übertragenen Aufgaben in den unbefriedeten Provinzen ernstzunehmen, und gab den weiter bestehenden Institutionen in Rom Gelegenheit, über ihr künftiges Gewicht nachzudenken und ihre politische Rolle einzuüben. Die offensichtlich bei den Senatoren entstehende Unzufriedenheit über die politische Situation und die wachsende Verstimmung über Augustus hat Agrippa aus Rom sicherlich umgehend an den Princeps gemeldet. Im Jahr 25 v. Chr. verheiratete Agrippa die 14-jährige Tochter des Augustus, Julia, mit ihrem 17-jährigen Cousin Marcellus. Ein Jahr später kehrte Augustus nach Rom zurück und designierte den jungen Mann rund zehn Jahre vor dem üblichen und gesetzlich vorgeschriebenen Alter zum Ädil – einem Einstiegsamt der senatorischen Ämterlaufbahn, des *cursus honorum* –, ein zu diesem Zeitpunkt angesichts des Ehrgeizes anderer Senatorensöhne gewaltiger Affront. Auch die sich jährlich wiederholende Bekleidung des Consulats durch den Princeps selbst stieß auf harte Kritik, da sie den angeblich wiederbelebten republikanischen Konventionen zuwiderlief, vor allem aber die Karriereaussichten führender Senatoren behinderte.

DAS KRISENJAHR 23 V. CHR. UND ANDERE BEWÄHRUNGSPROBEN

Als Augustus im Jahr 23 v. Chr. zum elften Mal Consul war, eskalierte der Unmut und führte zu einer Verschwörung gegen ihn, an der neben dem Rädelsführer Fannius Caepio auch der amtierende Mitconsul Terentius Varro Murena, demnach Männer aus dem unmittelbaren Umfeld des Kaisers, beteiligt waren. Die Verschwörung konnte Augustus zwar, nachdem sie verraten worden war, niederschlagen und die Beteiligten hinrichten lassen, aber die Krise war damit nicht behoben, da der Princeps nun lebensbedrohlich erkrankte. Die Lage war offenbar dramatisch. Er übergab seinen Siegelring an den treuen Weggefährten Agrippa, und die offiziellen Papiere, in denen die vorhandenen Staatseinnahmen und aufgestellten Legionen verzeichnet waren, erhielt sein neuer Mitconsul Gnaeus Calpurnius Piso. Die 27 v. Chr. etablierte Teilung der Gewalten sollte demnach erhalten bleiben, obwohl Augustus einen Nachfolger aus politischer Rücksichtnahme nicht namentlich bezeichnete.

Der Princeps überstand die Krankheit und war nun zu Zugeständnissen bereit. Er legte im Juni seinen Consulat nieder und wollte fortan auf die Bekleidung dieses Amtes verzichten, stellte aber Bedingungen. Da er seine proconsularischen Amtsgewalten über die 27 v. Chr. festgelegten Provinzen behielt, mussten Senat und Volk nur für die Provinzen, in denen vom Senat bestellte Statthalter amtierten, eine Lösung finden, um ihm Einspruchsrechte zu sichern. Zu diesem Zweck erklärte der Senat die Amtsgewalt des Princeps für höherrangig (*imperium maius*); zudem sollte sie gegen alles Herkommen auch in Rom gelten. Um Augustus in der Hauptstadt selbst Initiativrechte (Einberufung des Senats, Antragstellung in Senat und Volksversammlung usw.) zuzusichern, verlieh ihm der Senat die Amtsgewalt (nicht das Amt) eines Volkstribunen (*tribunicia potestas*), nachdem er ja die tribunizische Unverletztlichkeit und das Recht, Römern juristisch beizustehen, bereits früher erhalten hatte. Die Verleihung des Imperiums und der Amtsgewalt im Jahr 23 v. Chr. markiert keine neue Stufe augusteischer Autokratie, sondern zeigt vielmehr, dass bereits vier Jahre nach den Regelungen von 27 v. Chr. die Alleinherrschaft zur Selbstverständlichkeit geworden war. Der Verzicht auf gewisse Rechte und Amtsstellungen zog automatisch nach sich, dass man prompt für Ersatz sorgte. Augustus verstand es meisterhaft, einen Teil der republikanisch gesinnten Senatoren für sich einzunehmen. Dies lässt sich an den Namen der Consuln ablesen, die in den folgenden Jahren amtierten. Augustus gestattete aber auch siegreichen Feldherren, in den Jahren 21 und 19 v. Chr. noch einmal Triumphe zu feiern. Dass der Triumph des Cornelius Balbus über die nordafrikanischen Garamanten der letzte war und die Liste römischer Triumphe (*fasti triumphales*) beschließen sollte, wusste man da freilich noch nicht. Fortan wurde jeder Sieg eines im Auftrag des Princeps kämpfenden Feldherrn Augustus selbst gutgeschrieben und als sogenannte imperatorische Akklamation gezählt. Die Senatoren mussten sich künftig mit einer Auszeichnung (den sogenannten *ornamenta triumphalia*) zufriedengeben. Gelegenheit zur einzigartigen Selbstdarstellung, welche die Feier eines Triumphes vor dem stadtrömischen Publikum bot, sollten sie nicht mehr haben. Dieses Recht war nurmehr dem Kaiser und bisweilen einzelnen Mitglieder des Kaiserhauses (*domus augusta*) wie Augustus' Stiefsohn Tiberius vorbehalten.

Trotz einer einigermaßen senatsfreundlichen Politik blieben die folgenden Jahre von inneren Unruhen geprägt. Dazu gehörte eine gravierende Hungersnot, die im Winter 23/22 v. Chr. ausbrach und zudem von einer Pestepidemie begleitet wurde, der auch der Neffe und Schwiegersohn des Princeps, Marcellus, zum Opfer fiel. Ein Teil der Römer sah in beidem eine göttliche Strafe für die Niederlegung des Consulats und bedrängte Augustus, sich zum Dictator ernennen zu lassen. In einer theatralischen Szene, in der er seine Kleidung zerriss, lehnte er ab, versprach aber die Getreideversorgung (*cura annonae*) zu übernehmen. Einzelne Historiker haben richtig vermutet, dass Augustus die Notlage gezielt erzeugt habe, um Unruhen zu schüren, in deren Folge er seine Machtstellung gegenüber dem Senat weiter ausbauen konnte. Dies fiel ihm leicht, da die stadtrömische Bevölkerung mittlerweile große Vorbehalte gegenüber anderen Amtsträgern hatte, zumal einzelne Senatoren immer wieder vorführten, dass sie die altbekannten Muster von Intrige und rücksichtsloser Agitation nicht ablegen konnten. Immer wieder gab es in diesen Jahren schwere Auseinandersetzungen bei den Consulwahlen, die bisweilen von je vergleichbaren Ausschreitungen und Prügeleien begleitet waren, einschließlich des Einsatzes von Schlägertrupps.

LETZTE ABRECHNUNG MIT DEN ALTEN SENATOREN UND DIE NEUE WÜRDE DES SENATS

Die innerstädtischen Unruhen veranlassten Augustus im Jahr 19 v. Chr., aus dem Osten nach Rom zurückzukehren. Es war zugleich ein triumphaler Einzug, da er die einst von Crassus bei Carrhae verlorenen Feldzeichen mitbrachte und von Erweiterungen des Reiches berichten konnte. Der Senat erklärte den Tag der Rückkehr zum Festtag. Augustus sollte ferner künftig im Senat auf einem den obersten Magistraten vorbehaltenen Amtsstuhl (*sella curulis*) zwischen den amtierenden Consuln sitzen und erhielt das ebenso ungewöhnliche Recht, sich von zwölf Liktoren – Amtsdiener des Consuls – mit Rutenbündeln (*fasces*) begleiten zu lassen, die die Strafgewalt des Amtsinhabers visualisierten. Es erfolgte demnach ein konsequenter, äußerlich in Amtsinsignien unübersehbarer Ausbau seiner Vorrechte, zu dem wohl auch die Verleihung der kompletten Vollmachten eines Consuls gehörte, während die proconsularischen fortbestanden. Dies ging nicht ohne erhebliche Widerstände unter den Senatoren vonstatten, wie die Nachricht zeigt, Augustus habe den Senat nur mit einer Leibgarde aus zehn Senatoren betreten und unter seiner Toga einen Militärpanzer und ein Schwert getragen (Cass. Dio 54,12,3). Auch wurden die Senatoren vor Betreten der Kurie auf Waffen durchsucht. Doch die offenen oder versteckten Drohungen konnten ihn nicht aufhalten. Im Jahr 18 v. Chr. zeigte sich noch einmal deutlich, dass Augustus bereit war, für den Erhalt und den Ausbau seiner Macht die Senatoren zu stutzen, auch wenn dies jetzt in unblutiger Weise vonstatten ging.

In einem komplizierten Wahl- wie Losverfahren reduzierte er den Senat von über 1000 auf 600 Mitglieder. Augustus hatte zu diesem Zweck zunächst 30 Senatoren ausgewählt, die jeweils fünf Personen benennen sollten, unter denen verbleibende Senatoren ausgelost wurden, die wiederum fünf nennen durften usw. Dieses Verfahren führte Augustus durch, bis der Unmut unter den Senatoren zu groß wurde und er die restlichen Plätze selbst vergab. Nach außen bezeichnete er dies als Reinigung des Senats von den unwürdigsten Mitgliedern (*indignissimi*) (Sueton, *Augustus* 35,1), was die aus dem Gremium entfernten Senatoren sehr erzürnt haben dürfte. Aber auch die verbliebenen Senatoren dürften das Verfahren durchaus kritisch gesehen haben, wie der Umstand zeigt, dass Senatssitzungen in der Folgezeit derart schlecht besucht waren, dass ein Fernbleiben kurze Zeit später per Gesetz unter Strafe gestellt werden musste (Cass. Dio 54,18,3).

Diesen Akt politischer Willkür, der nach den Proskriptionen, den Bürgerkriegen und dem Census des Jahres 28 v. Chr. ein letzter Schritt zur Beseitigung unliebsamer Aristokraten war, stellte Augustus konsequent als restaurativen Akt dar. Dem Senat wie Rom insgesamt sollte angeblich seine Würde wiedergegeben werden – ein Schritt, der allen, die unter den politischen Unruhen der letzten fünf Jahre gelitten hatten, vielleicht sogar grundsätzlich einleuchtete. Jedenfalls soll es nicht wenige Römer gegeben haben, die Augustus die Sorge um Sitten und Gesetze (*cura legum et morum*) gewissermaßen als alte zensorische Vollmacht übertragen wollten. Augustus nutzte die Chance, sich als eiserner Wächter altrömischer Sitten zu präsentieren. Eine umfassende Sittengesetzgebung, in der Kinderlosigkeit, Ehelosigkeit, Ehebruch, Wahlbestechung und vieles mehr gesetzlich verboten wurden, flankierte die im Jahr 18 v. Chr. erfolgte Ausschaltung politischer Gegner. Die ‹Reinigung› des Senats von den «Senatoren aus dem Totenreich» (*orcivi*) der Bürgerkriegszeit und eine Gesetzgebung, die offiziell darauf abzielte, der Aristokratie bis in ihr Privatleben Anstand und Würde zurückzugeben, griffen so ineinander.

Augustus versuchte mit der eigenen Familie vorzuführen, was er sich darunter vorstellte. Nach dem Tod des Marcellus hatte er seine Tochter Julia mit dem verdienten Mitstreiter Agrippa verheiratet. Aus dieser Ehe gingen mit Gaius (20 v. Chr.) und Lucius (18 v. Chr.) zwei Kinder hervor. Augustus nahm bei öffentlichen Auftritten und wegen der offenen Kritik an seiner Ehegesetzgebung die beiden Knaben nicht nur demonstrativ auf seinen Schoß, sondern adoptierte sie im Jahr 18 v. Chr. Allen Römern war damit klar, dass er in ihnen seine Nachfolger sah. Er ließ den Vater Agrippa gleichzeitig mit neuer Amtsgewalt und wie sich selbst mit den Vollmachten eines Volkstribunen ausstatten. Das Kaiserhaus, die *domus Augusta*, teilte sich demnach die politische Führung der *res publica*.

– 2 –

NEUE ZEITEN – NEUE BILDER: DIE SYMBOLISCHE BEGLAUBIGUNG DER HERRSCHAFT DES AUGUSTUS

DIE SYMBOLSPRACHE WIRD ERWEITERT

Die Jahre zwischen 27 und 17 v. Chr. waren zugleich die Jahre, in denen das komplizierte und geradezu paradoxe, prekäre Konstrukt des Principats vor allem auch in Symbolen visueller Art repräsentiert, beglaubigt und konsolidiert wurde – und werden musste. Gerade in seiner symbolischen Präsenz erhielt es Dauer und Überzeugungskraft und eröffnete Möglichkeiten einer kommunikativen Verhandlung der juristisch eher offenen Verhältnisse. Die neue Machtstellung des Princeps wurde anschaulich gemacht in einer Reihe von Zeichen (*Res gestae* 34; Sueton *Augustus* 7,2; Cassius Dio 53,16, 4.6–7). Dazu gehörten: die Verleihung des Titels *Augustus* (der Erhabene) durch den Senat, der die sakral fundierte Autorität des Princeps zum Ausdruck brachte (S. 81), so dass C. Caesar künftig *Imperator Caesar Divi Filius Augustus* hieß; die Aufstellung von zwei Lorbeerbäumen am Eingang seines Hauses auf dem Palatin, die auf Apoll als Herrn des Lorbeers, seines Hauses und des Sieges bei Actium hinwiesen; und die Anbringung eines Kranzes aus dem Eichenlaub des Jupiter, der *corona civica*, über dem Hauseingang. Einen solchen Kranz erhielt man, wenn man römischen Bürgern das Leben gerettet hatte: In dieser Weise nämlich interpretierte man fortan die Kriege bis 31/30 v. Chr.; die Verleihung eines Schildes kam hinzu, der in der soeben eingeweihten Curia Iulia angebracht werden sollte, unweit der dort errich-

28 Aureus des Augustus aus Ephesos. Adler mit Lorbeerkranz (*corona civica*) vor zwei Lorbeerbäumen unter dem Namenszug des Augustus, 27 v. Chr.

teten Victoria (*Res gestae* 34,3; Abb. 22). Auf dem Schild (*clipeus virtutis*) verzeichnet waren der Senat als Stifter und die herausragenden Eigenschaften des Princeps: *clementia* (Milde), *virtus* (Tugend und Mut), *iustitia* (Recht) und *pietas* (Ehrfurcht gegen Götter und Vaterland) (Abb. 29). Senatsgebäude und Haus des Augustus waren dadurch als Zentralorte des Imperium Romanum gekennzeichnet. Mit den Ehrungen hatte man das Vokabular der Bildchiffren erweitert, die jede für sich zwar traditionell, nun aber erstmals mit dem neuen Princeps und seiner erhabenen Stellung verbunden waren und folglich, obwohl nur Ehrungen und keine Insignien, implizit seine neue Machtstellung visuell artikulierten. Mit diesen Bildchiffren konnte man Augustus erneut und intensiver in die Erinnerung Roms und des Imperiums einschreiben. Das Symbolnetz wurde dichter gewebt. Oft verband man die Darstellungen der neuen Symbole mit der Beischrift *S[enatus] C[onsulto]*, «auf Beschluss des Senats» (Abb. 28), oder SPQR, «Senat und Volk von Rom» (Abb. 29; 35), um die republikanische Grundlage zu unterstreichen und dem republikanischen Anspruch des Senats Genüge zu tun. Dies geschah beispielsweise auf Münzen aus Rom oder Ephesos (Abb. 28) mit dem Adler des Jupiter, der die *corona civica* hält, hinter ihm die Lorbeerbäume und als Titel darüber der Name *AUGUSTUS*, oder in Gallien und Spanien mit den beiden Lorbeerbäumen und dem *CL[ipeus] V[irtutis]*, oben und unten gerahmt vom Namen *Caesar Augustus.* Die gleiche Botschaft vermittelten aber auch Repliken der Ehrenzeichen an anderen Orten des Imperiums. So stellte man in Arelate (Arles) in der Provinz Gallia Narbonnensis bereits im Jahre 26 v. Chr. eine Marmorkopie des *clipeus virtutis* auf (Abb. 29), die mit ihrer Widmungsinschrift erhalten ist. Aber auch mit den alten Siegeszeichen aus der Zeit vor 27 v. Chr. wurden die neuen Principatssymbole kombiniert

29 Ehrenschild (*clipeus virtutis*) des Augustus. Marmor, Arles, Musée départemental Arles antique

30 Neujahrslampe mit Münzen und augusteischen Bildmotiven. 1. Jh. n. Chr. Terrakotta, Heidelberg, Antikenmuseum der Universität

und kamen zudem auf populäre Weise überall in Mode, ja wurden zu Zeichen des Glücks. Ein Beispiel dafür sind Neujahrslampen, die als glückbringende Geschenke das Motiv der Victoria mit dem Clipeus und einem bildlichen Geldsegen verbinden (Abb. 30). Das neue Machtkonzept fand so bis in die Provinzen und die Haushalte der Bürger hinaus weiteste Verbreitung und Akzeptanz.

DAS BILDNIS DES ‹ERHABENEN› – KLASSIZISMUS ALS IDEOLOGIE

Im Jahr 27 muss es auch zur Kreation eines neuen, offiziellen Porträts des Augustus gekommen sein, das wir durch eine große Zahl späterer Kopien kennen. Wir nennen das aus diesen rekonstruierbare Modell heute ‹Typus Primaporta›. Gemeint ist damit ein im Umfeld des Augustus entworfenes, auf die Darstellung des Kopfes beschränktes Bildnis des Princeps, das in Münzbildern und rundplastischen Kopien bis zum Tod des Augustus und darüber hinaus überall im Reich verbreitet wurde (Abb. 31). Es löste das Porträt aus den dreißiger Jahren (Abb. 19) zwar nicht völlig ab, trat aber mehr und mehr an dessen Stelle und prägte die Vorstellung, die man in

31 Bildniskopf des Augustus im Typus ‹Primaporta›. Kopie kurz nach 20 v. Chr. nach Bildnis von 27 v. Chr. Marmor, Rom, Musei Vaticani

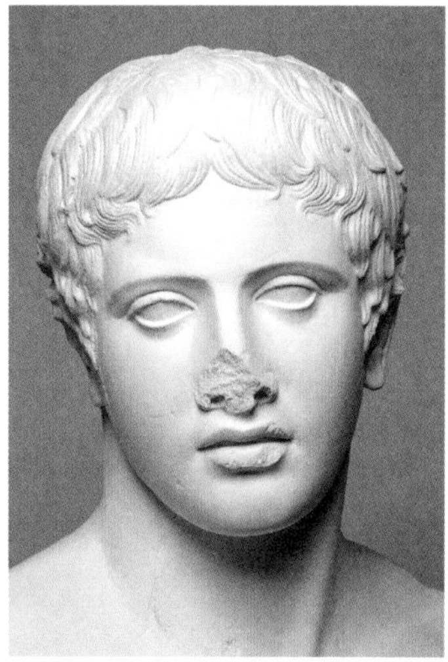

32 Kopf des Speerträgers (‹Doryphoros›) des Polyklet. Kopie augusteischer Zeit nach Vorbild des 5. Jh.s v. Chr. Gipsabguss Göttingen nach Marmororiginal Minneapolis, Institute of Arts

Rom und in den Provinzen von dem neuen Herrscher hatte. Augustus war 36 Jahre alt, als dieses Bildnis entworfen wurde. Es unterschied sich in markanter Weise vom Bildnis des ‹Machers›, als der er im Alter von etwa 30 Jahren in der Zeit nach dem Sieg bei Naulochos gesehen werden wollte. Die grundlegenden physiognomischen Züge wie das eher kleine Kinn, die leicht vortretenden Jochbeine und die abstehenden Ohren blieben freilich erhalten: Mithin war es ein weiterhin durchaus individualisiertes Porträt. Aber einen Alterungsfortschritt vermag man nicht zu erkennen. Eher noch reduzierter als beim Bildnis des Octavian wirken die Falten im Gesicht, so dass es zwar nicht jugendlich, aber doch alterslos wirkt. Unterdrückt sind auch alle Züge von Dynamik: Die abrupte Wendung des Kopfes ist einer würdigen Haltung gewichen, die bewegte Stirnhaarfrisur einer geordneten Haaranlage mit vollen, wie gelegt erscheinenden Locken. Hatte sich das frühere Bildnis bereits von den typischen republikanischen Altmännerporträts entfernt, so bedeutete das neue Porträt eine Revolution: Die gemessene Haltung, der klare, regelmäßige Gesichtsschnitt und die geordnete Frisur, in der die Locken sichelförmig gegen- und miteinander bewegt waren, stellte eine Beziehung zu völlig anderen Vorbildern her. Bildnisse ähnlich frisierter junger Männer kannte zwar bereits die etruskische Kunst, sie wurden nun aber im Stil überformt von griechischen Modellen der hohen Klassik des 5. Jahrhunderts v. Chr. Solche kannten die Römern natürlich dank jener Bildwerke, die der kanonische Künstler der Hochklassik, Polyklet von Argos, geschaffen hatte und die man in Italien vielfach kopierte (Abb. 32). Schon für Cicero galten Polyklets Werke als besonders schön und perfekt (*Brutus* 296); der Künstler habe, so schrieb im späteren 1. Jahrhundert n. Chr. der Rhetoriklehrer Quintilian (*Institutio oratoria* 12,10,7), den Bildern «überwirkliche Anmut» (*decor supra verum*) verliehen und sich der Darstellung von Würde verleihenden Alterszügen (*gravitas*) zwar enthalten, ihnen aber auch keine göttergleiche *auctoritas* verliehen. Dies ähnele einer Rede, die «heilig und würdevoll» (*inst. or.* 5,12,20) sei. Die Verneinung zu starker *gravitas*, die ja das Caesarbildnis ausgezeichnet hatte (Abb. 9), der Hinweis auf Würde und gemäßigte *auctoritas* (vgl. *Res gestae* 34) und die Nähe zum ‹Heiligen› sind bezeichnend für Konzeption und Semantik des ‹polykletisierten› Augustusbildnisses. Es drückte offenbar Ideale aus, für die der neue Princeps stand. Insofern kann man sein Bildnis als zum Programm gewordene bildliche Umsetzung des neuen Namens Augustus, des Erhabenen, ansehen: Augustus hatte ein im Stil treffendes *Image* seiner selbst entwerfen lassen. So wie die Siegessymbole in der Bildmode aufgingen, so gingen Porträt und politisches Konzept eine überzeugende Einheit ein. Diese visuelle Strategie war Grundlage für den Erfolg des klassizistischen Bildniskonzepts. Es blieb trotz seiner gemäßigten Altersangabe das maßgebliche Augustusbildnis bis zum Ende des Princeps im Alter von über 70 Jahren und darüber hinaus; es fand sich in fast jeder Stadt des Imperiums auf Statuen oder Büsten: Der Princeps war als überzeitlicher ‹Augustus› in der römischen Bilderwelt etabliert.

DER IMPERATOR UND DIE MACHT DER FELDZEICHEN

In Fortsetzung der Linie machtsichernder Erfolge, die sich von Naulochos über Actium bis zur Senatssitzung vom Januar 27 v. Chr. ziehen lässt, markiert das Jahr 20 v. Chr. die nächste Etappe: Auf einer Reise in den Osten des Reiches gelang es Augustus, indem er einen parthischen Thronprätendenten als Geisel nahm, die Herausgabe der Feldzeichen römischer Legionen (*signa*) von den Parthern zu erzwingen, welche Crassus – einer der Machthaber des ersten Triumvirats – bei einer Niederlage im Jahre 53 v. Chr. schmählich an diese verloren hatte (*Res gestae* 29, 1; S. 23). Die Rückkehr nach Rom im Oktober 19 bestätigte dies als glänzenden diplomatisch-militärischen Erfolg und ließ Augustus als Ehrenretter und als denjenigen erscheinen, der Roms Schande getilgt und Roms Macht wiederhergestellt hatte (S. 177). Und wie nach Naulochos, nach Actium und nach 27 wurde auch dieses Ereignis zur Quelle bleibender visueller Erinnerung. In Rom selbst wurde dies durch einen weiteren Ehrenbogen für Augustus am Forum Romanum dauerhaft im Stadtbild sichtbar. Zudem stellte man die wiedergewonnenen *signa* in einem Rundtempel auf dem Kapitol auf, mit dessen Errichtung man noch im Jahre 20 v. Chr. begann: als Zeichen imperialer Macht.

Ein andersartiges Zeugnis der Bedeutung, die man diesem Erfolg auch durch bildliche Darstellung zuschrieb, ist die bekannte Statue des Augustus aus der kaiserlichen Villa in Primaporta nördlich von Rom (Abb. 33). An diesem Ort wuchs, so sagte man, der Lorbeer, mit dem man seit der Zeit des Augustus den triumphierenden Kaiser ehrte (Plinius, *Naturalis historia* 15, 136–137). Die Statue hatte man wohl kurz nach 20/19 v. Chr. im Inneren dieser Villa aufgestellt. Es handelte sich dabei also nicht um eine öffentliche Ehrenstatue, sondern um ein höfisches Bildwerk, möglicherweise von der Kaiserfamilie selbst in Auftrag gegeben. Von der antiken Farbfassung ist zwar nur wenig erhalten, die Figur des Augustus ist aber vollständig. Er steht barfuß vor uns, zu seinen Füßen ein Delphin und ein Amor – der Sohn der Venus, Stammmutter des iulischen Geschlechts. Die Fußstellung mit zurückgesetztem linkem Spielbein entspricht den klassischen Heroenstatuen des Polyklet, wie dem kanonischen Doryphoros (Speerträger) aus dem 5. Jahrhundert v. Chr. (Abb. 34). Der Princeps trägt einen Brustpanzer, dessen Körperrelief die Ähnlichkeit zum nackten Doryphoros noch weiter betont. Die Statue zeigt mithin deutliche klassizistische Züge. Um die rechte Hüfte und den linken Arm trägt Augustus einen Mantel. Die rechte Hand ist leider nicht vollständig antik, und wenn sie kein Attribut hielt, so war sie in einer Redegeste ausgestreckt; im linken Arm ruhte vielleicht ein Szepter oder ein Lorbeerzweig. Augustus erscheint als Feldherr, als Imperator. Der Reliefschmuck des Prachtpanzers, der ein Metallvorbild imitiert, macht die triumphale Rückgabe der militärischen Feldzeichen zum Thema (Abb. 33 Ausschnitt). Sie erscheint im Zentrum des Bildes. Der bärtige und mit den typischen Hosen bekleidete Parther übergibt ein *signum* an einen jüngeren Mann. Dessen lockiges Haar, sein Hund als Begleiter und seine Fellstiefel weisen ihn als Mars aus, auch wenn das bartlose Kinn und der (allerdings anders gestaltete) Brustpanzer die Person des Augustus selbst evozieren. Das Bild verkürzt die historische Übergabe zu einer Zweifigurenszene und lässt den Kriegsgott selbst als Vertreter Roms erscheinen.

33 Statue des Augustus aus der Villa von Primaporta. **Ausschnitt** Reliefschmuck des Panzers, kurz nach 20 v. Chr. Marmor, Rom, Musei Vaticani

Es ist bedeutungsmächtig gerahmt: Oben beschirmt Caelus, der Himmel, oder Saturn den Aufstieg des Sonnengottes Sol im Wagen. Die Morgenröte Aurora trägt vor dem Wagen die Nacht von dannen: Es ist der Beginn eines neuen Tages, einer neuen Zeit, der hier beschworen wird. Unten liegt die Fülle spendende Erde (*terra*), bei der Getreide und Mohn sprießen, Zeichen von Wohlstand und Glück. Unmittelbar beschirmen seitlich die Schutzgötter von Naulochos – Diana auf dem Hirsch – und von Actium – Apoll auf dem Greifen reitend – die Übergabeszene: Göttliche Vorsehung gewährte mithin den Erfolg, göttlicher Schutz ist dem Wohlstand sicher. Rechts und links der Mittelszene sitzen Personifikationen unterworfener Völker in fremder Kleidung, die Waffen in den Händen halten. Das Imperium verleiht ihnen, so suggeriert dieses Bild, Ruhe und Frieden. Unheil abweh-

34 Speerträger (‹Doryphoros›) des Polyklet. Frühkaiserzeitliche Kopie aus Pompeji nach Vorbild des 5. Jh.s v. Chr., Marmor, Neapel, Museo Nazionale

rend schmücken Sphingen die Schulterklappen des Panzers, während der Rest eines *tropaeum* (Siegeszeichen) und der Flügel einer Victoria an der rechten Flanke des Körpers die Siegesthematik aufgreifen. Sie sind nur teilweise von dem Modell abgenommen, das dem Bildhauer als Vorbild diente. Der Reliefschmuck bietet ein ausgefeiltes Bildprogramm, das gleich einem hymnischen Gedicht auf Augustus, einem Panegyrikus, den kosmischen, göttlichen und triumphalen Rahmen seiner Ruhmestat preist. In poetischer Form ist damit die Friedens-, Wohlstands- und Ruhmesideologie des Principats ausgeführt, die wiederum jeden Anklang an Krieg oder Gewalt ausblendet und die Gültigkeit dieser frohen Botschaft auch für die eroberten Völker beansprucht.

35 Denar des Augustus. Feldzeichen mit Ehrenschild des Augustus (*clipeus virtutis*). 19 v. Chr. Silber, Museum Kalkriese

Mit den wiedergewonnenen Feldzeichen, den *signa recepta*, hatte sich das Repertoire des ‹erhabenen› Bildvokabulars erneut vergrößert. Auch sie fanden selbstverständlich unmittelbar Eingang in die Münzprägung und wurden dort mit den bisherigen Ruhmeschiffren sogleich kombiniert: mit dem *clipeus virtutis* und dem Hinweis auf Senat und Volk von Rom (Abb. 35).

DIE ANKNÜPFUNG AN DIE GESCHICHTE DER PROVINZEN

Nach dem Sieg von Actium wurde der Wiedergewinn der Feldzeichen von den Parthern als die zweite geradezu mythisierte Tat des Augustus nicht nur durch Münzen, sondern auch durch Monumente im Imperium kommuniziert. Dies trug weiter dazu bei, aus der neuen augusteischen Bildersprache eine reichsweite Sprache und Mode zu formen. Augustus und die Städte des Imperiums scheinen bereits die Reise des Princeps in den Osten und seine Rückreise mit den *signa* nach Rom 20/19 v. Chr. genutzt zu haben, um den sich anbahnenden bzw. erreichten Erfolg in Augustus ehrenden Monumenten zu rühmen. Das zeigt sich vor allem in Pergamon und Athen.

Die Bewohner von Pergamon hatten wohl kurz zuvor einen Tempel für den jetzt im Osten üblichen Kult der Göttin Roma in Verbindung mit Augustus fertiggestellt. Im Jahre 20 nun ehrten sie den Princeps auf spektakuläre Weise: Mitten im Heiligtum der Athena auf dem ehrwürdigen Burgberg von Pergamon erhob sich auf einer Rundbasis eine kolossale Statue – möglicherweise der Athena selbst –, die König Attalos I. nach seinen ersten Siegen über die Pergamon bedrohenden Kelten nach 238 v. Chr. geweiht

36 Basis der Augustusstatue im Athenaheiligtum von Pergamon
Links Marmorblöcke der Basis. **Rechts** Verankerungsspuren von Siegeszeichen (*tropaea*) und Figuren (?). 20/19 v. Chr.

hatte. Die Basis allein war 2,20 Meter hoch (Abb. 36). Die Bürger von Pergamon und die dort lebenden Römer widmeten damals diese Basis auf Augustus um, der zu Land und zu Wasser siegreich gewesen sei, indem sie eine neue Inschrift hinzufügten und eine neue Statue darauf stellten. Wir wissen nicht, wie diese kolossale Figur des Augustus aussah. Doch war es schon ein außerordentlicher Akt, dass ein Bildnis des römischen Princeps in Pergamon die Statue einer Göttin ersetzte! Augustus reagierte unmittelbar auf diese Ehrenbezeigung – wohl anlässlich seines Besuchs in der Stadt nach dem Parthererfolg. Er ließ nämlich die oberste Stufe des Monuments durch einen Ansatz erweitern. Dort wurden Beutestücke und Zeichen aufgestellt wohl in Form von *tropaea* und Partherfiguren, wie Inschrift und Verankerungsspuren im Stein erkennen lassen (Abb. 36 rechts). Die Sieghaftigkeit des Princeps wurde damit an zentraler Stelle im Sakralraum Pergamons im Konsens von Pergamenern, Römern der Provinz Asia und dem Kaiser selbst – und nicht allein durch ihn – deutlich gemacht. Und Augustus wurde explizit in die Tradition hellenistischer Monarchen gestellt, die gegen barbarische Eindringlinge ihr Reich verteidigt und gemehrt hatten: So sah man den neuen Princeps. Alte Siegesmonumente der pergamenischen Herrscher Attalos I. (241–197 v. Chr.) und Eumenes II. (197–158 v. Chr.) standen auch weiterhin in unmittelbarer Nachbarschaft.

Auf dem Weg von den Parthern zurück nach Rom bildete Athen für Augustus eine der nächsten Stationen. Auch dort wurde das triumphale

37 Monopteros für Roma und Augustus auf der Akropolis von Athen, 19 v. Chr. Rekonstruktionszeichnung

Ereignis der Rückgewinnung der Feldzeichen in die monumentale Erinnerung eingeschrieben. Auf der Athener Akropolis liegen die Überreste eines aus Mamor errichteten Rundtempels (Monopteros). Neun Säulen trugen in einem Kreis von 8,60 Metern Durchmesser das Dach (Abb. 37). Die Inschrift auf dem Gebälk besagte, dass das Volk der Athener das Bauwerk im Jahre 19 v. Chr. der Göttin Roma und dem Kaiser Augustus geweiht habe. Ein ähnlicher Rundtempel wurde ja damals für die Feldzeichen auch in Rom errichtet: Ihn imitierte man offensichtlich in Athen. Und 19/18 v. Chr. wurde der römische Tempel dann auf Münzen auch im Osten des Reiches abgebildet. Ob man in dem Athener Monopteros eine Statue des Augustus oder *tropaea* aufstellte, ist unklar. Jedenfalls wurden auch mit dem Monopteros der Princeps und seine Ruhmestat wie schon in Pergamon an einer alles andere als unbedeutenden Sakralstätte in der öffentlichen Erinnerung verankert: Der Rundbau stand axial vor dem Eingang des Haupttempels der Athener Akropolis, des Parthenon, und damit an der Stelle, an der üblicherweise der Altar der Tempelherrin – in diesem Falle also Athena – lag. Zudem wurde auch in diesem Heiligtum, wie in Pergamon, durch ältere Monumente an frühere Siege erinnert: Siege der Griechen und Alexanders über die Perser und auch der Könige Pergamons über die Gallier. Augustus wurde damit wiederum in eine historische Linie mit den großen Erfolgen der Griechen gegen östliche Barbaren eingereiht; zugleich hatten die Athener durch die Weihung an Roma und die Imitation des kapitolinischen Mars-Tempels eine Verbindung nach Westen, nach Rom hergestellt. Die Denkmäler des Parthererfolges im Osten des Imperium Romanum dokumentieren mithin eindringlich, in welch sinnfälliger Weise der neue Princeps in einem fast synchron verfolgten Programm der Städte des Ostens nun auch in die griechische Geschichte und das Erscheinungsbild der Städte in den Provinzen integriert wurde. Man zögert angesichts dessen, von einer Rücknahme der hohen Ansprüche zu sprechen, die bis zur Rückgabe aller Ämter im Jahr 27 v. Chr. die Repräsentation des C. Caesar dominiert hatten, wie es in der Forschung bisweilen im Hinblick auf die Jahre nach 27 geschieht. Allerdings bleibt festzuhalten, dass es – wenn auch sicher mit Zustimmung des neuen Herrschers – offenbar die Städte der Provinzen selbst waren, die Augustus mit solchen Ehrungen programmatisch überhäuften und die damit Rom imitieren und dem Zentrum des Imperiums gleichkommen wollten. Damit trugen sie ihrerseits gerade auch in ihren traditionsreichen Heiligtümern wahrnehmbar zur Stabilisierung des neuen Systems bei. Ja, die Überhöhung des Augustus war, wie sich damit nochmals zeigt, wesentlich auch ein Werk seiner Untertanen.

KLASSIZISTISCHE MODE UND LUXUSVERZICHT IM PRIVATEN

In welcher Weise eine dichte, ideologisch aufgeladene Symbolsprache, die sich von den Formeln der späten Republik löste, schon seit den dreißiger Jahren die Bildwelt Roms veränderte, haben wir gesehen. Aber nicht nur die visuelle Untermauerung der Staatsideologie wandelte sich seither, auch der Geschmack der Bewohner des Imperiums war Wandlungen unterworfen. Eines der Indizien dafür ist die Wandmalerei, sind also die Moden der Wandgestaltung im römischen Wohnhaus, die wir schon im Zusammenhang der Jugendzeit des Augustus und mit Blick auf sein Haus auf dem Palatin kennengelernt haben (Abb. 7; 21). Die Wanddekorationen blieben auch um 30 v. Chr. noch gemalte ‹Nachbauten› von Bauwerken. Daran ändert sich offenbar erst etwas in den Jahren nach 20 v. Chr. Vitruv (88–26 v. Chr.) widmete damals sein monumentales Handbuch zur Architektur dem Augustus. Im 5. Buch nimmt er ungewöhnlich klar Stellung zu einer neuen Mode in der römischen Wandmalerei (5,3): «Auf den Verputz malt man jetzt lieber Ungeheuerlichkeiten (*monstra*) als naturgetreue Nachbildungen bestimmter Dinge. An die Stelle von Säulen setzt man kannelierte Rohrstengel mit gekräuselten Blättern, statt der Giebel Voluten und Kandelaber,

38 Wandmalerei im sogenannten dritten pompejanischen Stil. Villa von Boscotrecase, Raum 16, um 10 v. Chr. Neapel, Museo Nazionale

die kleine Ädikulen tragen. Auf ihren Giebeln wachsen zarte Blumen, deren Stengel sich ein- und ausrollen, und auf denen völlig sinnlos Figürchen sitzen. Man malt Pflanzenstengel mit Halbfiguren, die einen mit Menschen, die anderen mit Tierköpfen. So etwas gibt es aber nicht, hat es nie gegeben, wird es nie geben.» Offenbar hatte sich der etwas schlichtere, weniger massige, sogenannte späte zweite Stil der Wandmalerei nun überlebt. Vitruv beschreibt vielmehr dessen späteste Ausprägungen und den beginnenden, heute sogenannten dritten Stil, wie er sich beispielsweise in der Villa von Boscotrecase unweit des Vesuvs in Kampanien findet, die, vielleicht in kaiserlichem Besitz, wohl um 10 v. Chr. ausgemalt wurde (Abb. 38). Die Illusion von Architektur wird jetzt gänzlich aufgegeben. Nur noch die Rahmen der großen Wandflächen erinnern von Ferne an Architektur. Monochrome Paneele dominieren nun die Wände; in ihnen können wie im leeren Raum fliegende Figuren oder an filigranen Stengeln befestigte Bildtäfelchen erscheinen. Die Wandflächen werden durch schmale senkrechte Streifen geteilt, in denen phantastische Pflanzenstengel oder Kandelaber stehen. Durchblicke in der Mitte der Wände werden zu Tafelbildern. Auffällig ist einerseits die ungeheure Beruhigung der Dekoration gegenüber dem älteren ‹Architekturstil›, andererseits ist der Verlust an Luxus und Materialreichtum unverkennbar: auch dies eine Form von Klassizismus. Der neue Stil setzte sich in der Folge als Mode durch – sehr zum Leidwesen älterer Kenner wie Vitruv, offenbar aber ganz auf der Linie der klassizistischen Beruhigung, die viele Bereiche der Bilderwelt damals, in den Jahren nach 27 v. Chr., erfasste. Man mag darin einen Mentalitätswandel erkennen. Dekretiert hat Augustus die neue Mode sicherlich nicht, wenn auch wohl mit eigenen Maßnahmen wie seinem neuen Bildnistypus (oder sogar mit innovativen Wanddekorationen in seinen Häusern?) gefördert. Jedenfalls offenbart sie, dass trotz der immer drängender werdenden Repräsentation des Princeps in der Kommunikation zwischen ihm, dem Senat und den Bürgern die auftrumpfende Luxuskonkurrenz der späten Republik nun endgültig *passé* war – tatsächlich hatte man also zu einer gewissen Ruhe gefunden, womit auch immer sie seit 44 v. Chr. erkauft worden war.

– 3 –

VERGIL, HORAZ, LIVIUS UND DIE AUGUSTEISCHE BLÜTEZEIT DER RÖMISCHEN POESIE

Nach der Rückkehr des siegreichen Augustus, der als ‹Erhabener› diesen Namen von 27 an führt (S. 81) und seine Stellung als «Princeps» beschreibt, beginnt die Stimmung fühlbar umzuschwenken: Dem Mächtigen fallen die Herzen allmählich auch der Schriftsteller zu, die ihn ja bisher fast ignoriert hatten, zumal er sich sogleich als generöser Förderer der Literatur bewährt. Varius Rufus, der für die Triumphfeierlichkeiten im Jahre 29 seine auch später bewunderte Tragödie *Thyestes* dichtet, erhält ein fürstliches Honorar von 1 Million Sesterzen. Dabei bleibt es nicht: «Er (Augustus) förderte die Begabungen seiner Zeit auf jegliche Weise», sagt Sueton (*Augustus* 89,3).

DIE AUGUSTEISCHE LITERATURPOLITIK

Trotz diesem höchsten Wohlwollen gegenüber den Literaten setzte sich bei ihnen nur allmählich das Gefühl durch, dass die Zeit der Bürgerkriege nun endgültig vorbei sei. Und keinesfalls wurden sie wenigstens in dieser Zeit von Augustus dazu gedrängt, Werke zu seiner Verherrlichung zu schreiben, wie man weithin annimmt. Nicht einmal von einer «Organization of Opinion», wie dies Ronald Syme in einem berühmten Kapitel seines Buchs *The Roman Revolution* (1939) getan hat, sollte man sprechen (wobei dieser die Kulturpolitik von Josef Goebbels und Stalin vor Augen hatte). Die Zeugnisse sprechen kaum dafür, und sie bestätigen, wie wir sehen werden, auch nicht die Schlüsselrolle, die Syme dabei dem C. Maecenas zusprechen wollte: Er als «Chef des Kabinetts [...] ergriff sich die prominentesten Dichter schon in einem frühen Stadium und hätschelte sie hinüber in den Prinzipat». Dabei bleibt unbestritten, dass dieser Mann als Förderer junger Dichter zu Recht das Mäzenatentum sprichwörtlich gemacht hat. Wegweisend zur Beurteilung von des Princeps eigener Haltung sollte jedenfalls eine Feststellung von Sueton (a. O.) sein, die durch kein bekanntes Faktum in Frage gestellt wird: «Er nahm Anstoß daran, wenn etwas über ihn verfasst wurde, es sei denn, dies geschah ernsthaft und durch die Besten; und so hielt er die Prätoren dazu an, sie sollten nicht zulassen, dass sein Name bei öffentlichen Darbietungen trivialisiert werde.» Woran auch immer bei Letzterem genau zu denken sein mag, die Literaturpolitik des Augustus scheint ihn selbst betreffend eher restriktiv gewesen zu sein. Tatsächlich ist uns auch kein einziges selbständiges Preisgedicht auf Augustus überliefert und nur eines einigermaßen bezeugt (von dem oft gerühmten Varius Rufus). Von seinen Kriegen scheint nur ein sonst unbekannter Rabirius Niederlage und Tod des Antonius behandelt zu haben. Und wenn denn Vitruv (Vitruvius Pollio) wohl schon in den zwanziger Jahren sein großes Werk über die Architektur dem «göttlichen Geist und der Gottheit» (*divina mens et numen*) des Imperators widmet und dabei die ganze Welt seinem Wink (*nutus*) erbötig sein lässt (1 pro. 1), so ist dies ein aus dem Sonstigen herausfallendes, schon recht angestrengtes Stück der Adulation.

Wie immer man zu Augustus stand: Die ‹Goldenen zwanziger Jahre› brachten für alle Zeiten den Höhepunkt lateinischer Poesie überhaupt. In fast nur einem Jahrzehnt entstand damals nahezu die ganze Fülle der bis heute bewunderten Meisterwerke, geschaffen vor allem von Vergil und Horaz, Properz und Tibull. Wozu weitere kamen, die wir heute fast nur dem Namen nach kennen: etwa der Lehrdichter Aemilius Macer, der Komödiendichter C. Melissus, die Elegiker Valgius Rufus und Domitius Marsus und andere. Wie, dem Zeugnis des Horaz zufolge, erst nach den Punischen Kriegen die römische Kunstpoesie beginnen konnte, so erblühte offenbar in der *Pax Augusta* die Dichtung auch bei denen, die dem Herrscher eher fernstanden. Diese Klassizität wurde schon von den Zeitgenossen empfunden: Q. Caecilius Epirota behandelte zum ersten Mal lebende Dichter im Literaturunterricht (der bis dahin dem *Club der toten Dichter* vorbehalten war). Dazu kam vor allem mit Livius ein neuer Höhepunkt der historischen Prosa. Und auch die noch prosaischeren Wissenschaften standen in Blüte: Der überragende Philologe (*grammaticus*) M. Verrius Flaccus durfte als Lehrer der Kaiserenkel sogar im Palast wohnen; sein vielseitig gelehrter Kollege Hygin (C. Iulius Hyginus) wurde Leiter der Bibliothek auf dem Palatin. Für die römische Jurisprudenz beginnt nun überhaupt erst ihre klassische Zeit: Von ihren damals zwei überragenden Vertretern war Antistius Labeo für seinen «unbestechlichen Freimut» (Tacitus, *Annales* 3,75: *incorrupta libertate*) gegenüber dem Princeps bekannt; willfähriger soll der nicht weniger berühmte Ateius Capito gewesen sein. Entscheidend für den Aufschwung dieser so echt römischen Wissenschaft war, dass der am Recht höchlichst interessierte Augustus einzelnen Juristen das Recht verlieh, «mit Autorität des Princeps» (*ex auctoritate principis*) ihre Gutachten zu erstellen.

PROPERZ: VOM PROTESTDICHTER ZUM AUGUSTEER

Nun zu den Einzelnen. Recht deutlich gewahrt man ein allmähliches Umschwenken zu Augustus bei Properz (Sex. Propertius), der als Liebeselegiker zusammen mit Tibull die Nachfolge des Cornelius Gallus (S. 110) antrat. In seinem ersten Buch, das man heute meist *Monobiblos* nennt und das er, wie zwei weitere, seiner geliebten Cynthia widmet, lesen wir noch im Jahr 30 oder 29 schrill «anticaesarische» Töne. Bitter spricht er dort über das Unglück des von Octavian geführten Perusinischen Kriegs (S. 65 f.), «Italiens Begräbnis», in dem ein lieber Verwandter des Properz so umgekommen war, dass nicht einmal mehr seine Knochen zu finden waren und Properz ihm ein Kenotaph beschriften musste. Dazu kommt, dass in diesem ersten Buch die römische Werteordnung mit ihrer Ausrichtung auf die *res publica* so radikal wie sonst nie (schon gar nicht bei Catull) auf den Kopf gestellt wird: Properz gibt sich als ein Dichter, der bewusst ein planloses Leben der Liederlichkeit (*nequitia*) führt, der auf Karriere und Ehe verzichtet, um einer wenig ehrbaren Frau, die ihm nicht einmal treu ist, quasi als Sklave bis zum Tod, ja darüber hinaus zu dienen und nur ihr auch seine Muse zu weihen. So protestiert, können wir meinen, ein junger Römer gegen den Verlust der republikanischen Freiheit (man lese als Kommentar dazu, wie Cicero schon im Jahre 46, unter Caesars Diktatur, im *Brutus* über den Mangel an Bewährungsmöglichkeiten für die junge Generation Klage führt): Wenn man sich schon nicht mehr wie einst als Redner und Politiker durchsetzen kann (sondern allenfalls als Günstling der Großen), dann will er es auch gar nicht mehr wollen, also: *Épatez le bourgeois!*

Diese Töne mildern sich etwas im zweiten Buch, das nach 26 veröffentlicht wurde. Man bemerkt, dass der Literaturfreund Maecenas auf das junge Talent aufmerksam geworden ist: Die erste Elegie hat zum Anlass dessen Anregung, der Dichter solle sich doch einmal an einem größeren Werk, etwa an einem Epos, versuchen. Wenn er das täte, antwortet Properz schmeichlerisch, dann würde er natürlich statt obsoleter epischer Stoffe sich den herrlichen Taten von Augustus und, versteht sich, Maecenas widmen, aber leider reiche sein schmalbrüstiges Talent nun einmal nur für Liebe und Schlafzimmer aus. Daraus hat man, im Banne der üblichen Auffassung, geschlossen, schon Maecenas selbst hätte von Properz ein Augustusepos verlangt; aber das steht nicht da und nimmt dem Gedicht den Witz: Eben durch die ganz spontane Huldigung an Augustus – bei der er, wie zum Widerruf, sogar den Perusinischen Krieg erwähnt – versucht Properz seiner Ablehnung den Stachel zu nehmen. Und Maecenas hatte wirklich nur gemeint, ein solches Genie sollte nicht im erotischen Sujet versauern. Aber natürlich denkt Properz nicht daran, die eingeschlagene erfolgreiche Bahn gänzlich zu verlassen, hatte man doch seine «Cynthia», d. h. Buch I, schon «auf dem ganzen Forum rezitiert» (2,24,2). So fingiert er in einem anderen Gedicht (2,10) höchst drollig, ein Augustusepos schreiben zu wollen – hier zuerst fällt der Name – und legt sogar schon los, dann fühlt er aber, wie die Kräfte nicht ausreichen und bricht ab. Auch den Gedanken an eine Tragödie weist er zurück (weil sich Mädchen leider für dergleichen nicht interessieren).

Das ist so weit harmlos. Aber es gibt auch immer noch erstaunlich unaugusteische Äußerungen. In einer Elegie (2,7) jubelt der Dichter darüber, dass Augustus mit einem ersten Versuch der Ehegesetzgebung, die ihn, Properz, zur Ehe gezwungen und damit von Cynthia getrennt hätte, gescheitert sei: «Groß ist Caesar, aber groß nur in den Waffen.» Er jedenfalls wolle keine Söhne für Triumphe über Parther liefern (heute spräche man von Kanonenfutter) – bei seinem Verhältnis mit Cynthia war das Kinderkriegen natürlich nicht vorgesehen. Fast noch kühner: Nach der Schilderung einer seiner (seltenen) glücklichen Liebesnächte (2,15), schwelgt er in den Wonnen seines Lebensideals, das ihm nun plötzlich sogar als im pazifistischen Sinne hochmoralisch erscheint. Frei übersetzt: «Wenn alle so leben würden wie wir, in Liebe und Wein, schwämmen keine Knochen im Meer bei Actium, müsste Rom nicht immer wieder die Haare lösen zur Trauer über Tote im Bürgerkrieg.» Nicht moralische Erneuerung beendet also den Bruderkrieg (den auch Properz, wie man sieht, noch nicht für beendet hält), sondern das, was die Römer früher griechisches Lotterleben (*pergraecari*) nannten.

Dafür war neuerdings auch der Säufer Antonius bekannt geworden – war er gar Properzens Vorbild? Wenn er sich dagegen auf Gallus als das poetische Vorbild beruft, meidet er möglichen Anstoß: Der ja doch in Wirklichkeit von Augustus in den Tod Getriebene (S. 122 f.) habe, sagt er, «sich soeben viele von Lycoris stammende Wunden im Unterweltsstrom abgewaschen» (2,34,91 f.): Von Lycoris! Mit der hatte er ja längst nichts mehr zu tun. Da blieb Ovid näher bei der Wahrheit (S. 210).

Im dritten Buch, etwa im Jahre 22 herausgegeben, scheint Properz sozusagen als Dauerliebender den pazifistischen Standpunkt beibehalten zu wollen (3,5). Aber ausgerechnet in einer Elegie, die ihn selbst wegen seiner Hingabe an eine Frau rechtfertigen soll (3,11), bringt er als Beispiel unwiderstehlicher Weiblichkeit Kleopatra, die «Hurenkönigin» aus Ägypten, was dann Anlass gibt, den Sieg über sie bei Actium ausgiebig zu feiern – der allgemeinen Sprachregelung folgend wird Antonius gar nicht mehr erwähnt – und den Kriegshelden Augustus über Heroen wie Scipio und Pompeius zu stellen: «Solange Caesar heil ist, braucht Rom kaum Jupiter zu fürchten.» (V.66) Mit einem solchen patriotischen Trompetenstoß sind die Weichen gestellt für das fast rein augusteische vierte Buch (S. 208). Freilich fehlen auch andere Töne nicht. Es kann Augustus kaum erbaut haben, wenn Properz den in Sparta praktizierten gemeinsamen Nacktsport beider Geschlechter als vorbildlich preist (3,14), nicht etwa wegen der Gleichberechtigung oder Ertüchtigung der Frauen, sondern weil man dort, abgesehen vom Augenschmaus, müheloser anbandeln kann. Selten war er so geschmacklos.

HORAZ ZWISCHEN DEM ALTEN UND DEM NEUEN CAESAR

Ernstlicher ist der Gesinnungswandel des Horaz in seinen *Odae*, die im Jahr 23 in drei Büchern erscheinen, an denen er also etwa sieben Jahre gearbeitet hat und die, in Nachfolge der griechischen Lyriker, das künstlerisch anspruchsvollste Werk der gesamten bisherigen lateinischen Literatur darstellen: «ein Denkmal dauernder als Erz», sagt er selber zu Recht (3,30). Markiert ist sein Umdenken vor allem durch zwei palinodische, d. h. dem Widerruf dienende Lieder (denn diese Gedichte sind grundsätzlich zum Singen gedacht). In dem einen (1,14) rückt er ab von seiner bisher staatsverdrossenen Haltung: Er warnt ein von Stürmen angeschlagenes Schiff, sich schon wieder aufs Meer zu wagen. Gemeint ist, wie man seit der Antike weiß, das römische Staatsschiff, das er durch neue Bürgerkriege bedroht sieht. Ihm bekennt er seine nun wiedererwachte Zuneigung: «Neulich noch Verdruss und Ärger, bist du jetzt meine Sehnsucht und liebende Sorge ...» Eine klare Absage an die Emigrationsverzweiflung der 16. Epode (S. 116). Noch frappanter ist die Abkehr von Epikurs Theologie, ebenfalls schon im ersten Buch (1,34). Dieser hatte ja gelehrt, dass die Götter sich um Welt und Menschen nicht kümmern – nicht die beste Grundlage für die von Augustus mit Tempelrestaurierungen (*Res gestae* 20) begonnene Religionsreform. So bekennt nun Horaz, bisher «als Anhänger wahnwitziger Weisheit ein sparsamer und seltener Verehrer der Götter», durch einen plötzlichen Donnerschlag aus heiterem Himmel zum alten Glauben an Jupiters Weltmacht bekehrt worden zu sein. Seit Jahrhunderten streiten die Gelehrten, ob Horaz hier wahrhaftig oder ironisch spreche (zumal er ja in der Ethik durchaus Epikureer bleibt). Das Erste mag man dahingestellt sein lassen, aber an der Ernsthaftigkeit des Dichters besteht kein Zweifel. Schon sein nächstes Gedicht, ein Bittgebet für Caesar an die Göttin Fortuna von Antium (1,35), zeigt, wie er seinen Glauben nunmehr praktiziert. Und viele Götterhymnen und -gebete bezeugen dasselbe.

Das eindrucksvollste Bekenntnis zu Augustus, noch als «Caesar», legt er sogleich in seiner grundlegenden zweiten Ode (1,2) ab. Wie Hans Peter Syndikus vor Jahren (in einer sonst problematischen Interpretation) gezeigt hat, ist deren Datum ein fiktives, wahrscheinlich wohl der Winter 44/43 vor dem Beginn des Mutinensischen Kriegs. Die (für damals bezeugten) schweren Unwetter lassen den Dichter – Philologen sprechen hier von seinem «lyrischen Ich» – eine Wiederkehr der Sintflut befürchten. Warum? Es herrscht Bürgerkrieg: Rom, so ist zu fürchten, wird erneut seinen Nachwuchs dezimieren. In der Rolle des Dichterpriesters fragt Horaz, welcher Gott Hilfe schaffen, das «Verbrechen sühnen» könne: Apoll? Venus? Mars? Nein, es ist offenbar Merkur, aber ein Merkur, der auf Erden weilt und – so betet Horaz – noch lange hier weilen möge: Hier nämlich soll er Vater und Princeps heißen und die Partherschmach rächen, wer? – «du als Führer, Caesar»! Das letzte Wort, einmalig in sämtlicher Lyrik, enthüllt die Identität des Gesuchten und Angesprochenen: Der künftige Augustus wird dem Bürgerkrieg wehren. In diesem besteht nämlich auch das durch einen Partherfeldzug zu sühnende Verbrechen, nicht etwa, wie man oft geglaubt hat, in der Ermordung Caesars. Im Gegenteil. Vom neuen «Caesar» heißt es nur, er «dulde es, Caesars Rächer zu heißen» (*patiens vocari Caesaris ultor*); und als zuvor im Gedicht sich der Gott Tiber vor seiner über des Dictators Caesar

Tod erbosten Frau Ilia als Rächer aufspielt und in Rom eine Überschwemmung inszeniert, wird er von Jupiter als «Pantoffelheld» (*uxorius*) zurückgepfiffen. So bewahrt Horaz, der einst gegen die Caesarmörder in den Krieg gezogen ist (S. 114), seine alte Überzeugung und kann sich doch dem neuen Caesar, dessen eigentliche Mission eben nicht in der Rache für den «Vater», sondern in der Erlösung vom Bürgerkrieg besteht, anschließen.

Sein ganzes Schaffen hindurch bleibt Horaz auf Distanz zum einstigen Dictator Caesar. Sofort in der nächsten Ode (1,3), deren Pointe man nie verstanden hat, protestiert er sogar gegen dessen bekannte Selbstvergottung. Nach einem Katalog von Taten menschlicher Hybris (Seefahrt, Luftflug des Daedalus usw.) kommt als Äußerstes: «Zum Himmel selbst streben wir in Torheit (*caelum ipsum petimus stultitia*)». Schon der kluge Ovid, der so wenig wie Horaz an Astronauten denken konnte, hat diesen Vers richtig auf Caesar bezogen, wenn er ihn in einer Rede an die Menschennatur, die ihre Grenzen überschreitet, so paraphrasiert (*Amores* 3,8,49–52): «Was willst du mit dem Meer? Mit der Erde hättest du zufrieden sein sollen. Warum machst du dir nicht gleich den Himmel zu deinem dritten Reich? Allerdings, soweit möglich, strebst du auch zum Himmel (*adfectas caelum quoque*): Quirinus, Bacchus, Herkules und soeben auch Caesar haben ihre Tempel.» Dass hier anerkannte Heroen bzw. Gottmenschen wie Herkules usw. miterwähnt werden, mildert die Attacke, hebt sie jedoch nicht auf. Und der Einwand, dass doch auch der Divus Augustus zum Gott geworden sei, trifft nicht zu. Gerade darin liegt der große Unterschied zwischen dem alten und dem neuen Caesar, dass jener seine Vergöttlichung betrieb – für die Zeit nach dem Partherkrieg, 44, waren von ihm schon Tempel und Priester vorgesehen –, dieser aber sie vorsichtig an sich herantragen lässt, vom Senat, der etwa seinen Geburtstag unter die Feste einreiht, und eben von den Dichtern: Horaz in der behandelten Ode ahnt in ihm den Merkur; Vergil versetzt ihn halb scherzhaft an den Himmel (S. 117). Augustus selbst äußert nichts dergleichen, *Divi filius* genügt ihm fast. Der Protest des Horaz bleibt dennoch kühn genug. Er lehrt uns, wenn man etwa Vergils Äußerungen zur Ermordung Caesars (*Georgica* 1,466 ff.) vergleicht, wie sehr diese Dichter ihre je eigene Stimme behalten, nicht etwa von einem Maecenas gleichgeschaltet werden (oben S. 144). Poeten sind keine Münzmeister.

Unbetroffen davon bleibt, dass Horaz eine zukünftige Apotheose des Augustus, den er auch meist so nennt, erwartet: Zusammen mit Pollux, Herkules, Bacchus und Romulus – Caesar bleibt ferne – habe er es durch *iustitia* (Gerechtigkeit) und *constantia* (Standhaftigkeit) verdient, dereinst im Himmel Nektar zu trinken (3,3). Schon jetzt stehe nur noch Jupiter über ihm (1,12); nach den zu erwartenden Siegen über Briten und Parther werde man ihn als «gegenwärtigen Gott» (*praesens divus*), im Gegensatz zu dem im Himmel donnernden Jupiter, verehren (3,5). Und da die «Trophäen des Augustus» überhaupt ein würdiger Gegenstand der Dichtung sind (2,9), fehlt nicht ein beschwingtes Trinklied zum Sieg über Kleopatra (1,37: *Nunc est bibendum*), das nun das noch allzu zaghafte Besäufnis der 9. Epode (S. 116) ablöst. Hier und sonst, vor allem auch in der Fortunaode (1,35), erscheint Augustus als Feldherr, von dem Horaz besonders den fälligen Partherkrieg erwartet. Überraschend ist aber, dass sich dieser Kriegsheld, wenn er sein Heer zeitweilig entlassen hat, in die Grotte der Musen begibt (3,4), um sich dort von Mühsalen zu erholen (*finire labores*) und guten Rat (*consilium*) zu bekommen – denn: *vis consili expers mole ruit sua* («Kraft ohne Rat stürzt durch die eigene Wucht»). Damit kann schwerlich etwas anderes gemeint sein, als dass Horaz darauf hofft, der Princeps möge sich von ihm (und anderen Poeten) Entspannung, aber auch Beratung geben lassen. Jedenfalls ließ er sofort dem Herrscher ein Exemplar seiner Odensammlung überbringen (*Epistulae* 1,13).

HORAZ ALS JUGENDERZIEHER UND STAATSLYRIKER

Frappant ist, dass Horaz Augustus nirgendwo als den Religionsreformer und Sittenerneuerer würdigt, obwohl dieser doch schon im Jahre 28 zahlreiche Tempel wiederhergestellt und dann auch schon einen ersten Versuch der Ehegesetzgebung gemacht hat (S. 146). Dies geschieht nicht aus innerem Widerstand (wie zum Teil bei Properz), sondern wohl vor allem darum, weil er selbst als *vates*, Dichterprophet (seit Epode 16), die Rolle des predigenden Jugend- und Volkserziehers übernehmen will. So jedenfalls sieht er später im Literaturbrief an Augustus (*epist.* 2,1,126 ff.) die Rolle des Dichters, der mit freundlichen Lehren die Jugend zu bilden, böse Laster zu bekämpfen und durch Orientierung an der Geschichte Lebenshilfe zu bieten habe. Das war ein Gedanke der Stoiker, besonders im Hinblick auf den Literaturunterricht: Horaz macht daraus produktive Praxis. In einer der Oden (3,24) gibt er zu verstehen, dass die «Raserei des Bürgerkriegs» (*rabies civica*) noch nicht überwunden sei und dass man deren Wurzel, die «Zügellosigkeit» (*licentia*), bestehend in Habgier, Unkeuschheit, Verweichlichung, zu bekämpfen habe, durch Strafen und sittliche Erneuerung – denn: «Was helfen Gesetze, wenn sie ohne Moral (*sine moribus*) umsonst bleiben?» Dies ist vielleicht, so hat man vermutet, eine Anspielung auf den erwähnten misslungenen Versuch der Ehegesetzgebung (S. 146).

Ein Werk in diesem Sinn sind besonders die sogenannten Römeroden (3,1–6) – eigentlich Kinder- oder Jugendoden, denn Horaz stellt sich vor in der Pose dessen, der selber als Sänger, nicht vor gemeinem Pöbel (*profanum volgus*), sondern vor der Jugend auftritt: *virginibus puerisque canto* (3,1,4: «ich singe vor Mädchen und Knaben»). Was sogar auf eine wirkliche Darbietung weisen könnte. Die hier vorgestellten Tugenden entsprechen großenteils, nicht völlig, denen auf dem für Augustus aufgestellten *clipeus virtutis* (S. 80 f.; Abb. 29). Erst predigt er gegen die Habgier (ein Thema, das dem Epikureer immer am Herzen liegt); dann rühmt er die bis zum Tod für die Vaterstadt gehende Tapferkeit, die, identisch mit der *virtus* (einem stoischen Zentralbegriff), zum Gott macht. Der scheinbare Preis der *iustitia* (Gerechtigkeit) führt überraschend zur Warnung vor einer Verlegung der Hauptstadt in den Osten (wie Antonius sie geplant haben soll). Und ein Musenhymnus mündet in das Lob der *temperantia* (Mäßigung). Dann wird der Feigheit römischer Soldaten, die in Kriegsgefangenschaft bei den Parthern leben, die im Punischen Krieg bewährte Tapferkeit des Regulus gegenübergestellt. Am weitesten vom früheren Epikureismus entfernt sich die letzte Ode, die allgemein «den Römer» dazu anhält, seine Tempel wiederherzustellen, da aus mangelnder Religiosität alles Unheil über Rom gekommen sei (ein gut ciceronischer Gedanke, S. 45). Wie kann Horaz das nach der fünf Jahre zuvor erfolgten Wiederherstellung der Tempel im Jahre 23 sagen? Offenbar hat man sich auch diese Ode als früher verfasst vorzustellen (was nicht heißt, dass sie auch wirklich früher verfasst sein müsste), und Horaz möchte selbst quasi als geistiger Miturheber der Religionsreform erscheinen. Könnte er also überhaupt auf die Politik des Princeps eingewirkt haben? Mit seinen wiederholten Ermahnungen zum Partherkrieg hatte er jedenfalls keinen Erfolg.

Aktueller ist in dieser letzten «Römerode» sein Hauptanliegen, die (Augustus so am Herzen liegende) Hebung der Ehe- und Sexualmoral, deren Verfall wieder einmal als Wurzel des «Unheils für Stadt und Volk» angesehen wird: «Beim Gastmahl des Ehemanns sucht seine Frau sich schon jüngere Buhlen ...» Bei aller Entrüstung über solche Tischsitten fragt sich der moderne Leser, wie sich das mit den relativ lockeren Liebesgedichten des Horaz, wo, nicht ohne gelegentliche Eifersüchtelei, die Liebsten von Ode zu Ode wechseln, vertragen soll. Aber darin bestand für ihn wohl kein Problem. Der Römer trennt den heiligen Bereich der Ehe scharf von der außerehelichen Unterhaltung mit leichteren Junggesellinnen, besonders den dafür quasi vorgesehenen Libertinen (S. 212).

In seinen nach 20 veröffentlichten *Epistulae* verlässt Horaz zusammen mit der Lyrik die politischen Themen: Das Alter nötige ihn, sich intensiver der Philosophie, der Arbeit am eigenen Charakter zuzuwenden; den Jungen verbleibe die Aufgabe, «die Taten des Augustus, zu schreiben, seine Kriege und Friedensschlüsse einer langen Nachwelt zu vermitteln» (1,3,7 f.). Dann jedoch ruft ein Staatsauftrag Horaz zurück zur Lyrik: Die von Augustus für das Jahr 17 geplanten, als Anfang einer neuen Weltepoche gedachten *Ludi saeculares*, Saekularspiele, (S. 173 f., 193 f.) sollen zu ihrem Abschluss durch eine Festkantate, *Carmen Saeculare*, verschönt werden. Da Horaz nach Vergils Tod (19) nunmehr erster Dichter Roms und dessen vielleicht einziger Lyriker, d. h. Dichter zur Musik ist, kommt nur er dafür in Frage. Ob er das Werk auch zu komponieren hatte, wissen wir nicht (die einschlägige Inschrift nennt zwar Horaz, aber keinen Komponisten); sicher ergibt sich aus seinen Äußerungen (*Carmina* 4,6), dass er es selbst mit dem Saitenspiel in der Hand einem Knaben- und Mädchenchor von zweimal 27 Kindern einstudiert, also diesen doch wohl auch bei der Aufführung begleitet hat: «Achtet auf den lesbischen Fuß und auf den Schlag meines Daumens» (natürlich hat Horaz mit dem Daumen nicht den Takt geschlagen, nicht nur, weil die Antike ein Taktieren überhaupt nicht kennt). Apollo, der Gott von Actium (S. 99 f.) und seine Schwester Diana, denen zuvor auf dem Palatin geopfert wurde, stehen am Anfang und Ende des langen Lieds, das insgesamt ein Gebet an die für Rom wichtigsten Götter darstellt, nicht ohne Erinnerung an die durch Vergil jüngst aktualisierte trojanische Vorgeschichte. Zwanglos ist eine Huldigung an Augustus, der selbst nur als Opfernder, nicht etwa als *divus* auftritt, eingeflochten: Alle Völker verehren nunmehr Rom, alle Tugenden sind wieder zurückgekehrt und zugleich der Erntesegen mit seinem Füllhorn. Nicht ebenso gut gelingt dem Poeten die Würdigung der kurz vorher erlassenen Ehegesetze: Die Geburtsgöttin Ilithyia solle «den Nachwuchs hervorbringen und die Senatsbeschlüsse über die Vermählung der Frauen fördern» – unpoetischer ging es kaum. Horaz, der offenbar keine allzu große Lust hatte, hat dieses Gedicht in seine spätere Odensammlung nicht aufgenommen. Aber Erfolg hatte er trotzdem damit. Wir hören zwar nichts von einem Honorar, aber nie zuvor war ein römischer Dichter so öffentlich in Szene gesetzt worden. Von jetzt an war er ein Liebling der Jugend, man zeigte mit dem Finger auf ihn als den «Saitensänger römischer Lyra» – und von Herzen dankt er seiner Muse dafür (*carm.* 4,3).

VERGILS *AENEIS*: DAS NATIONALEPOS DER RÖMER

Höhepunkt der augusteischen Literatur ist aber unbestritten Vergils *Aeneis*, das Gedicht von Aeneas, dem trojanischen Urahn der Römer, genauer der *gens Iulia*, der ja auch Augustus über seinen Adoptivvater angehörte. Es ist wie kein anderes auf ihn zugeschnitten, auch wenn sein Name nur an drei Stellen erscheint. Servius, der bekannte Kommentator, schreibt Vergil eine doppelte Absicht bei der Dichtung zu: «Homer zu imitieren» (das galt fast für jeden Epiker) und «Augustus von seinen Vorfahren her zu loben». War das schon der ursprüngliche Plan? Im Prooemium zum dritten Buch der *Georgica* hatte Vergil, wie wir uns erinnern (S. 117), in der Allegorie eines Tempels recht deutlich ein Augustus verherrlichendes Gedicht angekündigt. Die Forschung meint nun zumeist, im Banne des Vorurteils über die damalige Literaturpolitik (S. 149 f.), eben ein solches Gedicht müsse der Wunsch des Augustus gewesen sein: Vergil aber habe dem nicht entsprechen wollen und sei auf den ihm minder peinlichen Aeneas ausgewichen, um den Herrscher nur indirekt zu loben. Man glaube kein Wort davon! Vergil, der in den *Georgica* letzter Hand den jungen Caesar weidlich als Retter der zerrütteten Zeit gepriesen hatte, scheint ein solches Epos förmlich anzubieten; Augustus aber, empfindlich gegenüber jedem ungeschickten Streicheln (S. 115), wollte lieber den Vater seiner Familie gerühmt sehen und selbst nur im Hintergrund erscheinen.

Im Vordergrund steht nun also der Stammvater Aeneas, ein Held neuer Art in einem Epos, das aus den beiden homerischen Epen gewissermaßen zusammengesetzt ist: Enthält der erste Teil, wie die *Odyssee*, die Irrfahrten und auch erotischen Verstrickungen des Helden, so der zweite, wie die *Ilias*, seine kriegerischen Taten. Vom klugen Odysseus wie vom heldenhaften Achill unterscheidet diesen Aeneas, dass er nicht für persönliche Ziele lebt, sondern Träger einer überpersönlichen Mission ist, für die er das ihm Teuerste, seine Heimat und seine Liebe, opfert: Wie er am liebsten in Troja geblieben, notfalls vor den Mauern der Vaterstadt gefallen wäre – dies bekennt er in seiner ersten verzweifelten Rede –, so verzichtet er in Afrika auf Dido, seine ihn heiß liebende Geliebte, die Königin Karthagos, um nicht einem Auftrag untreu zu werden, dessen Erfüllung er nicht einmal mehr erleben soll. Wie der Moses des Alten Testaments, der im Buch *Exodos* Vergil wohl vorschwebt, das gelobte Land sehen, aber nicht betreten darf, so sieht auch Aeneas gelegentlich in eine Zukunft, an der er selbst keinen Anteil mehr haben wird und für die er doch zu kämpfen hat: Er soll ja die

Hausgötter Trojas nach Italien bzw. Latium bringen, damit dort Generationen nach ihm Rom entstehen und sich schließlich einmal die Geschichte in der Weltherrschaft Roms und dem Regiment des Augustus vollenden kann. Dies erfahren wir schon im ersten Buch aus einem Gespräch des Göttervaters Jupiter, der den Willen des Schicksals (*fatum*) verkündet, mit seiner Tochter Venus, die als Mutter des Aeneas dessen unterdrückte Wünsche nach Frieden und Geborgenheit vertritt und seine Leiden beklagt (1,278 ff.): «Den Römern setze ich kein Ziel und keine Zeiten: Ihnen verlieh ich ein Reich ohne Ende.» Und später: «Aus herrlichem Ursprung wird der Trojaner Caesar (Augustus) geboren werden, dessen Reich mit dem Ozean, dessen Ruhm bei den Sternen endet.» Wenn er dereinst aus dem Orient heimkehren werde: «... dann wird die böse Zeit mild werden und alle Kriege vergessen sein, dann werden Fides mit Vesta, Remus mit Bruder Quirinus (Romulus) Recht sprechen.» (Der Brudermord des Romulus war ja Archetyp des frevelhaften Bürgerkriegs, der nun mit diesem symbolischen Akt zu Ende geht.) Damit kann Venus zufrieden sein.

AENEAS ALS VERKÖRPERUNG DER PIETÄT

Indem Aeneas dem Götterwillen, den er immer deutlicher erfasst, Folge leistet, indem er Opfer bringt und genau auf Prodigien (Götterzeichen) achtet, verkörpert er die dem Römer so wichtige Tugend der *pietas* (Frömmigkeit): *Sum pius Aneas* («Ich bin der fromme Aeneas»), sagt er bei seiner ersten Selbstvorstellung (1,378). «Fromm» ist er aber nach römischer Vorstellung noch mehr durch seine unbedingte Verwandtenliebe, «Pietät» auch in unserem Sinn, die ja, als Rache für Vater Caesar, am Anfang der Karriere des Augustus stand (S. 62). Bei der Flucht aus dem brennenden Troja nimmt Aeneas den Vater Anchises auf den Rücken (2,707). Ihm veranstaltet er zum Gedächtnis seines Tods Opfer und prächtige Sportspiele (Buch 5). Von ihm, dem unter Tränen Wiederbegrüßten, lässt er sich in der Unterwelt in die Geheimnisse der menschlichen Natur und vor allem der zukünftigen römischen Geschichte einführen – «damit du mit mir noch mehr dich freust, wenn Italien gefunden ist» (6,718). Hier sieht er sie alle, die Granden Roms, als vorgeburtliche Wesen schon vor sich, vor allem natürlich ihn (der wahr machen soll, was die vierte Ekloge zu früh verheißen hatte [S. 113]): «Dieser Mann, dieser ist es, von dem du so oft hörst, der dir Versprochene: Augustus Caesar, Spross des Vergöttlichten, der wieder die goldenen Zeiten bringen wird, die in Latium waren, als einst Saturn über die Fluren herrschte, und der über Garamanten und Inder hinaus das Reich ausdehnen wird ...» (6,791–795). Dieser Preis des Augustus, der sogleich auch noch über die Heroen Herkules und Liber (Bacchus) gestellt wird, ist der wohl einfallsloseste, den Augustus von seinen Dichtern bekommen hat.

Immerhin werden in dieser sogenannten Heldenschau die zukünftigen Bürgerkriegsgegner Caesar und Pompeius ohne Parteinahme apostrophiert, und sogar Caesars erbitterter Widersacher Cato erhält eine lobende Erwähnung. Scheinbar schließt ab die berühmte Gegenüberstellung griechischen und römischen Wesens: jenes für Kunst und Wissenschaften, dieses für die Weltregierung bestimmt. Sie wird gekrönt mit einer altrömischen, nun wieder echt augusteischen Maxime (6,854): *parcere subiectis et debellare superbos* («die Unterworfenen schonen und die Übermütigen niederzwingen»). Dann aber folgt noch ein Blick auf den von Augustus so heiß geliebten Neffen Marcellus, der, als Sohn von Schwester Octavia zum Thronfolger bestimmt, schon achtzehnjährig verstorben und mit unerhörtem Aufwand bestattet worden war: *Manibus date lilia plenis* («Werft Lilien mit vollen Händen»), ruft Vater Anchises, als wäre er dabei, der Trauergesellschaft zu. Als Vergil sein sechstes Buch vor Augustus und Octavia rezitierte, sollen die beiden bei diesem ergreifenden Nachruf so in Tränen ausgebrochen sein, dass sie nicht mehr weiter hören wollten (Servius, *Commentarius in Vergilii Aeneida* 6,861). Es war eben doch Vergil, der wie kein anderer das Herz des Allmächtigen zu rühren verstand.

Das achte Buch bringt wieder einmal die in diesen zwanziger Jahren fast obligate Schlacht von Actium. Denn der Schild, den Venus ihrem Sohn Aeneas als Glanzstück seiner neuen Waffen überreicht, enthält in seinem «unsäglichen Gewebe» (8,625: *non enarrabile textum*) Roms ganze Geschichte, beginnend mit der braven Wölfin des Romulus und mit dem frechen Catilina noch nicht endend – etwa wegen der Bürgerkriege? Nein, Actium war kein Bürgerkrieg (V.676 ff.): «In seiner (des Schilds) Mitte waren zu sehen die erzenen Flotten, die Kämpfe von Actium»: von der einen Seite Augustus und Agrippa mit Senat, Volk und Göttern der Heimat, von der andern Antonius mit den barbarischen Truppen des Ostens und einer Ehefrau aus – Ägypten: Hilft der hundsköpfige Anubis gegen Neptun, Venus und Minerva? Apolls Bogen bringt die Entscheidung: Die Orientalen fliehen verstört, und der junge Caesar opfert beim dreifachen Triumph den heimischen Göttern. Keiner hat eindrucksvoller als Vergil dieses schon strapazierte Thema bewältigt. Auch sein Aeneas «freut sich des Bildwerks, obwohl er die Bedeutung der Dinge nicht weiß; und auf seine Schultern nimmt er Ruhm und Schicksale seiner Enkel» (730 f.). So endet bedeutungsvoll das Buch. Zur Pietät des Aeneas gehört nämlich auch dies, dass ihm immer nur am Ruhm seiner Nachkommen, besonders auch seines Sohnes Iulus Ascanius, nie an seinem eigenen, gelegen ist. (Das unterscheidet ihn vielleicht am tiefsten von allen homerischen Helden.) Als er darum in Afrika in den Armen Didos zu verliegen droht, weckt ihn Jupiters Götterbote Merkur aus der Lethargie, indem er an die Verpflichtung gegenüber dem Sohn erinnert (4,272 ff.): «Wenn dir schon der Ruhm aus so großen Dingen nichts bedeutet und du um der eigenen Ehre willen keine Anstrengung dir machen willst, sieh auf Ascanius ..., dem man die Herrschaft über Italien und das römische Land schuldig ist.» Das wirkt. Man kennt ja auch die Liebe des Augustus, dem der eigene Sohn versagt blieb, zu allen Nachkommen.

Auch am Ende des großen Werks steht, hier für uns eher befremdlich, die *pietas*. Der alte Euander, Gastfreund des Aeneas, hatte ihm seinen kostbaren Sohn Pallas, seine «späte und einzige Freude» (8,581), als Genossen für die bevorstehenden Kämpfe mit den Italern mitgegeben. Nach großartigen Heldentaten wird dieser im zehnten Buch von Turnus, dem Führer der Feinde, getötet. So ist der Krieg. Aber Turnus, im Hochgefühl der Tat, verhöhnt den Erschlagenen und raubt ihm, mit dem linken Fuß auftretend, den Waffengurt. Hier verlässt Vergil für einen seltenen Augenblick die Distanziertheit des epischen Erzählers: «O dass der Geist der Menschen doch das Schicksal und Los der Zukunft nicht kennt und dass er es nicht versteht, im Glück das Maß zu wahren!» (10,501 f.). Nun ist der Leser gespannt, wann und wie Turnus seine Tat bereuen wird. Dies geschieht erst in den letzten Versen des letzten Buchs. Getroffen von der Lanze des Aeneas ist Turnus zu Boden gestürzt und fleht nun um Gnade: Er überlässt ihm die Frau Lavinia, um die die Streithähne gekämpft hatten, er gemahnt ihn an seinen alten Vater Daunus, den er mit Anchises vergleicht, und streckt ihm die wehrlosen Hände entgegen. Wie könnte Aeneas, der Sohn der Venus, hier hart bleiben? Schon möchte er verzeihen – da sieht er den ominösen Waffengurt, der ihn an seine Rachepflicht gegenüber Pallas erinnert, und «entbrannt von Furien und Zorn» (*furiis accensus et ira*) tötet er den Liegenden (12,948 f.): «Pallas opfert dich mit diesem Streich, Pallas nimmt sich die Sühne aus dem Blute des Verbrechers». Moralisch empfindsame Forscher haben (vor allem zur Zeit des amerikanischen Vietnamkriegs) gemeint, dass Vergil hier seinen Helden verurteilen müsse, ja dass überhaupt sein ganzes Epos nur an der Oberfläche so imperialistisch und augusteisch sei, in einer tieferen, eigentlicheren Schicht aber die Opfer der römischen Geschichte beklage. Daran ist wahr, dass Vergil deutlich ein Mitgefühl mit den Opfern der Geschichte hat; zu denken wäre neben Turnus an Dido, die als verlassene Geliebte durch Selbstmord endet. Aber daran, dass Aeneas Turnus zu Recht tötet, besteht kein Zweifel. Keineswegs wird er, wie behauptet wurde, vom *furor*, «Wahnsinn», übermannt: Die *furiae* bzw. *Furiae* sind die Rachegeister, die ihn zu einer Tat anhalten, die ebenso berechtigt ist, wie es nach römischem Empfinden die pietätvolle Rache des jungen Caesar für seinen «Vater» war. Es kann kein Zufall sein, dass Vergil sein Nationalepos mit einer so deutlichen Anspielung auf diese Rache beschließt, die ja das Einzige war, womit sich Caesars jugendliche Untaten irgendwie rechtfertigen ließen. Kein anderes Werk war so augusteisch wie die *Aeneis*.

So widersetzte sich Augustus auch dem testamentarischen Willen Vergils, der das unvollendete Gedicht zwar nicht gerade zur Verbrennung bestimmt hatte, aber doch nicht zur Veröffentlichung freigeben wollte: Manche unvollständigen Verse bezeugen die Pietät der Herausgeber, die offenbar nichts geglättet haben. Wesentliches scheint uns nicht verloren zu sein. Und was wir lesen, zieht auch den in seinen Bann, dem Augustus nicht ebenso sympathisch ist wie dem ihm ergebenen Dichter.

DER ELEGIKER TIBULL: DISTANZ OHNE OPPOSITION

Im selben Jahr 19 wie Vergil starb auch Tibull (Albius Tibullus), der zweite der großen (uns erhaltenen) Liebeselegiker, dessen erstes Buch bald nach 28/27 erschienen sein dürfte. Er hielt sich fern von Huldigungen an Augustus, ohne aber irgendwie eine Opposition spüren zu lassen – beides in völligem Gegensatz zu Properz (S. 145 ff.), von dessen sprachlicher Kühnheit er sich mit seinem schlicht eleganten Stil und der Zurückhaltung seines Tons weit absetzt. Politik und Militär sind ihm aber doch nicht ganz fremd, denn, auch hierin anders als Properz, er löst sich, trotz Hingabe an die Geliebte, nicht ganz von römischer Lebensart, klagt vielmehr schon im ersten Gedicht darüber, «immer auf langen Reisen sein» zu müssen (1,1,26: *semper longae deditus esse viae*), statt vor der Tür seiner Delia schmachten zu dürfen. Gemeint sind damit Feldzüge in Gallien und im Osten, die er in Begleitung seines Freunds und wohl Gönners Messalla (M. Valerius Messalla Corvinus) mitzumachen hatte. Auch dieser, der einst Parteigänger der Caesarmörder gewesen, dann aber schon in den dreißiger Jahren zu «Caesar» übergewechselt war, hielt auf eine gewisse Distanz zu Augustus, dem er immerhin 2 v. Chr. den Titel *pater patriae* antrug (S. 183); doch hatte er bereits im Jahre 26 das Amt eines Stadtpräfekten, weil er sich angeblich für unfähig hielt, niedergelegt. Und in einem Memoirenwerk soll er den Caesarmörder Cassius als seinen Feldherrn gerühmt haben. Diesem Messalla und besonders auch seinen militärischen Leistungen, die einen Triumph einschlossen (im Jahre 27), huldigt Tibull vor allem in einem prächtigen Geburtstagsgedicht (1,7), das in einem Hymnus auf den ägyptischen Gott Osiris gipfelt – apart, aber nicht gerade augusteisch. Während Tibull durchaus mit Stolz seine eigene Teilnahme an solchen Expeditionen erwähnt (1,7,9), gilt ihm als zivil gesinntem Erotiker, nicht anders als Properz, der Krieg im Allgemeinen doch als Produkt menschlicher Habgier (1,1,1 ff.; 1,10,1 ff. u. ö.), so dass seine Haltung in diesem Punkt insgesamt etwas unentschlossen wirkt. Immerhin ein Gedicht enthält auch patriotische Töne: Als Messallas Sohn Messalinus in das Fünfzehnmännerkollegium zur Befragung der sibyllinischen Bücher – Quelle staatlicher Weissagung in Rom – gewählt wird, gratuliert er in einer Elegie (2,5), die eine uralte, noch vor der Gründung Roms gesprochene Prophezeiung der Sibylle enthält. Darin heißt Rom, wohl zum ersten Mal, «ewige Stadt» (wie dann sinngemäß auch bei Livius und Vergil) und ihre künftige Weltherrschaft wird geweissagt. Mit der Hoffnung auf künftige Triumphe des Messalinus schließt diese weitschweifige Elegie, die noch am ehesten augusteischen Charakter hat.

Während in dieser Elegie die erotische Thematik nur noch in einer wie zur Markierung der Gattung angefügten Arabeske erscheint – ohne die Geliebte könne er halt nicht dichten, sagt er, und bittet sie um gute Behandlung im Hinblick auf künftige Messalinusverse –, versucht er in einem früheren Gedicht (1,5) die private Welt der Liebe mit seinen politischen Verbindungen in Beziehung zu setzen: Er erträumt sich ein Dasein als Bauer derart, dass darin die Geliebte die alles bestimmende Gutsherrin, er selbst auf dem ganzen Hof nur ein «Nichts» wäre. Dann käme, träumt er weiter, Messalla zu Besuch, und sie würde ihm süße Äpfel von den Bäumen pflücken und «ehrerbietig gegenüber einem so großen Mann» (V. 33) eigenhändig einen Imbiss servieren. Eine Phantasie, wie er ja selber sagt, die unrealistisch bleibt, da weder seine allzu urban gesonnene Freundin noch wohl Messalla zu diesem Treffen Lust hätten – nicht etwa darum, weil Tibull kein Landwirt wäre. Seine Gedichte zeigen klar, dass er, wie ja etwa auch Horaz und Vergil, über Grundbesitz verfügt; und sein ersehntes Lebensideal schließt immer auch das Leben auf dem Lande ein, so dass schon dadurch die Unbedingtheit, mit der sich Properz zum ausschließlichen Leben in der

Liebe bekannt hat, gemildert wird. Dazu kommt, dass bei Tibull neben die eine Geliebte, Delia (in Buch I), eine zweite, Nemesis (in Buch II), tritt, ja sogar noch ein geliebter Knabe, Marathus (ebenfalls noch in Buch I) – ein Stück Hellenismus, da die institutionalisierte Knabenliebe ursprünglich als etwas Griechisches, Unrömisches empfunden wurde. Zwar bezeugt schon Catull in einigen recht derben Gedichten derartige Liebschaften – und schiere Homosexualität hat es auch in Rom immer gegeben –, aber die sentimental schwärmerische Poesie auf diesem Gebiet beginnt erst mit Tibull (und wird dann von Horaz fortgesetzt). Gemeinsam ist sämtlichen Liebesgedichten, dass sie, fern von allem *l'art pour l'art*, nur dazu geschrieben sein wollen, um die oder den Geliebten an den Dichter zu fesseln (2,4,15): *Ite procul, Musae, si non prodestis amanti* («Fort mit euch, Musen, wenn ihr dem Liebenden nichts nützt»). Diese Unterordnung der Poesie unter den erotischen Erfolg ist es vor allem, die Tibull mit Properz verbindet – und von der Liebesdichtung etwa des Horaz abrückt.

Wie man (zu Recht) von einem Maecenaskreis spricht (S. 115), so hat man auch einen ‹Messallakreis› konstruieren wollen, für den die Zeugnisse aber kaum ausreichen. Man erschließt ihn aus der Existenz eines dritten unter dem Namen Tibulls überlieferten Gedichtbuchs (das größtenteils nicht von diesem selbst stammen kann). Die dort zu lesenden sechs Elegien eines «Lygdamus» (1–6) sind ohne Beziehung zu Messalla, ebenso die über die Liebe einer Sulpicia verfassten fünf kürzeren Elegien (8–12) sowie zwei isolierte kleine Stücke (19/20). Dagegen erscheint Messallas Name in der Tat einmal in den billetartigen sechs erotischen Epigrammen (13–18), die Sulpicia offenbar selbst verfasst hat und die ein packendes Zeugnis für die fortgeschrittene weibliche Emanzipation in dieser Zeit ablegen: Sie, eine vornehme Römerin (16,4), klagt hier darüber, dass der mit ihr verwandte Messalla (14,5) sie von ihrem Geliebten just an ihrem Geburtstag getrennt habe. Bleibt (als Nr. 7) ein offenbar schon zum Consulat Messallas (31 v. Chr.) in Hexametern verfasster etwas ungelenker *Panegyricus* (Preisgedicht) – was alles nur zeigt, dass Messalla, wie andere Große, mit bestimmten Dichtern befreundet war, nicht aber dass diese als ‹Kreis› auch untereinander im Austausch gestanden hätten. Geradezu auffällig ist, dass, wie bei Tibull, in keinem ihrer Verse der Princeps vorkommt: eine Welt ohne Augustus.

GESCHICHTSSCHREIBUNG IM FRÜHEN PRINCIPAT: POLLIO UND LIVIUS

Auch die Geschichtsschreibung, in Rom seit je eine aristokratische Angelegenheit, blieb zunächst auf Distanz zum Princeps, der die Macht des Senats so eingeschränkt hatte. Während Augustus selbst in den uns verlorenen, aber durch viele Zeugnisse bekannten Büchern *De vita sua* (Autobiographie) eine bis zum Jahr 25 reichende Darstellung gerade auch seiner bedenklichsten Jahre gab, verfasste der Redner und Tragiker C. Asinius Pollio in etwas anderem Sinn eine Geschichte des Bürgerkriegs, *Historiae*, die wir vor allem aus der schwungvollen Ode kennen, mit der Horaz das Werk begrüßt hat (*carm.* 2,1). Pollio, ein Freund Vergils und einst auch des Caesargegners Catull (S. 53), ein Mann, der glücklich seinen Kurs von Cicero zu Antonius und schließlich zum jungen Caesar gesteuert hatte (vgl. S. 109), ließ seinen Bürgerkrieg nicht erst mit der Überschreitung des Rubikon durch den beleidigten älteren Caesar, 49, beginnen, sondern datierte ihn zurück – und das war kühn – schon auf das Dreierbündnis des Jahres 60, in dem ja unter maßgeblicher Beteiligung Caesars Senat und Verfassung ausgehebelt wurden. Aber nicht nur darum war es ein «Werk voll Risikos wie beim Würfelspiel» (*periculosae plenum opus aleae*, Horaz). Auch Brutus und Cassius ließ er darin Gerechtigkeit widerfahren; und wenn er Cicero anlässlich seiner Ermordung schmähte (Seneca, *Suasoriae* 6,24), geschah das aus Schriftstellerneid – denn der Cicerokult der Literaten war seiner Eitelkeit ein Gräuel –, nicht weil er Augustus eine Freude hätte machen wollen. Der hatte übrigens in seiner Lebensbeschreibung selbst zugegeben, dass er seinerzeit dringend auf Ciceros Rednergabe und Ehrgeiz angewiesen war.

Wohl noch vor Pollios *Historiae* erschien, spätestens im Jahre 25, die erste Folge des Werks, dessen gewaltige Überreste bis heute nicht nur wegen ihrer sprachlichen Meisterschaft geradezu das Fundament dessen sind, was wir als römische Geschichte kennen. T. Livius wagte, was schon einige Zeit keiner mehr versucht hatte: eine Geschichte Roms von der Gründung an, *Ab urbe condita* (so offenbar der Titel), zu schreiben. Damals also erschienen die ersten fünf Bücher (man spricht von einer Pentade), 137 weitere sollten folgen; insgesamt 35 vom Ganzen sind uns erhalten, dazu Fragmente und Inhaltsangaben. War es Augustus bzw. die *pax Augusta*, die ihn zu dem Werk inspirierte? Oft hat man Livius zum schieren Augusteer, fast zu einem Vergil der Prosa, erklären wollen, aber gerade die ersten Bücher enthalten nur bescheidene Spuren dieser Art. Livius kennt und gebraucht den im

Jahre 27 verliehenen Namen Augustus, er erwähnt dankbar die erste Schließung des Janustors, die den endgültigen Frieden markieren sollte (S. 93); als er von einer umstrittenen Inschrift im Tempel des Jupiter Feretrius berichtet, die Augustus selbst gelesen haben will (wie er von ihm persönlich gehört habe, wohl bei einer öffentlichen Lesung), nennt er ihn mit schmeichelhafter Übertreibung *templorum omnium conditorem aut restitutorem*, «Erbauer oder Wiederhersteller aller Tempel» (4,20,7). Dies ist nicht eben viel; und in seinen späteren Büchern soll er so freimütig gewesen sein, dass ihn Augustus selbst scherzhaft als «Pompeianer» (also Gesinnungsgegner des «Vaters» Caesar) bezeichnet habe.

Aber augusteisch in einem weiteren Sinn scheint doch die moralische Grundhaltung des Werks zu sein. Gemäß dem schon von Cicero zitierten Vers, dass «alte Männer und Sitten Roms Fundamente» seien (S. 44) betrachtete Augustus ja dies als eines seiner Verdienste, dass er (*Res gestae* 8) «durch neue Gesetze viele beispielhafte Verhaltensweisen der Vorfahren (*exempla maiorum*), die aus unserer Zeit schon verschwanden, wieder zurückgebracht» habe – wie Horaz in seinen «Römeroden» ihm dabei sekundierte, haben wir gesehen (S. 151). Ähnliches hat Livius im Sinn, wenn er seinen Leser in der Vorrede ermahnt, er solle vor allem «angelegentlich darauf achten, was das für Männer und was für Sitten waren, durch die in Krieg und Frieden das römische Reich entstanden und gewachsen ist». Eben daraus zu lernen, sei ja der Sinn der Geschichtsschreibung (von der vielleicht nicht nur Römer profitieren können): «Daraus magst du für dich und deinen Staat entnehmen, was du nachzuahmen hast und was du, weil es von Anfang bis Ende widerwärtig war, zu meiden hast.» Ist also Livius ein frommer, hoffnungsfroher Augusteer? Leider nein. Der Sittenverfall, der sich mit dem Eindringen von Habgier und Ausschweifung (*avaritia luxuriaque*) in Rom ausgebreitet habe – Sallust zufolge war das nach der Zerstörung Karthagos (146) der Fall – ist nach Livius in so galoppierendem Maße fortgeschritten, dass «wir in unserer Zeit weder unsere Laster noch die Heilmittel dagegen ertragen können»; es herrsche ein förmliches «Vergnügen daran unterzugehen und alles in den Untergang zu reißen» (der Kulturpessimist Friedrich Sieburg dürfte von da seine berühmte Formel «Lust am Untergang» bezogen haben). Nicht ohne Grund hat man angenommen, dass Livius hier an den gescheiterten ersten Versuch der Ehegesetzgebung (S. 146) denkt. So bestehe, sagt er, für ihn der Lohn der Mühe immerhin darin, «mich vom Anblick der Leiden, die unsere Zeit so viele Jahre lang gesehen hat, zu jenen Begebenheiten der Frühzeit zurückzuwenden». Hier bleibt also wohl eine gewisse Unstimmigkeit. Unbestreitbar ist, dass Livius mit großer Kraft vorbildliche Persönlichkeiten und Tugenden schildert: Schon im ersten Buch ist etwa die Keuschheit der Lucretia – die für Augustus zunehmend wichtige Tugend der *pudicitia* –, die ja letztlich Ursache der Befreiung Roms zur Republik wird, eines der schönsten Beispiele dafür. Mehr noch hat aber Livius wohl durch seine schiere Erzählkunst gewirkt.

ROMULUS UND NUMA: VORBILDER DES AUGUSTUS?

Eine Probe auf sein Augusteertum bietet im ersten Buch, worin die Königszeit dargestellt wird, seine Behandlung der Religion, deren Wiederherstellung Augustus so am Herzen lag. Nach Cicero hatten die Könige Romulus und vor allem Numa durch Auspizien, Opfer und Priester die für Roms Größe konstitutive Religion begründet. Romulus stand Augustus auch dadurch nahe, dass er als Göttersohn galt und durch Apotheose selbst zum Gott wurde: Man weiß, dass der Princeps eine Zeitlang mit dem Gedanken spielte, selbst Romulus zu heißen (wie ja sein «Vater» sogar an eine Erneuerung des altrömischen Königtums gedacht hatte). Es kann kein Zufall sein, dass Livius unter den ersten Taten des Romulus erwähnt, er habe sich durch die Begleitung von zwölf Liktoren, Amtsdienern, «erhabener» (*augustior*) gemacht (1,8,2), wie auch der von ihm verehrte Gottessohn Herkules *augustior* von Gestalt war (1,7,9) – für manche ein klarer Hinweis darauf, dass Livius seinen Romulus als antiken Augustus (oder umgekehrt) gesehen habe. Aber hinzuzufügen ist, dass laut Livius dies von Romulus ein schlauer Trick war, um den bäurischen Urrömern zu imponieren. Was die überlieferte Gotteskindschaft des Romulus angeht, so streitet sie Livius implizit, aber unmissverständlich ab: Seine Mutter, eine Vestalin, sei vergewaltigt worden und habe dann, «sei es, weil sie es glaubte, sei es, weil ein Gott als Urheber des Fehltritts für anständiger galt, den Mars als Vater ausgegeben». Hier gilt der vernünftige Grundsatz der römischen Juristen: *Mater certa, pater incertus* («Die Mutter ist sicher, der Vater unsicher»).

Dass die Leistungen des Romulus allerdings an göttliche Herkunft denken ließen, leugnet Livius nicht. Sie hätten auch den Glauben an seine Apotheose samt Himmelfahrt gefördert, die Livius selbst aber vorsichtig in der Schwebe lässt. Denn dies zumal war ein heikles Thema, da einerseits Caesar als Oberpriester (*pontifex maximus*) den altrömischen Gott Quirinus mit Romulus identifiziert hatte, so dass dessen Göttlichkeit quasi Staatsdogma war, andererseits Caesar selbst nach seinem Tod, nicht ohne kräftige

Mithilfe seines «Sohns», vom Menschen zum Gott geworden war (eine Vorstellung, die eigentlich nicht römischem Denken, sondern dem griechischen Heroenkult entsprach). Dennoch hütet sich der skeptische Historiker Livius, die Legende von der Himmelfahrt des Romulus einfach gläubig nachzuerzählen (wie die Dichter Ennius und Ovid); er wählt aber auch nicht die etwa von griechischen Historikern (Dionysios von Halikarnass und Plutarch) vertretene rationalistische Version, wonach Romulus von adeligen Senatoren wegen allzu populärer Politik umgebracht worden sei (was die Apotheose, wie das Beispiel Caesars zeigt, nicht grundsätzlich ausschlösse). Die Lösung des Livius: Er breitet über die Begebenheit im wörtlichsten Sinn sein Dunkel aus (1,16). Nach einem mit tiefer Finsternis verbundenen Unwetter sei der König plötzlich verschwunden gewesen – «danach weilte Romulus nicht mehr auf Erden», heißt es in tragischem Rhythmus –, worauf dann aus der verängstigten Versammlung spontan Gebetsrufe an den «Gott vom Gott geboren» (*deum deo natum*) laut geworden seien, man von ihm wie von einem Gott sein Einvernehmen (*pax*) erbeten hätte und so schließlich der Glaube an die Apotheose entstanden sei. (Wie ja auch die Apotheose Caesars in der Tat großenteils ihren Ursprung im Volksglauben hatte.) Die Mordversion lehnt Livius nicht ab, sondern betont nur, sie sei angesichts der Bewunderung für den Mann ohne große Verbreitung geblieben. Weiteren Kredit habe die Himmelfahrtsgeschichte bekommen durch die angebliche Vision eines Proculus Iulius – Livius deutet an, dass das eine schlaue Maßnahme zur Beruhigung des argwöhnischen Volks war – dem der «vom Himmel herabgestiegene Romulus erschienen war» (höchst unrömisch), um ihm die Mitteilung zu machen, dass Rom zum Herrn der Welt bestimmt sei. Nur ein aufmerksamer Leser merkt, dass Livius die eigentliche Pointe, die von andern referiert wird, weglässt: Romulus sagt nämlich nicht, dass er mit Quirinus identisch sei und überhaupt göttliche Ehren beanspruche. Er ist also kein Gott des Staatskults, sondern entspricht etwa den quasi vergöttlichten Staatsmännern, die nach Scipios Traumversion (in Cicero, *De re publica* 6) in einem für verdiente Politiker reservierten himmlischen Elysium sitzen. Wie genau sich das Livius überlegt hat, sieht man daran, dass der spätere König Numa für «Quirinus» wie für die altrömischen Götter Jupiter und Mars einen *flamen* (Priester) einsetzt (1,20,2): Auch er weiß nichts von dessen Identität mit Romulus – der somit offenbar, gegen Caesars Autorität, kein echter Gott war. Wie demnach Livius über Caesars eigene Apotheose gedacht hat, kann man sich ungefähr ausmalen; was er geschrieben hat, wissen wir leider nicht.

Mehr als Romulus, bei dem Livius sogar schwere Rechtsbrüche zugeben muss – man denke an den Raub der Sabinerinnen – könnte sein Nachfolger, der fromme Numa, als ein Vorbild des zum Augustus Gewandelten gelten, da er die von jenem «mit Waffengewalt» gegründete Stadt «mit Recht, Gesetzen und Sitten von neuem gründen» musste (1,19,1). Dazu gehörte vor allem die Religion, sollten doch die Römer einmal, wie Sallust weiß, «die religiösesten aller Sterblichen» (*De coniuratione Catilinae* 12,3) werden – und eben auf dieser Religiosität beruhte laut Cicero und Horaz (S. 151) ihre Weltherrschaft. War dies also der leitende Gesichtspunkt bei Numas religiöser Neuordnung? Von wegen. Kein Aufklärungsphilosoph des achtzehnten Jahrhunderts könnte die römische Religion unfrommer begründen als Livius. Keine Rede ist davon, dass Numa aus göttlicher Inspiration oder nach irgendeiner himmlischen Weissagung gehandelt hätte. Er sorgte zunächst schlau dafür, dass die durch allzu viel Krieg verrohten Römer äußeren Frieden hätten. Dann aber, als diese Gefahr liefen, auf Grund der neuen Muße die frühere Disziplin zu verlieren und übermütig zu werden, «beschloss er, als Allererstes das zu tun, was bei einer ungebildeten und zu jener Zeit noch rohen Menge das Wirksamste war: ihnen die Furcht vor Göttern einzuflößen». Und da das nicht ohne einen gewissen Humbug ging, behauptete er kühn, er treffe sich nächtens mit der Göttin Egeria, die ihm alles Notwendige eingebe: den Festkalender, die Götter mit ihren Priestern, Opfern, Riten usw. Man denke: Die ganze herrliche, von Augustus reformierte römische Religion ist nur die unter Betrug erdachte Disziplinierungsmaßnahme eines schlauen Herrschers! Livius lobt ihn aber für seinen Erfolg: Die Menschen waren durch ihre religiösen Pflichten immer irgendwie beschäftigt, und dank ihrem Glauben an die Allgegenwart der Götter «regierten Treue und heiliger Eid noch mehr als die Furcht vor Gesetzen und Strafen» (1,21,1). Das waren keine völlig neuen Gedanken: Die Hauptidee, dass Religion moralisch disziplinierend wirke, kann man bis in die Sophistenzeit zurückverfolgen; und schon beim großen Historiker Polybios stand, dass «Götterfurcht» Grundlage des römischen Staates sei. Aber es verblüfft doch, mit wie lammfrommer Miene Livius dies alles vorträgt und dem schlauen Kopf des einen Numa zuschreibt. Sogar der Grieche Dionysios von Halikarnass, der bald nach Livius die Politik Numas schilderte, sah in der Erziehung zur Religion einen Wert an sich, nicht nur wie Livius ein Mittel zum Zweck. Welten trennen diesen von der Frömmigkeit eines Horaz und Vergil.

DIE NEUE DEKLAMATIONSRHETORIK

Kein Gebiet der Literatur wurde so stark durch den Principat verändert wie die Rhetorik, die durch die immer deutlichere Herrschaft des Einen an praktischer Bedeutung verlor (so dass dagegen der Bildungsanspruch der mit ihr seit je konkurrierenden Philosophie stärker gewürdigt wurde). Nun kam es ja, um etwa Consul zu werden, weniger auf rednerisches Durchsetzungsvermögen als vor allem auf die Gunst des Augustus an (wobei dieser immerhin bei den regelmäßigen Wahlen gut republikanisch beim Volk für seine Kandidaten warb). Demgemäß bietet uns jede gängige Literaturgeschichte den Satz, dass sich «von nun an die Beredsamkeit vom Forum in die Hörsäle (d. h. die Räume des Rhetorikunterrichts) zurückgezogen» habe – was jedoch eine Übertreibung darstellt. Noch immer boten, vom Senat abgesehen, große Prozesse dem Redner dankbare Aufgaben; ja in der ganzen Kaiserzeit behielt die Gerichtsrhetorik eine Bedeutung, von der ein heutiger Advokat nur träumen könnte. Und so hören wir auch weiterhin von glänzenden Rednern wie von (den schon erwähnten) Asinius Pollio und Messalla; auch M. Vipsanius Agrippa, längere Zeit Schwiegersohn des Princeps, ist hier zu nennen. Der ältere Seneca, Vater des Philosophen, der seit seiner Jugend ein aufmerksamer Besucher des Forums wie der Hörsäle der Rhetoriker war, berichtet von manchen Männern, die auf beiden Schauplätzen Tüchtiges leisteten.

Aber richtig ist in der Tat, dass die Rhetorik der Schule mit ihren Deklamationen damals eine neue Bedeutung als Mittel geselliger Unterhaltung gewann. Die aus dem griechischen Rhetorikunterricht übernommene, lange Zeit auch in Rom griechisch praktizierte *declamatio* war nie «Deklamation» in unserem Sinn, sondern zunächst eine schulinterne Übungsrede, die in ihren beiden Formen, der *controversia* und der *suasoria*, den Schüler auf seine bürgerlichen Aufgaben vor Gericht und vor Volk und Senat vorbereiten sollte. Jeder Deklamation liegt ein genaues Thema zugrunde: Bei der *controversia* besteht es in der Regel aus einem allgemeinen Gesetz und einem speziellen Fall, der nach Pro oder Contra zu behandeln ist; bei der *suasoria* steht meist eine Person aus der Geschichte vor einer Entscheidung, und der Redner hat sie dabei zu beraten (ein Cicero betreffendes Beispiel haben wir schon kennengelernt, S. 108). Verfahren wird im Unterricht so, dass entweder einer der Schüler nach eigenem Elaborat deklamiert oder dass der Lehrer eine Musterrede hält, wobei er zur Orientierung eine Art Gesamtanalyse vorausschickt. Natürlich können auch gestandene Politiker auf freundschaftlicher Basis miteinander Deklamationsübungen machen, so etwa Cicero mit den beiden designierten Consuln Hirtius und Pansa im Jahr 44. Überhaupt deklamiert der Redner in der Regel sein Leben lang, um auch stimmlich in Form zu bleiben.

Dieser Übungscharakter der Deklamation bleibt auch in unserer Zeit durchaus erhalten, denn zumindest die professionellen Rhetoren (Redelehrer) leben ja von ihren Schülern. Aber zunehmend wird es üblich, dass Redner zu ihren Deklamationen Freunde als bloße Zuhörer hinzubitten, so dass aus der bloßen Etüde eine Art Hauskonzert wird. Noch weiter gehen andere, eigentliche Rhetoren, die geradezu die Öffentlichkeit zu ihren Deklamationen einladen – wobei natürlich die eigenen Schüler nicht ausgeschlossen sind, ja wohl auch zu Worte kommen können. So hat der ältere Seneca bei einer Deklamation des Arellius Fuscus den jungen Ovid gehört; und da es von diesem heißt, er habe sein Thema «weit genialer» behandelt (*Controversiae* 2,2,9), müssen beide öffentlich deklamiert haben. (Dagegen ist die verbreitete Vorstellung, dass die Rhetoren untereinander Wettkämpfe veranstaltet hätten, nicht bezeugt.) Solche Deklamationen vor großem Publikum dienten, wenn es sich um berufsmäßige Lehrer handelte, natürlich vor allem der Reklame (wie etwa die öffentlichen Lehrerkonzerte in unseren Musikschulen); der Rhetor konnte aber bei einem solchen ‹Galakonzert› auch einfach seiner Eitelkeit huldigen und, wie wir hören, einzelne Glanzlichter seiner Darbietung beklatschen lassen. So unterschied man denn zwischen Deklamationen, die der *exercitatio* (Übung) und solchen, die der *ostentati*o (Schau oder Show) dienten. Manche Redner der alten Schule lehnten die öffentlichen *ostentationes* ab, wie etwa T. Labienus, ja auch (trotz seines Ehrgeizes) Asinius Pollio; andere wiederum, wie der berühmte Spanier Porcius Latro, vergaßen fast über dem Mittel den Zweck: Nach rauschenden Erfolgen im Hörsaal versagten sie auf dem Forum – worüber man sich allerlei ergötzliche Anekdoten erzählte. Überhaupt wissen wir dank Seneca d. Ä. über diese ganze Entwicklung erstaunlich gut Bescheid, auch dass Augustus selber öffentliche Deklamationen besuchte und dabei sogar, wenigstens in dieser Zeit, politische Anzüglichkeiten überhörte.

Nachteilig für die rhetorische Ausbildung war es, dass die Themen dieser Deklamationen zunehmend auf das Sensationelle und Monströse ausgingen, so dass schon kaiserzeitliche Kritiker mit Recht eine gewisse Lebensferne monierten. Es wimmelt in ihnen von gnadenlosen Seeräubern, blutigen Tyrannen und edelmütigen Prostituierten, die vor römischen Gerichten nicht ebenso häufig gewesen sein können. Noch bedeutsamer für die Literaturgeschichte war es, dass sich in diesen Deklamationen ein neuer

Prosastil entwickelte, der dann auch in die Dichtung überging: die Liebe zur *sententia*, d. h. zur zugespitzten, pointierten, möglichst paradoxen Formulierung. Solchen ‹Sentenzen› applaudierte man, man sammelte sie, gab sie auch schriftlich weiter: Der erwähnte Seneca hat zum Ergötzen seiner bildungshungrigen Söhne elf ganze Bücher mit solchen Dicta zusammengestellt. Ein Beispiel (*contr.* 1,5): Es gelte das Gesetz, dass ein vergewaltigtes Mädchen die Wahl hat, ihren Vergewaltiger zu heiraten oder ihn hinrichten zu lassen. Der Fall: Ein Mann hat in derselben Nacht zwei Mädchen vergewaltigt; die eine will ihn heiraten, die andere bevorzugt die Hinrichtung. Einige Rhetoren tendieren zur Hinrichtung, ohne mit ihren Pointen viel zur Verurteilung beizutragen. Porcius Latro: «Schon machte er sich an die dritte, zum Glück war die Nacht zu Ende.» Cestius Pius (zur Heiratswilligen): «Da wirst du einen rechten Mann haben: Mit einer ist er nicht zufrieden.» Argentarius (setzt eins drauf): «Mit einer ist er nicht zufrieden, nicht einmal in einer Nacht» usw. Wie sich diese Rhetorik durch ihre pikanten Pointen etwa von einer Cicerorede (oder auch noch einer Rede bei Livius) abhebt, so unterscheidet sich später die Dichtung Ovids, der schon durch diese Schule gegangen ist, von Vergil und Horaz.

DIE REZITATIONEN

Streng von der Deklamation zu trennen ist eine andere damals aufkommende Form der öffentlichen Darbietung: die Rezitation (*recitatio*), über die zum Teil falsche Vorstellungen verbreitet sind, da sie auch noch nicht ausreichend erforscht ist. An sich heißt *recitare* «(von etwas Geschriebenem) vorlesen»; im engeren Sinn bezieht man es auf das Vorlesen eines literarischen Werks meist durch den Verfasser. Das ist eine alte, gute Praxis: Wie im 2. Jahrhundert v. Chr. der junge Terenz dem arrivierten Caecilius eine neue Komödie rezitiert, so Vergil dem Augustus einzelne Bücher der *Aeneis* (S. 155). Dies blieb so weit im privaten Rahmen; dann aber war es der bereits häufiger erwähnte Asinius Pollio, Schöpfer auch der ersten öffentlichen Bibliothek in Rom, der seine Werke (Historien, Tragödien, Reden) vor ausgewähltem Publikum rezitierte, eine Sitte, die sich kräftig ausgebreitet zu haben scheint: Nach Darstellung der Satiriker konnte man sich in der Kaiserzeit vor der Einladung zu Rezitationen kaum mehr retten; und sogar schon Horaz deutet an, dass manche Autoren sogar Speisungen machten, um zu Hörern zu kommen (*epist.* 1,19,37 f.).

Das Imperium Romanum
zur Zeit des Augustus
Hadrianswall (122–367)
Mare Germanicum
HIBERNIA
Deva
Eburacum
BRITANNIA
43 n. Chr.
Camulodunum
Londinium
Cherusker
Rhenus
Oceanus Britannicus
Vetera
Col. Agrippina
GERMA
Oceanus Atlanticus
BELGICA
Mogontiacum
Lutetia
Aug. Treverorum
Limes (83–260)
LUGDUNENSIS
Argentorate
AGRI DECUMATES
Castra Regina
Liger
Aug. Vindelicum
Augustodunum
Vindonissa
RAETIA
Carnuntum
Mare Cantabricum
AQUITANIA
NORICUM
Burdigala
Lugdunum
Mediolanum
Aquileia
NARBONENSIS
TARRACONENSIS
Iberus
Tolosa
Genua
Arelate
Bonona
Ravenna
Narbo
Massilia
LUSITANIA
Salamantica
Tagus
Emerita Augusta
Toletum
Tarraco
ITALIA
CORSICA
HISPANIA
Roma
BAETICA
Corduba
Valentia
Baleares I.
Neapolis
Hispalis
SARDINIA
Gades
Carthago Nova
Mare Tyrrhenum
Tingis
Mare Ibericum
Messana
Caesarea (Iol)
Sitifis
Carthago
SICILIA
Cirta
Catana
MAURETANIA
42 n. Chr.
NUMIDIA
Agrigentum
Lambaesis
Thapsus
Melita
Gaetuler
Musalamer
AFRICA PROCONSULARIS
Leptis Magna
Garamanten
Italia. Römisches Bürgergebiet
(erst unter Diokletian provinzialisiert)
Gebiete unter senatorischer Verwaltung
Gebiete unter kaiserlicher Verwaltung
Klientelvölker und -staaten bzw. spätere Provinzen

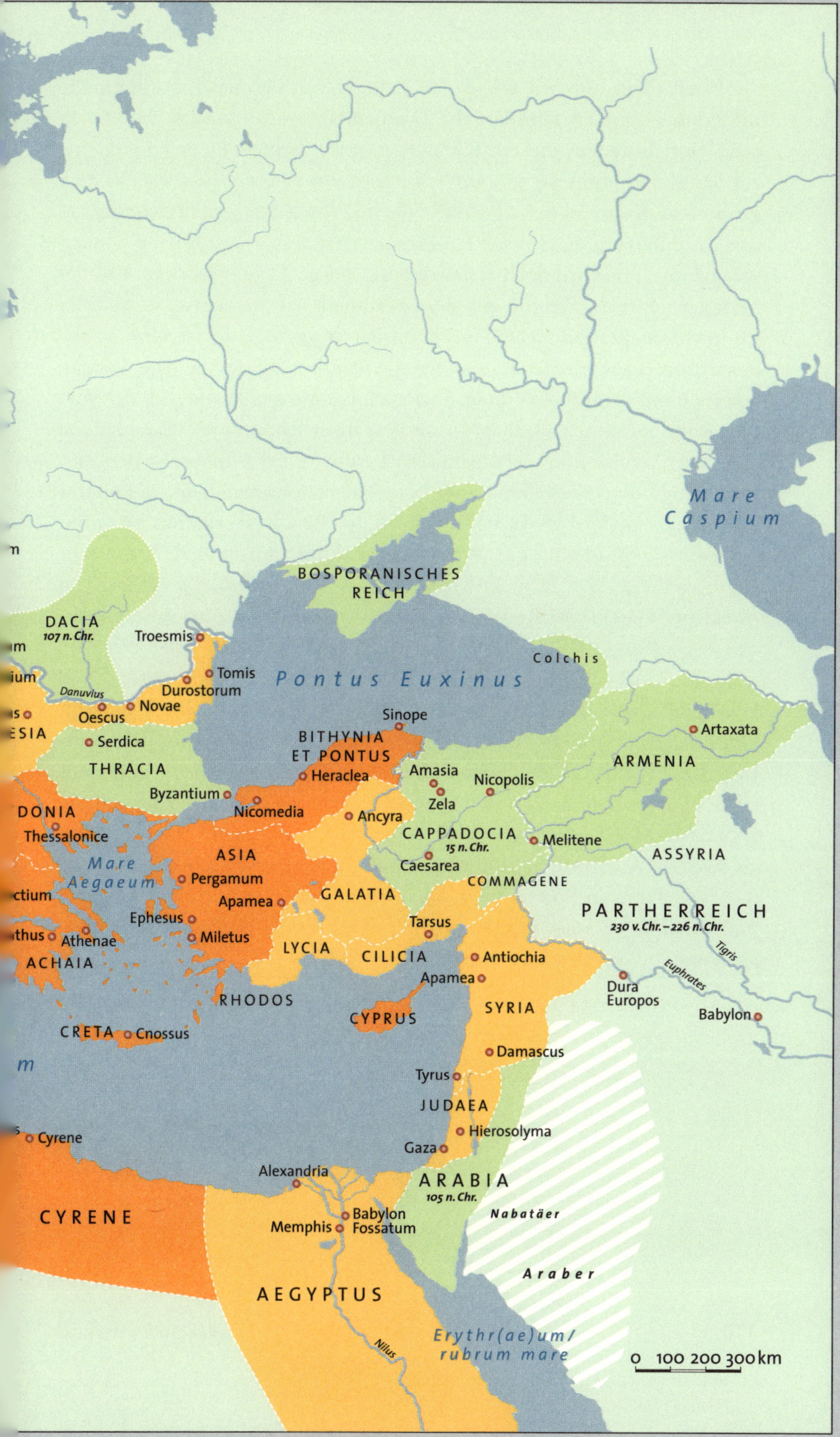

m
DACIA
107 n. Chr.
m
ium
Danuvius
s
ESIA
DONIA
Thessalonice
ctium
thus
Athenae
ACHAIA
CRETA
Cnossus
m
Cyrene
CYRENE
Troesmis
Tomis
Durostorum
Novae
Oescus
Serdica
THRACIA
Byzantium
Nicomedia
Mare
Aegaeum
ASIA
Pergamum
Apamea
Ephesus
Miletus
RHODOS
BOSPORANISCHES
REICH
Pontus Euxinus
Colchis
Mare
Caspium
Sinope
BITHYNIA
ET PONTUS
Heraclea
Amasia
Zela
Nicopolis
Ancyra
CAPPADOCIA
15 n. Chr.
Caesarea
Melitene
ARMENIA
Artaxata
ASSYRIA
GALATIA
COMMAGENE
PARTHERREICH
230 v. Chr.–226 n. Chr.
Tigris
Euphrates
LYCIA
CILICIA
Tarsus
Antiochia
Apamea
Dura
Europos
Babylon
CYPRUS
SYRIA
Damascus
Tyrus
JUDAEA
Hierosolyma
Gaza
ARABIA
105 n. Chr.
Nabatäer
Araber
Alexandria
Babylon
Fossatum
Memphis
AEGYPTUS
Nilus
Erythr(ae)um/
rubrum mare
0 100 200 300 km

Nach allem, was wir wissen, handelte es sich bei diesen Rezitationen nicht um eigentlich künstlerische Darbietungen – sonst hätte man nicht auch Gerichtsreden (die ein Richterkollegium brauchen) und Lyrik (die zur Musik bestimmt ist) rezitiert – sondern um eine Art *workshop*, in dem grundsätzlich nur bisher unveröffentlichte Werke vorgestellt wurden, so dass das Publikum durch seine Reaktionen dem Autor signalisieren konnte, was gelungen und wo noch etwas zu bessern war. Dem entspricht, dass der Verfasser selbst las, also (bis auf seltene Ausnahmen) nicht etwa einen oder gar mehrere professionelle Sprechkünstler heranzog. So ist eine solche Rezitation etwas anderes als eine heutige Autorenlesung, die dem Verkauf schon publizierter Bücher dient, aber auch nicht dasselbe wie z. B. der Vortrag eines bekannten Gedichts beim geselligen Symposion. (Eher könnte man zum Vergleich an die legendären Lesungen der Gruppe 47 denken.) Und die gängige Vorstellung etwa von «Rezitationstragödien», die nie für die Bühne, sondern als Hörspiel immer nur für die Rezitation bestimmt gewesen wären, ist abwegig. Wie schnell sich die institutionalisierte Rezitation verbreitet hat, ist nicht leicht zu sagen. Bei Pollio selbst ist nur von «geladenen Gästen» die Rede (Seneca maior, *Controversiae* 4 praefatio 2: *advocatis hominibus*) die Rede. Der menschenscheue Vergil scheint nie öffentlich rezitiert zu haben; Horaz rezitiert nur vor Freunden (*Saturae* 1,4,73) und behauptet, darum seien die Literaturkritiker böse auf ihn (*epist.* 1,19,39 f.). Ovid dagegen, Vertreter der nächsten Generation, rezitiert Mitte der zwanziger Jahre vor dem Volk (S. 210). Und sogar für Livius scheinen frühe Rezitationen bezeugt zu sein: für diesen Provinzler aus Padua sicherlich die wichtigste Möglichkeit, um sich im literarischen Zentrum Rom bekannt zu machen. Auch Augustus dürfte einmal dabei gewesen sein (S. 161). Von ihm jedenfalls sagt Sueton (*Aug.* 89,3): «Rezitierenden hörte er großzügig und geduldig (*et benigne et patienter*) zu.» Das *benigne* dürfte sich vor allem auch auf Unkostenbeiträge beziehen.

IV.

HERR DER WELT – DIE JAHRE 17 BIS 2 V. CHR.

– 1 –

DAS FEST DER NEUEN ZEIT: UMDEUTUNG DER GESCHICHTE UND VEREHRUNG EINES NEUEN GÖTTLICHEN

ES IST GESCHAFFT: EIN NEUES ZEITALTER BEGINNT

Die vorgebliche Säuberung des Senats, die restaurative Gesetzgebung und das Glück der eigenen Familie boten glänzende Gelegenheiten, den Beginn eines neuen Zeitalters zu feiern. Noch vor der Adoption seiner Enkel veranstaltete Augustus mit immensem Aufwand die Saekularspiele (*ludi saeculares*), mit denen Römer wie Italiker schon in der Republik nach etruskischem Ritus ein Saekulum – Abschluss und Beginn einer Epoche – gefeiert hatten. Während sie jedoch bisher das Ende eines Jahrhunderts festlich begingen, wurde im Mai/Juni 17 v. Chr. der Anfang einer neuen Zeit in den Mittelpunkt gestellt, die zudem unter dem Schutz des vergöttlichten Caesar stand. Jedenfalls erzählten Zeitgenossen, der Komet Caesars, das *sidus Iulium*, habe sich erneut gezeigt. Zahllose Schauspiele in Theatern wie Arenen und zahlreiche Opferfeierlichkeiten vor den Tempeln, in deren Rahmen Apollon einen besonders prominenten Platz einnahm, sollten möglichst viele Römer in der Öffentlichkeit zusammenführen.

Noch heute lässt sich auf einer von Augustus in Auftrag gegebenen Inschrift nachlesen, mit welchem Aufwand er dieses Fest begehen ließ. Die hohen Investitionen waren nötig, um der Propagierung einer neuen Ära einen entsprechenden Rahmen zu geben. Dazu gehörten nicht nur Spiele und Aufführungen, sondern auch zahllose Festbankette, zu denen die Römer geladen waren. Treffender als mit Speis und Trank im Überfluss ließ sich die neue Zeit des Friedens nicht abbilden. Es ist freilich nicht zu sagen, ob die trefflich inszenierte Hochstimmung alle anstecken konnte. Viele Senatoren, die sich als Gegner des Augustus verstanden, werden sich resigniert zurückgezogen haben. Es sind zwar noch viele Vertreter altehrwürdiger Familien in den Consulatslisten zu finden – und in diesen Jahren durften erstmals junge Senatoren ihre Familien wieder im Münzbild, in der sogenannten Münzmeisterserie, feiern –, aber die kaiserliche Familie dominierte das öffentliche Leben; und ohne die Zustimmung des Princeps war keine Karriere mehr möglich.

Augustus bemühte sich zudem, der Erinnerung an die Bürgerkriegszeit Form und Inhalt zu geben. Es ging ihm nicht nur darum, die eigene Rolle zu beschreiben und den eigenen historischen Anteil an den Gewaltexzessen zu minimieren. Es musste, sollte ein Neuanfang Erfolg haben, auch um die regelrechte Auslöschung der Erinnerung an das vergangene Grauen gehen. In der Formung der *memoria* durch offiziell verordnetes Vergessen liegt eine besondere ideologische Meisterleistung des Princeps. Schon Cicero hatte zwei Tage nach der Ermordung Caesars in seiner ersten Rede gegen Antonius am 17. März 44 v. Chr. dazu aufgefordert, die Römer mögen die Erinnerung an die zurückliegende Zwietracht durch ewiges Vergessen auslöschen (*Philippicae* 1,1), blieb damit angesichts der unüberschaubaren Situation aber erfolglos. Augustus als Sieger der Bürgerkriege hatte andere Möglichkeiten, die Auslöschung der Erinnerung zu propagieren. Dazu gehörte politisch zunächst die Anknüpfung an die Milde (*clementia*) Caesars. Hinter diesem Begriff verbirgt sich die Option, aus einer gesicherten Vormachtstellung heraus politischen Gegnern zu verzeihen und auf ihre Bestrafung zu verzichten. In seinem Tatenbericht spricht Augustus später davon, er habe «als Sieger alle römischen Bürger, die um Gnade baten, geschont» (*Res gestae* 3). Der Gnadenerweis hat demnach nichts mit Mitleid zu tun, sondern ist zugleich Mittel, die eigene Macht zu kommunizieren, indem der Kaiser auf mögliche Gewaltakte ostentativ verzichtet.

DAS ORGANISIERTE VERGESSEN UND DIE DEUTUNGSHOHEIT ÜBER DIE GESCHICHTE

Die mit der Machtübernahme des neuen Herrschers verbundene Ausrottung eines großen Teils der Führungsschicht hatte sich zweifellos besonders tief in das kollektive Gedächtnis der Römer eingebrannt. Ein solcher Aderlass konnte nicht einfach vergessen werden, aber man konnte sich darauf verständigen, den Anteil, den Augustus selbst daran hatte, möglichst einvernehmlich zu minimieren. Ein solches Vorgehen schloss ein, dass die Politiker die ermordeten Gegner des Princeps nicht nachträglich glorifizierten und als Helden der untergegangenen Republik verehrten. Man kann bis in das späte 1. Jahrhundert n. Chr. beobachten, dass solche Formen politischer Stellungnahme (etwa Geburtstags- und Gedenkfeiern für Cassius und Brutus) tatsächlich als Mittel der Dissidenz gewählt wurden (Tacitus, *annales* 4,34). Die Mehrheit aber scheint sich darauf verständigt zu haben, die unrühmliche Vergangenheit des ersten Kaisers zumindest offiziell zu ignorieren. Wie die bei Tacitus im 2. Jahrhundert n. Chr. zu lesende Abrechnung mit Augustus belegt, in der davon gesprochen wird, selbst der Frieden des Augustus sei blutig gewesen (Tac. *ann.* 1,10), hielten sich die düsteren Bilder der Vergangenheit jedoch über Generationen.

Die Eigenart dieser Überlieferung und ihre Umdeutung durch Augustus und seine Anhänger lassen sich an einem Beispiel illustrieren: Der Prätor des Jahres 43 v. Chr. Quintus Gallius soll angeblich einen Mordanschlag auf den jungen Caesar geplant haben, worauf dieser ihn habe foltern lassen, um ihm schließlich eigenhändig die Augen auszustechen (Sueton, *Augustus* 27). Augustus bestritt diese von politischen Gegnern verbreitete Version in seiner Autobiographie. Er behauptete, Gallius habe ihm tatsächlich nach dem Leben getrachtet, sei aber ins Gefängnis geworfen und schließlich aus Rom verbannt worden. Gestorben sei er schließlich «bei einem Schiffbruch oder weil er Wegelagerern in die Hände gefallen sei» (ebd.) – eine wahrlich nicht allzu überzeugende Lesart der Geschichte.

Man sieht sehr deutlich, wie schwer es Augustus beim Schreiben der Autobiographie kurz nach 27 v. Chr. noch fiel, die eigene Rolle zu beschönigen, die er bei der bekannten Beseitigung politischer Gegner gespielt hatte. Dieses Problem haben Augustus und sein persönliches Umfeld bald erfasst. Man verständigte sich auf eine spezielle historische Periodisierung. Das politische Wirken des Augustus wurde einfach in die Perioden vor und nach 30 v. Chr. geteilt. Da all die Geschichten über seine ungeheure Brutalität und die frühen Gewaltexzesse der Bürgerkriegszeit ebenso geläufig waren wie seine halbherzigen Versuche, diese in seiner Autobiographie zu beschönigen, behauptete bereits Nikolaos von Damaskus 20 v. Chr. in seiner panegyrischen Biographie, erst mit der Alleinherrschaft, also nach 27 v. Chr., habe er auch den Gipfel der Klugheit (*phronesis*) erklommen (Nikolaos 2).

Dieses wohl schon von Augustus propagierte Muster der Periodisierung wird besonders ausführlich von Seneca entwickelt. Er erklärt in der Mitte des 1. Jahrhunderts n. Chr. dem jungen Kaiser Nero, Augustus sei in seiner Jugend den Zeitumständen entsprechend ein hinterhältiger, gewalttätiger Widerling gewesen, der selbst seine Freunde meuchelte, habe aber später als Kaiser selbst bei bösartigen Verschwörungen Milde gezeigt. Am Beispiel des Gnaeus Cornelius Cinna, des Consuln von 5 n. Chr., erläutert Seneca ausführlich, wie Augustus eine ganze Nacht gemeinsam mit Livia überlegt habe, was mit dem Verschwörer passieren solle, um ihn am folgenden Tag zum Freund zu erklären und ihm den Consulat zu übertragen. Augustus sei es einzig darum gegangen, das Blutvergießen abschließend zu beenden, ja er habe schon damals, als die Triumvirn gemeinsam die Führungsschicht ausrotteten, die besondere Mordlust des Antonius kaum ertragen können. In Senecas Lesart war es Marcus Antonius, dem er – wie Augustus und seine Anhänger – alle Gewaltexzesse der Bürgerkriegszeit anlastete, während er den Anteil des Princeps so weit wie möglich reduzierte. Seine ungewöhnliche Milde und Zurückhaltung, so Seneca an anderer Stelle, zeige sich auch daran, dass er den *pontifex maximus* Lepidus nicht verfolgt habe, um dessen Stellung als höchster Priester zu übernehmen. Daraus ist zu schließen, wie Augustus wohl bereits vor dem Tod des Lepidus im Jahr 12 v. Chr. diese Geste verstanden wissen wollte. Alles wurde für seine Selbstdarstellung als Friedensfürst und Heilsbringer instrumentalisiert. Auch in den Folgejahren ging es darum, den Zeitgenossen zu suggerieren, Augustus verkörpere mit seiner ganzen Person Rom und stehe für alle guten Traditionen der Stadt. Je erfolgreicher er diesem Selbstbild mit Blick auf wirtschaftliches Wohlergehen, innere Sicherheit und Mehrung des Reiches gerecht wurde, desto größer musste der Zuspruch zu seiner Geschichtsfälschung und dem verordneten Vergessen sein. Angesichts des eigenen wirtschaftlichen wie politischen Profits war man bereit, Augustus die beanspruchte Deutungshoheit über die Zeitgeschichte zu überlassen. Die aristokratischen Familien konnten ihren Reichtum indessen wieder rundum genießen.

AUGUSTUS ALS MEHRER DES REICHES

Mit der Neuordnung des Senats und dem Ausbau der persönlichen Machtstellung hatte Augustus die Grundlagen geschaffen, sich in den folgenden Jahren verstärkt der Außenpolitik zuzuwenden und sich zugleich in Rom, aber auch in den bereits bestehenden Provinzen als Friedensfürst feiern zu lassen. Bei der Darstellung des dramatischen innenpolitischen Umbruchs in Rom sei nicht vergessen, dass Augustus eine Vergrößerung des Reiches gelang, hinter der in der römischen Geschichte selbst erfolgreiche Feldherren wie Pompeius oder Caesar weit zurückstehen. Die siegreiche – wenn auch äußerst brutale und verlustreiche – Kriegsführung des ersten Kaisers war gewissermaßen das Hintergrundgeräusch des innenpolitischen Wandels und sicherlich eine wichtige Basis, um Akzeptanz bei der römischen Bevölkerung zu finden. Der Masse galten effiziente Kriegsführung und Ausdehnung des Reiches nach wie vor als wesentliches Qualitätsmerkmal eines politischen Führers. Bildeten doch erst gewonnene Kriege an den Grenzen des Reiches die Grundlage der eigenen Sicherheit und den notwendigen Rahmen, den neuen Überfluss auskosten zu können. Mit Augustus begann in der Tat, was die Zeitgenossen freilich nicht wissen konnten, eine gut zweihundert Jahre währende Ära, in der Rom, die italische Halbinsel und die benachbarten Länder keinen Krieg auf eigenem Territorium erlebten. Diese in der europäischen Geschichte einzigartige Friedenszeit wurde nur unterbrochen durch die kurze Wiederkehr der Bürgerkriege nach dem Sturz Neros, was dem neuen Kaiser Vespasian aber seit seinem Machtantritt 69 n. Chr. die Möglichkeit gab, nahtlos an die unvergessene Friedensrhetorik und -politik des Augustus anzuknüpfen.

Zu Beginn der Regierungszeit des ersten Kaisers erwartete die römische Öffentlichkeit, dass jener zunächst die Feldzeichen zurückeroberte, die Crassus im Jahr 56 v. Chr. an die Parther verloren hatte. Caesar hatte zu diesem Zweck bereits im Jahr 44 v. Chr. einen Partherkrieg vorbereitet und Antonius acht Jahre später bei seinem Versuch, den Feind im Osten zu unterwerfen, eine herbe Niederlage einstecken müssen. Die Parther waren offenbar ein unberechenbarer Gegner, weshalb sich Augustus entschied, seinem Stiefsohn Tiberius im Jahr 20 v. Chr. den Auftrag zu geben, auf dem Verhandlungsweg eine Lösung zu finden. Die Parther waren tatsächlich gegen Zugeständnisse bereit, die Feldzeichen herauszugeben, was der Princeps in Rom als großen militärischen Erfolg verkaufte. Der Senat ließ auf dem

39 Marmorfragment der Triumphalfasten, die Augustus an seinem Ehrenbogen auf dem Forum Romanum anbringen ließ. Sie verzeichnen alle Triumphe römischer Generäle vom mythischen Romulus bis zum Jahr 19 v. Chr. (hier die Jahre 122-111 v. Chr.) unter Nennung der Feldherren, Gegner und des Datums der Schlacht. Augustus, dessen Statue auf dem Bogen eine Quadriga lenkt, stilisierte sich so zum End- und Höhepunkt der republikanischen Tradition. Kapitolinisches Museum, Rom

Forum neben dem Tempel des vergöttlichten Caesar einen Ehrenbogen errichten, der Augustus als Triumphator auf einem Wagen zeigte.

Die Feldzeichen selbst wurden später im Mars-Ultor-Tempel (Mars, der Rächer) auf dem 2. v. Chr. eingeweihten Forum Augustum aufgestellt, wo in der Folge das rituelle Zentrum der römischen Militärpolitik entstand (Abb. 50). Auf dem neuen Forum versammelte sich nämlich fortan der Senat, wenn er einen Krieg beschloss und die Feldherren verabschiedete, die gegen den Feind zogen.

Während Augustus demnach im Osten Kriege vermied und lieber auf loyale Klientelkönige wie etwa Herodes den Großen in Iudaea setzte, ließ er vor allem im Westen neue Gebiete erobern und dort Provinzen einrichten. Dazu gehörte auch der bergige, zerklüftete Nordwesten Spaniens, den Augustus und Agrippa schließlich 19 v. Chr. unterwarfen und in die Reihe der bestehenden Provinzen einfügten. Die frei gewordenen Legionen verlegte Augustus nach Gallien, wo sie zunächst damit beschäftigt waren, Fernstraßen zu bauen, wodurch die gallischen Provinzen eine bessere Infrastruktur erhielten, womit der Aufmarsch der Legionen bis an die unruhige Rheingrenze erleichtert und beschleunigt wurde.

Dort verstärkte Augustus die römische Präsenz im linksrheinischen Gebiet und schuf so gezielt die militärische Basis, um auch ins rechtsrheinische Germanien zu expandieren. Im Westen wurde 16 v. Chr. an der Donau

40 Kupferstich von V. Guérin (Bibliothèque Carré d'Art, Nîmes) der sog. Maison Carrée, Nîmes, 18. Jh. Der einst von Säulenhallen umgebene Tempel, der italische und griechische Architekturformen verbindet, steht stilistisch dem Mars-Ultor-Tempel auf dem Augustusforum in Rom nahe. Er ist den verstorbenen Enkeln C. und L. Caesar geweiht und führt den Zuspruch der Provinzialen zu Augustus vor Augen.

bereits die neue Provinz Noricum eingerichtet und wenig später das westlich davon gelegene Rätien erobert und in eine römische Provinz verwandelt. Seit 12 v. Chr. haben dann Drusus und Tiberius umfassende und erfolgreiche Kriegszüge in Germanien und im illyrischen Pannonien unternommen, das Noricum benachbart war. Die Gebietsgewinne schienen immens, denn Pannonien wurde ohne schwere Kämpfe zur Provinz, und Drusus erreichte bereits 9 v. Chr. die Elbe. Ein Jahr später übernahm dessen Bruder Tiberius in diesem Aktionsraum das Kommando, nachdem Drusus tödlich verunglückt war. Offenbar gelang es dem neuen Feldherrn, Germanien in eine römische Provinz zu verwandeln. Jedenfalls werden heute die erfolgten Infrastrukturmaßnahmen als Bestätigung einer antiken Überlieferung verstanden, in der von einer Präsenz der Römer die Rede ist, die man mit der Einrichtung einer Provinz verbindet. Der nahezu urbane Ausbau der Militärlager wie etwa bei Waldgirmes im Lahntal passt (Abb. 41; 42) zu dem Bericht Cassius Dios, die Römer hätten in Germanien Städte (*poleis*) gegründet (56,18,1–2; Abb. 41). Fünfzehn Jahre später sollte es freilich – wie wir noch hören werden – zu einer militärischen Katastrophe kommen, welche die römische Präsenz schlagartig beendete und große Unruhe in Rom auslöste.

Als sich Augustus 13 und 8 v. Chr. das proconsularische Imperium um fünf beziehungsweise zehn Jahre verlängern ließ – also weiterhin eine formal zeitliche Begrenzung seiner Kompetenzen propagierte –, schien er sich diese Ehre nach den erzielten Erfolgen verdient zu haben. Als er zugleich verkündete, die Veteranen sollten zukünftig Geld statt Land bei ihrer Entlassung aus dem Militärdienst erhalten, feierten Italien und die Provinzen diese neue Sicherheit vor Landenteignungen. Damals bereits dürfte Augustus einen Höhepunkt seiner Machtstellung erreicht haben, den man in Rom auch in neuartigen Monumenten visualisieren wollte: Der Senat beschloss die Errichtung der *Ara Pacis Augustae* – eines Altars für den von Augustus verwirklichten Frieden (Abb. 47) –, während der Princeps selbst den Bau einer riesigen Sonnenuhr in Auftrag gab, die auch auf dem Marsfeld seine Bedeutung versinnbildlichen sollte (Abb. 48; 6:F). Als im Jahr 12 v. Chr. Marcus Aemilius Lepidus starb, konnte sich Augustus endlich auch zum *pontifex maximus* wählen lassen und das Amt des Oberpriesters bekleiden. Er gestaltete seine Wahl als grandios inszenierten Festakt, bei dem «eine ungeheure Menschenmenge aus ganz Italien zusammenströmte», wie er stolz in seinem Tatenbericht schreibt (*Res gestae* 10). Dieser Menge hat er sicherlich wortreich (wie dann auch im Tatenbericht) erklärt, dass die letzte in der Bürgerkriegszeit unrechtmäßig okkupierte Ehrenstellung end-

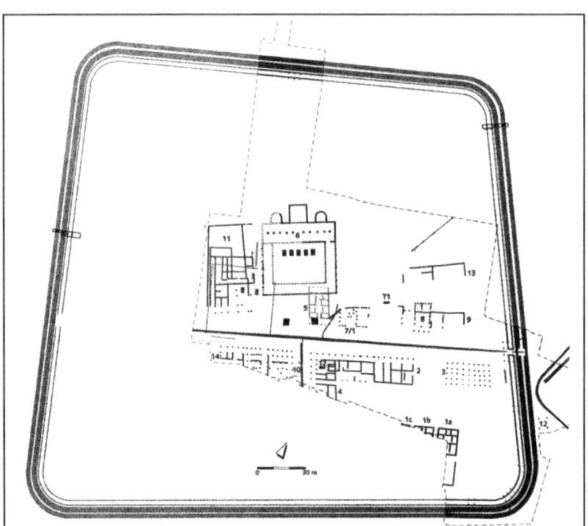

41 Der Historiker Cassius Dio berichtet, die Römer hätten in Germanien Städte gegründet. Diese Nachricht wurde durch Ausgrabungen in einem römischen Lager bei Waldgirmes bestätigt. Das Lager besaß eine aufwändige Architektur, die urbane Strukturen zeigt.

42 Zum städtischen Charakter des römischen Lagers Waldgirmes passt der spektakuläre Fund eines vergoldeten, bronzenen Pferdekopfes. Er gehörte vermutlich zu einem Reiterstandbild des Augustus. Zur Zeit Werkstatt der Hessenarchäologie, Wiesbaden

lich auf ihn übergegangen sei, was das Volk (angeblich) schon längst gefordert habe, von ihm aber aus Respekt vor dem hohen Amt abgelehnt worden sei (ebd.). Nun aber eignete er sich den Oberpontifikat in einer Weise an, die seiner mittlerweile einzigartigen Stellung durchaus entsprach. Er erklärte einfach anstelle der alten Regia – des Versammlungsorts der Priester – auf dem Forum Romanum einen Teil seines Hauses zum Amtslokal des *pontifex maximus* (Oberpriester) und zum Heiligtum der Göttin Vesta – Herrin des heiligen Herdfeuers –, ließ einen Altar aufstellen, das angeblich aus Troja stammende Palladium verwahren – eine mythisch aufgeladene Kultfigur der vermeintlichen römischen Urahnen – und daselbst künftig von seiner Frau Livia das Herdfeuer hüten. Das Haus des Kaisers war jetzt sakraler Mittelpunkt Roms. Das damit erlangte symbolische Kapital ist gar nicht zu ermessen; Augustus entrückte sich selbst immer mehr der menschlichen Sphäre. Eine seiner ersten Amtshandlungen als Oberpriester war die Vernichtung von mehreren tausend Buchrollen Orakelliteratur, die politische Gegner des Princeps hätten konsultieren und als religiöses Argument gegen ihn hätten einsetzen können.

WIE DIE HERRSCHAFT SICHERN? DAS PROBLEM DER NACHFOLGE UND DAS NEUE LICHT DER ENKEL

Im Schatten der militärischen und politischen Erfolge trieben Augustus in diesen Jahren aber ganz andere Sorgen um. Wie bereits erzählt, hatte Augustus seinen verdienten Feldherrn Agrippa systematisch als Nachfolger

43 Auf dem marmornen Kenotaph des C. Caesar im lykischen Limyra erinnerte ein mehr als 60 Meter langes und mehr als 2 Meter hohes Relief, von dem wenige Bruchstücke gefunden wurden, an den jährlichen Reiterumzug in Rom, den der Verstorbene und sein Bruder als *principes iuventutis* anführten. Archäologisches Museum, Antalya

aufgebaut und dessen von Julia geborene Kinder Gaius und Lucius adoptiert. Als Agrippa im Jahr 12 v. Chr. überraschend im Alter von 52 Jahren starb, war diese auf zwei Generationen berechnete Lösung gefährdet. Wohl unter maßgeblichem Einfluss seiner Frau Livia bezog der Herrscher nun seinen Stiefsohn Tiberius in die Nachfolgeregelung ein, was nichts anderes hieß, als ihn zur Trennung von seiner ersten Frau Vipsania und zur Heirat mit Julia aufzufordern. Diese politische Zwangsehe stand offenbar von Beginn an unter keinem guten Stern, zumal Augustus weiterhin Gaius und Lucius bevorzugte. Die Römer sahen folglich in diesen beiden die eigentlichen Hoffnungsträger des Kaisers. Tiberius erhielt zwar mehrere imperatorische Akklamationen, durfte einen Triumph über Germanien in Rom feiern, bekleidete nach 13 v. Chr. zum zweiten Mal wieder im Jahr 7 v. Chr. den Consulat und erhielt im selben Jahr auch ein proconsularisches Imperium sowie die Amtsgewalt eines Volkstribunen, war also de facto Mitregent. Aber offenbar reichte dies alles nicht, um ihn von der ihm zugedachten Rolle zu überzeugen. Zu offensichtlich war die Favoritenstellung speziell des jungen Gaius, der im Jahr 6 v. Chr. im zarten Alter von 14 Jahren zum designierten Consul gewählt werden sollte, was Augustus (noch) ablehnte. Gaius wurde immerhin zum Priester ernannt und durfte ab dem Jahr 5 v. Chr. den Senatssitzungen beiwohnen. Im selben Jahr zog sich Tiberius komplett aus der Politik zurück und reiste auf die Insel Rhodos, wo er die nächsten Jahre fern von römischer Politik im freiwilligen Exil lebte. Nach eigener Aussage wollte er den Caesares nicht im Weg stehen (Sueton *Tiberius* 11,5). Ein Jahr später verlieh Augustus als Consul dem Gaius die *toga virilis*, und die Ritter wählten ihn zu ihrem Anführer, zum *princeps iuventutis*, einem von Augustus neu erfundenen Titel für seinen Nachfolger. Das Ganze wiederholte sich 2 v. Chr. mit Lucius Caesar, der die gleichen Ehrungen erhielt. Augustus wird sich an seine eigene Jugend und den C. Octavius erinnert haben, dem unter dem vergöttlichten Caesar im gleichen Alter Ähnliches widerfahren war.

In der Hochstimmung dieser offiziellen Akte stellte der Consul Marcus Valerius Messalla Corvinus der Antrag, Augustus den Titel «Vater des Vaterlandes» (*pater patriae*) zu verleihen. Mit diesem Akt kam eine Reihe von Ehrungen zum Abschluss, die bereits seit 27 v. Chr. darauf abzielten, ihn als einen *pater* (oder *parens*) zu imaginieren. Verband sich doch mit dem 27 v. Chr. Augustus offiziell verliehenen republikanischen Ehrenrecht, eine Bürgerkrone tragen zu dürfen, von jeher bei den Römern die Vorstellung, der Geehrte habe wie ein Vater für die Bürger gewirkt. Allenthalben konnten die Römer im Stadtgebiet und in den Provinzstädten täglich Statuen von Augustus mit Bürgerkrone sehen und entsprechende Assoziationen entwickeln. Mit dem vom Senat verliehenen Titel wurde die Würde eines Vaters des Vaterlandes freilich erstmals als Ehrung und Bestandteil der Titulatur dauerhaft verankert. Mancher Zeitgenosse mag sich gefragt haben, welche Ehrungen für den großen Mann man sich wohl in Zukunft ausdenken würde.

Und doch wurde in diesem Jubeljahr 2 v. Chr. der Glanz des Kaiserhauses durch einen kräftigen Schatten verdunkelt, den ausgerechnet die Mutter der beiden Prinzen, Augustus' Tochter Julia, warf. Nach der offiziellen Version hatte sie – dem sittenstrengen Vater zum Trotz – dem Ehebruch und sexuellen Lotterleben gefrönt und sollte deshalb in die Verbannung auf die winzige Insel Pandateria im Tyrrhenischen Meer gehen. Auffällig ist jedoch, dass Augustus nicht allein seine Tochter bestrafte, sondern ihren weiteren

Freundeskreis in eine außergewöhnlich scharfe Strafaktion einbezog, ja sogar Todesurteile vollstrecken ließ. Zum Kreis der Hingerichteten gehörten auch Iullus Antonius, der Sohn des Triumvirn und Consul des Jahres 10 v. Chr., und manch andere prominente Senatoren. Schon kaiserzeitliche Autoren konnten sich nicht vorstellen, dass derartige Lustbarkeiten die scharfe Reaktion des Kaisers hatten hervorrufen können, und vermuteten als wahre Ursache eine Verschwörung mit dem Ziel, den Princeps zu ermorden. Die kurz zuvor erfolgte Neuordnung der Leibgarde, an deren Spitze fortan zwei persönlich vom Kaiser ausgesuchte Präfekten stehen sollten, dokumentiert hinlänglich die nach wie vor von Augustus empfundene Bedrohung seines Lebens.

«WIR EHREN IHN, DEN GOTT!» – DIE FREUDE DER REICHSBEWOHNER ÜBER FRIEDEN UND NEUEN WOHLSTAND

Angesichts solcher Gefahren scheint es angemessen, daran zu erinnern, dass der Herrscher Zuspruch zu seiner Person nicht nur einforderte, sondern offenbar auch freiwillig erhielt – selbst wenn er durchaus darauf bedacht war, entsprechende Rahmenbedingungen für solche Loyalitätsbezeugungen zu schaffen. Als Agrippa, Octavia (11 v. Chr.), Drusus, der Dichter Horaz sowie sein enger Vertrauter Maecenas (8 v. Chr.) starben, schien sich das persönliche Umfeld des Kaisers zu lichten, seine Position schwieriger zu werden. Augustus reagierte darauf, indem er seine Stellung in Rom weiter ausbaute und die Verehrung seiner Person weiter transzendierte. Im Jahr 8 v. Chr. wurde der Monat Sextilis in Augustus umbenannt. Eine vermutlich im selben Jahr vorgenommene Neuordnung der römischen Stadtteile, ihre Verteilung auf 14 Regionen und ihre Unterteilung in 265 *vici*, verband der Kaiser mit einer Erneuerung der Compitalkulte (Abb. 59). Dabei handelte es sich um alte Kulte an Wegkreuzungen, in denen die Römer die Laren verehrten – ihre persönlichen Schutzgeister in Gestalt vergöttlichter Seelen der Verstorbenen. Diese Kulte kombinierten sie mit einer Verehrung des *genius Augusti*, worunter sie abstrakt die dem Kaiser innewohnende Kraft verstanden. Neu eingeführte Amtsträger für die einzelnen Stadtteile, die *vicomagistri,* organisierten die gemeinsamen Feiern, bei denen die kultische Verehrung über ganz Rom verbreitet und an allen dazu bestimmten 265 Straßenkreuzungen zelebriert wurde. Augustus hat vielleicht selbst einige der künstlerisch aufwändig gestalteten Altäre für diese Kulte anfertigen und aufstellen lassen.

Um dem Bedürfnis der stadtrömischen Bevölkerung zu entsprechen, dem Garanten von Frieden, Sicherheit und Wohlergehen besondere Verehrung zuteilwerden zu lassen, schuf man mithin einen akzeptablen Rahmen. Dies war ein weiterer Schritt auf dem Weg des Augustus, seiner Herrschaft eine sakrale Aura zu verleihen und sich mit Unterstützung des Senats in eine übermenschliche Sphäre zu entrücken. Als Sohn des vergöttlichten Caesar, als Nachbar des Apollon auf dem Palatin und als von den Göttern bevorzugter Feldherr hatte er eine Ausnahmestellung okkupiert, die im Jahr 2 v. Chr. mit dem Augustusforum auch einen gewaltigen architektonischen Rahmen erhielt (Abb. 50).

Was in Rom selbst gewöhnungsbedürftig war, hatte man von Rom aus bereits rund 20 Jahre bei den Bewohnern des östlichen Mittelmeeres beobachten können. Diese verehrten Augustus in der Tradition und in den Formen des hellenistischen Herrscherkultes. Schon nach dem Sieg über Antonius hatten die Bewohner der Göttin Rom (griech.: *Thea Rhome*) und dem Imperator Caesar (griech.: *Autokrator Kaisar*) in Nikomedia und Pergamon Tempel gebaut, in denen die Provinz alle vier Jahre den Princeps feierte. Im Jahr 29 v. Chr. schrieb die Stadt Ephesos einen öffentlichen Wettkampf aus, in dem der siegen sollte, der sich «die größte Ehre für den Gott» (Bringmann/Schäfer 336) – gemeint war Imperator Caesar – einfallen ließ. Auch in anderen Provinzen des Ostens baute man bereits in den ersten Jahren der Alleinherrschaft Tempel, in denen die sogenannten Provinziallandtage der Göttin Roma und dem Augustus (oder dem vergöttlichten Caesar) opfern sollten (Abb. 37). Auf der Ebene der Provinzen legte Augustus demnach Wert auf eine Verbindung der Glorifizierung seiner Person mit der Dea Roma, die seit rund 200 Jahren im Osten kultisch verehrt wurde. Auch versuchte er römische Bürger davon abzuhalten, bei diesen Feierlichkeiten eine erkennbare Rolle zu spielen.

Doch das änderte sich im Laufe seiner Regierung merklich. Wenn aus dem Jahr 6 v. Chr. ein Dokument von der Schwarzmeerküste auch Römer unter denen nennt, die auf den Gott Augustus schwören, dann erscheint dies als konsequenter Abschluss der beschriebenen Entwicklung. Bereits 9 v. Chr. endete der erwähnte Wettstreit in Ephesos mit der Verfügung, von nun an solle der lokale Kalender wie jener der Provinz mit dem Geburtstag des Augustus am 23. September beginnen, denn dieser Tag sei «für die Welt der Anfang der durch ihn bewirkten frohen Botschaften» (Bringmann/Schäfer 336). Drei Jahre zuvor hatten die Gallier bereits im Westen, und zwar in

Lugdunum (Lyon) einen Altar für Roma und Augustus aufgestellt, der fortan das Zentrum des neuen Provinziallandtages der *Tres Galliae* (drei Teile Galliens) bilden sollte. Münzbilder machten auch die Soldaten im Westen mit der Existenz des Altars bekannt, dem am Rhein und in Spanien weitere folgten.

Man hat den Umstand, dass der Kaiserkult auf Provinzebene nur in Verbindung mit der Dea Roma genehmigt wurde, als ostentative Bescheidenheitsgeste interpretiert. In der Gesamtheit aller Zeichen, die Augustus unaufhörlich aussandte, um seine übermenschliche Stellung zu propagieren, dürfte den Zeitgenossen der wahre Protagonist kaum entgangen sein. Angesichts der Verehrung verstorbener Mitglieder des Kaiserhauses und zahlloser lokaler Kaiserkulte, die nicht der offiziellen Genehmigung bedurften, war die vom Kaiser vorgegebene Gesamtrichtung deutlich zu erkennen. Das Kaiserhaus dominierte nicht nur die kultische Verehrung von Lebenden, sondern beanspruchte sie fortan exklusiv. Es gab im Laufe der Republik und noch in den ersten beiden Jahrzehnten der Alleinherrschaft des Augustus immer wieder lokale Kulte auch für Statthalter und römische Senatoren, denen die Provinzialen besondere Zuwendung verdankten. Gaius Marcius Censorinus, der Consul des Jahres 8 v. Chr., war der letzte Vertreter außerhalb der *domus Augusta*, dem eine solche Ehre zuteil wurde. Keine Stadt im Osten wie im Westen des Reiches kam später je wieder auf die Idee, mit dieser alten Form der Auszeichnung noch einmal Senatoren zu würdigen.

Es ist nicht zu belegen, dass dieser Verzicht von Augustus angeordnet worden wäre oder entsprechende Verfügungen des Kaisers solches befohlen hätten. Vielmehr werden die Provinzialen die Signale aus Rom auch ohne förmlichen Brief umgesetzt und verstanden haben. Auch darf mit Blick auf die Kultpraxis zu Ehren des Kaisers und seiner Familie auf lokaler Ebene

44
Linke Seite Bronzemünze (As) des Augustus mit Altar für den Roma- und Augustuskult, 10–14 n. Chr. Numismatische Bilddatenbank Eichstätt
Rechte Seite Nachdem im Jahr 1700 in Lyon das Athenäum als Akademie der Künste und Wissenschaft neu gegründet wurde, entschloss man sich, den berühmten Altar erneut auf silbernen Jetons abzubilden. Collection Feuardent 10748 var.

nicht mit einer zentralen Lenkung aus Rom gerechnet werden. Dafür war die Situation zu kompliziert und von unterschiedlichen Faktoren beeinflusst. Zunächst war es in den Städten des Ostens seit 300 Jahren üblich, durch die Einrichtung lokaler Herrscherkulte hellenistische Könige für sich einzunehmen und entsprechende wirtschaftliche wie militärische Vorteile daraus zu ziehen oder zumindest zu erbitten. So mag auch jeder Kult für Augustus und seine Familie mit dem Hintergedanken eingeführt worden sein, dadurch konkrete Vorteile zu erlangen.

Doch noch etwas anderes kam hinzu – aufrichtige und tiefe Dankbarkeit für die Beendigung der Bürgerkriege. Die Bürgerkriegsgegner hatten in den letzten Jahrzehnten regelmäßig unvorstellbare Summen, hunderte Tonnen von Silbergeld aus den Provinzialen herausgepresst, um ihre Heere zu finanzieren. So hatte der entweder bereits eingetretene oder unmittelbar drohende wirtschaftliche Ruin jahrelang das öffentliche Leben der Poleis (Städte) bis in das kleinste Dorf hinein bestimmt. Mit der Verkündung des Friedens war dieser Alptraum endlich vorbei. Man konnte durchatmen – und war dann äußerst überrascht, dass sich Augustus nicht nur dauerhaft durchsetzen konnte, sondern dass er auch den Regierungsstil in den Provinzen – so empfand man es anscheinend vielerorts – in dramatischer Weise zum Guten wendete. Hatten die Städte unter der Misswirtschaft spätrepublikanischer Statthalter und Steuerpächter extrem gelitten, so stellte Augustus die Provinzverwaltung nach und nach auf eine neue finanzielle Basis, indem er die Steuerpacht nicht sogleich, aber allmählich abbaute und für die Statthalter sehr hohe Gehaltszahlungen einführte. Sie erreichten in den bedeutenden Provinzen wie Africa oder Asia Millionenhöhe, was aus Sicht der Amtsträger die Notwendigkeit, die Provinzialen auszupressen, künftig

45 In einem entlegenen lykischen Dorf beim türkischen Yeşilköy stellte der antike Ortsvorsteher für die Tyche (das Glück) des Imperator Caesar einen Altar aus lokalem Kalkstein auf. Noch vor dem Jahr 27 v. Chr. hoffte man auch in nichtrömischen Gebieten auf anhaltenden Erfolg des neuen Herrn in Rom.

zwar nicht völlig ausschloss, aber verringerte. Auch unter Augustus hören wir noch von spektakulären persönlichen Bereicherungen einzelner Raubritter, wie beispielsweise jenes Licinus in Gallien, der mit ungeheuren Reichtümern nach Rom zurückkehrte und über Heerscharen von Sklaven verfügte. Zugleich sind aber immer wieder persönliche Interventionen von Augustus überliefert, mit denen er solchen Übergriffen entgegentrat, von denen noch zu berichten sein wird.

Die wirtschaftliche Wendung zum Besseren und die neu gewonnene Sicherheit nahmen die Zeitgenossen jedenfalls so existentiell wahr, dass sie offenbar geradezu in Jubel ausbrachen. Solches zeigt sich in den Provinzen, aber erstaunlicherweise selbst in Regionen, die noch nicht Teil des Reiches waren. Das Phänomen lässt sich besonders eindrücklich etwa in der Landschaft Lykien beobachten, die westlich der heutigen türkischen Stadt Antalya liegt und erst unter dem Kaiser Claudius (41–54 n. Chr.) im Jahr 43 n. Chr. römische Provinz wurde.

Dort finden sich in den großen Städten zahlreiche Ehrungen für die Kaiserfamilie, mit deren Herrschaftsantritt die Bewohner der Region den Beginn einer neuen Zeitrechnung verbanden. Grundlage war die umfassende Herrschaft des Augustus über die gesamte zivilisierte Welt; er war für die Bewohner des Ostens «Herr über Land und Meer» – eine Bezeichnung, die in dieser Form bisher nur Pompeius nach seinen Feldzügen im östlichen Mittelmeer in offiziellen Ehreninschriften der Städte für sich hatte durchsetzen können. Man assoziierte mit ihm nach seinen militärischen Erfolgen eine geradezu gottgleiche Macht, vor allem aber Frieden und Prosperität. Dies alles konnte nun auch Augustus für sich in Anspruch nehmen, ja er verdiente angesichts der spürbar wohltuenden Wirkungen seiner Herrschaft noch höhere Ehren, was in einzelnen Orten naheliegenderweise Ausdruck in kultischer Verehrung fand. Sogar in einzelnen Bergdörfern Lykiens stellten die Verantwortlichen nun Ehreninschriften für den neuen Kaiser auf, die ihn etwa in einem Fall als den «ehrwürdigen Gott Caesar, Imperator und Herr über Land und Meer» feierten. In dieser Formel nahmen die Bewohner der kleinen Gemeinde all jene Elemente auf, die Augustus in seiner Selbstdarstellung als Friedensfürst und Heilsbringer verbreitete. Die Ehrung erfolgte freiwillig und gab der Freude über das Erreichte Ausdruck, wie sie gleichzeitig eine auf die Zukunft ausgerichtete Heilserwartung beschwor: Möge dies alles Bestand haben!

Dies galt auch für Rom und Italien, wo die Einwohner während der letzten beiden Jahrzehnte des 1. Jahrhunderts v. Chr. in vielen Städten kultische Ehren für ihn etablierten, deren Rituale von den sogenannten *Augustales* (den 21 Mitgliedern der Priesterschaft des vergöttlichten Augustus) ausgeführt wurden. Dabei handelte es sich um einflussreiche Freigelassene, folglich eine soziale Gruppe, die über sehr bedeutendes ökonomisches Potential verfügte, auf Grund der römischen Gesetze aber von öffentlichen Ämtern ausgeschlossen war. Neben den Bürgern war somit eine zahlenmäßig nicht unerhebliche Gruppe der italischen Bevölkerung in die Kaiserverehrung eingebunden, deren wirtschaftliche Leistungsfähigkeit auf diese Weise geschickt zum Nutzen der Städte in das öffentliche Leben integriert werden konnte. In Rom selbst wurde Augustus zwar nicht als Gott verehrt, doch schienen die Opfer für seinen *genius* und daneben für das *numen Augusti*, die ihm innewohnende göttliche Kraft, ausreichend.

SCHRIFT, ÜBERALL SCHRIFT – POLITISCHE ZIELE UND DAS LESEN IM ÖFFENTLICHEN RAUM

Man muss sich vergegenwärtigen, dass die Stadt Rom nun selbst die Stadt des Augustus geworden war, deren Geschichte gerade ihren Höhepunkt als Zentrum eines nie dagewesenen Reiches erlebte. Als im Jahr 2 v. Chr. das Augustusforum eingeweiht wurde, stand allen vor Augen, dass mit der Herrschaft des Princeps die römische Geschichte an ihren vorläufigen Höhepunkt gelangt war (Abb. 50; 6:G). Mit Bildern und Statuen feierte man den Kaiser als Vollender römischer Geschichte. Auch die auf dem Forum aufgestellten Inschriften mit den kompletten Triumphal- und Konsullisten (*fasti*) der Republik endeten mit Augustus, so dass jedermann buchstäblich nachlesen konnte, in welcher Tradition dieser stand – und wen er alles überragte (Abb. 39). Eine auf dem Triumphbogen aufgestellte Quadriga mit dem Kaiser beseitigte auch den letzten Zweifel.

Überhaupt sollten die Römer lesen, lesen, lesen. Gemeint war selbstverständlich die in der Zeit des Augustus blühende Literatur – aber im Alltag eben auch die zahllosen Inschriften, die überall in der Stadt eingemeißelt waren und von der Bautätigkeit sowie ganz allgemein von der Bedeutung des Augustus zeugten. Seit seinem Regierungsbeginn war die Zahl der Inschriften dramatisch in die Höhe geschnellt: Aus allen 450 Jahren der römischen Republik ist ungefähr die gleiche Anzahl von inschriftlichen Texten erhalten wie aus den 44 Jahren der Herrschaft des Augustus; auf eine alte kamen mithin zehn neue Inschriften. Neben den genannten Bauinschriften finden sich Weihungen an die Götter, Altäre für die Compitalkulte, Meilensteine, seit ca. 19 v. Chr. zudem Weihungen für das Wohl und für eine sichere Rückkehr des Augustus (*salus Augusti*) und anderes mehr. Einen prominenten Platz nehmen die Ehrenmonumente für den Kaiser und seine Familie ein, die sich seit dem Krisenjahr 23 v. Chr. merklich häufen und in den letzten 15 Jahren seiner Regierung ihren Höhepunkt erreichen. Völlig neu war, dass nicht allein Gemeinwesen oder soziale Gruppen Ehreninschriften stifteten, sondern sogar Magistrate und andere Amtsträger für ‹ihren› Kaiser. So etwas – Ehrungen von Magistraten an andere Amtsträger – war in republikanischer Zeit undenkbar und zeigt überdeutlich, dass jene Aristokraten, die unter Augustus zu Ehrenstellen gelangten, ihr Ansehen auf ihre Nähe zum Kaiser gründeten. Das wollten sie durch solche Inschriften dokumentieren, die eben nicht nur den Kaiser lobten, sondern auch ihren eigenen Namen öffentlich nannten und mit dem Herrscher

46 In den Portiken auf dem Augustusforum standen Statuen der bedeutendsten Männer (*summi viri*), als deren wichtigster Augustus fortan selbst zu gelten hatte. Ihre Taten wurden in Marmorinschriften gefeiert. Den Anfang machte der mythische Gründer Romulus. Der Text erinnert an die Stadtgründung und den Sieg über Acron, den König der sabinischen Stadt Caenina, in deren Folge erstmals die *spolia opima* (eine eigenhändig vom Feldherrn erbeutete Rüstung) im Tempel des Jupiter Feretrius deponiert wurden. Romulus sei unter die Götter aufgenommen und fortan Quirinus genannt worden. Kopie vom Forum in Pompeji, Museo Nazionale, Neapel

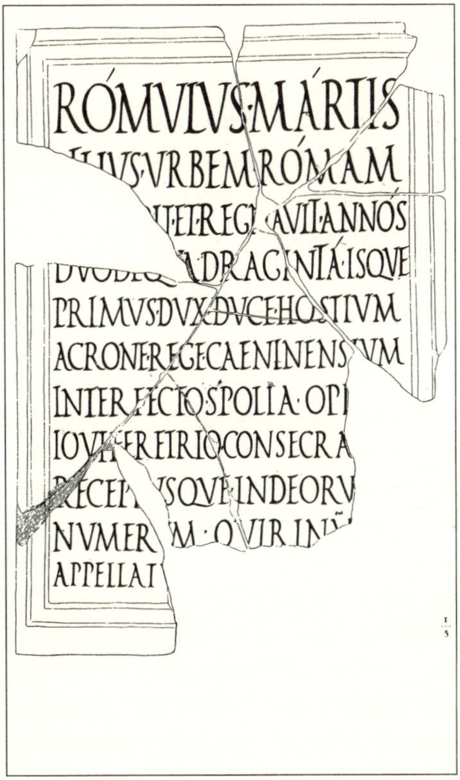

verbanden. Angesichts der zahllosen Texte, die den Namen des Kaisers tragen, nimmt es nicht wunder, dass auch die Senatoren, Ritter, städtischen Räte und *Augustales* beginnen, an Inschriften immer größeres Interesse zu zeigen. Sie kopieren gewissermaßen den politischen Stil und lassen bei Ehrungen ihrer Person in bisher nicht bekanntem Umfang ihre eigene Laufbahn wiedergeben. Augustus konnte sich davon freilich absetzen, indem das Beiwort *Augustus* als erklärendes Beiwort auch zahllose Gottheiten erhielten. Der Kaiser teilte mit den Laren, aber auch mit Apollon, Iustitia, Pax, Victoria und vielen anderen mehr dieselbe ‹Heiligkeit›, wenn auch sie Augusta/Augustus genannt wurden.

Der Kaiser selbst nahm sicherlich nur in prominenten Ausnahmefällen Einfluss auf die Zunahme und sprachliche Gestaltung der zahlreichen Inschriften. Die Texte sind demnach ähnlich wie die Zeugnisse für den Herrscherkult heute eine wichtige Quelle dafür, wie der Kaiser mit den führenden Gruppen der römischen Gesellschaft kommunizierte, wie seine Interessen rezipiert und seine politischen Initiativen von der Bevölkerung auch außerhalb Roms aufgegriffen wurden. Dass man viele der neuen Formen kopierte, ohne dass die kaiserliche Zentrale lenkend eingreifen musste, ist ein Indiz für den Erfolg des Augustus und für den großen Zuspruch, den seine Politik fand. Es ist freilich zu bedenken, dass in offiziellen Monumenten wie den Inschriften selbstverständlich nur die geschönte Seite dieses Austausches Platz fand, Kritik in den Quellen mithin gar nicht zu erwarten ist. So hat man zu Recht darauf hingewiesen, dass die in Athen aufgestellten Ehren- und Kultinschriften eine besondere Verehrung der Athener für Augustus zu überliefern scheinen, während zugleich die literarische Überlieferung von anhaltenden Spannungen zu berichten weiß.

Es sei abschließend erwähnt, dass nicht nur die Quantität, sondern auch die Qualität der Texte deutlich stieg. Mit größter Sorgfalt wurden sie fortan in den Marmor gemeißelt, um mit dem architektonischen Schmuck des Aufstellungsortes mithalten zu können. Hinzu kam seit 17 v. Chr. noch eine andere Neuerung, die man rund zehn Jahre später in den Provinzen kopierte. Gemeint ist die Anbringung von vergoldeten Bronzebuchstaben (*aureae litterae*) an prominenten Bauwerken der Stadt. Auch sie waren nach den Saekularfeiern für jedermann sichtbares Symbol für das Goldene Zeitalter, das sich eben auch in der Baupolitik des Augustus spiegelte. Bereits 20 v. Chr. hat er feierlich den goldenen Meilenstein (*miliarium aureum*) auf dem Forum aufstellen lassen, um das goldene Zentrum des Reiches zu markieren, von dem aus und zu dem hin alle Wege führen sollten (Abb. S. 94:R). Rom war unter seiner Ägide nicht nur, wie Sueton es später formulierte, aus einer Stadt aus Backsteinen zu einer aus Marmor (Suet. *Aug.* 28,5), sondern vielmehr zu einer wahrhaft ‹goldenen Stadt› (*aurea Roma*) geworden. Die magische Wirkung dieser goldenen Zeichen lässt sich besonders sinnfällig daran ablesen, dass die auf dem Tempel in Ancyra eingemeißelten *Res gestae* vermutliche ebenfalls komplett in einem Goldton ausgemalt waren.

– 2 –

DAS GOLDENE ZEITALTER WIRD ENTWORFEN

DAS FEST DER NEUEN ZEIT

Versuchen wir nun, die Kernphase der augusteischen Herrschaft seit 17 v. Ch. auch in ihrer visuellen Kultur zu verstehen. Zehn Jahre nach der Übernahme des Ehrennamens Augustus, der den Beginn des Principats als politischer Ordnung markierte, hatte die neue *res publica* Stabilität gewonnen. Erste militärische Erfolge hatten sich eingestellt. Ihre ideologieträchtige, dichte Symbolsprache war in die visuelle Erfahrungswelt, ja bis in Lebensstil und Mode der Römer eingedrungen, und dies ohne dass wir dezidierte propagandistische Maßnahmen des Princeps in diese Richtung beobachten könnten. Im gesamten Imperium verwiesen oft von den Bewohnern selbst gestiftete Monumente auf den neuen Princeps und seine Erfolge. So standen die Jahre nach 20 v. Chr. einerseits im Zeichen der Expansion dieses Imperiums; andererseits sah man nun die Gelegenheit gekommen, in einem hochsymbolischen Fest das Anbrechen einer neuen Zeit zu zelebrieren – wie dies vielfach dann geschieht, wenn selbstbewusste autoritäre Herrschaft sich auch auf kulturell-ritueller Ebene neue Legitimität sichern möchte, so in den kultischen Festen der hellenistischen Herrscher oder in neuerer Zeit bei der pompösen Krönung Napoleons I.

In Rom dienten von alters her sogenannte *ludi saeculares* dazu, einen solchen Neubeginn zu markieren. In der Regel wies ein kosmisches Zeichen wie ein Komet oder das Ende einer bestimmten Jahresfolge auf den Beginn eines neuen Zeitalters (*saeculum*) hin. Vom 31. Mai bis zum 3. Juni 17 v. Chr. zelebrierte man unter dem Vorsitz des Augustus auf dem Marsfeld die Säkularspiele (S. 173–174). In Ritualen, Gesängen und Schauspielen beging man die Entsühnung des Gemeinwesens von alter Schuld und erbat den Schutz der Götter für ein neues Zeitalter. Dieses Saeculum der Fülle, des Friedens und Wohlstandes nannte man schon damals ‹Zeitalter des Augustus› (Horaz, *Carmina* 4,15,4); nach dem Tod des Princeps sollte es auch offiziell *saeculum Augustum*, heißen (Sueton, *Augustus* 100,3) – was zugleich ‹erhabenes Zeitalter› bedeutete. Vergil hatte es schon früher als Goldenes Zeitalter bezeichnet (Vergil, *Aeneis* 6, 792–793; vgl. Hor. *carm.* 4,2,39). Sein goldener Glanz indes war ein metaphorischer: Er bestand weniger in Luxus und Pracht als in dem, was schon der griechische Dichter Hesiod (um 700 v. Chr.) als Epoche des goldenen Geschlechts in eine mythische Vergangenheit zurückgespiegelt hatte: eine Zeit sorgloser Fülle und paradiesischen Überflusses, den die Erde von alleine hervorgebracht hatte. Und auch die Rückkehr der Künste zu ihrer altehrwürdigen Form besingt Horaz (*carm.* 4,15,12) als Zeichen dieser neuen goldenen Zeit. Die ästhetische und in rituellen Handlungen untermauerte Vermittlung der Gewissheit ihres Anbrechens mag in der Tat endgültig das Bild einer *res publica* – glücklicher und reicher noch gesegnet als in den Tagen vor Caesar – im Bewusstsein vieler Bürger des Imperiums stabilisiert haben.

AUGUSTUS ALS HERR VON FRIEDEN, TRADITION UND WOHLSTAND

Die Idee des *saeculum aureum*, des Goldenen Zeitalters, fand in der Folge der *ludi saeculares* ihren bezeichnenden und nachhaltig wirkenden Ausdruck gerade in der Kunst, in Bildwerken und Monumenten, in der sichtbaren Welt. Zu den Ersten dieser Zeugnisse zählt der marmorne Friedensaltar (*Ara Pacis*) für Augustus. Bei der siegreichen Rückkehr des Princeps aus Spanien und Gallien im Jahre 13 v. Chr. beschloss der Senat, ihm diesen Altar zu errichten (*Res gestae* 12,2). Im Jahre 9 v. Chr. wurde er am Ostrand des Marsfeldes eingeweiht, an der Via Flaminia, auf der man – auf dem Weg zum Stadtzentrum – kurz vorher das Augustusmausoleum passiert hatte (Abb. 6:F; 48).

Dediziert war er der *Pax Augusta*, dem «Augustusfrieden», der Friedensgöttin also, die schon durch ihren Namen untrennbar mit dem Princeps selbst verbunden war (Abb. 47). Ähnlich einem altrömischen Heiligtum, bestand das Monument aus einer im Inneren ballustradenartig gestalteten

47 Rom, Ara Pacis Augustae vom Marsfeld, 13–9 v. Chr.

oben Ansicht von Süden. Modell Rom, Museo della Civiltà Romana

unten Ostseite mit Relief mit Tellus/Italia. Rom, Museo dell'Ara Pacis

Ummauerung, die an zwei der vier Seiten von torartigen Zugängen durchbrochen war. In ihrem Zentrum stand der eigentliche Altar auf einem Stufenbau. Besonders aufwändig waren die Außenmauern mit großformatigen Reliefs dekoriert, die man sah, wenn man sich dem Heiligtum näherte. Die größte Fläche auf jeder Außenseite des Monuments nahmen Reliefplatten mit komplizierten Rankengebilden ein (Abb. 47): Die sprießenden Pflanzen wachsen aus zentralen Blätterkelchen in geradezu unnatürlichen, symmetrischen Spiralen. Ihre Lebendigkeit wird gleichwohl durch unzählige Tiere unterstrichen, die auf Blättern und Stengeln leben. Die fruchtbar und lebendig sprießenden Ranken des Friedensaltars und ihre Tierwelt sind die Sinnbilder der Vorstellung vom paradieshaften Goldenen Zeitalter des Augustus: Ranken werden fortan zu einem weiteren Symbol der augusteischen Bilderwelt.

Betritt man das Allerheiligste von der Via Flaminia aus im Osten, so sieht man über den Ranken rechts von sich die Stadtgöttin Roma, die auf Waffen thront. Links aber sitzt die Leben spendende Fruchtbarkeit persönlich (Abb. 47 unten): Gerahmt von Windpersonifikationen nährt sie Kinder auf ihrem Schoß mit Früchten und spendet den friedlich grasenden und ruhenden Tieren zu ihren Füßen Wasser und Nahrung. Für die kultivierte Welt hat in ihr – sei sie die segenspendende Italia oder die Erde (*tellus*) – das *saeculum aureum* menschliche Gestalt angenommen. Vom Marsfeld eintretend ist der Tenor der Reliefs ein anderer: Mars, der Kriegsgott, wohnt links des Eingangs der friedlichen Szene bei, in der die Stadtgründer Romulus und Remus von der Wölfin gesäugt werden. Der Hirte Faustulus unterstreicht den bukolisch-friedlichen Charakter dieses römischen Ur-Mythos. Rechts hingegen erscheint Aeneas, der Urahn der Familie des Augustus. Er bereitet das Opfer eines Schweines vor, das er den aus Troja nach Italien mitgebrachten Göttern seiner Familie darbringt und so der *pietas* – dem rechten Verhalten gegenüber den Göttern und einer der Tugenden des Augustus – Genüge tut. Rom ist an dieser Seite der Ara Pacis in eine lokal-, familiär- und eine griechisch-mythische Tradition gestellt. Aus dem Quell dieser Verbindung fließt der Augustusfrieden. Zur floralen und mythischen gesellt sich schließlich die personale Symbolik: An den Seitenwänden der Umfassungsmauer sehen wir über den Ranken jeweils eine in Richtung auf das Marsfeld ziehende Menschenprozession (Abb. 47 oben). Auf der Südseite führt der wie Aeneas verhüllte Augustus den Zug an, der aus Priestern und Mitgliedern seiner Familie besteht. Gegenüber ziehen sakrale und zivile Würden- und Amtsträger in dieselbe Richtung. So wird die im frommen Ritual sich zeigende *pietas* und die Einheit der *domus Augusta* der Iulier und der Römer unter dem Schirm der Pax Augusta beschworen.

48 Das Marsfeld vor den Toren Roms von Norden mit Augustusmausoleum, Horologium und Ara Pacis. Modell, Rom, Museo dell'Ara Pacis.

49 Wandmalerei in der Villa von Primaporta, Ansicht eines fruchtbaren, belebten Gartens, um 20 v. Chr. Rom, Museo Nazionale Romano

Die Verheißung dieses Friedensdenkmals sollte sich, so wollte man zeigen, in einer bis weit ins 1. Jahrhundert n. Chr. anhaltenden Periode ohne jeden Krieg erfüllen: Doch täuschte das Denkmal globalen Frieden vor, obwohl dieser tatsächlich nur in Rom und auf dem Boden Italiens sowie in wenigen senatorischen Provinzen Wirklichkeit wurde. An den Grenzen des Reiches bestimmten Gewalt und Krieg weiter das Leben.

Ist schon die Ara Pacis ein Monument, dessen komplexes Bildprogramm die Symbolsprache des augusteischen Principats als *saeculum aureum* mit Geschichte und Gegenwart verknüpft, so wird diese Wirkung noch gesteigert durch ihre stadträumliche Inszenierung auf dem nördlichen Marsfeld (Abb. 48). Gleichsam als Antwort auf die Ehrung durch den Senat ließ Augustus selbst noch im Jahre 10 v. Chr. westlich des im Bau befindlichen Altars einen 30 Meter hohen, aus Ägypten nach Rom überführten Obelisken errichten (Abb. 6:F). Er steht noch heute auf der Piazza Montecitorio vor dem italienischen Parlament. Dem Licht- und Sonnengott Sol geweiht, war der Obelisk zugleich der Zeiger einer riesigen Sonnenuhr (Horologium), die auf einer Fläche von mehreren hundert Metern das Marsfeld vor der Ara Pacis überzog (Abb. 48). Am Geburtstag des Augustus wies der Schatten des Obelisken direkt auf die Ara Pacis: Zur Verbindung des Princeps mit Fülle und Frieden trat damit die Behauptung einer kosmischen Legitimation seines Wirkens. Sol selbst weist in der Stiftung des Augustus auf das Monument, das Geschichte und Gegenwart verbindet und die Fülle der Zeit in Frieden beschwört. Im Zusammenwirken von Senat und Princeps findet im Raum- und Bildprogramm der Ara Pacis und der Sonnenuhr des Augustus das *saeculum aureum* als kosmisch vorbestimmtes *saeculum Augustum* seinen monumentalen Ausdruck.

Bildmotive der Ara Pacis fanden in den folgenden Jahren, wie schon die früheren Symbole des Principats, Verbreitung in den Provinzen des Imperium Romanum. Die Wachstums- und Rankenmotivik des Goldenen Zeitalters machte auch nicht Halt vor dem Inneren römischer Häuser, vor dem Wohngeschmack. Dies zeigt sich in einem Raum jener kaiserlichen Villa, in der seit 20/19 v. Chr. die Statue des Augustus von Primaporta stand. Er erhielt vielleicht schon gegen 20 v. Chr. eine neuartige Wanddekoration (Abb. 49): Man blickte zu allen Seiten über einen niedrigen Zaum in einen Garten voll mit Obstbäumen, Blumen und allerlei Vögeln und Lebewesen. Zweifellos imitiert diese Szenerie den Ausblick auf einen realen Garten, wie er oft zu einer Villa gehörte; sie versetzte den Besucher gleichsam in dessen Mitte. Zugleich verheißt aber auch dieser Blick blühende und sprießende Fülle: Frieden, Leben und Wachstum, wie es die jüngeren Ranken der Ara Pacis tun. Im höfischen Kontext selbst also wurde die Gleichschaltung imperial-ideologischer und modisch-ästhetischer Konzepte praktiziert, die so charakteristisch ist für die omnipräsente Einschreibung des Augustus in die Erfahrungswelt seiner Zeitgenossen.

DAS FORUM AUGUSTUM: GEBAUTE DEUTUNG VON GESCHICHTE UND GEGENWART

Friede und Wohlstand als Faktoren des *saeculum aureum* standen am Ende eines langen Weges, der mit dem Mord an C. Iulius Caesar begonnen und über die Rache für diese Tat, die Ausschaltung der Gegner des C. Caesar, zu dessen Installierung als Princeps der neuen *res publica* geführt hatte. Dem Mars hatte schon der junge C. Caesar 42 den Sieg bei Philippi geweiht und ihm damals einen Tempel gelobt; Mars war auch der Helfer bei der Rück-

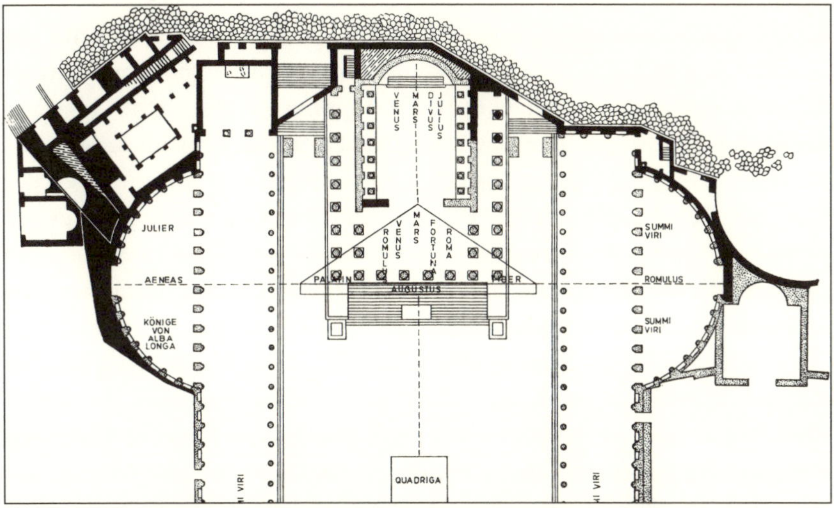

50 Rom, Forum Augustum, 2 v. Chr. **Oben** Grundriss mit Bildprogramm.
Unten Modell der Nordecke, Rom, Museo della Civiltà Romana

gewinnung der Feldzeichen von den Parthern im Jahre 20 gewesen; Mars schützte auch die seither erreichten Eroberungen. Im Jahre 2 v. Chr. schließlich stattete Augustus den Dank an den ‹Rächer Mars› (*Mars Ultor*) in monumentaler Form ab: durch die Einweihung des Forum Augustum in

Rom mit dem Tempel für Mars Ultor (Abb. 50). Es handelt sich dabei um eine Platzanlage auf einem Grundstück, das Augustus selbst erworben hatte (Abb. 6:G). Der Platz, *de iure* ein Heiligtum (*templum*), sollte zugleich als zusätzlicher Forumsplatz dienen (*Res gestae* 35; Suet. *Aug.* 29; 56,2). Hatte der Dictator Caesar sich im Namen seiner Familie am Forum Iulium und mit der Curia Iulia und den Rostra Iulia in das Stadtbild Roms eingeschrieben, so tat es der neue Princeps am Forum Augustum nicht mit seinem Familien-, sondern mit seinem neuen Ehrennamen, der dem Monument zugleich Erhabenheit zusprach. Das Forum Augustum stellt in seinem monumentalen Ausstattungsprogramm (Abb. 50 oben) gleichsam eine Quintessenz der Geschichtsdeutung dar, welche die Jahre seit Caesars Tod im Rückblick erfahren hatten. Erneut wurde die Summe des ideologischen Konzepts, das dem Principat zugrunde lag, in visueller und symbolischer Form gezogen. Der Tempel des Mars nahm als Konkretisierung des Militärischen die Feldzeichen auf, die man von den Parthern zurückgewonnen hatte. Er beherbergte zugleich Statuen des Mars, der Venus und des Divus Iulius als Zeichen der göttlich legitimierten Familientradition der Iulier, zu denen Augustus gehörte. Sein Giebel schließlich stellte den Bezug zwischen Mars, Romulus und der Stadt Rom her, markierte also die auf die Stadt und das Imperium bezogene Mars-Tradition. Unterhalb der Giebelfiguren erschien sodann der Name des Augustus als Stifter des Tempels. Den Platz vor dem Tempel fassten andere Bildwerke zwischen Geschichte und Gegenwart, Imperium und Princeps programmatisch ein: Die seitlichen Wandelhallen und halbkreisförmigen Räume (Exedren) nahmen auf der einen Seite Statuen der Iulier auf, beginnend mit dem mythischen Ahnherrn Aeneas. Ihnen gegenüber standen die *summi viri*, die bedeutendsten Männer der Geschichte Roms, beginnend mit Romulus (Abb. 46). Und in der Mitte des Platzes erhob sich eine Quadriga, ein Viergespann, das der Senat dem Augustus gestiftet hatte. Es trug die Inschrift *patri patriae*, dem Vater des Vaterlandes. Dies bot nicht nur den ebenfalls im Jahre 2 v. Chr. dem Augustus verliehenen neuen Ehrentitel. Es thematisierte auch die Rolle, in die das Bildprogramm des Forum Iulium den Princeps stellte: Im Schnittpunkt von göttlicher und mythischer Tradition mit der Geschichte Roms und der Geschichte seiner Familie, den Iuliern, stand Augustus – er verkörperte als Vater Rom. Das Bildprogramm des Forums fixierte damit endgültig sowohl das Vergessen der Gesetzesbrüche und Morde, die die Entstehung des Principats erst ermöglicht hatten – denn von diesen war keine Rede –, und es demonstrierte auch die Staatsideologie, die die neue *res publica* und das Imperium Romanum trug.

51 Rom, Forum Augustum, Attikageschoss der seitlichen Hallen. Rekonstruktion, Rom, Museo dei Fori Imperiali

Dies geschah aber nicht nur im Hinblick auf Rom, sondern auf einer zweiten Ebene auch im Hinblick auf die Provinzen und Völker des Imperium Romanum. Über dem Gesims waren die Fassaden der Wandelhallen mit den Statuen der Iulier und der berühmten Römer zum Platz hin ebenfalls figürlich geschmückt (Abb. 50 unten; 51). Dort wechselten insgesamt mehr als 50 lebensgroße Marmorkopien der fünf Mädchenstatuen (Koren) des bekannten Erechtheions auf der Athener Akropolis – des altehrwürdigen Tempels für unterschiedliche Götter – mit ebenso vielen Rundschilden ab, die bärtige Männer zeigten, unter ihnen Jupiter Ammon, den Herrn der Oase Siwa in Ägypten, und einen bärtigen Gallier.

Die Koren aus dem 5. Jahrhundert v. Chr. hielten Opferschalen in Händen und verliehen dem Bauwerk klassische Sakralität. Sie verwiesen zugleich auf die Vereinnahmung und (in der Vervielfältigung) unumschränkte Verfügbarkeit solcher Bildwerke auch aus Griechenland durch den Princeps. Rom wurde solcherart auch in diejenigen Traditionen eingebunden, die das antike Griechenland begründet hatte. Die Schmuckschilde erinnerten an Beutewaffen, die auf ihnen abgebildeten Köpfe an Völkerschaften des Imperium Romanum, aber auch an bedeutende Vorbilder des Augustus wie Alexander den Großen, der die Oase Siwa besucht hatte und von den dortigen Priestern als Sohn des hier abgebildeten Zeus Ammon angesprochen worden war.

Die Verbindung der komplexen Staatsideologie mit den Provinzen des Imperiums, um die sich gleichermaßen Provinziale wie Princeps spätestens seit Actium immer mehr bemüht hatten, fand also an dieser Stelle ihren Platz in Rom selbst.

DIE SICHTBARKEIT DER MACHT IM IMPERIUM

In den Jahren nach Augustus' Tod wurde das Augustusforum als Ganzes und im Einzelnen – etwa wie die Koren oder Schilde – auch in den Provinzen des Reiches nachgebaut und imitiert; darüber hinaus fanden seine Bestandteile in bildlichen Wiedergaben Verbreitung. Die schon früher betriebene

52 Monument zur Erinnerung an die Unterwerfung der Alpenvölker, 7/6 v. Chr. Marmor, La Turbie bei Monaco

und erfolgreich erreichte Vermittlung der symbolisch-dichten Bildsprache augusteischer Zeit setzte sich auf diesem Wege neuerlich bis in die Provinzen des Imperium Romanum fort.

Dies geschah zudem weiterhin durch Denkmäler, die Augustus und seine Erfolge in fernen Regionen des Reiches sichtbar machten: Nach den Erfolgen in Gallien und Spanien waren seit dem Jahr 9 v. Chr. auch die gesamten Alpen einschließlich ihres nördlichen Vorlands dem Imperium Romanum einverleibt worden. Der Senat selbst ergriff die Initiative, um dort den Machtgewinn zu demonstrieren. Im heutigen Ort La Turbie oberhalb von Monaco, an der höchsten Stelle der nach dem Sieg angelegten Via Iulia Augusta in der damals neu geschaffenen Provinz *Alpes maritimae*, ließen Senat und Volk von Rom im Jahre 7/6 v. Chr. für Augustus ein gewaltiges Siegesmonument errichten (Abb. 52). Etwa 50 Meter Höhe erreichte der aus Marmor auf einem quadratischen Sockel errichtete Rundbau. Seine Inschrift (Plinius, *Naturalis historia* 3, 136–138) rühmte die Erweiterung des Imperiums durch Augustus und listete die mehr als 30 unterworfenen Alpenstämme zwischen Tyrrhenischem Meer und Adria auf. Weithin sichtbar wurde damit die militärische Macht des Imperiums und seines Princeps auch an dieser Stelle ins Landschaftsbild einer römischen Provinz eingeschrieben.

– 3 –

HORAZ UND OVID: DICHTER IM NEUEN SAECULUM

Erst nachdem die Alleinherrschaft konsolidiert scheint, die Sittenreform vorläufig abgeschlossen ist und als Nachfolger des Augustus seine Enkel, die Caesares, ins Auge gefasst sind (S. 181), greift Augustus, wie es scheint, stärker in das literarische Geschehen ein – obwohl er es, möchte man glauben, weniger nötig hätte.

HORAZ WIRD FAST SCHON HOFPOET

Horaz, der Größte unter den noch Lebenden, der eigentlich die Lyrik längst aufgeben wollte, dann aber mit seinem *Carmen saeculare* überraschenden Erfolg hatte (S. 152), wird von Augustus gedrängt, Preislieder auf die Feldzüge seiner Stiefsöhne Drusus und Tiberius zu verfassen. Vielleicht hofft er dabei sogar, Horaz, der in jenem Säkularlied das bescheidene sapphische Versmaß (das eigentlich für Sologesang gedacht war) verwendet hatte, könnte in solchen Oden endlich die rhythmische Pracht der griechischen Chorlyrik, vor allem Pindars, in der lateinischen Literatur einbürgern. Von allen Formen der griechischen Poesie war ja eigentlich nur diese ohne römischen Meister geblieben – und sie blieb es. Denn Horaz war überzeugt von der Unnachahmlichkeit des schwanengleichen Pindar: Wer ihn nachzuahmen suche, werde wie Ikarus ins Meer stürzen, schreibt er in einer berühmten Ode (4,2), mit der er auch der lateinischen Nachwelt allen

Mut nahm (so dass erst ein Franzose des 16. Jahrhunderts, Jean Dorat, einen Versuch wagte). Dennoch gelingt es ihm (*Carmina* 4,4), im alcäischen Versmaß den Sieg des Drusus über die Vindeliker – und damit die Geburtsstunde Augsburgs (*Augusta Vindelicum*) – mit großem Atem und in wahrhaft pindarischen Farben zu feiern, weitausladende Perioden mit markigen Sentenzen würzend: *fortes creantur fortibus et bonis* ... («Tapfere stammen ab von Tapferen und Guten ...»). Das könnte in der Tat bei Pindar stehen. Die etwas weniger angestrengte Tiberiusode (4,14) läuft dann auf ein Lob des Augustus hinaus, der als Träger der Auspizien formell der Sieger war und nun als «größter Fürst, soweit die Sonne über die bewohnten Länder strahlt», gefeiert wird.

Herausgegeben hat Horaz diese Oden 13 v. Chr. in einem letzten Buch der Lieder, das mit einem weiteren Preis des Augustus (4,15) abgeschlossen wird. Wie schon früher gelegentlich weist er hier die Zumutung kriegerischer Lyrik zurück, aber weniger, weil seine Leier dafür zu schwach wäre, als weil durch Caesar zusammen mit altrömischer Moral ein weltweiter Friede hergestellt ist. Aufhorchen lässt der Schluss der Ode (und des Buchs): Hinkünftig werde des Abends der Familienvater beim Wein zusammen mit Weib und Kind von den Tugenden der Vorfahren in Rom und Troja singen. Das ist offenbar ein Reformvorschlag. Bisher waren es in Rom meist professionelle Sänger, oft leichtere Mädchen, die zum Symposion sangen: Jetzt stiftet Horaz im Hinblick darauf, dass die römische Matrone ohnehin am Symposion teilnahm, eine patriotische Hausmusik im sittsamen Familienkreise. Durchgesetzt hat sich, soweit wir wissen, sein Vorschlag nicht.

Im Übrigen gehört dieses vierte Buch zum Schönsten der lateinischen Dichtung, so dass Horaz hier mit einem Stolz wie nie zuvor von der Macht der Poesie spricht, die nicht nur den Dichter verewigen, sondern vor allem den Besungenen unsterblich machen, ja manchmal zum Gott erheben kann: Herkules, die Dioskuren und Bacchus verdanken ihre heroische Göttlichkeit nicht nur ihren Leistungen, wie bisher (S. 149), sondern auch den Dichtern: *Caelo Musa beat* (4,8,29: «Die Muse beglückt mit dem Himmel»). Sicherlich sollte Augustus dabei auch an sich denken. Dagegen hat Horaz die frühere Pose des Jugenderziehers (S. 150) in diesem Buch aufgegeben: Nach den Säkularspielen, d. h. in dem neuen Saeculum, scheint die Welt auch sittlich in Ordnung.

AN AUGUSTUS: WAS DICHTUNG IST UND WAS SIE SEIN KÖNNTE

Nicht nur als Dichter wurde Horaz vom Princeps beansprucht. Er hätte ihn gerne auch, wie Sueton in seiner Horaz-Vita dokumentiert, als Privatsekretär in seiner Nähe gehabt und damit, so hieß es in einem launigen Brief an Maecenas, von dessen «Schmarotzertisch» an seine «königliche Tafel» abgezogen. Als Horaz ablehnte, schmollte er zwar – «hochmütig hast du meine Freundschaft verachtet» –, entzog ihm aber nicht seine Gunst, sondern sandte ihm witzige Briefe. Wann gab es in der Antike ein so inniges Verhältnis zwischen Herrscher und Dichter? Einen Wunsch konnte Horaz ihm nicht abschlagen. Augustus beklagte sich darüber, dass er in seinen Versepisteln (S. 152) nie ihn selbst zum Briefpartner mache. Er schäkert: «Meinst du, dass könnte dich bei der Nachwelt in schlechten Ruf bringen, dass man meint, du seiest mein Vertrauter?» So nötigte er ihm den großen Hexameterbrief ab, der in unseren Ausgaben als Erster in einem «Zweiten Epistelbuch» erscheint (das es so wohl nie gegeben hat).

Dieser erste Literaturbrief, nach 15 v. Chr. verfasst, gibt zunächst so etwas wie eine Bestandsaufnahme der gegenwärtigen römischen Literatur, besser vielleicht Literaturszene. Horaz tadelt nämlich vor allem den herrschenden Kunstgeschmack, der (besonders im Theater) dem Alten vor dem Neuen bedenkenlos den Vorzug gebe. Ihm wird der Kunstverstand des Augustus gegenübergestellt, der sich nicht wie sogar der große Alexander ohne kritische Wertung verherrlichen lasse, sondern etwa durch die Hochschätzung von Varius Rufus (S. 143) und Vergil sein unbestechliches Urteilsvermögen zeige. Das entsprach in der Tat den Vorstellungen des Princeps, der nur «von den Besten gelobt» sein wollte (S. 144). Im Herzen des Gedichts aber steht ein singuläres Programm der sozialen und religiösen Funktion des Dichters (126 ff.), inspiriert wohl durch die Stoa (S. 49), ohne Zweifel aber noch mehr durch das eigene Erlebnis des *Carmen saeculare* (S. 152). Der Dichter ist der Erzieher der Jugend erst in der Sprache, dann auch in der Moral; er tröstet die Leidenden und Kranken; er vermittelt schließlich zwischen Göttern und Menschen: «Woher hätten reine Knaben und Mädchen ihre Gebete lernen können, hätte die Muse nicht den Dichter (*vates*) gegeben? Der Chor fordert Hilfe und fühlt die Anwesenheit der Götter ...» Was damals bei der Säkularfeier geschah – wir wissen sonst von nichts Vergleichbarem –, soll offenbar zur Regel werden. Und Horaz geht noch darüber hinaus: Der Chor, den er sich vorstellt, vertreibt Krankheiten und Gefahren, er erbittet Frieden und gute Ernte, er besänftigt die Götter in der Höhe und auch die Totengeister. Für manches von dem, was Horaz hier anführt, gab es Zauberverse, sakrale Lieder; aber er meint offenbar, dass nun der professionelle Dichter diesen sein geformtes Wort geben sollte, wie er selbst es bei der Säkularfeier getan hatte. Das Wort *vates*, eigentlich Prophet (S. 113), das auch Vergil und Properz längst für den Dichter verwenden, bekommt hier vollsten Klang. Horaz zeigt, vom Grammatikunterricht ausgehend, was nun im augusteischen Staat Dichtung nicht nur ist, sondern auch sein könnte: Erzieherin, Trösterin, ja Priesterin.

DE ARTE POETICA: EIN LOB DER FEILE

Ziemlich anderer Natur ist das aus eigenem Antrieb für junge Dichter verfasste Lehrgedicht *De arte poetica* (Über die Dichtkunst) – das Wirkungsmächtigste von allem, was Horaz geschrieben hat, ein Vermächtnis, wie wir es sonst vielleicht von keinem anderen Dichter besitzen. Weil das Gedicht keinen klaren systematischen Aufbau hat, wie er angeblich für eine *ars* erforderlich wäre, pflegt man es nach den Adressaten *Epistula ad Pisones* zu nennen und damit herabzustufen, aber der überlieferte Titel trifft genau: Es geht Horaz nicht um das Ganze der Poesie – einiges darüber steht im Augustusbrief – sondern just um die *ars*, die eigentliche «Kunst», das dem bewussten Kunstverstand Unterliegende, das Horaz, nicht als Erster, vom naturhaft Kreativen, meist *ingenium*, trennt: «Ob Natur (*natura*) ein Gedicht lobenswert mache oder Kunst (*ars*), hat man gefragt» (408 f.). Natürlich sind beide nötig und brauchen einander – gerade Horaz hat wie keiner vor ihm die alle Kunst übersteigende dichterische Verzückung in einer Ode (3,25 «Wohin reißest du mich, Bacchus ...») beschrieben –, aber das neue Werk handelt nun einmal *de arte*: Das Dichtwerk muss einheitlich sein, ökonomisch kalkuliert, innovativ in der Sprache, aber streng an den Gesetzen der Gattung orientiert, ohne Schluderei im Metrischen usw. Befremden hat erregt, dass Horaz sich am ausführlichsten über das Drama äußert, das doch damals, sagt man, keine große Rolle mehr spielte. Wohl eben darum! Horaz, der die Mängel der viel aufgeführten alten Komödien und Tragödien sieht, möchte sie durch Besseres, den griechischen Dramen Entsprechenderes ersetzt sehen; ja er macht sogar, was manchen unbegreiflich scheint, Vorschriften für ein lateinisches Satyrspiel, das es ja nie gegeben hat (übrigens bis heute nicht) – aber nach Horaz eben offenbar geben sollte.

Mit dieser Ausrichtung auf die «griechischen Vorbilder» (*exemplaria Graeca*), die man «Tag und Nacht zu studieren» habe, dürfte er auch recht genau der klassizistischen Geschmacksrichtung des Augustus entsprochen haben.

Anlass zum Werk scheint aber vor allem eine damals für kurze Zeit aufkommende Mode genialischer «Sturm-und-Trankdichtung» gewesen zu sein. Schon in einer früheren Epistel (1,19) hatte sich Horaz über jüngere Kollegen lustig gemacht, die, um recht kühn und wohl gar «horazisch» zu scheinen, sich dem Alkohol hingäben; es sind wohl dieselben, von denen er jetzt sagt, dass sie das Genie (*ingenium*) über die elende Kunst (*ars*) stellen (295) und sich darum nicht mehr rasieren, baden, die Nägel schneiden … Ihnen setzt Horaz die unerbittliche Notwendigkeit der dichterischen Präzisionsarbeit entgegen (291: *limae labor et mora*, «die zeitraubende Mühe des Feilens»). Überhaupt ist diese Forderung, die auch die Heranziehung des unbestechlichen Kritikers einschließt, das Hauptanliegen des Horaz – weniger das banale und oft zitierte *Aut prodesse volunt aut delectare poetae* (333: «Entweder nützen oder erfreuen wollen die Dichter»).

PROPERZ LÄSST SICH ZÄHMEN

«Wo alles liebt, kann Karl allein nicht hassen». Auch Properz, der vor dem Jahr 17 noch gelegentlich aufsässige Liebeselegiker, macht nun weitgehend seinen Frieden mit dem Regime. Unverkennbar im Geiste der augusteischen Religionsreform kündigt er im ersten Gedicht seines vierten Buches an, Feste und heilige Orte zu besingen in einer Art von Stadtführung, um als «römischer Kallimachos» (4,1,64) – denn jener hatte Ähnliches in seinen *Aitia* (Ursprungssagen) unternommen – in die Literaturgeschichte einzugehen. Aber sogleich kommt ihm in dem Gedicht, das sich überraschend zum Dialog wandelt, ein brambasierender Astrologe namens Horos in die Quere, der ihn warnt und zur Liebeselegie zurückruft. Properz schweigt über das Ergebnis der abbrechenden Debatte, das nun aber in dem vielleicht nicht mehr von ihm selbst veröffentlichten Buch vorliegt. Immerhin fünf Gedichte (2; 4; 6; 9; 10) entsprechen wenigstens ungefähr dem patriotischen Programm. In einem davon erzählt Properz zur Erklärung des palatinischen Apollon-Tempels noch einmal die Schlacht von Actium, diesmal mit einem langen Auftritt Apolls (4,6,27 ff.), der Augustus als den «Retter der Welt», *mundi servator*, anspricht – wozu man wissen muss, dass *mundus* bei den Römern den ganzen Kosmos bezeichnet. Ein die Elegie abschließendes Symposion gibt dann weiteren Dichtern Gelegenheit, augusteische Kriegstaten (von denen ein Partherkrieg allerdings noch aussteht) zu besingen.

Geradezu sensationell ist es, dass der als Ehefeind bekannte Properz (S. 146) nicht nur in der dritten Elegie eine römische Matrone an ihren kriegsbedingt abwesenden Gatten einen verliebten Brief schreiben lässt. Im letzten Gedicht spricht sogar eine als Stieftochter des Augustus identifizierbare Cornelia und preist aus dem Jenseits ihre monogamen Tugenden als römische *univira* (Frau nur eines Manns). Damit will sie vor einem imaginären Totengericht bestehen und zugleich ihre Angehörigen trösten: Über ihren Tod habe man ja, obwohl das Göttern untersagt ist, sogar «den Gott Tränen vergießen sehen» (4, 11, 60: *lacrimas vidimus ire deo*). Gemeint ist natürlich er selbst, Augustus – der, soweit wir sehen, nie zuvor so ohne weiteres als «der Gott» bezeichnet und unter die gängigen Götter eingereiht wurde (vgl. aber zum Osten S. 185 f.). Gute Familienväter unter den Philologen haben diesem Gedicht gerne als der *Regina elegiarum* (Königin der Elegien) gehuldigt. Dieses Prädikat verdient es nicht als Kunstwerk, sondern eher als Dokument der Unterwerfung. Dafür entschädigen zwei herrliche Gedichte, die die frühere Cynthia (S. 145) zurück auf die Bühne rufen. In einem davon (4,7) erscheint auch sie als Tote, wobei sie, unverkennbar die Alte, ihren Dichter sogleich mit Vorwürfen überschüttet, um schließlich, höchst überraschend, die Vernichtung der sie verherrlichenden Gedichte anzuordnen: Ohne die Glorie der Poesie will sie, die reine Liebende, bald im Tod mit ihm vereint sein: *mixtis ossibus ossa teram* (94: «Knochen an Knochen vermengt will ich reiben!»). Welch ein Gedicht! Aber das andere, ein Eifersuchtsschwank aus alten Tagen (4,8), ist fast noch besser. Freilich, das sind nur Erinnerungen.

OVID: EIN ERSTER DICHTER DER OPPOSITION

In völligem Gegensatz zu Properz entwickelt sich dessen junger Freund Ovid (P. Ovidius Naso), ein finanziell abgesicherter, mit Land (wie schon Tibull) versehener Ritter, zu einem Dichter, der dem Principat zwar nicht feindlich, aber doch mit kaum verhohlenem Spott gegenübersteht: Er ist wohl überhaupt der erste Literat, der Augustus wirklich unangenehm wurde (dessen Auseinandersetzung mit Gallus, S. 110, hatte ja nichts Literarisches betroffen). Um Ovids Haltung zu erklären, hat man zu Recht immer darauf hingewiesen, dass er als erst im Todesjahr Ciceros, 43, geborener Spätling, anders als die Dichter vor ihm, die Zeit des Bürgerkriegs und damit die Segnung der *Pax Augusta* nicht mehr wirklich erlebt hat. Als er etwa im Jahre 25 – das erste Schnurrbärtchen war ihm gerade gestutzt worden – «vor dem Volk seine Jugendgedichte» auf eine gewisse Corinna rezitierte (*Tristia* 4,10,57 f.), lag die Schlacht bei Philippi schon siebzehn Jahre zurück und der einstige Caesarfeind Horaz schrieb an frommen Römeroden. Aber diese, wie man sagt, Gnade der späten Geburt hätte ja auch Anlass dafür sein können, sich mit dem Gegebenen umso kritikloser einzurichten. Scheinbar tut Ovid das auch; aber gerade dabei stichelt er leise gegen eine Ideologie, die das Alte, von den Vätern Ererbte feiert und allenfalls dessen augusteische Wiederkehr begrüßt. Ovid setzt keck dagegen: *Prisca iuvent alios! Ego me nunc denique natum / gratulor: haec aetas moribus apta meis* (*Ars amatoria* 3,121 f.: «Andere mögen am Alten Freude haben! Ich gratuliere mir, dass ich erst jetzt geboren wurde: Diese Zeit passt zu meinem Charakter»). Worauf beruht dieses «Behagen an der Kultur» (Ernst Zinn)? Nicht auf den modernen Luxusgütern (über die Livius und Horaz ja schon griesgrämig gewettert hatten), sondern ... *quia cultus adest, nec nostros mansit in annos / simplicitas nostris illa superstes avis* (... «weil wir Kultur haben und weil jene primitive Lebensart unserer Großväter nicht bis auf unsere Jahre überlebt hat»). Gerade die alten Bauerntugenden besonders der gern zitierten Sabiner hätten ja nach Vergil und Horaz vorbildlich sein sollen: Ovid ist froh, dass deren Zeit vorbei ist. Jedoch nicht nur darauf beziehen sich seine kritischen Äußerungen.

Schon im zweiten Gedicht der uns in zweiter Auflage vorliegenden *Amores* (Liebesgedichte), die den Zeitanspielungen nach zunächst etwa zugleich mit dem 4. Buch des Properz (16/15 v. Chr.) veröffentlicht wurden, wird die *Clementia*-Ideologie des Princeps leicht ironisch behandelt und dieser als moralisches Vorbild ausgerechnet dem frivolen Gott Amor empfohlen: Er sei ja dessen Verwandter (beide stammen bekanntlich von Venus ab). Diese Beziehung (die auf einer pikanten Vermengung staatlicher und poetischer Religion beruht) dürfte auch schon anderen aufgefallen sein, aber Ovid spricht sie aus. Weit weniger harmlos ist, dass er den Treubruch des Gallus (S. 110) bezweifelt (3,9,63) und dass die Apotheose Caesars deutlicher als in der etwas nebulösen Formulierung des Horaz unmissverständlich als Akt menschlicher Hybris angesehen wird (S. 149). Spott ergießt sich über die neureichen, von Augustus' Gnaden beförderten Ritter, auch über die Verherrlichung des Soldatentums. Natürlich spricht in solchen Äußerungen ein, wie die Philologen sagen, «elegisches Ich», das mit dem Dichter nicht ganz identisch sein muss; aber Augustus war ja kein Philologe, jedenfalls kein heutiger.

OVIDS *AMORES* UND DAS EHEBRUCHSGESETZ

Nun gilt es, etwas auszuholen. Liebeselegien zu schreiben, war damals an sich schon nichts Selbstverständliches mehr. Mit dem Tod Tibulls 19 v. Chr. schien auch die Elegie, wie ein Zeitgenosse aussprach, gestorben zu sein; denn was Properz noch lieferte, waren trotz Reminiszenzen an Cynthia keine Liebeselegien mehr, die ja der Idee nach eine umworbene Geliebte verlangen (S. 159). Ovid als Einziger wagte es, diese früher einmal erfolgreiche Gattung wieder zu beleben, ja zu neuer Blüte zu führen. Wenn Quintilian später das berühmte Urteil sprach, in der Elegie könnten es die Römer mit den Griechen aufnehmen (*Institutio oratoria* 10,1,93), hatte Ovid, den er gar nicht besonders mochte, großen Anteil daran. Dieser selbst urteilte noch kühner: Was Vergil für das Epos gewesen sei, das sei er für die Elegie (*Remedia amoris* 395 f.). Und er hatte Recht damit. Wenige Werke der lateinischen Literatur aller Zeiten tragen so den Stempel des Genialen wie Ovids *Amores*. Was bot er Neues? Zunächst einmal die heitere Stimmung der guten Laune, die das ganze Werk so durchzieht, dass selbst Gedichte des Zorns und der Verzweiflung immer noch halb simuliert wirken – so wie wir hinter den Tränen einer barocken Büßerin stets ein wenig die Schauspielkunst wittern. Damit zusammen hängt eine neue Freude am Argumentieren und Disputieren, mit der die Künste der rhetorischen Pointierung und des Paradoxons ihren Einzug in die Poesie nehmen (S. 166 f.): jeder zweite Vers ein Treffer. Beachtlich ist auch die Kraft der Disposition, die jedes Gedicht zum oft geradezu knalligen Abschluss führt, während Tibull manchmal fast ins Uferlose zerfloss und bei Properz die Herausgeber bis heute oft nicht wissen, wo ein Gedicht aufhört und wo das nächste anfängt. Vor allem aber ist es die amoralische Frivolität, mit der Ovid sich als durchaus hedonistischer Liebhaber präsentiert, während seine Vorgänger mit ihrem Programm lebenslänglicher Treue (*fides*), wenn auch zu einem minderwertigen Objekt, immer noch ein Surrogat römischer Moral hochhielten.

Damit zusammen hängt das Politische. Ovids *Amores* sind die ersten Liebesgedichte, die fühlbar im Schatten der 18 v. Chr. erlassenen augusteischen Ehegesetze geschrieben sind und fast einen Protest gegen diese formulieren. Das betrifft zunächst das Adulteriengesetz (*lex Iulia de adulteriis*), durch das erstmals in Europa der Ehebruch der verheirateten Frau und ihres Liebhabers strafbar wurde (wie bis dato nur im Volk Israel), wobei sogar der Ehemann zum Einschreiten gegen die Delinquentin gezwungen wurde (sonst konnte er als Quasi-Zuhälter, *leno maritus*, ebenfalls strafrechtlich belangt werden). Damit wurden peinliche Dinge, die aber bisher innerhalb der häuslichen Wände geregelt worden waren, an die Öffentlichkeit gebracht und einem Gerichtshof (*quaestio*) unterworfen: ein unerhörter staatlicher Eingriff in die römische Familie, der Unmut erregt haben muss. An sich waren nun Ovids *Amores* hiervon nicht betroffen, so wenig wie die spärlichen Liebesgedichte, die Horaz in seinem letzten Odenbuch herausgab: Beide spielen im selben Milieu der, pauschal gesprochen, Libertinenliebe, die von den Sanktionen des Adulteriengesetzes explizit ausgenommen wurde. Da nun aber solche an sich unanstößigen Liebesverhältnisse der römischen Jugend, wie sie fast jeder bis zur Verheiratung einging, auch ihrer Terminologie nach eheähnlich sein konnten – ein Mädchen hat einen *vir* (Mann) und kann nicht nur dessen *amica* (Freundin), sondern auch *coniunx* (Frau) heißen usw. – kann Ovid, ohne geradeswegs zu illegalem Verhalten anzuspornen, doch mit Bosheit auf das Gesetz Bezug nehmen.

BEDENKLICHE POINTEN

Im letzten Gedicht seines ersten Buches (1,19) ist Ovid dabei, das Mädchen eines anderen zu verführen. Das sportliche Vergnügen jedoch, das er sonst an dergleichen hat, wird ihm hier dadurch vergällt, dass der betreffende *vir* auf seine Dame nicht sonderlich aufpasst (wozu er, wäre er Ehemann, sogar gesetzlich genötigt wäre). Ovid gibt sich empört: *Quid mihi cum facili, quid cum lenone marito?* («Was hab ich zu schaffen mit einem Mann, der gefällig ist und mir den Zuhälter macht?») Das war ein wörtliches Zitat aus dem Gesetz (wobei besonders *maritus*, fast nur für den Ehemann üblich, kühn war). Starker Tobak! Wer wollte, konnte daraus die Kritik lesen: Gefällige Ehemänner per Gesetz zu verfolgen ist unnötig, da sie durch ihr Entgegenkommen potentiellen Ehebrechern ohnehin den Spaß verderben. Aber so weit muss man gar nicht denken, um Ovids Frechheit wahrzunehmen. Das nächste, etwas einfachere Beispiel bietet eine Elegie (3,4), in der er sich umgekehrt darüber beklagt, dass ein Mann die eigene «Frau» zu gut bewacht: «Der ist ein allzu bäurischer Tölpel, den eine untreue Frau ärgert (*adultera coniunx* – das ist schiere Eheterminologie), und er ist allzu wenig mit den Gebräuchen der Stadt (Rom) vertraut.» Was? Vergeht sich alle Welt gegen das Adulteriengesetz? Das vielleicht doch nicht; aber Ovid weist darauf hin, dass Gott Mars seinerzeit (ohne Rücksicht auf die Ehegesetze) mit der Vestalin Silvia Romulus und Remus gezeugt habe (vgl. S. 162). Wozu man wissen muss, dass nach dem Gesetz auch das *stuprum*, der Geschlechtsverkehr mit der unverheirateten freien Frau, strafbar war. Immerhin vermeidet es Ovid, auf das hier an sich einschlägige Liebespaar Aeneas und Dido anzuspielen: Romulus war ja doch wenigstens kein Vorfahre des Augustus wie Aeneas.

An einer anderen Stelle kann er es sich aber doch nicht verkneifen, auf dessen Herkunft anzuspielen. In einer interessanten Elegie (2,14), die die Unsitte der Abtreibung anprangert – da denkt Ovid ganz katholisch –, führt er Beispiele an von Frauen, die, zum Glück, nicht abgetrieben haben: die Mutter Achills, die Mutter des Romulus und – Venus. Hätte sie abgetrieben, dann, würde man erwarten, hätte es keinen Aeneas gegeben – aber Ovid denkt weiter: dann ... *Caesaribus tellus orba futura fuit* – «wäre die Welt ohne Caesaren geblieben»! Es ist offenbar die erste literarische Anspielung darauf, dass sich Augustus gerade (im Jahre 17) durch die Adoption seiner Enkel, der Caesares, eine Dynastie geschaffen hat (S. 181). Musste darauf gerade in so bedenklichem Zusammenhang abgehoben werden? Kühn ist schließlich auch das vorletzte Gedicht der Sammlung (3,14): Da fordert Ovid die Geliebte auf, wenn sie ihn schon betrüge, dies dann doch so zu tun, dass er nichts davon merke: Selbst *in ipso actu* ertappt, möge sie alles abstreiten. Durch das Ehebruchsgesetz war auch das ein aktuelles Thema: Der Mann, der die Seitensprünge seiner Frau hinnahm, war ja als *leno maritus* straffällig. Hier evoziert Ovid sogar eine Gerichtssituation: Wenn sie nur «Habs nicht getan» (*Non feci*) sage, werde er als Richter alles glauben. Ein moralischer Bankrott, auch wenn man gar nicht an die juristischen Implikationen denkt. Überhaupt beruht die Anstößigkeit dieser *Amores* nicht nur auf den nachweisbaren Anspielungen auf das Ehegesetz, es ist die ganze liederliche Atmosphäre von Betrügen und Betrügen lassen, mit der sich Ovid in Kontrast zum Geist der Sittengesetzgebung setzt.

Augustus gab offenbar zunächst vor, Spaß zu verstehen. Jedenfalls blieb Ovid bei der jährlichen Rittermusterung, der er sich zu unterziehen hatte, mehrfach unbeanstandet. Und er war immerhin so vorsichtig, aus seinem wahrscheinlich nächsten Werk, den wundervollen *Epistulae* (*heroidum*), in denen die Liebe aus anderer, weiblicher Sicht dargestellt wird, alle Anspielungen auf das Adulteriengesetz wegzulassen. Hatte er eine Warnung erhalten?

V.

GLANZ UND ELEND DER MONARCHIE – DIE JAHRE 2 V. CHR. BIS 14 N. CHR.

– 1 –

DER PREKÄRE RUHM: INNENPOLITISCHE KRISEN UND KATASTROPHEN IM REICH

TIBERIUS ALS MANN DER ZUKUNFT UND NEUE BEDROHUNGEN

Wie die Affäre um seine Tochter Julia gezeigt hatte, war der Alltag der Augusteischen Herrschaft oft deutlich grauer als der weiße Marmor seiner Prachtbauten. Das ließ sich anlässlich der Festtage, die mit der Einweihung der neuen Gebäude einhergingen, vielleicht verbergen. Und dennoch mussten schwere Krisen ungeachtet des verordneten und inszenierten Jubels öffentlich thematisiert und beigelegt werden. Dazu gehörte zweifellos die neuerliche Regelung der Nachfolgefrage, welche sich durch die unerwarteten Todesfälle von Lucius (2 n. Chr. in Massilia) und Gaius Caesar (4 n. Chr. in Limyra) unerbittlich stellte.

Offenbar hat sich Augustus von diesem schweren Schlag rasch erholt, jedenfalls ist überliefert, er habe bald nach Erhalt der Todesnachricht und noch vor der Bestattung des Gaius am 26. Juni 4 n. Chr. wiederum eine Adoption vorgenommen. Für die Nachfolge suchte Augustus den zwei Jahre zuvor nach Rom zurückgekehrten Tiberius und den Bruder von Gaius und Lucius mit Namen Agrippa Postumus aus, während Tiberius seinen Neffen Germanicus, den Sohn des Drusus, adoptierte.

Wirkliche Ruhe kehrte jedoch nicht ein, da Augustus offenbar anders als bei Lucius und Gaius aufwändige Inszenierungen und öffentliche Präsentationen vermied. Dies scheint zumindest Agrippa Postumus, der 5 n. Chr. die *toga virilis* anlegte, frustriert zu haben. Angesichts der unge-

53 Holzmodell des Kenotaphs für C. Caesar. Es wurde nach seinem Tod auf Initiative des Augustus und Beschluss von Senat und Volk von römischen Baumeistern im lykischen Limyra, am Ort seines Todes, errichtet. Es zeigte augusteische Architektur und Reliefkunst der Spitzenklasse (S. 182, Abb. 43).

heuren Machtfülle, welche die *domus Augusta* täglich vorgeführt bekam, schienen einige Mitglieder der Familie unzufrieden darüber, dass Augustus ihnen nicht die Zukunft versprach, die sie sich entsprechend dem Vorbild des allmächtigen Kaisers für sich selbst wünschen mussten. Augustus stand derart unangefochten an der Spitze des Reiches, dass seine Herrschaftspraxis beinahe spielerisch einfach gewirkt haben muss.

Der Kaiser sah sich jedenfalls durch den Sohn Julias bedroht, deren Anhänger sich nun dem jungen Agrippa zuwandten. Im Jahr 7 n. Chr. verbannte er ihn auf die kleine Insel Planasia westlich von Elba. Ein Jahr später initiierte sein Schwager Aemilius Paullus, ein patrizischer Senator und der Mann der jüngeren Julia, eine Verschwörung, an der weitere Senatoren beteiligt waren. Nach Aufdeckung des Komplotts wurde auch Iulia minor verbannt, das eigene Kind ihr entzogen und ihr Haus in Rom zerstört. Manch anderer, darunter der Dichter Ovid, gingen im selben Jahr ins Exil, wobei sich eine unmittelbare Beziehung zu Iulia minor und den politischen Ambitionen des Aemilius Paullus nicht unbedingt rekonstruieren lässt. Generell scheint sich in diesem Jahr Unzufriedenheit in Rom breitgemacht zu haben, die auch ein gewisser Cassius Severus – vermutlich als Parteigänger des jungen Agrippa – ausnutzte und verschiedene Schmähschriften gegen Augustus und seinen näheren Umkreis in Rom verbreitete. Solche persönlichen Invektiven verfolgte der Senat schon in republikanischer Zeit strafrechtlich unter dem Tatbestand der ‹verletzten Würde› (*laesa maiestas*); sie galten seit Herrschaftsantritt des Augustus, wenn es um den Kaiser ging, als Hochverrat. Diese Gefahr nahm Cassius Severus ebenso wie andere auf sich: Man war im Umkreis von Iulia minor und Agrippa Postumus offenbar bereit, mit hohem Einsatz zu spielen, da man von einer möglichen Machtübernahme zu profitieren hoffte. Ein dilettantisch ausgeführter und daher fehlgeschlagener Versuch, die Exilierten im Jahr 14 n. Chr. zu entführen, um einen Putsch vorzubereiten, endete schließlich mit der Exekution der Tollkühnen. Ihre Hinrichtung befahl entweder Augustus noch selbst oder unmittelbar nach Machtübernahme sein Nachfolger Tiberius.

Diese Ereignisse verdeutlichen ebenso wie wiederholte Nachrichten über Pamphlete gegen den Kaiser und Namen einzelner Senatoren, die in Verbannung lebten oder Selbstmord begingen, dass auch das letzte Regierungsjahrzehnt des ersten Kaisers trotz seiner außergewöhnlichen Machtstellung nicht ungefährdet war. Eine ernsthafte Bedrohung stellten solche Gegner freilich nicht dar, wodurch der Eindruck entsteht, als ob einige Autoren der späteren Überlieferung, die neuerlich von angeblichen oder echten Verschwörungen sprechen, mit ihrer Darstellung ein anderes Ziel verfolgten. Es ging ihnen wohl weniger darum, eine tatsächliche Gefährdung des Kaisers zu kolportieren, als ein anhaltendes Interesse eines Teils der Aristokratie an politischer Teilhabe zu dokumentieren. Dieses Fähnlein der Aufrechten habe sich auch unter dem neuen Regime nicht einfach in das Schicksal faktischer Entmachtung gefügt, sondern wie jener Cassius Severus zur Zeit des Augustus selbst unter positiven Machthabern immer an der altrepublikanischen *libertas*, der Freiheit politischer Meinungsäußerung, festgehalten. Selbst ein ausgemachter Schurke wie Kaiser Caligula (37–41 n. Chr.) habe den Wert erkannt, den die Schriften dieses Mannes hatten, sie wieder hervorgeholt und gegen einen von Augustus propagierten Senatsbeschluss (Sueton, *Caligula* 16) in Stellung gebracht. So zeigte bereits mit Blick auf die Regierungszeit des Augustus die spätere Überlieferung ein lebhaftes Interesse daran, eine lange Tradition senatorischer Dissidenz zu konstruieren. Personen wie Cassius Severus, Cremutius Cordus, Thrasea Paetus und andere erscheinen als senatorische Märtyrer, deren Geschichte sich durch das 1. Jahrhundert n. Chr. zieht. Auch diese neue Form politischer Kultur – die Konstruktion senatorischer Opposition – ist ein Erbe der augusteischen Erneuerung. Man muss mithin bei den angeblich zahlreichen Verschwörungen, die sich in der langen Regierungszeit des Augustus ereignet haben sollen (Suet. *Augustus* 19), sorgfältig zwischen ernsthaften senatorischen Komplotten, operettenhaften Szenen ohne politischen Hintergrund und späteren senatorischen Selbstinszenierungen unterscheiden.

HUNGERSNÖTE IN ROM UND DIE KATASTROPHE IM TEUTOBURGER WALD

Die unbestreitbar vorhandene politische Spannung der späten Regierungszeit wurde durch Krisen in Rom und in den Provinzen befördert. Rom selbst sah in den Jahren 5 bis 9 n. Chr. eine ganze Reihe von Hungersnöten, die bedrohliche Ausmaße annahmen. Die Versorgung der Metropole, in der fast eine Million Menschen lebte, war ein logistisch äußerst schwieriges und störanfälliges Unterfangen. Neben den Unwägbarkeiten des Klimas musste der Unterhalt der *plebs urbana* mit jenem des Heeres koordiniert werden, das nur zu einem Teil von den landwirtschaftlichen Erträgen am Ort der Stationierung versorgt werden konnte. Mit einer Reform des Getreidenachschubs, der nun nicht länger von mehreren Senatoren, sondern von einem Präfekten (*praefectus annonae*) organisiert wurde, der mit diesem Amt als krönendem Abschluss einer langen ritterlichen Karriere ausgezeichnet wurde und demnach über einen entsprechend hohen administrativen Erfahrungsschatz verfügte, versuchte Augustus, weitere Hungersnöte zu verhindern. Der Kaiser zeigte ferner durch die nahezu gleichzeitig durchgeführte Reform der städtischen Feuerwehr (*cohortes vigilum*) Weitsicht und Geschick, auch wenn vieles bei notwendigen Verwaltungsreformen auf Improvisation angelegt war.

Doch nicht allein Hunger und Brände sorgten in diesen Jahren für erhebliche Unruhe in Rom, sondern auch dramatische militärische Vorkommnisse. In Pannonien, im Westen des heutigen Ungarn gelegen und einst von Tiberius unterworfen, kam es 6 n. Chr. zu einem massiven Aufstand gegen die römische Herrschaft. Die realitätsferne Vorstellung, die Aufständischen könnten in nur zehn Tagen Fußmarsch Rom erreichen, löste angesichts der gleichzeitig auftretenden Hungersnot beinahe eine Panik in der Hauptstadt aus. Augustus reagierte mit einer nicht weniger irrationalen, wohl populistisch gedachten Maßnahme, als er die völlig undurchführbare Verfügung erließ, mit Ausnahme von Ärzten und Lehrern seien alle Fremden aus der Stadt auszuweisen, um die Versorgungslage zu verbessern. Tiberius zog schließlich mit zehn Legionen – einschließlich der Hilfstruppen folglich mit dem ungeheuren Aufgebot von rund 100 000 Soldaten – an den Kriegsschauplatz und hatte dennoch bis zum Jahr 9 n. Chr. erhebliche Schwierigkeiten, den Aufstand niederzuwerfen. Die rigiden Truppenaushebungen in Rom selbst, hohe Verluste in den Kämpfen und

54 Die administrative Durchdringung Germaniens vor der Varus-Katastrophe belegen Bleibarren. Private Pächter schürften im Auftrag des Kaisers germanisches Blei im Sauerland (bei Brilon). Auf dem Barren sind abgekürzt der Name des Pächters *L(ucius) Flavi(us) Verucla* und *plumb(um) Germ(anicum)* – germanisches Blei – zu lesen. Musée départemental Arles antique

der immense finanzielle Aufwand, der mit der Kriegsführung verbunden war, brachten Rom damals an den Rand der finanziellen Erschöpfung – eine in der Herrschaft des Augustus neue Erfahrung.

Beinahe zeitgleich mit der Nachricht vom römischen Sieg in Pannonien traf im Jahr 9 n. Chr. in Rom die Schreckensbotschaft ein, dass die Germanen den Statthalter P. Quinctilius Varus mit drei Legionen vernichtend geschlagen hatten (Abb. 63). Ihrem Anführer Arminius, einem ehemaligen römischen Offizier, war es gelungen, eine schlagkräftige Truppe zusammenzustellen: germanische Stammesverbände und zu einem guten Teil wohl auch Einheiten von germanischen Hilfstruppen, die ehemals auf Seiten der Römer gekämpft und entsprechende Kampferfahrung hatten. Die bereits fortgeschrittene Einrichtung der Provinz im rechtsrheinischen Germanien hatte offenbar Unruhen provoziert, die Varus im September 9 n. Chr. mit einem nach Norden geführten Heerzug unterdrücken wollte. In unwegsamem Gelände geriet er jedoch in eine unübersichtliche und taktisch prekäre Situation, welche die Germanen zu nutzen verstanden, indem sie seine Legionen in mehrtägigen Gefechten aufrieben und schließlich komplett vernichteten. Funde von römischen Münzen, militärischen Ausrüstungsgegenständen und Lageranlagen bei Kalkriese legen nahe, daselbst den Ort der dramatischen Metzelei zu lokalisieren. Ein endgültiger Beweis, dass die Legionäre des Varus tatsächlich dort starben, steht freilich noch aus.

Nach der Belastung durch den Aufstand in Pannonien lösten diese Ereignisse Bestürzung aus, aber auch der alternde Augustus zeigte sich handlungsfähig. Einmal abgesehen von der kaum möglichen Ausweisung aller Germanen aus der Stadt Rom dokumentieren die Entsendung des Tiberius und die Verstärkung der Truppen am Rhein, dass Augustus unverzüglich und entschieden den Schutz der gallischen Provinzen ins Auge fasste. Tiberius und nach ihm besonders erfolgreich sein Neffe Germanicus unternahmen Strafexpeditionen in germanisches Gebiet, die als eine Fortsetzung expansiver Politik in der Region gedeutet werden können. Jedenfalls wollte Augustus die Provinz offenbar nicht einfach aufgeben.

EIN GEHEIMNIS ERFOLGREICHER HERRSCHAFT – INTEGRATION UND VERSTÄDTERUNG

Trotz der militärisch nur schwer zu lösenden Aufgaben in Pannonien und trotz Rückschlägen in Germanien war und blieb Augustus der erfolgreichste Feldherr, den Rom bis dahin gesehen hatte. Ihm gelang aber nicht nur eine erhebliche Erweiterung des Imperium Romanum, sondern auch eine durchaus neuartige Integrationspolitik im Umgang mit den früheren Feinden. Die römische Eroberungspolitik war seit jeher nicht nur von erbarmungsloser Gewalt geprägt, sondern stets auch von der Einsicht in die Notwendigkeit, die Unterworfenen so zu behandeln, dass nicht eine flächendeckende militärische Kontrolle erforderlich wurde, die man nicht hätte leisten können. So mussten Senat und Kaiser die lokalen Eliten für ein proрömisches Verhalten gewinnen. Diesem Ziel hatten in den letzten beiden Jahrhunderten der Republik regelmäßig die Raffgier und das brutale Vorgehen der Statthalter und Steuereintreiber im Weg gestanden. Die bereits erwähnte allmähliche Reform der Provinzverwaltung durch Augustus schuf eine neue Basis, da Sicherheit und Prosperität wichtige Rahmenbedingungen waren, um die lokale Aristokratie loyal an Rom zu binden. Freilich waren Unterschiede zwischen den östlichen Reichsteilen und dem Westen zu beachten. Da die östlichen Provinzen zu einem guten Teil durch die Tradition der griechischen Polis geprägt waren, konnte der Kaiser dort an überschaubare und verlässliche Strukturen anknüpfen. Er musste den hellenisierten Polisbürgern nur verdeutlichen, dass Rom eine Führung des Gemeinwesens nach römischem Vorbild, also durch eine überschaubare Clique von Aristokraten, nach Vermögen ausgesucht und versammelt im städtischen Rat (griech.: *bulê*), für das Beste hielt.

Im Westen war die Situation unübersichtlicher, weil dort Urbanisierung und Administration oft noch keinen wünschenswerten Entwicklungsstand erreicht hatten. Vielerorts musste erst jener Prozess in Gang gesetzt

55 Die kaiserlichen Freigelassenen Mazaeus und Mithridates errichteten 4/3 v. Chr. das neue monumentale Tor zur sog. Tetragonos Agora in Ephesos. Sie ehrten so Augustus, Livia, Agrippa und Julia als Patrone der Stadt und feierten mit dem Neubau den Beginn einer neuen Zeit.

werden, der heute mit dem Begriff Romanisierung bezeichnet wird. Dahinter verbarg sich freilich keine gänzliche Übernahme römischer Kultur in kolonialistischer Manier, sondern die Herstellung eines Gleichgewichts zwischen den weiterhin bestehenden lokalen Besonderheiten und einer behutsamen Anpassung an römische Strukturen. Wie bereits angedeutet, konnte dies am ehesten gelingen, wenn der Kaiser sich den Ehrgeiz und die Eitelkeit lokaler Eliten zunutze machte. Dies hatte schon Caesar erkannt (Abb. 1) und diese Einsicht an Augustus weitergegeben. Ziel römischer Politik musste eine Verstädterung der neu hinzugekommenen Gebiete sein, wobei die gefällige Gestaltung des urbanen Raums und die Konstruktion einer bürgerlichen Verfassung Hand in Hand gehen sollten. Die mit großem Engagement von Augustus aufgenommene und intensiv fortgesetzte Politik der Urbanisierung und Munizipalisierung war sicherlich auch in Zukunft das erfolgreichste Herrschaftsinstrument der Römer. Die Gründung von römischen Bürgerkolonien, vor allem aber die Einrichtung von sogenannten Munizipien, das heißt die Verleihung eines speziellen Stadtrechts an bereits bestehende Orte, band die Provinzialen eng an Rom. Während in den Kolonien alle Bürger das römische Bürgerrecht besaßen, erhielten dieses Recht in den Städten, die den Status eines Munizipiums erlangten, nur diejenigen, die sich politisch engagierten, womit in erster Linie die Übernahme administrativer Aufgaben gemeint war. Die reichsten Bürger eines solchen Gemeinwesens konnten auf diese Weise als lokale Bürgermeister, Ratsherren oder in anderen administrativen Bereichen zeitlich begrenzt Verantwortung übernehmen und hatten gleichzeitig durch das neu erworbene Bürgerrecht die Möglichkeit, in die Reichsaristokratie aufzusteigen. Dieses Modell war so erfolgreich, dass sich in den westlichen Provinzen viele lokale Gemeinden am römischen Muster orientierten und sich aus eigener Initiative reformierten. Im 2. Jahrhundert n. Chr. konnte schließlich der Historiker Tacitus mit Blick auf Britannien sarkastisch feststellen, was die Provinzialen für die höchste Freiheit hielten, nämlich die Übernahme römischer Stadtkultur und Verfassung, sei in Wirklichkeit die höchste Form der Knechtschaft (Tacitus, *Agricola* 21). Doch dies war vor allem eine großmäulige Redeweise, mit der Tacitus in erster Linie der Amtsführung seines Schwiegervaters Agricola – eines Kommandeurs in Britannien – die traditionelle Darstellungsweise römischer Suprematie angedeihen lassen wollte.

Auch Augustus mag sich in der Tradition solcher römischer Arroganz bisweilen abfällig über Unterworfene geäußert haben. Doch er verfügte über genügend Weitsicht, in ihrer Integration die Basis stabiler Herrschaft zu erkennen. So hat er etwa durch mehrere Edikte, die er 7/6 v. Chr. den Einwohnern von Kyrene zuteilwerden ließ, die rechtlichen Unterschiede zwischen Einheimischen und Römern verringert, um jenen in ihren Angelegenheiten seine freundliche Zuwendung zu signalisieren. Augustus war in allen Provinzen an der Unterstützung oder gar Gründung von Städten als loyalen Verwaltungsmittelpunkten gelegen, denen er Aufgaben wie zum Beispiel das Einziehen der Steuern auf ihrem Territorium in Eigenverantwortung übertragen konnte. Zugleich bedeutete er den Provinzialen im Osten wie im Westen, dass er sich persönlich um ihre Belange kümmerte. Bereicherung und Übergriffe einzelner römischer Amtsträger gab es fraglos weiterhin, aber der Kaiser war nun die neue Instanz, an die sich die Provinzialen bei solchen unrechtmäßigen Aktionen wenden konnten. Und selbst bei innerstädtischen Dissonanzen bot er Hilfe an, ja er kümmerte sich sogar um skurrile Rechtsbrüche. So hatte kurz vor dem Jahr 5 v. Chr. in der westkleinasiatischen Stadt Knidos eine Gruppe jugendlicher Randalierer nachts immer wieder das Haus eines Ehepaares belagert. Die Eingeschlossenen hielten einen Sklaven an, aus einem Fenster des Obergeschosses Fäkalien über die Pöbelnden auszuleeren, in der Hoffnung, diese so vertreiben zu können. Dem Sklaven fiel unglücklicherweise die Amphora mit Kot und Urin aus der Hand und traf einen der Rädelsführer am Kopf, worauf der schwer verletzt und schmutzbesudelt starb. Die Bewohner von Knidos wandten sich an Augustus, um die Eigentümer des Sklaven endlich zur Rechenschaft ziehen zu können. Nach gewissenhafter Untersuchung stellte der Kaiser jedoch fest, dass die Randalierer schwerstes Unrecht begangen hatten, das offenbar von der Bürgerschaft aus nicht genannten Gründen gedeckt worden war, die Belästigten demnach in Notwehr gehandelt hatten und im Recht waren (IK Knidos 34).

Dass man diesen Fall aus bis heute nicht geklärten Motiven in der Nachbarstadt Astypalaia inschriftlich dokumentierte, zeigt zugleich, dass die kaiserliche Zuwendung, sein ostentatives Kümmern auch ein Paradoxon zur Folge hatten: Die Mentalität der städtischen Führungsschicht wandelte sich rasch, und man neigte zunehmend dazu, bei innerstädtischen Problemen den römischen Statthaltern oder gleich dem Kaiser die Klärung zu überlassen. Während Rom auf tätige Selbstverwaltung setzte, brachten sich die Städte bei Rechtsproblemen, Misswirtschaft und finanziellen Engpässen zunehmend selbst in die Rolle eines Verwaltungsobjektes der römischen Machthaber. Und je mehr die Römer eingriffen, desto unmündiger gebärdeten sich die lokalen Führungsschichten. Aus ihrer Perspektive war aber – und das war die durchaus positive Kehrseite der Medaille – endlich eine Instanz gefunden, die gegen die Übergriffe vor allem von Seiten der römischen Amtsträger vorging. Augustus griff diese freiwillig gewählte Unmündigkeit gern auf. Im fünften Edikt, mit dem er ein Jahr nach den Vorkommnissen in Knidos die Übergriffe von Römern in der Stadt Kyrene unterbinden und bestrafen wollte, drückte er dies so aus: «Allen Bewohnern der Provinzen soll deutlich werden, wie groß die Fürsorge ist, die ich und der Senat darauf verwenden, dass keiner unserer Untertanen wider die Billigkeit etwas zu erleiden hat oder Erpressung erdulden muss» (Bringmann/Schäfer 313).

DIE SOLIDE ARCHITEKTUR KAISERLICHER MACHT – DAS NEUE ANSEHEN DER FÜHRUNGSSCHICHTEN

Augustus verstand es folglich sehr gut, jene wichtige Schicht von Untertanen, die allenthalben den sozialen und wirtschaftlichen Unterbau des Reiches bildeten, zu stabilisieren. In der Tektonik des Sozialgefüges war es freilich ebenso wichtig, die Führungsschicht insgesamt neu zu justieren. Von der Neustrukturierung und propagierten moralischen Erneuerung des Senatorenstandes (*ordo senatorius*) war bereits die Rede. Dieser Stand wurde nun noch deutlich exklusiver als zuvor. Neben der Erhöhung des Mindestvermögens der Mitglieder auf 1 000 000 Sesterzen – eine Summe, für die ein einfacher Arbeiter 600 Jahre hätte schuften müssen – gelang dies durch die Verfügung, dass Söhne von Senatoren die Zugehörigkeit zum *ordo* erbten und mit der Volljährigkeit auch ohne Sitz im Senat eine spezielle Toga, die mit einem breiten Purpurstreifen versehen war, anlegen durften. Dies wurde künftig Voraussetzung, sich überhaupt um ein Amt bewerben zu dürfen. Zugleich durfte der Nachwuchs an Senatssitzungen teilnehmen, um sich auf seine spätere Amtskarriere vorzubereiten. Auch die Schaffung neuer Ämter für solche Aufgabenbereiche (*curae*), die früher Magistraten zugeordnet waren, und ihre Besetzung ausschließlich mit Senatoren privilegierten ihren Stand.

Der Senat wurde also merklich von der übrigen Bevölkerung, vor allem aber vom Ritterstand abgegrenzt. Der *ordo equester* war gut hundert Jahre früher im politischen Streit durch Insignien, gesonderte Sitzplätze im Theater sowie Übertragung von Richterstellen vom Senat geschieden worden, um Letzteren zu schwächen. Solche Signale der Missachtung musste Augustus bei seiner Neuordnung unbedingt vermeiden. Ihm war mehr daran gelegen, aus dem Ritterstand allmählich eine zweite tragfähige Säule der sozialen wie administrativen Architektur des Reiches zu formen. Da für eine Aufnahme in diesen *ordo* ein Mindestvermögen von 400 000 Sesterzen notwendig war, war der Kreis derer, die in diesen Stand aufgenommen werden konnten, zahlenmäßig deutlich größer als bei den Senatoren. Aus dem Kreis der Ritter rekrutierte der Kaiser das Offizierskorps seiner Truppen, dessen Mitglieder nach Ablauf der Dienstzeit entweder in neugeschaffene kaiserliche Verwaltungsämter wechseln konnten, Richter in Rom wurden oder als Privatiers wieder in ihre Heimatstädte zurückkehrten. Da Augustus selbst sie in ihren nichterblichen Stand aufgenommen hatte, galten sie als Personen, die besondere kaiserliche Protektion genossen. Entsprechend prestigeträchtig war die Zugehörigkeit zu diesem *ordo* für den Einzelnen wie für dessen Heimatgemeinde. Der Ritterstand bildete demnach reichsweit ein wichtiges Scharnier zwischen der lokalen Honoratiorenschicht, der die Ritter selbst angehörten, und der Reichsspitze. Deshalb erkoren viele Städte ihre zum Ritterstand gehörenden Bürger offiziell zu Patronen und Fürsprechern in der Reichsverwaltung wie gegenüber dem Kaiser. So vollzog sich auch in den Provinzen sichtbar an den Rittern die Integration der Führungsschichten.

Schon in der Triumviratszeit hatte der nachmalige Kaiser begonnen, die reichsten Männer aus Kolonien und Munizipien in den Senat aufzunehmen – eine Politik, die er später konsequent fortsetzte, was der spätere Kaiser Claudius in einer Senatsrede als vorbildliche und nachahmenswerte Politik lobte (*Inscriptiones Latinae Selectae* 212 II Z. 1 ff.). Diese Politik betraf zunächst Italien. Da Augustus aber auch wohlhabende Männer aus den romanisierten Provinzen im Süden Spaniens und Galliens in den Senat aufnahm, sandte er deutliche Signale an deren Führungsschichten aus und warb erfolgreich um ihre Loyalität. So initiierte der erste Kaiser eine Politik, in deren Folge auch noch in den nächsten beiden Jahrhunderten Senatoren aus beinahe alle Regionen des Reiches berufen wurden.

Augustus verstand es mit seiner Strategie hervorragend, die politischen Entscheidungsträger auf allen Ebenen, von der Kleinstadt bis zum römischen Senat, einzubinden und sie für seine Reformen wenn nicht zu begeistern, so doch für diese einzunehmen. Hatte er den Senatoren durch die scharfe Konturierung des Standes und die Reservierung der wichtigsten Amtsstellungen besonderes Prestige verliehen, so deshalb, weil er in allen elementaren Bereichen der römischen Stadt- wie Reichsverwaltung auf diesen Stand setzte. Dies ließ die jeweils vom Kaiser selbst auf dem Weg der Ernennung (*nominatio*) oder Empfehlung (*commendatio*) ausgewählten Senatoren offenbar verschmerzen, dass der Senat als einstmals genuin politisches Gremium keinen Einfluss mehr hatte, jedenfalls keine bedeutenden politischen Initiativen mehr ergreifen konnte. Als Augustus im Jahr 5 n. Chr. einen Ausschuss einsetzte, der aus Senatoren und führenden Rittern bestand – die Destinationszenturien –, der künftig geeignete Kandidaten für den Consulat und die Prätur vorschlagen sollte, hatte er damit beide Stände endgültig auf die kaiserliche Personalpolitik verpflichtet. Natürlich hatte der Kaiser die Auswahl der Amtsträger längst getroffen und behauptete auf diese Weise nur, der Senat und die Elite der Ritter würden gefragt. Doch das Angebot zur Autosuggestion des Fortbestands letztlich nicht existierender Mitspracherechte wurde anscheinend angenommen.

Nicht weniger geschickt band die Heiratspolitik des Kaiserhauses, durch die gezielt Ehen mit führenden Senatorenhäusern initiiert wurden, Teile des Senats persönlich an die *domus Augusta.* Auf diese Weise entstand mit den Jahren ein weitverzweigtes Geflecht familiärer Beziehungen mit beinahe allen führenden Senatorenfamilien, die ihre Verbindung mit dem Kaiserhaus stolz zur Schau trugen und selbst entfernte Verwandtschaftsgrade in Inschriften erwähnten. Doch konnten, wie bereits erwähnt, solche Verbindungen auch gefährlich werden, wenn die Frage der Thronfolge auf der Tagesordnung stand.

Auf unterschiedlichen Ebenen und in vielfältigen Formen versuchte Augustus mithin den Ehrgeiz von Senatoren wie Rittern zu befriedigen. Da der Kaiser auch das Recht wahrnahm, führende Vertreter der Ritter in den Senat aufzunehmen, stand besonders ehrgeizigen Mitgliedern dieses Standes immer zugleich auch die glänzende Aussicht vor Augen, an die Spitze der Aristokratie zu gelangen. Den Honoratioren der Städte wiederum signalisierten Kaiser und römische Amtsträger über Bürgerrechtsverleihungen, dass ihnen wie den in den Provinzen ernannten Rittern und Senatoren prinzipiell alle Wege offenstanden. Auf allen Ebenen der sozialen Pyramide nahm man demnach eine soziale Durchlässigkeit und Karrierechancen wahr, die es in diesem Umfang in der Republik nicht gegeben hatte. Allein mit diesen gesellschaftspolitischen und administrativen Neuerungen hat Augustus langfristig die Entwicklung der römischen Gesellschaft vorangetrieben, wie es bis dahin in der römischen Geschichte ohne Parallele war. Die relative Stabilität des augusteischen Systems und die über Generationen anhaltende Prosperität des Reiches ist zu einem guten Teil auf diese weitsichtige Politik zurückzuführen.

DIE NEUEN EHREN UND DER VERLUST POLITISCHER SPIELRÄUME

Diese Neujustierung der sozialen Ordnung hatte freilich – und das ist für ihr Verständnis entscheidend – zwei Seiten. Auf der einen Seite können wir beobachten, dass das Ansehen der *ordines* von Senat, Rittern und Dekurionen auf verschiedene Weise aufgewertet wurde. Die Kehrseite des gewachsenen Ansehens aber war eine Reduzierung des politischen Einflusses und der Verlust von Entscheidungskompetenzen, die über das Alltagsgeschäft hinausgingen und den Senat als Institution betrafen. Auch standen Senatoren wie Ritter vollständig unter der Beobachtung des Kaisers, der sie mit verschiedenen Gesetzen und neuen Kommissionen, die sich um die Besetzung der Ämter oder die politische Beratung des Augustus zu kümmern hatten, kontrollierte.

Augustus okkupierte zudem alle in den Augen der stadtrömischen Bevölkerung sichtbaren und daher besonders prestigeträchtigen Repräsentationsbereiche. Er allein feierte fortan Triumphe, sicherte die Getreideversorgung und veranstaltete die großen Spiele in Rom. An Festtagen, die vor allem zusammen mit bedeutenden Ereignissen wie Geburten oder Hochzeiten im Kaiserhaus gefeiert wurden, verteilte Augustus an die *plebs urbana* großzügig Geldspenden, meist in der Höhe mehrerer Monatsgehälter. Auf den Münzen verschwanden die Namen der für die Prägung zuständigen Senatoren, während der Kaiser und seine Familie diesen Platz einnahmen. Auch die wichtigsten Bauvorhaben, von denen das stadtrömische Volk profitieren sollte, initiierte der Kaiser. Das Forum Romanum, das sich den Römern während seiner Regierungszeit meist als Baustelle darbot, war am Ende seiner Herrschaft ein exklusiver Repräsentationsraum seiner Familie (Plan S. 94).

Gegenüber dem stadtrömischen Volk verfolgte Augustus demnach die gleiche Politik wie gegenüber den anderen sozialen Gruppen und Schichten des Reiches: Auf der einen Seite standen Maßnahmen, mit denen die Würde und Ehre des Volkes erhöht wurden. Dazu gehörte beispielsweise die Einschärfung einer Kleiderordnung, nach der das Tragen der römischen Toga bei öffentlichen Anlässen exklusiv römischen Bürgern vorbehalten, aber auch verpflichtend war. Auch mussten fortan die Römer von Fremden und Frauen getrennt im Theater Platz nehmen, um als privilegierte soziale Gruppe sichtbar zu sein. Entsprechend groß war die Zahl von Spielen, Festen und öffentlichen Aufführungen in Theatern und Stadien, die Augustus später stolz in seinem Tatenbericht aufführen sollte. Die andere Seite der Privilegierung durch exklusive Geschenke wie Getreide, Bauten und Bargeld war eine zunehmende Entmachtung der Institutionen des Volkes. Die Volksversammlungen hatten spätestens seit 5 n. Chr. nur noch akklamatorische Funktion, bestätigten also nur noch, was Augustus längst entschieden hatte, da der Kaiser die Amtsträger bereits den Destinationszenturien empfohlen hatte. Aber vielleicht waren die Römer der enervierenden Wahlkämpfe, die selbst unter Augustus bisweilen noch von öffentlichen Unruhen begleitet waren, auch längst überdrüssig geworden. Die einzelne Stimme hatte wegen der römischen Wahlordnung, in der die reichsten Männer schon immer alles entschieden hatten, bevor die Masse des Volkes votierte, sowieso keinerlei Gewicht. Doch allmählich sollte sich die stadtrömische Öffentlichkeit auf anderem Weg Gehör verschaffen. Jedenfalls lernten die Römer mit der Zeit, die öffentlichen Versammlungen in Theatern zu nutzen, um in Sprechchören Unmut zu äußern und politische Interessen zu artikulieren.

REFORM ALS EXPERIMENT

Die beschriebene Neuordnung der Stände wie der Verwaltung Roms und des Reiches waren Ergebnis einer Politik, die über Jahrzehnte und in vielen kleinen Etappen verfolgt und umgesetzt wurde. Augustus hat bisweilen auch im Detail experimentiert und einzelne Reformen wieder revidiert, aber in den Grundzügen scheint die Politik durchaus einem großen Ziel verpflichtet gewesen zu sein: Es ging um die endgültige und möglichst nachhaltige Etablierung seiner Alleinherrschaft. Dabei stand nicht allein das persönliche Machtinteresse im Vordergrund. Vielmehr scheinen Augustus und viele seiner Zeitgenossen mit seiner Person tatsächlich die Vorstellung verbunden zu haben, dass nur er Sicherheit, Frieden und Wohlstand garantieren könne. Die Gegner dieser Politik verfolgte der Kaiser bis zum letzten Regierungsjahr rücksichtslos und konsequent. Dabei bediente er sich des gesamten Instrumentariums der Repression von Todesurteilen über Verbannungen und Bücherverbrennungen bis hin zu Zensur und Gleichschaltung der öffentlichen Verlautbarungen. Die Tugend der Milde (*clementia*) wurde nur geübt, wenn jemand seine Gegnerschaft reuig aufgab und zum Anhänger konvertierte.

Dass zumindest in Rom mehrere tausend Prätorianer und anderen Soldaten der städtischen Kohorten täglich den öffentlichen Raum streng überwachten, dürfte der Grund dafür sein, dass wir von Protesten nichts hören. Selbst die schweren wirtschaftlichen Krisen des letzten Regierungsjahrzehnts, die das Resultat von Kriegsführung und ökonomisch fragwürdigen Geldgeschenken sowie Baustiftungen in Rom und in den Provinzen waren, ließen keinen gefährlichen öffentlichen Unmut entstehen. Als Augustus die bis dahin von ihm selbst geleistete private Finanzierung der Veteranen aufgab und im Jahr 6 n. Chr. eine Militärkasse, das *aerarium militare*, gründete, das fortan aus einer neuen Erbschaftssteuer in Höhe von 5 Prozent gefüllt werden sollte, gab es vernehmlichen aristokratischen Protest, aber eben keine Umsturzpläne. Mit den Empfängern der neuen Steuergelder war schließlich nicht zu spaßen. Die schwere Wirtschaftskrise, die erst der Thronfolger

Tiberius durch Verzicht auf Eroberungen und strenge Sparpolitik in den Griff bekam, überschattete jedenfalls die letzten Jahre des Augustus. Rom und die Provinzen litten offenbar erheblich unter hohen Zinslasten und Schulden.

TESTAMENT UND TOD

Im Jahr 13 n. Chr. beschloss der Senat zum letzten Mal, die Amtsvollmachten des Augustus zu verlängern. Gleichzeitig wurden Tiberius dieselben Kompetenzen übertragen, um – wenn der Kaiser sterben sollte – einen reibungslosen Wechsel an der Spitze des Reiches zu gewährleisten. Am 3. April dieses Jahres verfasste Augustus sein Testament, das er in zwei Kopien im Heiligtum der Vesta hinterlegte. Darin verfügte er Geldgeschenke an das stadtrömische Volk und die Soldaten, die innerhalb eines Jahres bar auszuzahlen waren. Vom kaiserlichen Gesamtvermögen sollte Tiberius nahezu zwei Drittel, Livia ein Drittel erhalten. Der Rest des Vermögens ging an andere Verwandte und einzelne ausgewählte Senatoren. Thronfolger und Kaiserwitwe sollten zukünftig die Ehrennamen Augustus beziehungsweise Augusta tragen, die der Herrscher demnach mittlerweile als erblich betrachtete – symbolisches Kapital, über das er frei verfügen konnte. Dem Testament legte er einen Rechenschaftsbericht bei, der den militärischen Status beschrieb und eine Aufstellung aller Finanzmittel inklusive ausstehender Zahlungen enthielt. Selbst die Durchführung seiner Bestattung legte er in einem weiteren Dokument fest. Die Bildnisse aller führenden Männer der römischen Geschichte sollten im Leichenzug mitgeführt werden, Augustus demnach selbst als der größte unter den *principes* Roms erscheinen. Damit wurde eine Tradition der Selbstdarstellung begründet, die lange gültig blieb. Noch bei der Bestattung des Kaisers Pertinax im Jahr 193 n. Chr. wurden diese Bildnisse bedeutender Römer gezeigt, die folglich seit Augustus für diesen Zweck aufbewahrt worden waren.

Eine Besonderheit bei Augustus' Tod war indes, dass neben den genannten Zeugnissen auch sein Tatenbericht verlesen werden sollte. Er hatte von Beginn an seine politische Tätigkeit nicht nur durch prominente Dichter der Zeit verherrlichen lassen, sondern auch persönlich durch Schriften kommentiert und vertreten. Von einzelnen Pamphleten der Bürgerkriegszeit über seine Autobiographie bis hin zu den Leichenreden, die er für die vielen Mitglieder der *domus Augusta* gehalten hat, oder selbstverfassten

56 Marmortempel für Roma und Augustus in Ancyra (heute Ankara). In die Wand der Vorhalle und die Außenwand der Cella wurden eine griechische und eine lateinische Kopie des Tatenberichts (*Res gestae*) von Augustus eingemeißelt, der auf Bronzetafeln vor dem Augustusmausoleum in Rom zu lesen war.

Grabinschriften und einer Biographie des Stiefsohnes Drusus (Sueton, *Claudius* 1,5), nutzte Augustus verschiedene literarische Formen, um sich und seine Familie in glänzendem Licht erscheinen zu lassen. Der Tatenbericht ragt freilich heraus, denn etwas Vergleichbares hat man in Rom vorher nicht lesen können. Das überlegt komponierte Dokument hat Augustus sorgfältig in verschiedene Teile mit thematischen Schwerpunkten gegliedert. Beginnend mit den ihm angetragenen Ehrungen, den im zweiten Teil dargelegten Zuwendungen an Volk, Soldaten sowie für die Baupolitik und seinen außenpolitischen Erfolgen im dritten Teil beschrieb er alle für ihn relevanten Bereiche seiner Politik. Eingerahmt ist der Text gewissermaßen durch eine Darlegung seiner Anfänge im Jahr 44 v. Chr. und die in den letzten Kapiteln erfolgte Darstellung des Staatsaktes im Jahr 27 v. Chr.

Das Dokument richtete sich unmissverständlich an die politische Führungsschicht, deren Loyalität Augustus durch häufige Nennung des Senats

57 Beginn der lateinischen Fassung der *Res gestae* auf der Außenwand der Cella. Die Überschrift ist an die Römer adressiert und kündigt an, es folge ein Bericht über jene Taten, «durch welche er den Erdkreis der Herrschaft des römischen Volkes unterwarf». Die griechische Überschrift spricht neutraler von den Wohltaten, die man ihm verdanke.

58 In der Inschrift haben sich Reste der Farben erhalten, die einst aufgetragen wurden, um auf die Inschrift aufmerksam zu machen und die Lektüre zu erleichtern. Die Buchstaben waren rötlich ausgemalt und die Oberfläche allem Anschein nach mit gelb goldener Farbe bemalt.

einforderte. Zugleich verdeutlichte er noch einmal seine Verdienste, indem er insbesondere die angeblich freiwilligen Ehrungen, die er von allen Seiten erfahren hatte, hervorhob. Durch die Aufstellung dieser größten bekannten Inschrift der Antike vor seinem riesigen und als Familiengrabstätte angelegten Mausoleum (Abb. 20; 48) signalisierte er zudem, dass er den Grundstein für ein Principat gelegt hatte, dessen Protagonist auch fortan aus seiner Familie kommen sollte. Tiberius als sein Nachfolger wusste, welche Qualitäten der Text für die Absicherung seiner eigenen Herrschaft hatte. Ihm lag folglich besonders daran, dass man die Worte des Augustus auch andernorts studieren konnte. Dieser Initiative verdanken wir es, dass eine Kopie des Tatenberichts am Roma-Augustus-Tempel in Ancyra angebracht wurde, dessen in der Spätantike erfolgte Umwandlung in eine Kirche wesentlich für den Erhalt dieser Königin unter den Inschriften sein sollte.

Während andere Kopien bis auf wenige Fragmente zerstört sind und das bronzene Original in Rom verloren ist, lässt sich an diesem sogenannten Monumentum Ancyranum noch studieren, wie die Provinzialen gemeinsam mit dem Statthalter den ersten Princeps feierten. Die Personen, die für die Übersetzung des lateinischen Textes ins Griechische verantwortlich waren, haben in den einführenden Worten wie im gesamten Text durch feine sprachliche Nuancen auf die Adressaten Rücksicht genommen. Für die Leser, die Latein konnten und das römische Bürgerrecht besaßen, folgte ein Bericht der Taten, «durch welche er den Erdkreis der Herrschaft des römischen Volkes unterwarf» (*Res gestae* Überschrift). Die griechisch sprechenden Provinzialen lasen in der Überschrift ihrer Übersetzung, dass im Folgenden «die Wohltaten und Geschenke des göttlichen Augustus» aufgeführt seien. Die einen feierten demnach als Sieger den erfolgreichen Herrscher über das Reich, die anderen als Unterworfene den Wohltäter und Retter. Beide Rollen füllte Augustus wunschgemäß aus. Die Inschrift wurde vermutlich mit goldener Farbe versehen, um auch im Stadtbild Ancyras das gerade vergangene Goldene Zeitalter des Augustus auch fürderhin präsent zu halten und zu feiern.

– 2 –

AUF DEN PRINCEPS AUSGERICHTET ODER: DIE KONSTANZ DER BILDER TROTZ KRISEN

KULTE FÜR DEN PRINCEPS

Den Principat trotz aller Krisen zu stabilisieren und auf die Person des Augustus auszurichten geschah also ganz wesentlich durch militärische und verwaltungstechnische Akte. Gerade auch die Durchdringung des Alltags der Römer und der Bevölkerung der Provinzen quer durch die sozialen Schichten trieb diese Stabilisierung voran. Die Vermittlung der einschlägigen Botschaften erfolgte parallel durch die Omnipräsenz der bekannten Bildsymbole und durch bestimmte Ritualpraktiken. Dafür konnte man sich eines eigentlichen Kaiserkultes zunächst lediglich auf der Provinzebene und zwar besonders im Osten des Reiches bedienen, indem man an die entsprechenden Traditionen hellenistischer Monarchien anknüpfte. In der Verehrung des Kaisers konnten die Provinzialen ihre Loyalität gegenüber dem Princeps sinnfällig zum Ausdruck bringen. In Rom indes erhielt der *divi filius* zunächst keinen Kult im engeren Sinne; keine Opfer wurden ihm in der Metropole direkt dargebracht, kein Priester war für ihn zuständig. Vielmehr wurde seine Person, wie wir gesehen haben, durch symbolische Handlungen und Bildwerke in eine sakrale Sphäre gehoben. Im Hinblick auf die konkrete religiöse Praxis hingegen ging man einen anderen Weg: Augustus wurde seit 7 v. Chr. in die altehrwürdigen Formen der Haus- und Stadtviertelkulte und die Verehrung ihrer Lokalgötter, der Laren, einbezogen (sog. Compitalkult; s. S. 184). Für die Ausübung dieses Kultes in den Vierteln (*vici*) waren jeweils vier sogenannte *Vicomagistri* und vier *Vicoministri* zustän-

59 Larenaltar des Vicus Sandalarius in Rom, 2 v. Chr. Florenz, Galleria degli Uffizi
Links Vorderseite mit Augustus, Livia und C. oder L. Caesar
Mitte Rückseite mit *corona civica*, Lorbeerbäumen, Kanne und Opferschale
Rechts Schmalseite mit Victoria am Siegesmal (*tropaeum*) und *clipeus virtutis*

dig, die aus unteren Bevölkerungsschichten und dem Kreis der freigelassenen Sklaven stammten. Sie sorgten für die Statuetten der Laren und errichteten in den *vici* Altäre, mit denen sie ihre sachgerechte Erfüllung dieses neuen ‹Staatskultes› dokumentierten: die sogenannten Larenaltäre. Einer dieser Altäre, der aus dem Vicus Sandalarius in Rom stammt, wird heute in Florenz aufbewahrt (Abb. 59). Ihn stifteten im Jahr 2 v. Chr. die Vicomagistri des Viertels. Der Altar zeigt auf allen vier Seiten Reliefs. Auf der Rückseite erkennt man die *corona civica* und die Lorbeerbäume des Augustus gerahmt von Kanne und Schale als Opfergeräten – Symbolen der Sakralität (Abb. 59 Mitte). Auf der einen Seitenfläche des Altars sieht man eine fliegende Victoria mit dem *clipeus virtutis* vor einem *tropaeum*, dem Siegeszeichen (Abb. 59 rechts), auf der anderen zwei tanzende Laren mit der Weihungsinschrift *Laribus Augustis*. Auf der Vorderseite steht in der Mitte in frontaler Perspektive Augustus selbst in der Toga (Abb. 59 links). Er hat, wie beim Opfer üblich und damit als Zeichen seiner *pietas*, den Gewandstoff über den Hinterkopf gezogen und hält den *lituus* als Zeichen seiner Priesterwürde in einer Hand. Die andere hielt – heute nicht mehr erhalten – eine Buchrolle, die den Rechtsstatus seiner Rolle demonstriert. Zu seinen Füßen pickt ein Huhn Körner, wie es während des Sakralakts eines *auspicium* – des Einholens der göttlichen Vorzeichen – geschah. Wenn die Vögel fraßen, war dies von guter Vorbedeutung. Links des Princeps steht ein junger Mann, der ähnlich wie Augustus gekleidet ist; vermutlich handelt es sich um einen der Söhne des Agrippa, Gaius oder Lucius Caesar, die damals

als Nachfolger des Princeps vorgesehen waren (S. 183). Rechts opfert Livia, die Ehefrau des Augustus, aus einer Spendeschale. Der Altar dokumentiert damit anschaulich die *pietas* des Kaiserhauses. Er zeigt, wie die dichte Symbolsprache des Principats im Rahmen des Larenkultes mit Sakralmotiven und Hinweisen auf Augustus verbunden werden konnte und bis in die Stiftungen einfacher Lokalpriester Eingang fand; auch diese waren erpicht darauf, sich die nun staatstragenden Zeichen anzueignen und sich selbst in ihrer Anwendung herrschernah und staatstreu zu zeigen. Auffällig ist, dass die Übernahme der Zeichen auch dann geschah, wenn Symbole, wie beispielsweise Victoria oder die *corona civica*, gar nicht mit dem Kult im Zusammenhang standen, dem die Altäre dienten. Selbst die Frage der Nachfolgeregelung, die in der Zeit um Christi Geburt immer drängender wurde, konnte, wie in der Figur eines der jungen Caesaren auf dem Altar deutlich wird, visuell in den religiösen Diskurs des Larenkultes und der Larenaltäre eingeblendet werden. Diese zeigen mithin die soziale Reichweite und Akzeptanz der neuen Ideologie und die Tiefe des Eindringens ihrer Symbole in die Bilderwelt und die Sakralaktivitäten jedes einzelnen Bürgers – noch im letzten Winkel der Urbs Roma: Selbst dort wurde die dichte Bildsymbolik des Imperiums begierig aufgegriffen und verbreitet.

Die Darstellungsform, in der Augustus auf dem Larenaltar von 2 v. Chr. erscheint, ist kennzeichnend für die Art und Weise der Stabilisierung des Principats während der letzten etwa 20 Regierungsjahre des Augustus. Hatten wir seinen offiziellen ‹erhabenen› Bildniskopf bereits kennengelernt (Abb. 31), so sehen wir auf der Vorderseite des Altars (Abb. 59 links) eine Möglichkeit, diesen Kopf mit Figurenkörpern zu kombinieren und den Princeps so ganzfigurig abzubilden und damit zu ehren: Augustus erscheint in der Bürger- und Magistratstracht, der einfachen, langen Toga. Diese ist, wie man es beim Opfer tat, über den Hinterkopf gezogen, um die sakrale Qualität des Princeps (*pietas*) als wichtig anzuzeigen. So sah man Augustus auch in Statuen tausendfach in den Städten des Reiches (Abb. 60) und ehrte

60 Statue des Augustus in der Toga mit verhülltem Haupt (*capite velato*) als Zeichen der *pietas*. Augusteisch. Rom, Museo Nazionale Romano

ihn dergestalt weit häufiger als beispielsweise durch Statuen, die ihn im Brustpanzer des Feldherrn (Abb. 33) oder als Reiter (Abb. 42) zeigten. Auch in der Realität verhalf Augustus der Toga zu einer neuen zeichenhaften Aufladung: Es war in Rom jedem Römer untersagt, das Forum in anderem Gewand als in der Toga zu betreten (Sueton, *Augustus* 40,5). Dies diente der Festigung der Identität aller Römer als Bürger und stärkte zudem die Vorstellung einer ‹bürgerlichen› Gleichheit. Augustus so darzustellen – und so überall im Imperium Romanum zu sehen – affirmierte die Vorstellung vom grundsätzlich gewahrten Bürgerstatus selbst des Princeps und seiner Sakralautorität als Grundlagen des Principats – unter vollständigem Verzicht darauf, den Herrscher mit tatsächlichen Insignien von Macht auszustatten. Gelöst von der Person des Princeps übernahmen vielmehr die nun fest etablierten und bekannten Staatssymbole in allen Bereichen der Lebenswelt die Funktion der Insignien des Principats: Sie aufzurufen bedeutete, den Kaiser zu loben und sich ihm gegenüber loyal zu zeigen.

DAS HYMNISCHE LOB DES GÖTTERNAHEN

In welcher Weise dies geschehen konnte, zeigen zwei weitere Bildwerke aus der späteren Regierungszeit des Augustus. Sie verweisen als geradezu panegyrische, also lobpreisende Darstellungen zudem erneut auf die Tatsache, dass die Position des Princeps zwar gefestigt war, das jeweilige Verständnis dieser Rolle aber in der Kommunikation immer wieder auf je angemessene Weise präsentiert wurde, wobei die Untergebenen zu erkennen gaben, dass und wie sie den Principat verstanden und akzeptierten. Die außerordentliche Komplexität der Stellung des Augustus, die zwischen erstem Bürger und Monarch changierte, wird im Diskurs um die Rollen des Princeps erkennbar – und natürlich insbesondere in der Frage nach einem ‹Nachfolger›.

Zum Silbergeschirr eines vornehmen Haushaltes in Boscoreale am Vesuv gehörte ein Silberbecher, der noch beim Untergang der Stadt 79 n. Chr. in Gebrauch war (Abb. 61). Das etwa 10 Zentimeter hohe Trinkgefäß ist einer von zwei als Paar zusammengehörigen *skyphoi*. Während der Bildschmuck des einen ganz dem Augustus gewidmet ist, zeigt sein Pendant einen Triumphzug des Tiberius. Die Datierung der Becher schwankt demzufolge zwischen 8/7 v. Chr. und den Jahren nach 8/9 n. Chr., je nachdem, auf welche Erfolge des Tiberius man die Darstellung beziehen möchte.

61 Silberbecher aus der Villa von Boscoreale

oben Augustus nimmt Barbaren ins Imperium Romanum auf.

unten Augustus mit Venus, weiteren Göttern und Personifikationen. Nach 8/9 n. Chr. Silber, Paris, Musée du Louvre

Größere Bedeutung im Verhältnis zu Augustus erlangte Tiberius aber erst nach dem frühen Tod der zunächst favorisierten Nachfolger C. und L. Caesar im Jahre 2 bzw. 4 n. Chr., als er – Sohn der Livia aus erster Ehe – von Augustus adoptiert wurde und die tribunizische Gewalt erhielt. Dies spricht für den späteren Entstehungszeitpunkt der Becher.

Der sogenannte Augustusbecher ist rundum mit getriebenen Reliefs verziert. Auf der einen Seite sehen wir Augustus, der auf einem einfachen Klapphocker sitzt, der *sella castrensis*, wie sie im Militärlager üblich war (Abb. 61 oben). Auf den Zusammenhang eines Kriegszuges außerhalb Roms verweist auch die weitere Szene: Rechts sieht man römische Soldaten; Liktoren (Amtsdiener) mit Beilen in ihren Rutenbündeln begleiten den Princeps im Hintergrund. Der aber handelt offenbar in ziviler Funktion. Darauf deuten sein ziviles Gewand, die Toga, und die Buchrolle in seiner linken Hand. Links erscheinen unter den Augen eines römischen Feldherrn Barbaren mit ihren Kindern vor Augustus. Einer von ihnen unterwirft sich kniefällig dem Princeps, der wiederum mit einer Geste der Milde antwortet. Offenbar nimmt er die Fremden damit ins Imperium Romanum auf, im Sinne von Vergils Diktum des *parcere subiectis*, der Schonung für die Unterworfenen (Vergil, *Aeneis* 6,853), und seiner eigenen Aussage, Fremde in Kriegen eher geschont zu haben (*Res gestae* 3). Im dialektischen Verhältnis dazu steht, dass im Reich selbst niemand mehr Feinde an den Grenzen des Imperiums zu fürchten braucht, seit der sieghafte Princeps für allgemeine Sicherheit sorgte: «Wen erfüllt noch mit Angst Parther und Skythe jetzt?», so hatte schon Horaz (*Carmina* 4,5,22) die Epoche des Augustus verklärt.

So real diese Szene erscheint, so sehr hebt das Relief der anderen Gefäßseite Augustus in eine ganz andere Sphäre (Abb. 61 unten). Auch diesmal erscheint er im Zentrum des Bildes sitzend in der zivilen Toga, und wiederum hält er eine Buchrolle. Er sitzt auf der *sella curulis*, dem Amtsstuhl eines römischen Magistrats. Doch zugleich mit dieser Konkretisierung seiner zivilrechtlichen Rolle erscheint der Princeps nun stärker erhöht und damit größer als die übrigen Figuren, und zudem wird er annähernd frontal gezeigt. In der Rechten trägt er den Globus des Weltherrschers, und um ihn herum erscheinen keine Soldaten und Barbaren, sondern Götter und verschiedene Personifikationen: vor ihm Venus selbst, die eine Victoria auf den Globus in seiner Hand zu setzen sucht. Die Szene verweist auf die göttliche Abkunft der Familie der Iulier und auf die bekannte Statue der Victoria in der Curia Iulia (Abb. 22 rechts), vor allem aber auch auf die Götternähe des Princeps, der im Bild ja mit Venus kommuniziert. Die Göttin begleiten Virtus und Honos, Tugend und Ehre, als Eigenschaften des Augustus, die die Victoria als seine Qualität ergänzen. Hinter dem Princeps führt Mars die Personifikationen unterworfener Provinzen heran: ein Verweis auf die göttergegebene Sieghaftigkeit des Herrschers.

Der Augustusbecher von Boscoreale ist damit ein wichtiges Zeugnis für das Interesse der Eliten Italiens, sich die Symbolwelt des Principats selbst noch im nur halböffentlichen Lebensraum des Gelages zu eigen zu machen. Man zeigte jenen, die im Haus zu Gast waren, die eigene Loyalität gegenüber Augustus, und dies war dem Besitzer offensichtlich wichtig. Der Silberbecher vermittelt zudem zwei Formen des panegyrischen Lobes, mit dem man den Princeps gleichermaßen bedachte: die Dokumentation seiner militärischen Erfolge, die als zivile Akte der Integration von Feinden ins Reich interpretiert wurden, und die Demonstration seiner *virtus*, *honos* und *victoria* in allegorischer Form im Verbund mit seiner Götternähe als Weltherrscher. Wurde das Außerordentliche der Rolle und der Machtstellung des Princeps in staatsrechtlicher Form nur undeutlich erkennbar, so wurde sie doch in der Bilderwelt seiner Zeit von den Bürgern des Imperiums in der Synthese des Lobs seiner Leistungen und Qualitäten – seiner zivilen und militärischen Funktionen und seiner Götternähe – thematisiert und akzeptiert.

62 Sogenannte Gemma Augustea: Tiberius mit Augustus als Weltherrscher – neben der Göttin Roma, 10 n. Chr. Onyx, Fassung modern, Wien, Kunsthistorisches Museum

Führte uns der Silberbecher von Boscoreale die Bilderwelt im häuslichen Rahmen während der späten Jahren des Augustus vor, so gehört die sogenannte Gemma Augustea in das Umfeld des Hofes im Rom derselben Zeit (Abb. 62). Der mehrschichtige, reliefierte Halbedelstein von ca. 19 × 23 Zentimeter Größe diente dort wohl als Geschenk für den Kaiser selbst. Die Gemma Augustea wurde gegen 10 n. Chr. hergestellt. Sie verweist im unteren Register erneut auf Siege gegen Reichsfeinde. Im oberen Register erscheinen die Urheber dieser Erfolge: Links entsteigt Tiberius, der damals etwa 50 Jahre alte Adoptivsohn des Augustus, der Triumphalquadriga, deren Zügel Victoria hält. Vor dem Wagen steht gepanzert Germanicus, der damals um die 25 Jahre alt war. Tiberius hatte ihn anlässlich seiner eigenen Adoption im Jahre 4 n. Chr. ebenfalls adoptiert, um eine langfristige Nachfolgeoption für Augustus zu eröffnen. Der Kameo bezieht sich auf die

Erfolge dieser beiden ‹Prinzen› in Pannonien und Illyrien bis 9 n. Chr. Wieder ergänzt das eher realitätsbezogene Geschehen links eine allegorische Szene auf der rechten Seite. Augustus sitzt dort gemeinsam mit der Göttin Roma auf einem Thron. Der Capricorn, Augustus' himmlisches Geburtszeichen (Abb. 4; 25), erscheint mit dem *sidus Iulium* (Abb. 15) zwischen beiden, und in trauter Verbundenheit stellen sie zusammen die Füße auf die am Boden liegenden Waffen: ein Friedenszeichen. Alle Blicke richten sich auf den Princeps, den rechts die personifizierte Oikumene, der bewohnte Erdkreis, bekränzt. Sie steht neben Oceanus, dem Weltmeer, und Terra/Tellus, der fruchtbaren Erde. Erneut werden Themen aufgerufen, die wir aus der früheren Münzprägung und von der Ara Pacis (Abb. 47 unten) bereits kennen. Augustus aber erscheint nicht in der zivilen Tracht, sondern trägt nur den Hüftmantel, wie Jupiter, der höchste Gott Roms, und stützt die linke Hand auf ein Szepter. Unter seinem Sitz ist zudem ein Adler, der Vogel Jupiters, zu erkennen, womit deutlich gemacht wird, dass Augustus Qualitäten des höchsten Gottes zugeschrieben werden: Von Rom, Menschen, Erde und Meer anerkannt, ist er als Weltherrscher in Szene gesetzt. Doch bleibt er der Princeps, denn in der rechten Hand hält er, wie es Jupiter niemals tut, den *lituus*, die bekannte Priesterinsignie (Abb. 59 links).

Will man dieses kostbare Bildwerk bewerten, so ist zu bedenken, dass es zu Lebzeiten des Augustus geschaffen, aber nicht von ihm selbst in Auftrag gegeben wurde. Nach allem, was wir wissen, muss es vielmehr ein hochgestellter Römer gewesen sein, der ein solches Prachtrelief dem Princeps zum Geschenk machte. Er lobte damit panegyrisch die Nachfolgeregelung und poetisch-allegorisch die Rolle, in der er (und mit ihm sicher viele) Augustus sah. Zum Divus wurde der Princeps zwar erst nach seinem Tod, in poetischer Form aber erreichte sein Herrscherlob bereits früher Formen, die weit über das hinausgingen, was einem römischen Magistrat je zugestanden hätte. Die *auctoritas* des Augustus, maßgebliche Grundlage seiner Rolle als Princeps, fand Ausdruck in außerordentlichen und herrschergleichen Bildern seines Lobes. Dies bestätigen die Darstellungen, die in bürgerlichen, wenn auch elitären Kreisen kursierten, wie in Boscoreale (Abb. 61), oder mit denen sich dieselbe Elite direkt an den Princeps wandte, wie mit der Gemma Augustea (Abb. 62).

DIE VERINNERLICHTE HERRSCHAFTSIDEOLOGIE

Die Jahre, in denen diese beiden Bildwerke entstanden, waren in Rom indes nicht nur eine Zeit des ungebrochenen Herrscherlobes. Wirkliche Triumphe konnte Tiberius über Germanien, Pannonien und Illyrien zunächst noch nicht feiern. In das ausgehende Jahr 9 n. Chr. fiel gar eine katastrophale Niederlage Roms: die Schlacht ‹im Teutoburger Wald›, bei der das Imperium durch das Scheitern des Publius Quinctilius Varus nicht nur drei Legionen (XVII, XVIII, XIX) mit etwa 20 000 Mann verlor, sondern auch die sich bereits stabilisierende Herrschaft über das riesige rechtsrheinische Germanien einbüßte. Heute erkennt man bei Kalkriese nördlich von Osnabrück den Ort dieser *clades Variana* (s. S. 221). Eine Niederlage hinterlässt niemals direkte Zeugnisse in der positiv gefärbten schriftlichen Überlieferung zu einem ‹guten› Kaiser wie Augustus. Also sind wir (neben den Fundobjekten vom Schachtfeld) auf andere Zeugnisse angewiesen. In dem bekannten Relief vom Kenotaph, dem leeren Grabmal, eines in dieser Schlacht gefallenen Centurios der XVIII. Legion, Marcus Caelius, liegt ein solches Zeugnis vor (Abb. 63). Bezeichnenderweise wird in seiner Inschrift der Krieg, in dem er fiel, geradezu harmlos als *bellum Varianum* bezeichnet: Dass dies überhaupt gesagt wird, ist unüblich; dass es sich um eine Niederlage handelt, wird verschwiegen, der Krieg zudem allein auf Varus, den römischen Kommandeur, bezogen und nicht einmal erwähnt, gegen wen und wo er geführt wurde. Augustus selbst rühmte sich noch in seinen Tatenbericht im Jahre 13/14, Germanien bis zur Mündung der Elbe befriedet zu haben (*Res gestae* 26): Man suchte also Sprachregelungen, um das Desaster zu kaschieren. Selbst unweit von Xanten, wo der Stein ursprünglich aufgestellt wurde, verschwieg man den eigentlichen Verlust – auch der Bruder des Caelius, der das Relief errrichten ließ, folgte dieser Tendenz. Der dargestellte Centurio scheint, seinem Rang gemäß, auf einem Pferd zu sitzen. Darauf weist auch die Reitgerte in seiner Hand. Er trägt einen Muskelpanzer, der mit Militärorden (*phalerae*, an den Schultern *torques*) geschmückt ist; auch die Armreifen (*armillae*) sind Orden. Zudem krönt seinen Kopf die *corona civica* mit einem Medaillon über der Stirn. Es handelt sich dabei um jene Auszeichnung, die ein Soldat nach der Rettung eines römischen Bürgers erhielt, die aber zugleich ein Symbol der Herrschaft des Augustus war, die, wie wir gehört haben, das Haus des Princeps auf dem Palatin schmückte (Abb. 28,59 Mitte). Dass der Centurio das glei-

63 Gedenkstein vom Kenotaph des M. Caelius aus der Gegend von Xanten, kurz nach 9 n. Chr. Bonn, Rheinisches Landesmuseum

che Ehrenzeichen trägt, machte ihn dem Kaiser ähnlich. Man mag kaum glauben, dass ein derart mit Orden behängter, augustustreuer Soldat in eine Niederlage Roms verwickelt war, von der die Inschrift selbst ja auch schweigt: Das Denkmal preist in höchsten Tönen die ruhmvollen Leistungen des Centurio und ähnelt damit den Repräsentationsformen, die auch für Augustus im Umlauf waren. Leider ist die Frisur des Caelius unter dem Kranz nicht mehr erkennbar. Physiognomisch aber ähnelt er stärker als dies üblich wäre den beiden Büsten rechts und links von ihm. Sie zeigen seine Freigelassenen, ehemalige Sklaven also und keine Verwandten, und weisen so auf den sozialen Status ihres vormaligen Besitzers. Ihr Stirnhaar nun zeichnet sich durch sichelförmige Locken aus. Bei der linken Figur zeigen auf ihrer linken Stirnseite drei Lockenspitzen nach unten, die rechte Büste trägt annähernd dieselbe Frisur. Sie ähnelt nicht zufällig Bildnissen des Augustus im sogenannten Typus Forbes. Der eher schmale Mund und die abstehenden Ohren orientieren sich bereits an den Bildnissen des Augustusnachfolgers Tiberius. Damit wird erkennbar, dass die Bildnisse der Freigelassenen einem physiognomischen und frisurtypologischen Vorbild folgen, das im Bildnisrepertoire der Kaiserfamilie zu suchen ist. Das Phänomen ist hinlänglich bekannt und außerordentlich bezeichnend: Die Darstellungen von Privatpersonen wurden physiognomisch und besonders in ihren Frisuren in der Zeit des Augustus erstmals im ganzen Imperium geradezu systematisch dem Aussehen des Princeps selbst angeglichen. Das zeigen auch viele Bild-

64 Reliefbildnis eines Freigelassenen mit augustusartiger Frisur von einem Grabbau in Rom. Marmor, Kopenhagen, Ny Carlsberg Glyptotek

nisse aus anderen Kontexten, besonders deutlich wieder solche, die Freigelassene auf ihren Grabreliefs zeigen (Abb. 64; vgl. Abb. 31; 68). Man wollte der Mode folgen, die der Princeps vorgab, und damit Nähe zu und Verbundenheit mit ihm ausdrücken. Und dafür war man sogar bereit – in der antiken Porträtkunst jedoch keine Besonderheit –, auf Bestandteile der eigenen, individuellen Erscheinung zu verzichten. Die Bürger schalteten sich, so könnte man sagen, geradezu gleich; und diese Haltung lässt sich bis in die Kreise der Freigelassenen beobachten, die uns schon im Larenkult als wichtige Multiplikatoren der Verbreitung der augusteischen Bildsprache aufgefallen sind.

Der Caelius-Stein, eines der wenigen bis heute erhaltenen Zeugnisse der fatalen Varusschlacht, schönt mithin die folgenreiche Niederlage und reduziert sie zu einem Ereignis unter vielen, an dem hochverdiente, kaisertreue römische Soldaten teilhatten: Geschichtsklitterung war, wie man hier erkennt, nicht nur eine Strategie der Mächtigen; mit ihrer Hilfe verschafften sich auch normale Bürger und Soldaten ein Gefühl von Sicherheit. Das Relief ist zugleich ein Zeugnis für die Angleichungsphänomene, zu denen es zwischen Princeps und Untergebenen kam. Die demonstrative Anverwandlung an den Princeps durch die Imitation seines Bildnisses und seiner Frisur seitens der Untertanen gehörte seit Augustus zu den für den Bestand des Principats grundlegenden Loyalitätsbekundungen. Waren Römer und Provinzbewohner bereit, ideologiebeladene Bildformeln bis in die Mode hinein zu übernehmen und damit ihre Bereitschaft zur Integration und Gefolgschaft gegenüber dem Princeps anzuzeigen, so steigerte sich diese Haltung nun gleichsam bis zur Negation der eigenen bürgerlichen Individualität im Bildnis zugunsten des Herrschers.

– 3 –

DER RENITENTE OVID UND SEINE VERBANNUNG

Ausgerechnet des Augustus Tochter Julia, die Mutter der designierten Thronerben, gleichnamig mit den *leges Iuliae*, verging sich gegen das Ehebruchgesetz und wurde diesem entsprechend im Jahre 2 v. Chr. verbannt. Augustus musste gereizt sein. Hinzu kam, dass er selbst allgemein als versierter Ehebrecher galt (Sueton, *Augustus* 69,1): Dies «stritten nicht einmal seine Freunde ab, wobei sie zur Entschuldigung anführten, er habe das nicht aus Sinnlichkeit, sondern aus Kalkül getan, um so die Pläne seiner Gegner durch deren jeweilige Frauen auszuspionieren» (die heutigen Möglichkeiten hierfür standen ihm ja noch nicht zu Gebote). Wir haben sogar noch einen halb freundschaftlichen Brief des Antonius, in dem sich dieser in höchst derber Sprache über die einschlägigen Sexualbeziehungen des späteren Ehegesetzgebers lustig macht.

OVIDS LEHRBUCH DER VERFÜHRUNG

Dies muss man wohl wissen, um zu verstehen, warum gerade Ovids ein oder zwei Jahre nach dem Julia-Skandal veröffentlichte *Ars amatoria* (Liebeskunst) einen Anstoß erregte, der schließlich, wenn auch verspätet, zur Verbannung des Dichters (8 n. Chr.) führte. Vielleicht handelte es sich dabei um die Neubearbeitung eines schon früher edierten Werks: Die Partie, in der Ovid den mit einem Triumph endenden Partherfeldzug von Augustus' Enkel C. Caesar prophetisch besingt – «jetzt, fernster Osten, wirst du ganz uns gehören» (1,178) – lässt sich glatt aus dem Gedicht herauslösen und könnte also später zugedichtet sein, um ein angedeutetes Missfallen zu entschärfen. Wie dem auch sei, die Erst- oder Zweitveröffentlichung gerade in diesen Jahren blieb jedenfalls ein Stück riskanter Taktlosigkeit, denn Ovids *Ars* gibt ja keine Anleitung dazu, wie man sich verliebt – das erledigt Gott Amor –, sie ist vielmehr fast von A bis Z ein Lehrbuch der erotischen Verführung, in zwei Büchern für die Männer, einem dritten für die Mädchen, wobei, wie in der klassischen Rhetorik (*ars oratoria*), auf die der Titel anspielt, alle Mittel der Täuschung, ja sogar Lüge und Meineid erlaubt sind. Schon diese mit der Idee des Lehrbuchs verbundene fast sittenwidrige Tendenz, die die *Amores* noch nicht hatten, musste anstößig sein, obschon Ovid mit Unschuldsmiene gleich zu Beginn versichert, dass er an etwaigen Ehebrüchen unschuldig sei. Wie ein Priester die Unreinen, entfernt er aus seinem Gedicht alle Ehefrauen mit deutlicher Anspielung auf das Strafrecht: «Wir singen von einer gefahrlosen (d. h. vom Ehebruchgesetz nicht betroffenen) Liebe und von Diebstählen (heimlichen Liebschaften), die erlaubt sind» (1,33: *nos Venerem tutam concessaque furta canemus*). Später hat er sich selbst noch deutlicher paraphrasiert: «Wir singen nur, was legal (*legitimum*) ist …» (*trist.* 2,249). Aber natürlich konnte sich auch jeder Ehebrecher Ovids Ratschläge für seine strafbaren Zwecke zunutze machen. In diesem Punkt lag jedoch noch nicht einmal das Ärgerlichste.

Ovid unterlässt es nämlich auch in der *Ars amatoria* nicht, auf die *lex Iulia* nicht nur anzuspielen, sondern geradewegs zu ihrer Verletzung anzustiften. Das war möglich, indem Ovid scheinbar nicht mit seinen Lesern, sondern mit Personen des griechischen Mythos sprach, die er zur Illustration seiner Vorschriften heranzog. Zum Beispiel: Pasiphae, Frau des Königs Minos, hat sich in einen Stier verliebt. Ovid, statt sich zu entrüsten, rät ihr, den Mann doch lieber mit einem Mann zu betrügen als mit einem Rindvieh. Oder: Die schöne Helena hintergeht ihren Mann Menelaus, während dieser verreist ist. Ovid spricht sie von Schuld frei: Die Gefälligkeit des Gatten habe den Ehebruch geradezu nötig gemacht. Noch ärger: Der Sonnengott Sol meldet Vulcanus, dass er dessen Frau Venus mit Mars beim Ehebruch ertappt hat, und der greift durch. Alle machen es falsch, sagt Ovid: Vulcanus hätte den Ruf seiner Frau nicht ruinieren sollen, weil sie es jetzt nur umso ungenierter treibt; und Sol hätte doch von Venus eine nette Bestechung kassieren können, man weiß schon wie. Wären diese Götter damals schon nach der *lex Iulia* belangt worden, weil sie Ovids Ratschläge befolgt hätten, dann hätten sie sich wegen mehrfachen Ehebruchs, Beihilfe zum Ehebruch und Zuhälterei (*lenocinium mariti*, S. 212) verantworten müssen. Dennoch versichert Ovid gerade an dieser Stelle scheinbar mit allem sittlichen Ernst, dass römische Ehemänner selbstverständlich die Keuschheitswächter ihrer Gemahlinnen sein müssten – und er selbst überhaupt «nur Erlaubtes» (2,599: *nihil hic nisi lege remissum*) dichte.

DAS ANSTÖSSIGSTE AN DER *ARS AMATORIA* UND IHRE ERSTEN KRITIKER

Nicht genug damit. Die Ehegesetze des Augustus enthielten auch eine *lex Iulia de maritandis ordinibus* (über die Verheiratung der Stände) – deren erste Fassung schon Properz verärgert hatte (S. 146). Darin waren offenbar, um der Ehe- und Zeugungsmüdigkeit bei Senatoren und Rittern zu steuern, Rechtsnachteile für diejenigen festgelegt, die nicht verheiratet waren – was als empfindliche Einschränkung der persönlichen Freiheit empfunden werden musste. Auch dagegen stichelt Ovid, indem er, wo es geht, die Vorzüge der freien Liebe gegenüber der pflichtmäßigen Ehe herausstreicht. Wie langweilig sei so ein Eheweib, das beim Liebesgenuss an die Hausarbeiten denke! Wie unattraktiv eine Frau, die einem immer zur Verfügung stehe! Und überhaupt seien alle Gattinnen lästig, da sie ihren Männern ständig Szenen machen, statt sie mit schmeichelnden Worten zu bezirzen! Und damit auch jeder versteht, woran Ovid denkt, fügt er hinzu: «Ihr kommt ja nicht auf Befehl des Gesetzes (*legis iussu*) in einem Bett zusammen: Bei euch erledigt Amor das, was bei den anderen das Gesetz macht» (2,157 f.). Also: Augustus zwingt *per legem Iuliam* seine Getreuen ins lästige Ehebett; Amors bzw. Ovids Schüler geben sich dem Genuss der süßen Liebe hin. Solche ehefeindlichen Pointen hatten sich auch die *Amores* noch nicht gestattet. Im Übrigen wusste Ovid, wovon er sprach: Während, von anderen zu schweigen, die Augustus ergebenen Dichter Vergil und Horaz Junggesellen geblieben waren, war ausgerechnet Ovid ordentlich verheiratet, sogar dreimal.

Nicht erst durch seine Verbannung im Jahre 8 n. Chr. bekam Ovid Unwillen zu spüren. Schon in seinem nächsten Werk, den bald danach erschienenen *Remedia amoris* (Heilmittel gegen die Liebe), in denen er nicht allgemein die Liebe bekämpft, sondern Mittel der Therapie gegen eine lästig gewordene Leidenschaft zeigt, muss er sich gegen Kritiker verwahren. Es gebe Tadler, sagt er, «nach deren Zensur meine Muse zu frech ist» (362: *quorum censura Musa proterva mea est*). Wogegen er vor allem geltend macht, dass die angebliche Frechheit seiner Dichtung einfach dem Gesetz der gewählten Gattung, der Elegie, entspreche. Aber woran hatten diese Kritiker genau Anstoß genommen? Gewiss nicht an harmlosen Liebesgeschichten wie beim Elegiker Kallimachos, auf den sich Ovid beruft. Er suggeriert, dass es die Obszönität bestimmter Partien gewesen sei, die Missfallen erregt hätte. Auch in den *Remedia* behandelt er nämlich wie in der *Ars* das Verhalten beim Liebesakt; und jene Auseinandersetzung mit seinen Kritikern dient offiziell eben dazu, diesen heiklen Abschnitt abzusichern. Daran, dass es solche Kritik gab, dürfte wohl etwas Wahres sein, denn Ovid hatte in der Tat die Freizügigkeit in der Darstellung des Sexuellen, die man sonst Satiren und Jamben konzedierte – und von der Augustus selbst in Epigrammen Gebrauch machte – in die wohl auch von feineren Damen gelesene, sonst eher zimperliche Liebeselegie übertragen (auch schon in den *Amores*). Es fällt aber doch nicht leicht zu glauben, dass jene Kritik nur gerade diesen Punkt betraf. Und sicher ist, dass er bezüglich der *Ars* als *doctor adulterii* (*trist.* 2,212: «Lehrer des Ehebruchs»), nicht etwa als Pornograph, gebrandmarkt und verbannt wurde.

AUGUSTUS IN DEN *METAMORPHOSEN*

Jedenfalls ist Ovid in seinen *Metamorphosen*, einem großen Sammelepos von Verwandlungssagen, das bis heute als *Who is Who* der Mythologie und als Meisterstück der Erzählkunst gilt, sichtlich darum bemüht, sowohl Anspielungen auf die Ehegesetze als auch unnötige Obszönitäten fernzuhalten. Und dies, obwohl die Sagen, die er behandelt, großenteils erotisch sind. Dafür huldigt er geflissentlich dem Princeps zumindest in den rahmenden Partien dieses in der antiken Literatur beispiellosen Großgedichts, das «vom ersten Ursprung der Welt in dauernder Folge bis auf meine Tage» führt (1,3 f.). Man muss dazu wissen: Die Verwandlungen werden meist von Göttern bewerkstelligt und dienen häufig der Bestrafung eines Bösewichts. So bestraft nun also Jupiter zu Beginn den Lycaon, der Menschenfleisch gekocht hatte und es Jupiter vorsetzen wollte, indem er ihn in einen Wolf verwandelt. Nicht genug damit: Jupiter will gleich das ganze Menschengeschlecht vertilgen und holt dazu die Zustimmung eines Göttersenats ein, der sich auf dem «Palatin des Himmels» (1,176) versammelt. Die Götter, nachdem sie nur hören, man habe Jupiter bedroht – was gar nicht richtig ist – sind voller Empörung: So wie «der ganze Erdkreis erschauert, wenn eine ruchlose

Bande in ihrer Wut alles, was Römer heißt, durch die Ermordung Caesars (*sanguine Caesareo*) auslöschen will» (1,200–203). Auch durch diese Anspielung auf die ja nie ganz endenden Attentatsversuche gegen Augustus (S. 124), der hier sogar gefühlvoll in der zweiten Person angeredet wird, ist die Gleichsetzung Jupiters mit dem Princeps evident: Sie zeigt sich dann aber vor allem in der Diensteifrigkeit des Göttersenats, der dem Vorsitzenden, noch bevor er weiß, was passiert ist, beipflichtet und einer völlig unverhältnismäßigen, sogar unzweckmäßigen Bestrafung zustimmt. Es ist schwer, dies, trotz der demonstrativen Huldigung an Augustus, nicht als leise Satire auf den damaligen Senat zu lesen.

In manchem noch bedenklicher ist die letzte Verwandlung: Caesars Apotheose. An und für sich schon war es kühn, dieses eigentlich historische bzw. zur Staatsreligion gehörige Ereignis, das für Caesars Sohn so wichtig war, an den Abschluss von Sagen zu stellen, die als Teil der sogenannten *theologia poetarum* (Dichterreligion) für durch und durch fiktiv galten (anders als etwa *Ilias* und *Aeneis*). Umso heftiger übertreibt Ovid hier die Adulation: Warum wurde Caesar ein Gott? Weniger wegen seiner sonstigen Meriten, als weil er «Vater dieses Caesar (Augustus) war» (15,751). Als Venus, an den Iden des März, verzweifelt über die bevorstehende Ermordung ihres Nachkommen Caesar, diesen retten möchte, rezitiert Jupiter zur Beschwichtigung aus den erzenen Büchern des Schicksals: Caesars Sohn wird der Rächer sein, Sieger von Mutina, Philippi, Naulochos, Actium, Herrscher über die bewohnte Welt, Gesetzes- und Sittenreformer ... bis zur eigenen Apotheose. So entreißt denn die dadurch beruhigte Venus dem Körper des Erdolchten die Seele und verwandelt sie in den göttlichen Kometen (S. 62). Caesar selbst aber sieht neidlos, wie auch alle Welt, dass sein Sohn ihn übertrifft (obwohl dieser selbst es nicht wahrhaben will), gleich wie Jupiter größer ist als sein Vater Saturn. – Dies ist vordergründig die grandioseste Huldigung, die Augustus unseres Wissens bisher bekommen hat, und Ovid hat sich später zum Beweis seiner Loyalität darauf berufen: Augustus, «den seine Tugend zu den Sternen erhob, haben auch meine Verse zu einem Teil vergöttlicht» (*Epistulae ex Ponto* 4,8,63 f.). Und doch fehlen auch hier nicht kleine Teufeleien: «Nach dem Vorbild seiner Person» werde er «die Sitten lenken» (15,834) – man wusste, dass das nicht ganz der Fall war. Einem «Nachkommen, geboren von der heiligen Gattin», werde er «Namen und Verantwortung» übertragen (15,836 f.). Das erinnerte daran, gerade weil es verhüllt wurde, dass sein designierter Thronfolger Tiberius eben nur Stiefsohn war. Noch weit pikanter wurde seine eigene Sohnschaft behandelt (15,761 f.): *Ne foret hic igitur mortali semine cretus, / ille deus faciendus erat* – «Damit also nicht dieser (Augustus) von sterblichem Samen gezeugt wäre, musste jener (Caesar) zum Gott gemacht werden.» Bei der Adoption des Großneffen war nun ja ebendieser Same nicht geflossen. Und wie kann Augustus von «göttlicher Geburt» sein, wenn er doch bei Caesars Apotheose schon erwachsen war? Bei aller Beflissenheit: Ovid hatte nicht das Talent zum reinen Panegyriker.

FASTI: KALENDERGESCHICHTEN AUS DEM FROMMEN ROM

Auf anderem Gebiet wollte Ovid wohl glücklicher sein, vielleicht manches gut machen. Gleichzeitig mit den *Metamorphosen* schreibt er, sicherlich auch aus Affinität zum Thema, an einem Werk, das sich ostentativ zur Religionspolitik des Augustus bekennt und diesem zunächst auch gewidmet wird: Das wie die *Ars* in elegischen Distichen verfasste Lehrgedicht *Fasti*, ein kommentierter römischer Festkalender, von Januar bis Juni, jeder Monat ein Buch, gibt eine Art Kompendium der römischen Religion, diesmal der *theologia civilis*, also des Kults, in zeitlicher Ordnung. Das ursprünglich auf zwölf Bücher angelegte Werk wurde offenbar durch die Verbannung des Dichters (8 n. Chr.) abgebrochen; dann aber als Torso zum Teil noch umgearbeitet. Nach dem Tod des Augustus (14 n. Chr.) widmete es Ovid dessen populärem Stiefenkel Germanicus, der ebenfalls Dichter war (so in Buch I), ohne die Bearbeitung aber noch zu Ende führen zu können: Mal ist der Tod des Augustus vorausgesetzt, mal wird dieser noch als lebend vorgestellt.

Alle Festtage werden besonders im Hinblick auf ihre «Ursachen» erläutert (1,1: *Tempora cum causis*) – eine Anspielung auf das Werk des berühmten Kallimachos, *Aitia*, das schon Properz nachahmen wollte (vgl. S. 208) –, dazu kommen Auf- und Niedergang der Sterne mit entsprechenden Mythen. Dabei verbindet Ovid antiquarische Brauchforschung mit philologischem Interesse an Etymologien und einer gleichbleibenden Freude an der griechischen, zum Teil auch römischen Mythologie. Seine Pose ist die eines gläubigen *vates* (Sehers und Dichters), der fast im Sinne des Horaz (S. 206) zwischen Menschen und Göttern vermittelt, indem er Letztere selbst über ihre diversen Kulte befragt und das Gehörte an die Leser weitergibt. So ‹glaubt› er denn etwa, im Gegensatz zu Livius (S. 162), an göttliche Zeugung und Apotheose des Romulus. Und als frommer Römer bezeugt er häufiger die eigene Teilnahme an kultischen Handlungen, die er betulich genau wiedergibt. Selbst Religionswissenschaftler, die Ovid als eher unseriös nicht mögen, geben zu, dass sie ohne ihn wenig wüssten.

AUGUSTUS IN DEN *FASTI*

Wohl kein anderes Dichtwerk ist so ostentativ augusteisch wie diese *Fasti*, die Ovid selbst als quasi zivilen Ersatz für einen Militärdienst bezeichnet (2,9): «Dies ist mein Militärdienst, ich führe die Waffen, die mir möglich sind»; und noch plakativer zu Beginn (1,13): *Caesaris arma canant alii, nos Caesaris aras* – «Andere sollen von Caesars (Augustus') Waffen singen, wir singen von Caesars Altären.» Augustus war ja nicht nur der «Erbauer und heilige Wiedererbauer von Tempeln» (2,63, so nach Livius, S. 161), er hatte auch den Festkalender beträchtlich um «Feste seines Hauses» (1,9: *festa domestica*) erweitert. So spielen er und die jüngste römische Geschichte im Werk eine bedeutende Rolle. Der Ton ist insgesamt durchaus ehrerbietig, fast frei von geschmackloser Schmeichelei und von Bosheiten (obwohl man auch in diesem Werk versucht hat, solche nachzuweisen). Das zeigt im Vergleich zu den *Metamorphosen* besonders deutlich die Behandlung der Ermordung Caesars in Ovids Versen zum 15. März (3,697 ff.). Ovid fingiert darin, dieses schmerzliche Ereignis übergehen zu wollen, aber Göttin Vesta hält ihn zurück, da das Vergehen am *pontifex maximus* Caesar, der als solcher Oberherr der Vestalinnen war, ein Frevel auch an ihr gewesen sei: Sie habe seine Seele rechtzeitig geborgen und an den Himmel versetzt. Das entspricht soweit der auch in den *Metamorphosen* zugrunde gelegten Staatsreligion; aber keine Rede ist mehr von der doch recht albernen Idee, dass Caesar nur um des Augustus willen vergottet worden wäre (S. 251 f.). Auf den Rächer Caesars und die bei Philippi verstreuten Knochen seiner Mörder fällt hier nur noch ein kurzer Blick, da diese erste Großtat, das «ABC des jungen Caesar» (3,709 f.: *prima elementa Caesaris*), der großen Würdigung des Mars-Ultor-Tempels im 5. Buch vorbehalten bleibt: Dort zum ersten und einzigen Mal kommt der spätere Augustus mit seinem großen Schwur bei Philippi selber zu Wort.

Vom Beginn des Januar an erscheint Augustus samt den Seinen (denn angeredet ist ja nun Germanicus) mit zum Teil etwas neuen Zügen: Er ist hier weniger der Weltenherrscher, der Rom Sicherheit verschafft, indem die Völker vor ihm zittern, als vielmehr der Friedensfürst. So präsentiert sich Janus, der den nach ihm benannten Januar einleitet, vor allem als ein

Gott des Friedens, der mit Krieg nichts zu tun haben will und das Janus-Tor schließt, um den Frieden in Rom einzusperren. «Janus, erhalte ewig den Frieden und des Friedens Diener» (1,287), betet der Dichter, der an dieser Stelle besonders auch wieder an den neuen Widmungsträger Germanicus denkt. Später geben im Januar die Aussaatferien (*Feriae Sementivae*) Gelegenheit, die Zeit zu preisen, wo «aus Schwertern Pflugscharen» geworden sind (vgl. 1,697 f.): «Dank den Göttern und deinem Haus!» (1,701). Und der Monat klingt aus im Preis der von Augustus 13 v. Chr. gestifteten Ara Pacis (S. 194): Hier kann der Dichter seinen pazifistischen Gefühlen in warmen Worten freien Lauf lassen. Vor jedem heutigen Verteidigungsministerium sollten diese Verse stehen: «Mag es denn keinen Grund für Triumphe geben, wenn es dafür auch keine Feinde gibt: / Du, Friede, bringst den Führern größeren Ruhm als der Krieg. / Der Soldat trage Waffen nur, um vor Waffen zu schützen» (1,713–715). Und wohl zum ersten Mal hört man in römischer Dichtung den Wunsch, dass die Völker Rom auch lieben sollten: fürchten und lieben, wie einen Vater.

Natürlich wird auch schon in diesem ersten Buch Augustus noch ausführlicher gewürdigt: als Vater einer Dynastie von *Augusti*, die «des Reiches Zügel halten» (1,532), als «Gott» schon zu Lebzeiten (1,530), als Träger des sakralen Namens *Augustus*, der ihn mit Jupiter verbindet. Weitere Ehrentitel folgen im Laufe des Werks: der des *pater patriae*, der Augustus zum Vater der Menschen macht, wie Jupiter Vater der Götter ist; und der des *pontifex maximus*, durch den seine «ewige Gottheit» (3,421 f.) Schirmherrin des ewigen Feuers der Vesta wird. Für Vesta hat er auch in seinem Haus auf dem Palatin ein neues Heiligtum geschaffen, so dass dort mit Apollo nun «drei ewige Götter» wohnen (4,954). Anlass zur Ehrung des Augustus gibt natürlich auch der Venus geweihte Monat April, der «Caesar wie keiner sonst fesseln muss» (4,19 f.), ist sie doch Stammmutter seiner Familie und hatte von Anfang an im Auge, dass er «julische Vorfahren» haben sollte (4,124). Besonders der Geburtstag Roms, die Parilien, erfordern ein Gebet für die Stadt, ihren «Caesar und weitere Träger seines Namens» (4,859 f.). Just dieser Monat hatte aber an sich auch verfänglichere Festtage. Bei dem Tag der Venus Verticordia, der ein Tempel zur Förderung der Keuschheit gewidmet war, hebt Ovid hervor, dass sie sowohl von ehrbaren Matronen und Jungfrauen als auch von leichteren Mädchen (also dem Publikum der *Ars amatoria*) verehrt werden solle. Ganz für die Prostituierten (4,865: *vulgares puellae*) gedacht war das Fest der *Vinalia*: Ovid rät ihnen ungeniert, die Göttin um Schönheit und um die Gabe verführerischer Konversation zu bitten. Während er in diesem Zusammenhang und bei den Floralia, die ebenfalls von den

Dirnen (5,349: *turba meretricia*) gefeiert werden, jede Anzüglichkeit bzw. Anspielung auf die Sittengesetze des Augustus unterlässt – Prostitution war ja auch nie untersagt oder eingeschränkt –, leistet er sich an anderer Stelle doch eine kleine Zweideutigkeit. In einem Vergleich des *pater patriae* Augustus mit Stadtvater Romulus, einem brillanten Stück der Synkrisis (wie die Rhetoriker das nennen), kommt er auf den Raub der Sabinerinnen zu sprechen: «Du (Romulus) raubst die Frauen, er (Augustus) befiehlt ihnen unter seiner Führung (*duce se*) keusche Ehefrauen zu sein» (2,139). *Duce se* kann sich darauf beziehen, dass Augustus allgemein *dux* der Römer war; es könnte aber auch heißen, dass er bezüglich der Keuschheit als Führer mit gutem Beispiel voranging (was weniger der Fall war, S. 247). Als tatsächliches Vorbild gilt er dagegen bei der Eindämmung der *luxuria*, des Luxus (eine Leistung, die bisher von den Dichtern noch nicht gewürdigt worden war): Augustus ließ ein prachtvolles ihm gehöriges Haus niederreißen, weil es ihm durch schiere *luxuria* verderblich schien. «So macht man (wahre) Censur», sagt Ovid (der wohl darauf abhebt, dass Augustus die ihm angetragene *censura* im Jahre 22 abgelehnt hatte), «wenn der Richter selbst tut, wozu er andere mahnt» (6,647 f.). Wir wissen, dass Ovid in diesem Punkt sogar Recht hatte. Wie sehr es ihm aber vor allem darum zu tun war, sich beim Kaiserhaus beliebt zu machen, zeigt der Schluss des sechsten, also vorläufig letzten Buches, wo Ovid den Tempel des Herkules und der Musen recht mühsam dazu gebraucht, um eine Cousine des Augustus, von der wir sonst nichts wüssten, wegen ihrer Schönheit, ihres Adels und Geistes zu preisen.

Augustuslob enthielt das Werk also genügend (was nicht heißen soll, dass Ovid überall aufrichtig wäre). Eher fehlte es ihm an einer Theologie bzw. Ideologie der Religion, die den so hingebungsvoll referierten Bräuchen ihren tieferen Sinn gäbe. Nach Cicero (S. 45) und Horaz (S. 151) beruhte Roms Größe und Weltherrschaft auf der genauen Götterverehrung; der Gedanke sollte noch später bei der Auseinandersetzung von Christen und Heiden eine wichtige Rolle spielen. Davon sagt Ovid nichts. Eine andere, auch uns vertraute Begründung der Religion gab Livius bei seiner Behandlung Numas (S. 164): Die Götterfurcht stabilisiere die Moral unter den Menschen. Das hatte Ovid selbst im Auge, als er in einer fast berüchtigten Partie seiner *Ars amatoria* den Meineid, den sonst die Götter rächen, den Frauen gegenüber gestattete, im Übrigen aber zu frommem Opfern und Leben mahnte: *Expedit esse deos et ut expedit esse putemus* (1,637: «Es ist nützlich, dass es Götter gibt, und, da es nützlich ist, wollen wir an sie glauben»). Auch daran wird in den *Fasti* nicht gedacht. Augustus ist Herrscher über die Völker der äußeren Welt und Wächter über die Sitten im Inneren – nicht ohne die Götter, aber eigentlich nicht auf Grund seiner Erfüllung religiöser Pflichten.

OVID WIRD VERBANNT

Der 51-jährige Ovid war auf dem Höhepunkt seines Schaffens: Das erotische Werk schien abgeschlossen, die *Metamorphosen* waren fast vollendet und schon in Abschriften verbreitet, mit den *Fasti* war etwas ganz Neues und Unerwartetes in Arbeit, da traf den berühmtesten Dichter seiner Zeit, wie der «Blitz Jupiters», so sagt er, ein Schlag, der aller Poesie ein Ende zu machen schien: Kaiser Augustus verbannte ihn kraft seiner consularischen Gewalt, über die er neben anderem verfügte, im Jahre 8 n. Chr. per Edikt ans Schwarze Meer, also in einen äußersten Winkel des römischen Reichs und schnitt ihn somit ab von der geliebten Stadt, Frau und Freunden, vor allem von seinem lateinischen Publikum: Ohne sie alle war er, wie er bekannte, ein «Tänzer im Dunkeln» (vgl. *Epistulae ex Ponto* 4,2,33 f.). Offizieller Grund für dieses offenbar präzedenzlose Vorgehen, für das Augustus weder ein Gerichtsurteil noch einen Senatsbeschluss bemühte, war die *Ars amatoria*, wegen der er, wenn auch nicht zu Recht, so doch nicht ganz ohne Grund (S. 248 f.), als «Lehrer des hässlichen Ehebruchs» (*Tristia* 2,212) bezeichnet und verurteilt wurde. Gemildert war das Urteil dadurch, dass darin nicht von eigentlichem Exil, sondern nur von *relegatio* die Rede war, so dass Ovid Bürgerrecht und Vermögen samt Dienerschaft behielt. Offenbar kam es Augustus vor allem darauf an, den missliebigen Dichter weit aus Rom fortzuschaffen.

Da die *Ars amatoria* schon seit mindestens sieben Jahren verbreitet war, kann sie bei aller Anstößigkeit kaum Anlass oder Hauptgrund der Verbannung gewesen sein. Und Ovid bezeugt auch mehrfach ausdrücklich, dass eine andere Sache – «die dich (Augustus) noch mehr gekränkt hat» (*Pont.* 3,3,72) – den Ausschlag gegeben habe: der ominöse *error* (Irrtum, Versehen), dem er zum Opfer gefallen sei und den er doch nicht nennen dürfe, um nicht «deine Wunden, Caesar, aufzureißen» (*trist.* 2,209). Dies legt nahe, dass die Sache Augustus so peinlich bzw. intim betraf, dass darüber ein Tabu gelegt war – das ja bis heute nachwirkt: Keiner der klatschfreudigen Biographen und Historiker des Altertums kann oder will uns das Rätsel aufdecken. Höchstwahrscheinlich stand es aber in Zusammenhang mit der Ehebruchsaffäre der Kaiserenkelin Julia, Tochter einer einschlägig belasteten Mutter (S. 247); auch sie wurde ja in ebendiesem Jahr verbannt. Da Ovid durch einen Vergleich mit Actaeon, der Diana versehentlich im Bade erblickt, zu verstehen gibt, dass er unabsichtlich etwas erfahren habe – *Cur aliquid vidi? Cur noxia lumina feci?, Cur imprudenti cognita culpa mihi?* «Warum habe ich etwas gesehen? Warum habe ich meine Augen schuldig gemacht? Warum ist mir versehentlich ein Vergehen bekannt geworden?» (*trist.* 2,103 f.) –, liegt die Vermutung nahe, dass er Mitwisser (man beachte *cognita culpa*), wenn nicht gar Förderer der Affäre war. Aus weiteren seiner meist nebelhaften, aber zahlreichen (gegen dreißig) Äußerungen sollen wir immerhin entnehmen, dass er zwar anfangs unwillentlich in die Sache verstrickt worden sei, dann aber aus Furcht (*timor*) bzw. Dummheit (*stultitia*), nicht um eines Vorteils (*praemia*) willen oder aus Feindschaft gegenüber Augustus, geschwiegen habe und somit schuldig geworden sei. Bezieht man dies alles zu Recht auf die Julia-Affäre, versteht man, warum die *Ars amatoria* als angebliche Fibel der Unzucht herhalten konnte, um mit ihr auch diesen zweiten, gravierenderen Punkt, den *error*, irgendwie abzudecken: Ovid hätte sich ja ungefähr gemäß eben den Vorschriften verhalten, die er selbst Gott Sol in der *Ars amatoria* gegeben hatte (S. 248). Erwähnt werden muss allerdings auch, dass nach der Vermutung vieler Historiker hinter der ganzen Affäre eine Verschwörung von Julias Ehemann Aemilius Paullus gesteckt habe (S. 218), in die Ovid dann ebenfalls verstrickt gewesen sein könnte. Aber um die Strenge von Ovids Bestrafung zu erklären, reicht die alte Verärgerung über die *Ars amatoria.*

OVID WEHRT SICH

Mit der Verbannung hatte Ovid ein Schicksal getroffen, wie es noch kein antiker Dichter vor ihm erlitten hatte. Aus Rom entfernt, im unwirtlichsten Ausland vereinsamt – würde er verstummen oder, wie der kurzzeitig aus Rom entfernte Cicero, sich nur noch in wehleidigen Briefen ergehen? Keineswegs. Ohne zu zögern, von der Stunde der Abreise an, ergreift Ovid, um die Welt als Zeugen zu laden, sein eigenes Schicksal als Gegenstand der Dichtung, und zehn lange Jahre lang bis zu seinem Tod bleibt er dabei: «Seitdem ich gestürzt bin, mache ich mich zum Verkünder meines plötzlichen Sturzes und bin der Verfasser eines Stoffs, der ich selber bin» (*trist.* 5,1,9 f.: … *sumque argumenti conditor ipse mei*). So hatte noch keiner vor ihm gesprochen; subjektiver konnte Dichtung nicht sein. Und nur sehr voreingenommene Literaturwissenschaftler können davon sprechen, dass der Dichter auch hier wieder in eine neue Rolle schlüpfe (die man keineswegs mit seinem biographischen Ich identifizieren dürfe). So hat man unlängst ja auch schon behauptet, Ovid sei überhaupt nicht verbannt gewesen, sondern habe sich das Schwarze Meer samt den daselbst hausenden Sarmaten und Geten in Rom ganz aus den Fingern gesogen. Eine irrwitzige These, die, wenn man sie ernstlich diskutieren wollte, kein Problem lösen, dafür aber viele aufwerfen würde. Dass freilich Ovid im eigenen Interesse oft flunkert, steht auf einem anderen Blatt.

Halten wir uns an Plausibles. Bereits auf der Reise (im Winter 8/9 n. Chr.) nach Tomi, dem befohlenen Verbannungsort (heute Konstanza), hatte er, von Stürmen bedroht, von Mitfahrern bestohlen, die Kraft zur Fertigstellung eines Elegienbuchs, *Tristia* (Gedichte der Trauer), das an Ingeniosität seinen früheren Werken nicht nachsteht. Wir erleben darin wie in einem elegischen Tagebuch die Reise des Dichters mit (dass der berühmte «Abschied aus Rom» als Nr. 3 etwas nachgestellt ist, widerspricht dem nicht, da Ovid dort explizit aus der Erinnerung spricht). Dabei enthält schon das zweite Gedicht eine raffinierte, geradezu schmeichelhafte Einlassung gegenüber Augustus: Ovid fingiert, in einem Seesturm zu sprechen (den es wirklich gegeben haben mag), und er fleht nun im Angesicht des Todes die Winde an, ihn zu schonen, um damit dem Willen des Caesar zu entsprechen – wie das? Nun, jener wollte ihn ja nicht umbringen, sondern an einen bestimmten Verbannungsort schicken. Dorthin will Ovid selbst, sagt er, wie er es verdient hat (*merui*). Wirklich verdient? Ja, er habe Schuld auf sich geladen, freilich kein Verbrechen begangen – wie den allwissenden Göttern bekannt sein müsse. Und zum Beweis dessen zitiert er mit Anspielung auf seine *Metamorphosen* frühere Äußerungen der Loyalität und erinnert an seine Weihrauchspenden für Caesar und sein Haus. «Wenn dies meine Gesinnung war, dann schont mich, Götter!» (105). Und in der Tat, noch während des Sprechens vollzieht sich die Gebetserhörung (die Philologen sprechen hier von einem mimetischen Gedicht): Die Wolken werden lichter, die Götter helfen also Ovid – nicht zufällig, sondern weil er sie «konditional», unter bestimmter Bedingung (*sub condicione*) gerufen habe. Die Allwissenden haben demnach Ovids Anhänglichkeit an Augustus und seinen Rechtsstandpunkt anerkannt. Möge der Kaiser es ihnen nachtun, das ist der Sinn dieser fein kalkulierten Elegie.

Schon mit diesem ersten Gedicht nach der Einleitung hat sich Ovid zu einem Vorgehen entschlossen, dass uns nur darum selbstverständlich scheint, weil wir die gebotene Alternative nicht erwägen. Augustus hatte allem Anschein nach in seinem Verbannungsedikt nur die *Ars* erwähnt, nicht den ominösen *error*, der an ein Tabu gerührt und Narben aufgerissen hätte. Ovid war also nicht gezwungen, ihn zu behandeln: *Qui s'excuse s'accuse.* Warum verteidigt er sich in diesem Punkt? War die Sache so stadtbekannt, dass er nicht umhin konnte? Alle Zeugnisse sprechen dagegen: Mit der «allen nur allzu sehr bekannten Ursache meines Sturzes» (*trist.* 4,10,99: *causa meae cunctis nimium quoque nota ruinae*) kann wohl nur die *Ars* gemeint sein. So wäre es in der Tat vielleicht klüger von Ovid gewesen, sich auf die *Ars* zu beschränken – wenn es ihm jedenfalls allein darauf angekommen wäre, an Gnade und Mitleid des Herrschers zu appellieren. Aber offenbar will er noch etwas anderes: Er will der Welt zeigen, dass er nicht nur in juristisch fragwürdiger Form verbannt wurde, sondern auch unter dem Vorwand eines Vergehens, hinter dem ein ganz anderes stand, gegen das er sich nicht einmal verteidigen konnte. Dass das letztlich taktisch unklug war, zeigt das Ergebnis; aber Ovid hatte auch seinen Stolz. Wenn man, wie oft geschehen, seinen Verbannungsgedichten vorwirft, sie seien unmännlich und weinerlich, übersieht man, dass er überall auch versucht, eine Öffentlichkeit gegen den Caesar aufzubringen: Alles ist «Publizistik in eigener Sache» (Walther Kraus).

Was die Behandlung des eigentlichen Vergehens, das hinter der *Ars* steckte, angeht, so unterwirft sich Ovid von Anfang an einer strengen Sprachregelung: Er gibt eine Schuld, *culpa*, bzw. eine Verfehlung, *peccatum*, zu, leugnet aber, dass es sich dabei um ein Verbrechen, *scelus*, bzw. eine Untat, *facinus*, handle. Da er auf Grund eines Zufalls, *casus* bzw. *fortuna*, in die Sache geraten sei und ohne Absicht, *consilium*, gehandelt habe, liege nur ein Versehen, *error*, vor – eine Vokabel, die er, meist zusammen mit *scelus*, bis zum Überdruss gebraucht, um seine relative Schuldlosigkeit zu klassifizieren. Diese Gegenüberstellung von *scelus* und *error* scheint so im römischen Recht nicht üblich zu sein; sie entstammt auch nicht etwa der Topik der Gerichtsrede, wie sie in der Rhetorenschule geübt wurde. Ovid hat sie Roms größtem Redner abgeschaut: Cicero verteidigt in drei Reden vor Caesar (46/45 v. Chr.) frühere Pompeianer (und zugleich sich selbst) mit dem Gedanken, dass sie sich durch ihre falsche Parteinahme im Bürgerkrieg alle «zwar auf Grund eines menschlichen Versehens in eine Art Schuld verstrickt hätten, von Verbrechen dagegen frei seien» (*Pro Marcello* 13: *etsi aliqua culpa tenemur erroris humani, ab scelere certe liberati sumus*). Diese Form des Appells an die Milde, hofft Ovid, soll beim jetzigen Caesar bewirken, was sie einst bei dessen «Vater» erreicht hat.

Das zweite Buch der *Tristia* (aus dem ersten Jahr der Verbannung, 9 n. Chr.) enthält dann das umfangreichste an Augustus gerichtete Gedicht, das wir überhaupt besitzen (578 Verse). Es besteht in einer einzigen Verteidigungsrede, in der Ovid zwar nicht auf Unschuld oder Straffreiheit plädiert – allenfalls in ferner Zukunft scheint ihm eine Rückkehr nach Italien denkbar –, aber doch eine Milderung des «gerechten und verdienten Zorns» (29), d. h. die Versetzung an einen angenehmeren Verbannungsort, zu erreichen sucht. Im einleitenden Teil appelliert er gleichsam in einem Gebet an die Milde des dem Jupiter äquivalenten Herrschers, dann verweist er, wie in Gerichtsreden üblich, auf sein makelloses Vorleben, seine Leistungen in bürgerlichen Ehrenämtern und seine vielfach bezeugte Loyalität. Bereits hier schiebt er die schon erwähnte Beteuerung seiner relativen Unschuld am *error* ein (*Cur aliquid vidi?*), dann kehrt er zurück zu seiner untadeligen Familie und seinem – Genie und «weltweiten Ruhm». Der Kaiser soll wissen, mit wem er sich angelegt hat.

Jetzt kommt das Riskanteste. Unter dem Anschein, die Güte des Herrschers preisen zu wollen, erwähnt Ovid – soweit zu Recht – die relative Milde der Relegation, dann aber, als wäre auch das besonders gütig, dass Augustus die Verbannung weder vom Senat noch von einem Gericht habe beschließen lassen, vielmehr: «Mit finsteren Worten (mich) anfahrend – so ist es eines Fürsten würdig (*ita principe dignum*) – hast du selbst – wie es sich gehört (*ut decet*) – deine Kränkungen gerächt» (133 f.). Die hier parenthetisch eingelegten Bravorufe musste man fast als Hohn verstehen; und es dürfte Ovid nur wenig geholfen haben, dass er gleich darauf versicherte, es könne für einen braven Kerl keine schlimmere Strafe geben, als einem so großen Mann missfallen zu haben. An sich war diese Technik, unter dem Schein des Lobs zu tadeln, etwas, das von Rednern häufiger praktiziert und in der rhetorischen Schulung als «figurierte Rede» (*logos eschēmatismenos*) sogar geübt wurde. Hier dürfte aber Ovid zu durchsichtig gesprochen haben, und er hat Anzüglichkeiten dieser Art in späteren Elegien nicht mehr wiederholt.

Im Hauptteil des Gedichts beschränkt sich Ovid, da er über den *error* nicht reden dürfe – er hat es beiläufig schon getan –, fast völlig auf die Verteidigung seiner *Ars amatoria*, wobei er sich nicht völlig zu Unrecht darauf beruft, dass er Ehefrauen von ihr ausgeschlossen habe. Nicht ganz in Einklang damit steht der bekannte, von Ovid klassisch formulierte Gedanke, dass man von einem Literaturwerk nicht auf den Charakter des Verfassers schließen dürfe – *Vita verecunda est, Musa iocosa mea* (354: «Mein Leben ist sittsam, meine Muse liebt Spaß»). Dann zählt er in fast zweihundert Versen frühere Liebesdichter und vergleichbare Künstler auf, denen ihr erotisches Sujet nicht geschadet habe – bis heute der beste einschlägige Katalog –, und mit Erinnerung an seine eigenen ernsthafteren Werke und nochmaliger Bitte schließt er ab. Freilich enthält auch dieser eher harmlose Hauptteil zu Beginn gewisse Teufeleien der «figurierten Rede». Gemäß dem Sprichwort *Minima non curat praetor* («Der Prätor kann sich nicht um jede Kleinigkeit kümmern»), versichert Ovid, dass es Augustus in der Fülle seiner weltweiten Dienstgeschäfte, von den Parthern bis zu den Germanen, bei der Sorge um Gesetze und Sitten, natürlich nicht möglich gewesen sei, ein so unbedeutendes Werk wie die *Ars amatoria* zu lesen. Sonst hätte er ja gesehen, wie harmlos sie sei (213 ff.). Man denke: Er wusste also gar nicht, worüber er in seinem Edikt urteilt. So klagt Ovid ihn an, indem er ihn verteidigt – und nicht einmal diese kleine Spitze kann er weglassen: dass der Herrscher «bemüht sei, die Sitten (seiner Mitbürger) den seinen anzugleichen» (234). Aber, wie gesagt, solche Dinge hat er nur einmal riskiert.

Ovid hat den versteckten Protest gegen seine Verbannung aller Wahrscheinlichkeit nach auch in seine *Metamorphosen*, die bei der Abreise nach Tomi ja noch nicht ganz vollendet waren, eingebaut. Während dort in der Regel die Götter nicht ohne triftigen Grund durch Verwandlung bestrafen, gibt es davon immerhin – denn die Bestrafung des Lycaon (S. 250) war an sich angemessen – zwei gravierende Ausnahmen. Eine betrifft Actaeon. Er sieht durch einen schieren Zufall die nackte Diana im Bad, und diese in ihrer Wut verwandelt ihn in einen Hirsch, so dass er von den eigenen Hunden zerrissen wird. Das lässt schon darum an Ovid denken, weil dieser, da er Unerlaubtes gesehen habe, sich selbst mit Actaeon vergleicht (*trist.* 2, 103 ff., S. 257); hinzu kommt, dass bei Actaeon die Schuldfrage in den *Metamorphosen* exakt mit dem Vokabular von Ovids Exilgedichten, das sonst nicht üblich ist, diskutiert wird: «Wenn du genau nachfragst, wirst du finden, dass bei ihm der Zufall schuld war (*fortunae crimen*), kein Verbrechen (*scelus*) vorlag: Denn welches Verbrechen hätte an einem bloßen Versehen (*error*) sein können?» (*Metamorphoses* 3,141 f.).

Geht dies also auf den *error*, so dürfte im Fall der zu Unrecht bestraften Arachne die *Ars* im Visier sein. Arachne wird beschrieben als eine überall berühmte Meisterin der Webkunst. Göttin Minerva (Pallas Athene), für ebendieses Metier zuständig, lässt sich mit ihr auf einen Wettkampf ein, bei dem sie, Minerva, einen Teppich fertigt, auf dem in schön symmetrischer

Ordnung sie selbst und eine Reihe bestrafter Gottesverächter abgebildet sind, wogegen die Konkurrentin in zwangloser Ordnung – wie Ovids *Metamorphosen* selbst – verschiedene (nach der *lex Iulia* illegale) Götterliebschaften mit den entsprechenden Verwandlungen darstellt. «Weder Pallas noch der Neid könnte an jenem Werk etwas aussetzen. Da empörte sich über diesen Erfolg die blonde Jungfrau und zerriss die bunten Gewebe, die die Götter beschuldigten» (6,129–131). Und Arachne wird in eine hässliche Spinne verzaubert. Wenn Ovid damit in allegorischer Form die ungerechte Bestrafung seines Kunstwerks, der *Ars*, darstellen wollte, dann wollte er vielleicht auch andeuten, dass man einiges darin als Vorwürfe gegen das Kaiserhaus (131: *caelestia crimina*) lesen wollte. Aber das bleibt unsicher. Immerhin beachte man, dass er selbst ausdrücklich sein Schicksal unter die «Metamorphosen» (*trist.* 1,1,119 f.: *mutata corpora*) rechnet.

Deutlicher aus einer Bearbeitung der Exilzeit stammt die Darstellung des aus Arkadien heimatvertriebenen Euander im ersten Buch der *Fasti*. Als dieser in Latium landet, entfährt Ovid ein Stoßseufzer: «Glücklich der Mann, der dort sein Exil hatte!» (1,540). Vorher aber, als es um den Grund seiner Verbannung geht, hebt Ovid ausführlich hervor, dass nicht seine Schuld (*culpa, meritum*) das bewirkt habe, sondern – «der Zorn eines beleidigten Gottes jagte dich aus der Stadt» (1,482: *offenso pulsus es urbe deo*). Es ist kaum möglich, dabei nicht an den verbannten Ovid zu denken – der freilich nur bezüglich der Person Euanders zu behaupten wagt, dass er völlig schuldlos sei. Ein glattes Fehlurteil hat Ovid seinem «Gott» nie vorgeworfen.

GEDICHTE DER TRAUER

Vier Jahre lang, von 9 bis 12 n. Chr., sendet Ovid nun nach Rom neben ordinären Prosa-Briefen Elegienbücher unter dem Titel *Tristia*, denn: *Laeta fere laetus cecini, cano tristia tristis* (*Epistulae ex Ponto* 3,9,35: «Fröhlich sang ich Fröhliches, traurig aber Trauriges»); dann kommt es noch im Jahre 13 zu einer Sammelpublikation von drei Büchern elegischer Briefe, *Epistulae ex Ponto*. Die Elegien eines vierten Buchs von *Epistulae* sind zum Teil erst nach dem Tod des Augustus (im Jahre 14) verfasst. In all diesen Elegien sucht Ovid, wie man es sonst von einem vor Gericht Angeklagten erwartet, Mitleid zu erregen, in dem er die Unwirtlichkeit und Unzivilisiertheit seines Verbannungsorts ausmalt – wobei er mit (weniger dichterischer als) advokatischer Freiheit, wie man weiß, vieles übertreibt, etwa: dass man den Wein im Winter dort nur gefroren einnehmen könne (eine Vorahnung unserer *gelati*). Wahr dürfte sein, dass nur ganz wenige Leute Latein, manche (wegen der zum Teil thrakischen Bevölkerung) nur schlecht Griechisch sprechen, obwohl Tomi, auch nach Ausweis der Inschriften, eine Griechenstadt war, in der es etwa auch ein Gymnasion gab. Deutliches Ziel der meisten Elegien ist es, Freunde und vor allem auch seine Frau zum Einsatz für ihn zu motivieren, wobei fast immer Augustus im Blick bleibt. Weniges in dieser Hinsicht Wichtige sei herausgehoben.

Mit feiner, ungewöhnlicher Schmeichelei beginnt Buch III (*trist.* 3,1): Ovids neues Buch lässt sich in einer Art Sightseeingtour von einem seiner Leser durch Rom führen. Auf dem Palatin bewundert es am Augustuspalais den Lorbeer und den Eichenkranz – *ob servatos cives* («für die Rettung von Bürgern»). Anrede an den Kaiser: «Lass den einen doch auch dazu gehören!» Abgewiesen wird das Buch von den öffentlichen Bibliotheken; auch seine Brüder hat man schon von dort entfernt (eine wichtige Information), aber einfache Privatleute werden es doch noch lesen dürfen. Auf Besseres lässt hoffen *Tristia* 3,14, wo ein «heiliger Priester der Gelehrten», wohl nicht der Leiter einer Bibliothek, sondern eher ein Verleger bzw. Buchhändler, um Fürsorge für Ovids Bücher ersucht wird (mit Ausnahme der *Ars amatoria* natürlich). Leider werden diese Vorgänge nicht völlig klar. Dieses dritte Buch offenbart im Übrigen Ovids ungebrochenen Dichterstolz. In dem für sich selbst entworfenen Grabepigramm nennt er sich ausgerechnet *TENERORUM LUSOR AMORUM* (*trist.* 3,3,73: «Spielmann zarter Liebessachen, *amores*»), gleichsam eine Gegenformulierung zu der des Edikts, *obsceni doctor adulterii* (Lehrer des hässlichen Ehebruchs). Und einer jungen Dichterin gegenüber spricht er von der Autarkie, die ihm sein Genie (*ingenium*) auch Augustus gegenüber gewähre (*trist.* 3,7,48): *Caesar in hoc potuit iuris habere nihil* («An diesem hatte auch der Kaiser sein Recht verloren») – das Kühnste, was er in dieser Richtung riskiert hat. Diese Autarkie beruht einerseits auf seinem weltweiten, ewigen Dichterruhm (von dem gerade Ovid mehr als ein anderer römischer Dichter spricht), andererseits auf der Fähigkeit seiner Muse, ihn dadurch, dass sie seinem Leid Ausdruck gibt, zu trösten und ihn so wie Schuberts «holde Kunst in eine bessre Welt zu entrücken». Diese von Ovid gleichsam neu entdeckte Möglichkeit der Poesie – bei Horaz hatte die Poesie nur die Aufgabe, andere zu trösten (S. 206) – wird in den Einleitungsgedichten von Buch 4 und 5 entfaltet, sie krönt auch die in der Literaturgeschichte einzigartige, an die Nachwelt gerichtete Selbstbiographie (*trist.* 4,10,117–120): «Dank dir, Muse, denn du gewährst

Tröstung, du kommst als die Ruhe der Sorge, du kommst als Arznei, du bist Führerin und Gefährtin, du führst mich fort vom Hister (Donau) und gibst mir meinen Platz mitten auf dem Helikon.» Der Name des Augustus ist aus diesem Gedicht, das eine Summe von Ovids Leben und Schaffen geben soll, ausgespart. Im fünften Buch spricht er den Herrscher in einem Gedicht noch einmal an (*trist.* 5,2 B, beigelegt einer Elegie an seine Frau): Darin versucht er sich, sozusagen unter Ausschluss der Öffentlichkeit, ganz an das Erbarmen des gottgleichen Augustus zu wenden, wobei er vor allem die Schrecklichkeit seines Verbannungsorts ausmalt. Aber dieses demütige Gegenstück zu der ja teilweise noch aufsässigen Elegie *Tristia* 2 hatte so wenig Erfolg wie jene.

Inzwischen schien sich die Stimmung des Augustus gegenüber Ovid etwas gebessert zu haben; zumindest hatte dieser den Eindruck. In den drei Büchern *Epistulae ex Ponto* (13/14 n. Chr.) – den *Tristia* «im Inhalt gleich, dem Titel nach verschieden» (1,1,17) – die er (nach früherem Einzelversand) als geschlossene Sammlung publiziert, werden die bisher anonym gebliebenen Adressaten, meist Ovids vornehme Freunde, mit Namen genannt. Die Freundschaft mit ihm scheint also nicht mehr so kompromittierend wie einst, wo er nur die eigene Frau unverhüllt anzusprechen wagte. Im Widmungsgedicht (*Pont.* 1,1) versucht er Augustus gegenüber neue, nunmehr tiefreligiöse Töne, die in der Dichtung der Zeit singulär scheinen: Durch sein Werk, das implizit lauter «Götterlob» (29: *laudes deorum*) enthalte, werde er zum «Propheten» des Augustus (47: *vaticinor*), trotz der Strafe, die er erlitten hat. Seine jetzige Zerknirschung diene dem Ruhm des Gottes; seine Schuld quäle ihn mehr als die Strafe. Man glaubt einen christlichen Büßer zu hören. Konventioneller ist das folgende Gedicht (*Pont.* 1,2), wo ein eloquenter Freund und Verwandter des Augustus um rhetorische Fürsprache bei diesem ersucht wird: Trotz Allwissenheit könne Augustus ja nicht ahnen, wie grässlich Tomi sei. Analog dazu bittet er seine in Rom verbliebene Frau darum, sich für ihn bei Livia einzusetzen – der «Herrscherin, durch die Fortuna beweist, dass sie sehend ist und zu Unrecht als blind beschuldigt wurde» (3,1,125 f.). Angesprochen wird der Kaiser selbst noch einmal im Rahmen einer Elegie (2,8), in der sich Ovid bei einem Freund für die Übersendung von drei «Götter»-Bildnissen (Augustus, Tiberius, Livia) bedankt: Bei allen Mitgliedern seiner Familie beschwört er den Herrscher, seinen gerechten Zorn zu mindern und ein milderes Exil zu gewähren. Und dann eine verzweifelte, aber echt ovidische Pointe: Man könne es ja auch den Götterbildern (von denen er sich nie trennen werde!) nicht zumuten, an einem so garstigen Ort zu sein. Die Loyalitätserklärungen in diesem und anderen Gedichten – so soll Augustus weit gerechter als Jupiter sein (2,6) – sind fast peinlich. Und generell gilt, dass die Unterwürfigkeit zusammen mit einem ostentativ wachsenden Schuldgefühl in den Büchern *Ex Ponto*, verglichen mit den *Tristia*, zunimmt. Er zweifelt nun sogar daran, ob es richtig sei, sein Vergehen als «aus der Ursache eines *error* entsprungen» (2,2,55) hinzustellen, was ja auf ein Eingeständnis der bisher geleugneten Absichtlichkeit hinaus liefe. Diesen Wechsel der Taktik, der dann aber nicht mehr weiter durchgeführt wird, scheint auch sein alter Schüler, Gott Amor, persönlich anzuraten, als er ihm in einer Elegie im Traum erscheint: «Magst du auch dein Vergehen mit dem Schein eines Versehens bemänteln» (3,3,75: *tu licet erroris sub imagine crimen obumbres*). Im Übrigen zeigt aber diese köstliche Elegie, in der der Gott seinem Lehrer pflichteifrig versichert, nie etwas Verbotenes von ihm gelernt zu haben, dass Ovid auch im Exil seinen Humor nicht ganz verloren hat. Einen völlig neuen Ton bringen dann zwei Schlussgedichte der Sammlung. Im letzten (3,9) entschuldigt sich Ovid, moderne Kritik vorwegnehmend, dafür, dass seine Gedichte so eintönig seien: Er habe ja auch immer nur ein Thema gehabt. In der drittletzten Elegie gibt er sich für sein eigenes Schicksal illusionslos: Keiner der so oft Angeschriebenen und Gebetenen habe für ihn je etwas zuwege gebracht: «Verzeiht mir, Freunde, dass ich auf euch gehofft habe: Diesen Fehler will ich nun nicht mehr machen. Und man soll von mir auch nicht sagen, dass ich meiner Frau beschwerlich sei: Sie ist zwar brav, aber in meiner Sache zu furchtsam und energielos» (3,7,9–12). Mit so bitteren Worten verabschiedet er sich von seinen Briefpartnern. Nur einem der Angesprochen sagt er kein Lebewohl: Augustus. Er bekommt allenfalls dieses tapfere Distichon zu lesen: «Wenn uns nur Caesars Zorn nicht auch dies verweigert, wollen wir tapfer am Schwarzen Meer sterben» (3,7,39 f.). Einer von Ovids schönsten Gedichtschlüssen.

Bald darauf ist Augustus gestorben. Das letzte, vielleicht postum herausgegebene Buch (*Pont.* 4) setzt seinen Tod voraus (Ovids eigenes Todesdatum, 17 n. Chr.?, lässt sich nur erraten). Dass Augustus eben dabei war, Ovid zu verzeihen (*Pont.* 4,6), wird man kaum glauben wollen; durchaus plausibel ist aber, dass Ovid, um sich im Kaiserhaus beliebt zu machen, «ein Gedicht über den neuen Himmelsbewohner» (4,6,17), also eine *Apotheosis Augusti* geschrieben hat. Er habe ihn, sagt er zu Germanicus, auf den er nun seine Hoffnung zu setzen beginnt (S. 252), «zu einem gewissen Teil zum Gott gemacht» (*Pont.* 4,8,64). Mit Letzterem dürfte aber auch der Schluss der *Metamorphosen* gemeint sein.

Kurios ist, dass er sogar in getischer Barbarensprache ein Gedicht verfasst haben will (diese scheint neben dem offiziellen Griechisch die in Tomi verbreitetste Sprache gewesen zu sein): «Du fragst nach dem Gegenstand? Ein Preisgedicht über Caesar (Augustus) habe ich gesungen; die Neuheit meines Unterfangens wurde unterstützt vom heiligen Willen des Gottes» (*Pont.* 4,13,23 f.). Ein Experiment ohne Parallele in der antiken Literatur! Denn Römer schreiben Latein oder Griechisch – und so halten denn fast alle Gelehrten die ganze Sache für eine Ente. Aber wenn Ovids römische Leser das glauben sollten, und nichts weist auf Ironie, dürfen wir es nicht von vornherein für unmöglich erklären. Aber man fragt sich dann doch: Dichtete Ovid nach einer getischen (d. h. thrakischen) Metrik? Oder doch eher in klassischem, quantitierendem Maß? Im letzteren Fall hätten wir hier zum ersten Mal den Versuch, der dann erst wieder in der Renaissance gemacht wurde, ‹antike Form› in nichtantiker Sprache – auch die thrakischen Sprachen waren immerhin indogermanisch – nachzubilden. Jedenfalls soll der Erfolg bei der Rezitation durchschlagend gewesen sein. Die zutiefst ergriffenen und mit ihren Köchern Beifall rasselnden Geten hätten gesagt: «Wenn du so etwas über Caesar schreibst, dann hätte sein Befehl dich zurückberufen müssen.» Ovids letztes Wort zu Augustus: Schade, dass dieser es nicht mehr gehört hat.

AUSBLICK

Das Gesagte hat vielleicht schon verständlich gemacht, warum Ovid mit seiner Exildichtung bei Augustus das nicht bewirkt hat, was er sich erhoffte: zumindest eine Milderung des Exils (wie sie doch etwa gerade Julia erreichte). Seine allzu übertriebenen Huldigungen, mit denen er seine Ergebenheit demonstrieren wollte, waren wohl nicht unbedingt im Sinne dessen, der «nur ernsthaft und von den Besten dargestellt sein» wollte (S. 144). Und Ovids Doppelstrategie, einerseits den Princeps durch Appell an die Fürsten- und Göttertugend der *clementia* zum Mitleid stimmen zu wollen, ihn andererseits aber durch Hinweis auf die publizistische Macht seiner weltberühmten Gedichte unter Druck zu setzen, litt an einem inneren Widerspruch, indem das Zweite, auf das er vor allem anfangs setzt, das Erste allzu sehr abschwächte. Aber wie dem auch sei, mit dem geradezu rechtswidrigen Vorgehen gegen den größten Dichter seiner Zeit hat sich Augustus, der seine Karriere mit der Preisgabe Ciceros zur Ermordung begann, noch einmal in ein schlechtes Licht bei uns Literaturfreunden gesetzt. Dass er ein zumindest äußerlich loyales Gedicht wie die *Ars amatoria* zum offiziellen Grund einer Verbannung machte, war ein Zeichen seiner Schwäche und musste die geistige Freiheit unter Roms Literaten geradezu lähmen. Es passt dazu, dass wahrscheinlich in diesen letzten Jahren des Augustus die Geschichtsbücher des T. Labienus Anstoß erregten, weil er «seinen pompeianischen Hochmut noch nicht einmal in einem so tiefen Frieden abgelegt hatte» (Seneca maior, *Controversiae* 10 *praefatio* 5: *qui Pompeianos spiritus nondum in tanta pace posuisset*). Sie wurden sogar verbrannt, «eine neue Form der Strafe» (Seneca a. O.) mit leider mächtiger Nachwirkung – was Labienus schließlich zum Selbstmord trieb. Nach ihm wurde dann der bekannte Redner Cassius Severus nach der *lex de maiestate* (Majestätsverletzung) in die Verbannung geschickt, und seine Werke wurden auf Senatsbeschluss vernichtet. (Mit Überraschung liest man, dass der querköpfige Kaiser Caligula die Werke beider Autoren wieder suchen und verbreiten ließ.) Dass durch die «überhandnehmende Schmeichelei» (*gliscente adulatione*), die uns ja wohl auch durch den späten Ovid dokumentiert wird, viele unter Augustus von der Geschichtsschreibung abgeschreckt wurden, stellt Tacitus fest (*ann.* 1,1): Sueton, der Biograph des Augustus, nennt wenigstens einige Namen. Einen eigenen Weg, der ihn Konflikten entzog, ging immerhin Pompeius Trogus, neben Livius der bedeutendste lateinische Historiker der Zeit, mit einer in 44 Büchern unter dem Titel *Historiae Philippicae* verfassten, auf den Hellenismus konzentrierten Weltgeschichte, die bis 146 v. Chr. reichte und uns in einem ausführlichen Auszug erhalten ist: Vor allem daraus hat das Mittelalter seine Geschichtskenntnisse bezogen.

Im Übrigen bezeugt uns Ovids letztes Gedicht (*Pont.* 4,16) mit einem Katalog von dreißig Dichtern für diese Jahre ein äußerlich blühendes literarisches Leben auch auf dem Gebiet der Poesie. Da von all dem aber nur das Lehrgedicht eines gewissen Grattius über die Jagd erhalten ist, scheint der Rest jedenfalls nicht überragend gewesen zu sein. Nur Ovid, der Horaz noch gehört, Vergil immerhin gesehen hatte und der mit Properz befreundet war, strahlte aus der glanzvollen augusteischen Klassik in diese letzte Zeit des Augustus noch herüber. Mit seinem und des Augustus Tod, die ja fast zusammenfallen, endet dann für einige Jahrzehnte die große römische Dichtung, die erst eigentlich wieder unter dem jungen Nero aufblüht.

VI.

ABSCHIED VON EINEM GOTT – AUSBLICK

– 1 –

VEREHRUNG – ABLEHNUNG – KOPIE

TOD, FEIER DES VERSTORBENEN UND ÜBLE NACHREDE

«Er durfte einen leichten Tod sterben, so wie er sich ihn immer gewünscht hatte», berichtet Sueton (*Augustus* 100 f.). Nach Augustus' Tod in Nola am 19. August 14 n. Chr. begleiteten die Stadträte der italischen Munizipien und Kolonien den Leichnam bis Bovillae. Dort übernahmen Ritter die ehrenvolle Begleitung bis auf den Palatin in Rom, wo der Leichnam im Haus des Augustus aufgebahrt wurde. Auf dem Forum hielten sein Nachfolger Tiberius sowie dessen Sohn schließlich die Leichenreden, worauf Senatoren den Toten zur Verbrennung auf das Marsfeld trugen. Ein Prätor mit Namen Numerius Atticus schwor, er habe bei der Kremation das Abbild des Toten in den Himmel aufsteigen sehen. Ritter sammelten die sterblichen Überreste auf und setzten sie im Mausoleum auf dem Marsfeld bei, das Augustus bereits mehr als 40 Jahre zuvor hatte gestalten lassen. Nach der Bestattung wurde in Rom ein Tempel für die Verehrung des *divus Augustus* – des zum Gott gewordenen Herrschers – gebaut. Bis zu seiner Vollendung stellte der Senat ein goldenes Porträt des Verstorbenen im Tempel des Mars Ultor auf, das als Abbild des Vergöttlichten verehrt wurde.

Auch in vielen Städten des Reiches wurden Tempel errichtet, um den vergöttlichten Kaiser zu verehren. Der römische Senator Cassius Dio fand bei älteren Autoren freilich den Hinweis, dass einige dieser Pflicht freiwillig, andere nur widerstrebend nachkamen (56.46). In seinem Geschichtswerk ist auch die Notiz zu lesen, dass Augustus einem Giftanschlag Livias zum Opfer gefallen sein soll und sein Ableben zunächst geheim gehalten wurde, da sie einen Aufruhr befürchtete. Cassius Dio versichert ferner, dass der Eid des Prätors, er habe ein Bild des Augustus in den Himmel auffahren sehen, von Livia mit einer Million Sesterzen Belohnung honoriert wurde – der Mann mithin nur gegen eine ordentliche Vergütung bereit war, zweckdienliche Visionen zu haben. Überhaupt erzählten Senatoren sich später von Livia und Tiberius zahlreiche üble Geschichten, ja man vermutete sogar, ihre politische Förderung habe Augustus zu Lebzeiten und dann im Testament nur deshalb vorgenommen, um in den Geschichtsbüchern im Vergleich mit solch negativen Gegenbildern umso glänzender dazustehen. Tiberius sollen angeblich viele Senatoren wegen seiner «Anmaßung und Grausamkeit» regelrecht verachtet haben, und in Livia sahen sie eine «schwer auf dem Vaterland lastende Mutter» (Tacitus *annales* 1.10).

Es gab demnach eine senatorische Überlieferung, die vornehmlich die Schattenseiten erhalten hat, wenn ihre Autoren hinter die helle Fassade blickten. Prominente Beispiele dafür sind zu Beginn des 2. Jahrhunderts n. Chr. der gerade zitierte Senator Tacitus, der aber viele Vorgänger seit Beginn des Principats hatte. Zu ihnen zählte etwa im 1. Jahrhundert n. Chr. der ältere Plinius. Augustus werde, so Plinius, zwar zu den glücklichsten Menschen gezählt, habe aber auch viel Schlechtes erlebt (*naturalis historia* 7.147–150). Bei dieser Äußerung geht es Plinius nicht allein um persönliche Schicksalsschläge wie den frühen Tod von Familienmitgliedern. Er zählt dazu vielmehr auch die Proskriptionen und die Beteiligung des Augustus am Triumvirat der übelsten Bürger (*pessimi cives*). Seine Feigheit im Krieg, zahlreiche Aufstände der Soldaten, viele Anschläge auf sein Leben und eine lange Liste anderer Unglücksfälle für Reich und Kaiser ließen, so Plinius im Resümee, eigentlich keine Entscheidung darüber zu, ob er als Gott den Himmel «mehr erreicht oder verdient hat». Bis weit in das 2. Jahrhundert. n. Chr. kursierten Texte, die schon zu Lebzeiten des Kaisers gegen ihn verfasst worden waren. Auch wusste der Biograph Sueton noch von anonymen Schmähschriften, die man beispielsweise anlässlich der letzten Senatssäuberung im Jahr 18 v. Chr. verbreitet hatte (*famosi libelli*, Suet. *Aug.* 55). Ehrenbeschlüsse des Senats wirken angesichts solch verbreiteten Unmuts unter den Senatoren, als seien sie nicht gerade aus tiefer Überzeugung formuliert worden, sondern von Zwang und ängstlicher Scheu gezeugt (ebenda 57).

Es gab freilich auch andere Stimmen. Die Ritter sollen unter der Herrschaft des Augustus aus eigenem Antrieb und in gemeinsamer Überzeugung (*sponte atque consensu*) den Geburtstag des Kaisers gefeiert haben. Die römischen Stände warfen für das Wohl des Herrschers jährlich Münzen in den Lacus Curtius auf dem Forum und trugen zum Neujahrstag Geschenke für den Princeps auf das Kapitol (ebenda). Neben diesen Gesten der Zustimmung konnte man vielerorts – als Augustus schon lange ein Gott geworden war – in den Provinzen immer noch Texte lesen wie diesen, den man 9 v. Chr. in Ephesos verfasst hatte: «Er hat dem gesamten Kosmos, der gut und gerne seinen Untergang gefunden hätte, wenn Caesar nicht zum allgemeinen Glück für alle geboren worden wäre, ein neues Aussehen gegeben» (Bringmann/Schäfer 335). Den Provinzialen galt der Kaiser weiterhin als «Erretter des Menschengeschlechts …, denn Frieden haben Land und Meer, Städte blühen in gesetzlicher Ordnung, Eintracht und Wohlstand, es gibt Überfluss in allem Guten, und dabei sind die Menschen mit guten Hoffnungen für die Zukunft und Zutrauen zur Gegenwart erfüllt» (ebenda 339).

Nach der traumatischen Bürgerkriegszeit zählten mithin vor allem die in den letzten Worten anklingenden neuen Perspektiven, welche sich für die Überlebenden des Terrors aus der Herrschaft des Augustus ergaben. Gewaltsamer Tod, Leid und die bei den eigenen Verwandten zu beobachtenden posttraumatischen Störungen, die sich als Folgen der Kriegserfahrung einstellten, waren in der Erinnerung allmählich dem Empfinden von Frieden und Glück gewichen. Das sollte, ja musste unbedingt so bleiben – auch über den Tod des ersten Princeps hinaus. Dafür war man zu erheblichen Zugeständnissen bereit. Es wirkte fort, dass der erste Princeps den äußerst bedrohlichen Eindruck, den seine rücksichtslose Gewalt gegen politische Gegner und das allgemeine Chaos der Bürgerkriege hatten entstehen lassen, trefflich hatte als Drohkulisse nutzen können, um in einem ungeheuren Reformprozess den römischen Staat völlig neu auszurichten. Ohne Bürgerkriege und die Erinnerung an den Schrecken dieser Jahre hätte der inaugurierte Wandel seine Aura des Alternativlosen und damit auch die Akzeptanz unter den Bürgern verloren. So waren die meisten – auch jene, die anfänglich Gegner waren – bereit, die verlogene Formel der *res publica restituta* mit positivem Inhalt zu füllen, wenn auf die eine oder andere Weise Kapital aus den neuen Verhältnissen geschlagen werden konnte. Wie die zitierten negativen Stimmen über Augustus zeigen, blieb gleichwohl dauerhaft ein fader Beigeschmack, den die faktische Entmachtung der alten Institutionen in der Aristokratie hinterließ.

Die neuartige Kooperation des aristokratischen Establishments in Rom wie in den Provinzen mit dem Kaiser lenkt den Blick auf die eigentliche Leistung des Augustus. Sie bestand darin, beinahe alle Bereiche von Gesellschaft, Verwaltung, Reichsorganisation, Städtewesen, Militär und Kultus verwandelt und auf eine neue Basis gestellt zu haben. Der ungeheure Transformationsprozess, den er während seiner rund 45 Regierungsjahre dem römischen Reich verordnete, schuf die Voraussetzung für eine mehr als 200 Jahre bemerkenswert stabile Reichsgeschichte. In vielen Bereichen zeigte der erste Kaiser einen durchaus achtungsgebietenden Pragmatismus und eine erstaunliche Weitsicht bei vielen Reformen, die seinen Nachfolgern eine gute Grundlage für die eigene Herrschaft und einen vielfältig genutzten Referenzrahmen schufen. Hierzu zählen die Neuordnung der Provinzverwaltung, die Gründung einer auf Freigelassenen und Rittern fußenden kaiserlichen Administration, die Entmachtung des Senats bei Einbindung weniger Senatoren und führender Ritter in das Arkanum kaiserlicher Entscheidungsfindung. Das alles wurde oft genug mit rücksichtsloser Härte durchgesetzt, wobei Augustus regelmäßig sein eigenes Leben aufs Spiel setzte – nicht zuletzt deswegen, da sein eigener Erfolg, seine überbordende Machtfülle und sein unüberschaubarer Reichtum Begehrlichkeiten weckten.

Es wäre aber verfehlt, allein die brutale Durchsetzungsfähigkeit des Kaisers zu betonen. Die Kehrseite der zur Schau gestellten Härte war eine Kommunikationsfähigkeit, ohne die der Erfolg seiner Regierungszeit undenkbar wäre. Ihm war klar, dass Herrschaft nicht allein auf Zwang gegründet werden konnte. Der vielfach als Legitimationsgrundlage beschworene *consensus universorum* – die Zustimmung aller – musste kommunikativ und in der Praxis mit Leben gefüllt werden. Augustus verstand es glänzend, die Aristokratie überall im Reich, aber auch das stadtrömische Volk und die Provinzialen sowie das Militär für seine Politik zu gewinnen. Diese Zustimmung und Loyalität erlangte er nicht allein durch Verteilen von Posten und Geldgeschenken, sondern auch mit Hilfe eines feinen Gespürs für die Erwartungen, die alle mit seiner Person verbanden. Bürger und Untertanen sollten, wie wir gesehen haben, im Alltag und bei auftretenden Problemen unmittelbar erleben, dass der Herrscher sich ihrer Anliegen annahm. Doch kam noch etwas völlig Neuartiges hinzu, mit dem er ebenfalls ‹Geschichte machen› sollte – die Formen kaiserlicher Repräsentation. Bei öffentlichen

Auftritten sowie allgemein im Umgang mit den Bewohnern des Reiches musste ein Protokoll gefunden werden, welches die behauptete Wiederherstellung der *res publica* mit der neuen Machtstellung des Monarchen in Einklang brachte. Augustus achtete trotz aller Ehrenzeichen, die insbesondere der Senat, aber auch andere Gruppen ihm verliehen und mit denen er sich zeigte, penibel darauf, dass diese grundsätzlich an den Rahmen vielfältiger aristokratischer Ehren angepasst blieben. Die ihm verliehenen Ehrungen waren zwar in Zahl und Qualität ohne Vorbild, standen jede für sich aber in republikanischer Tradition. Dabei blieb in der Öffentlichkeit selbstverständlich für alle stets deutlich erkennbar, wer der Kaiser war. Dennoch wurden Formen des Schmucks und der Etikette entwickelt, die darauf abzielten, ihn als Ersten unter Gleichen zu zeigen. So war Augustus paradoxerweise Kaiser und zugleich immer auch Magistrat in republikanischer Tradition. In diesem Kontext war es ein wichtiges Charakteristikum römischer Herrschaftsrepräsentation, dass die Form der Ehrungen nicht vom Kaiser selbst erdacht, sondern von verschiedenen Ständen und Teilen der Bevölkerung in steter Steigerung vorgeschlagen und beschlossen wurde. Dieser Prozess setzt sich in den folgenden Jahrhunderten fort und mündet schließlich in das komplexe und überbordende Ornat spätantiker Kaiser.

SELBSTDARSTELLUNG UND ANTIZIPIERTE VERGÖTTLICHUNG

Augustus hat mit den vorgeführten Formen der Selbstdarstellung, wobei er gewissenhaft darauf achtete, dass eine Erniedrigung oder Degradierung anderer vermieden wurde, seinen Nachfolgern eine Blaupause erfolgreicher Kommunikation an die Hand gegeben. Andere Kaiser folgten ihm in dieser Politik, die immer auch eine Option der Auszeichnung von Senatoren und Rittern mit neuen Ehren und Insignien einschloss. Nicht alle haben es freilich verstanden, sie ähnlich erfolgreich umzusetzen. Einige – wie Caligula, Nero und Domitian – haben sie sogar abgelehnt und ihre faktische Macht verächtlich und brutal ausgelebt –, eine Form der Performanz, die schließlich zu Aufruhr und zur Ermordung des Herrschers führte. Augustus blieb jedoch als Begründer des Principats für wenigstens 100 Jahre die entscheidende politisch-ideologisch verbindliche Referenzfigur. Dies wird deutlich bei Vespasian, der sich als Begründer der neuen flavischen Dynastie ab 70 n. Chr. in vielen Bereichen als historischer Wiedergänger des ersten Kai-

65 Benito Mussolini knüpfte in seiner Propaganda als Duce an Augustus an, nicht zuletzt, da 1937/38 der 2000. Geburtstag des Augustus gefeiert werden konnte. Dabei ließ er Briefmarken mit unterschiedlichen Motiven drucken. Die *columna rostrata* etwa feiert militärische Erfolge Italiens in der Adria und Albanien; die Augustusstatue wird wie der Duce im faschistischen Italien von den Massen bejubelt.

sers präsentiert. Selbst der Bau des Colosseums, der aus dem Schatz des jüdischen Tempels in Jerusalem finanziert wurde, soll auf einen alten Plan des Augustus zurückgehen, der sich einen solchen Bau angeblich «fest vorgenommen hatte» (Sueton *Vespasian* 9,1).

Es wurde bereits erwähnt, dass noch bei der Bestattung von Kaiser Pertinax 193 n. Chr. die Bilder bedeutender Römer aus alter Zeit mitgeführt wurden, die Augustus testamentarisch für seine eigene Bestattung hatte heranschaffen oder herstellen lassen. Gleichzeitig verfügte er, dass sein eigenes Bild wie jenes des vergöttlichten Caesar zukünftig bei keiner anderen *pompa* mitgetragen werden durfte. Im Angesicht des Todes machte er noch einmal deutlich, dass er in republikanischer Tradition stand, aber als Princeps alle früheren republikanischen *principes* überragte. Mit dem Bildverbot nahm er seine Vergöttlichung konsequent vorweg. Er war – davon schien er schon zu Lebzeiten angesichts eines langen und letztlich erfolgreichen Weges überzeugt – nicht von dieser Welt.

– 2 –

DAS BILD DES DIVUS AUGUSTUS

GRABFEIER UND OFFIZIELLE VERGÖTTLICHUNG

Es wird kaum überraschen, dass das Bildverbot bei Prozessionen und die vorweggenommene Überhöhung schon mit der Bestattung des Augustus in eine neue, langfristig wirksame Bildersequenz mündeten. In Rom fanden 14 n. Chr. auf Beschluss des Senats aufwändige Begräbnisfeierlichkeiten statt (Cass. Dio 56,34,1–4), und wieder waren dabei Bilder starke Zeichen. Man bettete den Leichnam in eine Art Sarkophag unter einem gold-elfenbeinernen Ruhebett, das mit Purpur- und Goldstoffen behängt war. Im Leichenzug wurden Bildnisse des Princeps aus unterschiedlichen Materialien als lebensgroße Puppen durch die Stadt getragen, gemeinsam mit Porträts der Vorfahren des Augustus auf der einen und bedeutender Römer seit Romulus auf der anderen Seite. Personifikationen der besiegten Völkerschaften begleiteten den Zug, gefolgt von Senatoren, Rittern und den Bürgern der Stadt. Der geschmückte Sarkophag wurde an den Rostra des Divus-Iulius-Tempels auf dem Forum Romanum (Abb. S. 94:Q) aufgestellt, während Tiberius von den gegenüberliegenden Rostra Iulia aus die Leichenrede hielt.

Auch im Rahmen dieses letzten Auftritts des Augustus in Rom wurden, nicht anders als bei der Aufbahrung seines Adoptivvaters, des Dictators Caesar, auf dem Forum Romanum im Jahr 44 v. Chr., programmatische Bestandteile seiner Herrschaft in ein theaterhaftes Kollektivritual umgesetzt. Sie hatten bereits früher Eingang in die rühmende Bilderwelt Roms und des Imperiums gefunden und erlangten nun noch einmal drängende Präsenz: Man füllte die reale Welt mit lebendigen Bildern der Augustus-

Ideologie. Die Aufzüge der Iulier und der *viri illustres* Roms ließen die Statuen lebendig werden, die die Portiken des Forum Augustum seit dem Jahr 2 v. Chr. schmückten (Abb. 46; 50) und Augustus als Zielpunkt römischer Geschichte zeigten. Die Personifikationen unterworfener Völkerschaften setzten jene Bildmotive leibhaftig in Szene, welche die ‹friedensbringenden› Siege Roms rühmten. Der Sarkophag des Toten entsprach leeren Klinen (*lectus*), wie man sie in Erwartung der Ankunft von Göttern aufzustellen pflegte. Eine solche Kline war schon bei Caesar zum Einsatz gekommen – auch wenn weder Caesar noch Augustus damals bereits Götter waren. Auf dem Forum Romanum, das architektonisch seit 29 v. Chr. eingepasst war zwischen der Rednerbühne Caesars und der Iulier auf der einen und dem Tempel des göttlichen Caesar auf der anderen Seite (Plan S. 94), wurden der Leichnam und der *lectus* des Augustus an der Rednerbühne vor dem Tempel des Divus Iulius aufgestellt: Adoptivvater und Adoptivsohn waren so im Tod sinnfällig verbunden. Von der gegenüberliegenden Seite des Platzes, über die Köpfe der Volksmasse hinweg, aber sprach Tiberius. Er verglich den ersten Princeps nicht nur mit Romulus, sondern auch mit Alexander dem Großen, ja mit Herkules.

Sodann wurde auf dem Marsfeld der Leichnam des Augustus verbrannt und schließlich in seinem schon 28 v. Chr. fertiggestellten Mausoleum beigesetzt (Abb. 6:E; 48). Damit wurde das Jahr 14 n. Chr. symbolisch bezogen auf den Beginn des *saeculum Augustum*.

Noch bis zum Ende des 1. Jahrhunderts n. Chr. bestattete man Kaiser und Mitglieder der *domus Augusta* in dem riesigen Mausoleum. Es wurde zur dynastischen Erinnerungsstätte der iulisch-claudischen Familie.

Den ersten Princeps erhob man sogleich zum *divus* und richtete einen Kult für ihn ein. Sein Haus auf dem Palatin wurde nicht weiter bewohnt,

66 Dupondius des Tiberius. Divus Augustus mit Strahlenkrone, 20/30 n. Chr. Bronze, Staatliche Museen zu Berlin, Münzkabinett

sondern zum *sacrarium* (Heiligtum) – zugleich zum Nukleus des Kaiserpalastes aller späteren Herrscher Roms. Divus Augustus wurde fortan in Tempeln und an Altären überall im Reich verehrt – und zog solcherart mit seinem Adoptivvater Caesar vollends gleich. Auf den Münzen erschien Augustus ab sofort mit dem Strahlenkranz des Sonnengottes Sol (Abb. 66).

AUF EWIG WIE AUGUSTUS: DER PRINCEPS ALS MODELL

Augusts blieb Modell für alle römischen Kaiser. Noch unter Titus (79–81 n. Chr.) und wieder im 3. Jahrhundert n. Chr. prägte man sein Bildnisse auf Münzen und imitierte auch seine anderen Münztypen (Abb. 67). Kopien der Bildnisse des Augustus wurden bis mindestens ins 2. Jahrhundert n. Chr. hergestellt. Sueton, der Biograph des Augustus und selbst in der Kanzlei des Kaisers Hadrian (117–138 n. Chr.) tätig, schenkte diesem ein Augustusbildnis, das der Kaiser im Lararium seines Hauses aufstellte (Suet. *Aug.* 7). Auch in diesem Sinne hielt man die Erinnerung offenbar in vielfältiger Weise und sinnfällig aufrecht. Die unmittelbaren Nachfolger des Augustus aus der iulisch-claudischen Familie suchten auch in ihren offiziellen Kaiserbildnissen keine neuen Wege: Die eher alterslosen, an Klassischem orientierten Physiognomien und die vom ersten Princeps etablierten Gabel-Zangen-Frisuren blieben von Tiberius (Abb. 68) bis auf Claudius normativ – und wirkten damit stilbildend auch für die Bildnisse von Bürgern des

67 Dupondius des Titus. **links** Divus Augustus mit Strahlenkrone und Stern (*sidus Iulium*?) **rechts** Victoria mit Ehrenschild des Augustus (*clipeus virtutis*). 80/81 n.Chr. Bronze, Staatliche Museen zu Berlin, Münzkabinett

68 Bildniskopf des Tiberius von einer Sitzstatue aus Privernum, tiberisch. Marmor, Rom, Musei Vaticani

69 Bildniskopf des Iuba II. von Mauretanien, augusteisch. Marmor, Kopenhagen, Ny Carlsberg Glyptotek

Imperium Romanum: Man musste sich geradezu bedrängt fühlen in einer Welt, die so sehr von Augustus-Adepten bevölkert war. Und dies betraf nicht nur das Imperium Romanum. Auch Herrscher in benachbarten Klientelreichen imitierten – wie die Bürger des Imperiums – das Bildnis des Augustus. So lässt sich beispielsweise im Porträt Iubas II. von Mauretanien in Nordafrika (25 v. Chr. – 23 n. Chr.,) die Frisur des frühesten Augustusbildnisses erkennen (Abb. 69; vgl. Abb. 19). Das Bildnis eines anderen römischen Klientelkönigs vermutlich aus Emesa (heute Homs in Syrien) auf einem Ringstein, der aus dem 1. Jahrhundert n. Chr. stammt, könnte auf den ersten Blick als Porträt des Augustus selbst erscheinen, wäre nicht der unrömische Ohrring ein Indiz für die Darstellung eines Fremden. Beide Könige tragen zudem das Diadem als Königsinsignie, ein Herrschaftszeichen, dessen sich der *civilis princeps* – der erste Bürger – Augustus nach den tödlichen Erfahrungen seines Adoptivvaters Caesar hatte enthalten müssen.

Aufnahme und Imitation der Augustusbildnisse demonstrieren neuerlich, wie sehr sein Image eingeschrieben war in die Geschichte, ja in die Physiognomiegeschichte der antiken Welt. Unter den römischen Kaisern griff nach dem Ende der iulisch-claudischen Dynastie dann zuerst Trajan

(98–117 n. Chr.) in seinem Bildnis auf das schlichte Frisurvorbild des Augustusporträts zurück; und noch Konstantin I. (306–337 n. Chr.) glich sein Bildnis jenem des Augustus an, nachdem fast zwei Jahrhunderte andere Ideale das Kaiserimage geprägt hatten. Trotz vieler Brüche im Kaiserbildnis blieb das Bildnis des Augustus also ein Orientierungspunkt, auf den man sich – auch im Krisenfall – wirksam berufen konnte. Augustus selbst und die Bürger des Imperiums hatten den ersten Princeps bereits zu seinen Lebzeiten zur Gründerfigur des Principats stilisiert, und als solche gewann auch sein Bildnis Modellcharakter. Darin wird erkennbar, wie weitgehend und nachhaltig Augustus die Bilderwelt des Imperium Romanum verändert hatte und wie sehr er auch noch Jahrhunderte nach seinem Tod zu dessen Stabilität beitrug.

AKZEPTANZ DER BILDER ALS MACHTGRUNDLAGE

Zwischen Augustus und den Bürgern des Imperiums – besonders Senat, Rittern, Militärs und anderen Eliten des Reiches – hatte sich unter Augustus ein kommunikatives System der Statusdefinition des Princeps etabliert, in dem Bildwerken eine in diesem Ausmaß in der Antike völlig neue Bedeutung zukam. Aber weder mit dem Begriff der Propaganda noch mit dem einer völlig freiwillig geleisteten Gefolgschaft lässt es sich angemessen beschreiben. Unterwürfiges Lob spielte darin ebenso eine Rolle wie vermutete Maßgaben des Kaisers, Erwartungen, vorauseilender Gehorsam und Eigeninteressen, ja Schmeichelei. Eine geradezu totalitär und propagandistisch anmutende Bilderwelt hatte sich etabliert – und das in einem politisch-medialen System, das keine modernen Massenmedien kannte und keine zentralistische Propagandamaschinerie besaß. Augustus war kein absoluter Monarch und besaß kein Ideologie-Ministerium. Die Vermittlung seiner Bildbotschaften erfolgte vielmehr nach den Regeln jenes komplexen Kommunikationssystems, dessen Effektivität wir ermessen können, wenn wir uns klarmachen, wie hoch der Grad und wie vielfältig die Formen der Akzeptanz waren, die dem Princeps entgegengebracht wurde – und zwar noch in viel späteren Jahren der römischen Kaiserzeit. Erstmals in der griechisch-römischen Antike hatten durch und unter Augustus Bilder als Kommunikationsmittel in diesem Ausmaß und in dieser Komplexität Anteil an den Vorstellungen, die man sich vom Machtgefüge in einer staatlichen Gemeinschaft machte. So sehr Augustus auch mit Gewalt ein relativ stabiles, über mehr als drei Jahrhunderte funktionierendes Herrschaftssystem etabliert hatte, so sehr scheint es für dieses System lebenswichtig gewesen zu sein, dass in der auch visuell geführten Kommunikation die Rolle des Princeps öffentlich versichert und Loyalität öffentlich und privat vielfältig unter Beweis gestellt werden konnte, so dass ihre Bildformeln zur Mode wurden.

AUGUSTUS, DER INBEGRIFF DES HERRSCHERS

Die Folgen, die das revolutionäre Herrscherimage des Augustus zeitigte, lassen sich über die Antike hinaus bis ins Mittelalter und in die Moderne verfolgen: Friedrich II. (1220–1250) ließ sich auf Münzen und in der Rundplastik wie ein neuer Augustus darstellen (Abb. 70) und schöpfte – wie schon die Klientelkönige Roms in der frühen Kaiserzeit – Legitimität aus dieser Angleichung seines Bildnisses an das des Divus Augustus. Das Lotharkreuz aus dem späten 9. Jahrhundert (Abb. 71), das vielleicht als Vortragekreuz bei mittelalterlichen Kaiserkrönungen in Aachen benutzt wurde,

70 Augustalis mit Bildnis Kaiser Friedrichs II. von Hohenstaufen, 1231–1250. Gold, Staatliche Museen zu Berlin, Münzkabinett

71 Lotharkreuz mit antikem Bildniskameo des Augustus, 9./10. Jh. Holz mit Gold-, Silber- und Edelsteinbesatz, Aachen, Domschatz

72 Arminiusdenkmal (‹Hermannsdenkmal›) von Ernst von Bandel, 1838–1875. Sandstein und Eisen, auf dem Teutberg bei Detmold

schmückt in zentraler Position ein antiker Kameo mit dem Bildnis des Augustus. Man sah darin – wenn auch unter Umständen noch nicht richtig benannt – offenbar das Ideal eines Imperatorenbildes. Bereits der Titel Karls des Großen und später der Kaiser des ‹Heiligen römischen Reiches› lautete Augustus. Die Wiege, die die Stadt Paris Kaiser Napoleon I. 1811 anlässlich der Geburt seines Sohnes, des Königs von Rom, zum Geschenk machte, heute in Wien, ziert neben Adler, Lorbeer und Füllhörnern die bekannte Victoria mit dem Globus, die Augustus als Herrschaftssymbol eingeführt hatte. Wie man sieht, hatte die Bildsymbolik des *saeculum Augustum* ein erstaunlich hohes Haltbarkeitsdatum.

Im Zeitalter der Nationalstaaten bildete sich flankierend ein ganz anders geartetes Interesse an der Epoche des Augustus heraus: In Deutschland fand es seinen Ausdruck gerade nicht in der Identifikation mit Rom und seinem Princeps, sondern mit den Germanen als Siegern über Varus und das augusteische Imperium Romanum. Keine fünf Jahre nach der Gründung des deutschen Kaiserreiches weihte man 1875 bei Detmold das Denkmal für Arminius (‹Hermann der Cherusker› Abb. 72) – den Varusbesieger, der den Bewohnern Germaniens, so sah man es, die Unabhängigkeit bewahrt hatte,

73 Adolf Hitler vor dem Arminiusdenkmal. Postkarte, um 1939?

74 Augustus und Benito Mussolini. Umschlag des Buches ‹Augusto e Mussolini› von Emilio Balbo, 1937

als Symbol der Einheit und Freiheit Deutschlands, aber auch als Sinnbild eines gegen den romanisierten Westen, gegen Frankreich gerichteten Selbstverständnisses. Vor diesem Monument konnte später Adolf Hitler als Befreier stilisiert und damit scheinbar von jedem imperialistischen Habitus freigesprochen werden (Abb. 73). Sein faschistischer Verbündeter in Italien, Benito Mussolini, bezog sich begierig auf Augustus als Projektions- und Legitimationsfigur und ließ sich als neuer Augustus stilisieren (Abb. 74). In Rom feierte man 1937/38 den 2000. Geburtstag des Augustus mit der *Mostra Augustea della romanita* als zentraler Ausstellung; ihr waren umfangreiche Ausgrabungen in Rom vorangegangen, die die Monumente des *saeculum Augustum* erstmals freigelegt hatten, darunter die Ara Pacis, das Mausoleum und das Forum Augustum: Damals wurde die Vergangenheitsforschung in den Dienst der Propaganda genommen – nicht unähnlich den Vorgängen, die wir unter Augustus selbst beobachtet haben. Einer der Ausgangspunkte moderner archäologischer Forschung zu Augustus liegt mithin auch in der Intensität, mit welcher sich der historische Augustus nicht nur als erster Princeps, sondern als Inbegriff des Herrschers schlechthin in die historische Erinnerung eingeschrieben hatte – und vor allem von anderen bereitwillig eingeschrieben und fortgeschrieben worden war.

– 3 –

DAS ERBE DES AUGUSTUS IN DER LITERATUR DER NACHWELT

Nach der römischen wie nach der christlichen Gottesvorstellung gilt es Gott zu lieben, aber auch zu fürchten. Die Liebe die man dem göttlichen Augustus entgegenbrachte, bezeugt Horaz dem «guten Führer» in Versen, die noch nach zwei Jahrtausenden das Idealbild eines geliebten Herrschers aufscheinen lassen (*Carmina* 4,5,5–8): «Wenn dein Blick gleich dem Frühling über das Volk erstrahlt, dann ist der Tag lieblicher, und schöner scheinen die Sonnen.» Und sollte der *praesens deus* einmal abwesend sein (15 f.): «Getroffen von der Sehnsucht treuen Schmerzen verlangt die Vaterstadt nach Caesar.» Doch dass der Göttliche über seinen Tod hinaus auch Furcht verbreiten konnte, lehrt uns das Schicksal Ovids, das wohl ebenso einschüchternd war wie das Ciceros: Wie sich einst für jenen keine Stimme erhob (S. 108), so setzte sich nun auch postum niemand für den verbannten Dichter ein, ja fragte auch nur den Gründen seines Exils (dessen Tatsache an sich bekannt war). Erst um 400 wagte ein Autor, der sich mit dem Privatleben der Caesaren befasste (Sextus Aurelius Victor), die Vermutung, Augustus sei darum so streng gegen Ovids ausschweifende Lebensart (*luxuria*) vorgegangen, weil er diesem Laster selbst gefrönt habe.

Dafür wurden jedoch die dicken Schmeicheleien, die Ovid dem Princeps in seinen späten Werken, beginnend mit den *Fasti*, zugedacht hatte, für die unmittelbare Folgezeit im Umgang mit dem Herrscher geradezu vorbildlich. Des Tiberius (14–38) «gar himmlische Taten» (2,104: *caelestissima opera*) pries sein ergebener Historiograph Velleius Paterculus; und Germanicus ersetzte in seinem nach Arat verfassten astronomischen Gedicht den Hymnus an Göttervater Zeus bzw. Jupiter durch einen Lobpreis des Tiberius, der sein Adoptivvater war. Freimütige Äußerungen gerade unter diesem Herrscher, sogar in Tragödien mythischen Inhalts, konnten tödlich enden. Sein berühmtestes Opfer war der Historiker Cremutius Cordus, der Brutus und Cassius gelobt hatte. Tacitus legt ihm in seinen *Annales* eine mutige Verteidigungsrede in den Mund, die er «schon zum Tod entschlossen» – er starb durch Hungerstreik – gehalten habe: Darin zitierte er von Livius (S. 161) und Asinius Pollio (S. 160) zurückgehend bis zu Cicero und Catull (S. 53) Schriftsteller, die Gegner des neuen wie des alten Caesar gelobt hatten, ohne bestraft zu werden – «schwer zu sagen, ob mehr aus Mäßigung oder aus Weisheit» (Tacitus, *Annales* 4,34). Den Labienus (S. 267) freilich musste er aus diesem (für uns instruktiven) Katalog subversiver Literatur herauslassen; und wie dessen Bücher wurden auch die seinen verbrannt. Unter dem wunderlichen Kaiser Caligula (38–41) schien sich die Lage der Literaten dann aufzuhellen: Er ließ die Bücher eben des Cremutius Cordus (nebst denen anderer Verfemter), wenn auch mit Streichungen, aus einem Hausexemplar wiederherstellen. Wenn Seneca für diese Edition Marcia, die Tochter des Cremutius, lobt, könnte Caligula mitgemeint sein.

Seneca, dieser geistreiche und weltgewandte Philosoph, setzt dann die Linie der Adulatoren lückenlos fort. Nachdem ihn Kaiser Claudius (41–54) auf die Insel Korsika verbannt hatte, widmet er dessen Freigelassenem Polybius, der das neugeschaffene Amt *a studiis*, wohl eine Art Kultusministerium, innehatte, eine Schrift, die so voll ist von der peinlichsten Devotion gegenüber dem Kaiser, dass er später versucht haben soll, sie zu unterdrücken (das Meiste blieb aber erhalten). Durch seine geist- und giftsprühende «Verkürbissung» (*Apocolocyntosis*) des verstorbenen Claudius, eine Satire, rächte sich dann Seneca gewissermaßen an sich selber. Darin feiert er in umso lichteren Farben seinen eigenen Schüler, den jungen Nero (54–68), als einen neuen Sängergott Apoll. Ihm jubeln auch andere Dichter zu. Wer Nero nur aus der genialen Veralberung durch Peter Ustinov in *Quo vadis* kennt, wird kaum glauben, welche Hoffungen dieser Musenliebling auf dem Kaiserthron damals geweckt hat, besonders bei den Schriftstellern. Und in der Tat blüht unter ihm die Literatur eine Zeitlang auf, wobei geradezu das Augusteische Zeitalter wieder zu erstehen scheint: Calpurnius Siculus schreibt wie Vergil bukolische Gedichte (in denen ein Faunusorakel das mit Nero wiederkehrende Goldene Zeitalter, wie in der vierten Ekloge [S. 113], prophezeit). Caesius Bassus, uns leider verloren, wetteifert mit der Lyrik des Horaz; dessen Satiren bildet mit neuem Inhalt der junge Stoiker Persius nach. Auch Vergils Epos findet seinen Nachahmer. Lucan, Senecas tapferer Neffe, wagt es sogar wie einst der Historiker Pollio, Zeitgeschichte in republikanischem Geist zu behandeln: In seinem Epos über Caesars Bürgerkrieg, *Pharsalia*, stellt er den unterlegenen Cato über seinen Bezwinger und lässt prophetisch die Bürgerkriege mit dem Verlust der Freiheit enden: *cum domino pax ista venit* (1,670: «Dieser Friede kommt mit einem Herrscher»). Solche Kühnheit sucht der junge Poet immerhin erträglicher zu machen, indem er im Prooemium des Werks sogar den Bürgerkrieg als notwendigen Weg zur segensreichen Herrschaft Neros rechtfertigt, dessen Apotheose weissagt und ihn sogar als inspirierende Gottheit anruft: «Du bist genug, um für römische Lieder Kräfte zu verleihen» (1,66). Das mag wohl unaufrichtig sein, ironisch (wie viele glauben) ist es nicht.

Die schönste Huldigung an Nero, Schmeichelei und ehrliche Hoffnung vereinend, stammt aber wiederum von seinem Lehrer Seneca, der in den Büchern *De clementia* (Über die Milde) diese echte Fürstentugend, deren Preis ja von Ciceros Caesarreden bis zu Mozarts *Clemenza di Tito* geht, als etwas darstellt, wonach der junge Herrscher zu streben hat, das aber zugleich auch in ihm schon immer vorhanden ist, so dass er eigentlich nur er selbst zu sein hat – wozu ihm Senecas Schrift als «Spiegel» (Seneca, *De clementia* 1,1) dienen soll (daher stammt wohl unser Begriff des Fürstenspiegels). Zugleich liefert dieses bedeutende Werk etwas, das sich Augustus wohl nie gewünscht hätte: eine stoisch fundierte Begründung der Monarchie als der besten Staatsform. Damit ist Ciceros republikanischer Idealstaat (S. 44) zeitgemäß ersetzt, und die Herrschaft des Einen, bisher nur *de facto* vorhanden, hat nun auch gewissermaßen *de iure* ihren philosophischen Segen. Nicht zum Glück des Verfassers: Neun Jahre später, 65, zwang der mittlerweile despotische Nero ihn und seinen Neffen Lucan wegen angeblicher Teilnahme an einer Verschwörung zum Selbstmord. Ein anderes prominentes Opfer Neros, der sonst gegen persönliche Kritik nicht überempfindlich war, war der Stoiker Thrasea Paetus. Er hatte eine Biographie Catos, dieser Symbolfigur des Republikanertums, geschrieben.

Dem genialischen Sänger Nero folgte nach kurzem Intermezzo der knickerige Hausvater Vespasian (69–79) – der aber auch etwas für Künste und Wissenschaften übrig hatte und beispielsweise den Rhetoriker Quintilian zum ersten staatlich bezahlten (richtiger: bezuschussten) Professor Europas machte. Dagegen wurden Philosophen, die oppositioneller Gesinnung verdächtig waren, von ihm verbannt. Seinen Laudator findet Vespasian in Valerius Flaccus, der in seinem Epos *Argonautica* die von Dichtern und Denkern meist als verhängnisvoll beurteilte Seefahrt rehabilitiert, um damit die Britannienexpedition des Kaisers mythisch zu verklären. Mit dem auf Titus (79–81) nachfolgenden Domitian (81–96), der wie Nero selber poetische Neigungen hatte, schienen für die Dichter dann noch einmal goldene Zeiten zu kommen. Gerade im Preis dieses später einmütig als Unhold Verdammten überschlagen sich die Literaten, von denen Valerius Flaccus, wenn er auf dessen Epos über den jüdischen Krieg anspielt, noch am maßvollsten ist. Statius begrüßt ihn durch Göttermund als «Vater der Welt» (Statius, *Silvae* 4,1,17) und verspricht ein Epos auf dessen Kriegstaten. Der Epigrammatiker Martial rühmt ihn von den ersten Versen an und bekennt, dass alle seine Bücher ihm als dem «Herrn der neun Schwestern (Musen)» (5,6,18) «demütig huldigen» (8 *praefatio*). Alle Geschmacklosigkeit überbietet der Epiker Silius Italicus: Er stellt neben die Kriegstaten des Herrschers dessen poetische Leistungen, die nicht nur alles Römische, sondern sogar Orpheus übertreffen, so dass ihm auch «die Musen Opfer bringen» (3,619 f.). Und ebenso hält Quintilian ihn für «den größten aller Dichter» (Quintilian, *Institutio* 10,1,91), den die Götter nur leider von dieser Bestimmung zum Weltregiment abberufen hätten. Die Kehrseite bilden auch hier, schlimmer als je zuvor, verbrannte Bücher und verbannte, ja hingerichtete Schriftsteller. Das war bislang «das Äußerste an Knechtschaft» (Tacitus, *Agricola* 2).

Mit Nerva (96–98) und Trajan (98–117) kommen dann lichtere Zeiten, in denen Verbannte nach Rom zurückkehren und die «einst unvereinbaren Dinge, Principat und Freiheit», miteinander versöhnt werden. So sagt uns der sonst bissige Tacitus (*Agr.* 3), der aber doch seine Geschichte der Gegenwart vorsichtig aufschiebt und in die Vergangenheit ausweicht. Und sein Freund Plinius liefert eine so brillante Lobrede auf Trajan, dass diese für alle Zeiten zum Muster der Panegyriken wird. Wie Tacitus, so macht der Satiriker Juvenal von der neuen Freiheit, nunmehr Domitian anzuschwärzen, kräftig Gebrauch; und auch sonst attackiert er nach eigenem selbstironischem Bekenntnis diejenigen, «deren Asche an der Via Flaminia und Latina beigesetzt ist» (1,171). Immerhin darf jetzt auch wieder Augustus kritisiert werden: Vom sogenannten Totengericht des Tacitus in seinen *Annales* soll gleich die Rede sein.

Blicken wir zurück: Abgesehen von einigen Schmähschriften, die uns bezeugt, aber nicht erhalten sind, war trotz republikanisch gesinnter Historiker wie Asinius Pollio oder des älteren Seneca, der den Verlust der Freiheit als neue Infantilität Roms bezeichnete, ein offenes kritisches Wort zwar wohl gelegentlich gegen den alten Caesar, aber lange Zeit nicht direkt gegen Augustus zu hören. Dafür hatte schon in den zwanziger Jahren, als man noch kaum Lateinisches außerhalb Italiens las, Nikolaos von Damaskos, einst Hauslehrer bei Kleopatra, in einer griechischen Biographie Leben (S. 13 f.) und Werk des zur Macht gekommenen Siegers von Actium vor der östlichen Welt verherrlicht (in der dann ja seine religiöse Verehrung früh beginnt). Um einiges später huldigt Manilius, der sein astrologisches Lehrgedicht erst unter Tiberius beendet hat, Augustus als dem noch lebenden Weltregenten, der sich den Himmel verdiene. Dann widmet ihm der schon erwähnte Monarchist Velleius Paterculus einen salbungsvollen Hymnus: Nichts könnten sich «die Menschen von den Göttern wünschen, die Götter den Menschen geben», was nicht er – nach Actium, versteht sich – «dem Staat, dem römischen Volk und dem Erdkreis geschenkt» habe (2,89,2).

Dass man aber auch Octavians schlimme Anfänge nicht ganz vergessen hat, zeigt Seneca in der schon kurz gewürdigten Abhandlung *De clementia* (S. 287). Freilich sei Augustus milde gewesen, aber erst «nachdem er das Meer bei Actium mit Römerblut gefärbt hatte» (*De clementia* 1,11,1), nach Naulochos, Perusia und den Proskriptionen. Die echt senecanische Pointe: *clementiam non voco lassam crudelitatem* («Erschöpfte Grausamkeit ist keine Milde») ist aber nicht so sehr als Tadel des Augustus gemeint: Sie soll vor allem die Unbescholtenheit Neros, der «noch keinen Tropfen Menschenbluts vergossen hat», ins Licht setzen. Insgesamt rühmt Seneca Augustus: «Dass er ein Gott war, haben wir nicht sozusagen auf Befehl glauben müssen» – ein Seitenhieb auf den vergöttlichten Claudius. Wenn Seneca diesen in der (auch schon erwähnten) *Apocolocyntosis* als vertrottelten Mörder aus dem Himmel verbannt, ist es der weise Altkaiser Augustus, der kraft seiner Autorität das entscheidende Machtwort spricht. Nero selbst versprach beim Amtsantritt – Seneca war wohl der Ghostwriter –, «nach der Vorschrift des Augustus regieren zu wollen» (Sueton, *Nero* 10). In der nach Neros Tod von einem Unbekannten verfassten römischen Tragödie *Octavia* nimmt allerdings der dort in Person auftretende junge Kaiser sich gegen Senecas Mahnungen gerade die blutigen Anfänge des später vergöttlichten Augustus zum Vorbild: «Auch auf mich werden die Sterne warten, wenn ich zuvor mit dem unbarmherzigen Schwert alles, was mir feindlich ist, niederwerfe» (530 f.). Schwerlich sollte der Zuschauer ebenso denken. Er wusste ja, dass es Nero nicht zum Gott bringen würde.

Wohl ebenfalls in der Zeit nach Nero wagt der ältere Plinius den überraschenden Satz, der Divus Augustus habe «den Himmel vielleicht mehr erreicht als verdient» (Plinius, *Naturalis historia* 7,150) Damit erhebt er aber wohl weniger einen moralischen Vorwurf, als dass er die von ihm zuvor aufgezählten «großen Wechselfälle des Menschenloses» bedenkt, die auch diesen «Gott» in seinem Leben getroffen hätten. Am tiefsten dringt dann, wie schon angedeutet, das Urteil des Tacitus in seinem ‹Totengericht›. Am Anfang der *Annales*, die ja laut Titel die Zeit «Vom Hinscheiden des Divus Augustus an» behandeln, lässt er beim Begräbnis des Mächtigen die Bürger ihre Gedanken austauschen. Die meisten sind dumm, bestaunen Äußerliches wie die Zahl der von Augustus innegehabten Consulate. Bei den Intellektuellen sind die Ansichten geteilt. Die einen verteidigen die Taten seiner Jugend als durch Pietät und politische Notwendigkeit geboten – fast kein Lob des Augustus kommt bis heute ohne Apologetik aus –, dann würdigen sie die großen Leistungen seiner Monarchie, die angesichts der Zerrissenheit des Staats notwendig gewesen und ja doch durch den Namen Princeps gemildert worden sei. Mehr zu sagen wissen die Gegner des Augustus. Sie halten Pietät und Not des Staates für nichts als ideologische Verbrämungen seiner Machtgier (Tac. *ann.* 1,10: *cupido dominandi*) und werfen ihm dann der Reihe nach alle Verstöße gegen Recht und Sitte vor, von der illegalen Heereswerbung über den dubiosen Tod der Consuln Hirtius und Pansa, den durch Erpressung erreichten Consulat, den Betrug am Senat und vor allem die Proskriptionen und Enteignungen. Nur gerade Philippi können sie, wenn auch mit Bedenken, entschuldigen – nicht dagegen, wie er seine Konkurrenten, Pompeius, Lepidus, Antonius, hereingelegt habe. Friede? Ja, aber ein «blutiger» (*pax cruenta*), wobei an die Opfer verlorener Schlachten und an Hinrichtungen von Gegnern in Rom zu denken sei. Der Vollständigkeit halber machen sie sich auch noch über sein Privatleben her: die Heirat mit einer Frau, Livia, die von einem anderen schwanger war (und die sei eine miserable First Lady!); die Beanspruchung von Tempeln und Götterbildern; die Wahl eines unfähigen Nachfolgers, Tiberius, um bei der Nachwelt auf dessen Folie zu glänzen … Bei genauerem Zusehen erkennt man, dass Tacitus den ärgsten Klatsch über Augustus noch weggelassen hat; aber ebenso deutlich ist, für welche der beiden Parteien sein Herz schlägt. Nicht umsonst hat er hier die übliche Abfolge von Anklage und Verteidigung umgekehrt: Jeder Trumpf der Augustusfreunde wird ihnen aus der

Hand geschlagen. Niemand, soweit wir wissen, hat vor Tacitus Augustus so sehr «zur fragwürdigen Figur» (Friedrich Klingner) gemacht.

Wer mehr wissen will, an Bösem und besonders an Gutem, der findet es in der Biographie des Sueton, der alles auflistet, was er erfährt, ohne viel Wertung, aber doch mit der Feststellung, es sei «leicht zu ermessen, wie sehr man ihn ob seiner Verdienste geliebt hat» (*Aug.* 57). Die wohl verbreitete Wertschätzung, die Augustus weltweit genießt, beleuchtet im 2. Jahrhundert der griechische Historiker Cassius Dio: «Auch wenn alle Menschen zusammenkämen, könnten sie ihm nicht die gebührenden Lobreden halten» (56,35) – das sagt zwar nicht er selbst, aber der von ihm mit der Leichenrede betraute Nachfolger Tiberius. Nicht so leicht tut sich mit dem großen Vorgänger Kaiser Julian (361–363): Bei seinem satirischen *Symposion* der Götter erscheint «Oktavianos» dem Silenos zunächst als ein rechtes Chamäleon, bald weiß, bald rot, bald schwarz, so dass man Angst vor ihm bekommt – so haben ja auch in der Neuzeit viele Historiker empfunden –, dann aber gibt ihn Apoll dem Stoiker Zenon in die Kur, und unter der Wirkung von dessen «Zaubersprüchlein» wird er recht «vernünftig und manierlich» (309 C). Es war also die Philosophie, die aus dem heimtückischen Octavian den verlässlichen Augustus gemacht hat. Da mag etwas dran sein.

Für die Christen hat der heidnische Kaiser schon wegen seines Auftritts im Lukasevangelium (2,1) einen ihn verklärenden Nimbus und so geben sie dem Kaiser, was des Kaisers ist. Melito von Sardes (2. Jh.) nennt gegenüber Kaiser Mark Aurel die christliche Religion eine «mit dem Reich groß gewordene und unter Augustus begonnene Philosophie» (Eusebius von Caesarea, *Ecclesiae historia* 4,26,7); und dann erkennt Origenes (3. Jh.) im augusteischen Friedensreich so vieler vereinter Völker die gottgewollte Vorbedingung sowohl für die Erfüllung von Jesu Missionsbefehl als auch für die Verbreitung «einer so friedfertigen Lehre, wie es das Christentum ist» (*Contra Celsum* 2,30). Ausführlicher sagt dasselbe Eusebios in seiner Kirchengeschichte. Als Hauptvertreter dieser (heute sogenannten) Augustustheologie gilt aber der die Weltgeschichte im Sinne Augustins resümierende Historiker Orosius (5. Jh.): «Für das Kommen Christi hat die Herrschaft Caesars (Augustus') den Grund gelegt» (6,20,4). Nicht ohne tiefe Bedeutung sei dieser darum gerade am Epiphaniastag aus dem Osten kommend in Rom eingezogen; und in Ahnung dessen, dass ein Größerer der wahre Herr sei, habe er just zur Zeit von Christi Geburt den ihm angetragenen Titel *dominus* abgelehnt und sogleich befohlen, «dass alle Welt geschätzt würde», um damit die Menschwerdung Gottes aktenkundig zu machen. Der größte Geschichtsphilosoph des Mittelalters, Otto von Freising (12. Jh.), weiß dann noch mehr darüber, warum Christus gerade unter Augustus zur Welt kommen und römischer Staatsbürger werden wollte: Nicht nur waren die Menschen damals in einem Friedensreich vereint; auch ihre durch den Sündenfall verwilderten Sitten waren inzwischen durch «die Weisheit der Philosophen vorgebildet worden», um Christi «höhere Lehren für das Leben zu erfassen» (*Chronica sive historia de duabus civitatibus*. 3, *praefatio*). So sieht ein echter christlicher Humanist unter Würdigung auch des heidnischen Erbes das Augusteische Zeitalter. Und es verträgt sich gut damit, dass die christlichen deutschen Kaiser vom antikebegeisterten Karl dem Großen bis zum Ende des «Römischen Reichs», 1806, den Titel eines *Semper Augustus* trugen, wobei man, nach bis heute gängiger Etymologie, *augustus* von *augere* (vermehren) herleitete. So ließ sich denn sogar Kaiser Napoleon vom Papst *Augustus* nennen; und noch der humanistisch gebildete Bismarck dachte an den alten Titel, als er Kaiser Wilhelm I., nunmehr ohne Papst und ohne Latein, zum «Allzeit Mehrer des Reichs» ausrief.

ANHANG

BIBLIOGRAPHIE
ZUR GESCHICHTE DER AUGUSTEISCHEN ZEIT

1.

Historische Monographien: Syme, R., Die römische Revolution (Stuttgart 2003; engl. 1939); Bringmann, K./Schäfer, Th., Augustus und die Begründung des römischen Kaisertums (Berlin 2002); Kienast, D., Augustus. Prinzeps und Monarch (Darmstadt 2009^{4}); Eck, W., Augustus und seine Zeit (München 2009^{5}); Dahlheim, W., Augustus. Aufrührer, Herrscher, Heiland. Eine Biographie (München 2010); Bleicken, J., Augustus. Eine Biographie (Berlin 2000); K. Bringmann, Augustus (Darmstadt 2007); Levick, B., Augustus. Image and Substance (London u. a. 2010); Richardson, J. S., Augustan Rome 44 B. C. to A. D. 14. The Restoration of the Republic and the Establishment of the Empire (Edinburgh 2012); Galinsky, K., Augustus – sein Leben als Kaiser (Darmstadt 2013).

Sammelbände zu Augustus: Millar, F./Segal, E., (Hrsgg.), Caesar Augustus. Seven Aspects (Oxford 1984); Raaflaub, K./Toher, M. (Hrsgg.), Between Republic and Empire. Interpretations of Augustus and his Principate (Berkeley 1990); Binder, G. (Hrsg.), Saeculum Augustum, 3 Bde. (Darmstadt 1987–1991); Bowman, A. K./Champlin, E./Lintott, A. (Hrsgg.), The Cambridge Ancient History Vol. 10^{2}. The Augustan Empire (Cambridge 1996); Galinsky, K. (Hrsg.), The Cambridge Companion to the Age of Augustus (Cambridge/New York 2005); Rivière, Y. (Hrsg.), Des réformes augustéennes (Rom 2012).

Kindheit und Jugend bis zum Tod Caesars; Biographie des Nikolaos: Radke, G., Augustus und das Göttliche, in: Lehmann, G. A./Stiel, R. (Hrsgg.), Antike und Universalgeschichte. Festschrift Hans Erich Stier (Münster 1972) 257–279; Kienast a. O. (2009) 1–10; Becher, I., Atia, die Mutter des Augustus – Legende und Politik, in: Schmidt, E. G. (Hrsg.), Griechenland und Rom (Tiflis u. a. 1996) 95–116; Malitz, J., ‹O puer qui omnia nomini debes›. Zur Biographie Octavians bis zum Antritt seines Erbes, Gymnasium 111, 2004, 381–409; ders. (Hrsg.), Nikolaos von Damaskus. Leben des Kaisers Augustus (Darmstadt 2003);

Schmid, A., Augustus und die Macht der Sterne. Antike Astrologie und die Etablierung der Monarchie in Rom (Köln u. a. 2005); Smith, C./Powell, A. (Hrsgg.), The Lost Memoirs of Augustus and the Development of Roman Autobiography (Swansea 2009).

Krise der Republik: Bringmann, K., Geschichte der römischen Republik. Von den Anfängen bis Augustus (München 2010²); ders., Krise und Ende der römischen Republik (133–42 v. Chr.) (Berlin 2003); Edwards, C., The Politics of Immorality in Ancient Rom (Cambridge 1993); Hölkeskamp, K.-J. (Hrsg.), Eine politische Kultur (in) der Krise? Die «letzte Generation» der römischen Republik (München 2009); ders., Rekonstruktionen einer Republik. Die politische Kultur des antiken Rom und die Forschung der letzten Jahrzehnte (München 2004).

Caesar und Pompeius: Meier, Chr., Caesar (München 2004); Jehne, M., Der Staat des Dictators Caesar (Köln u. a. 1987); Dahlheim, W., Julius Caesar. Die Ehre des Kriegers und die Not des Staates (Paderborn 2011³); Christ, K., Pompeius. Feldherr Roms. Eine Biographie (München 2004).

Integration der Gallier, Iulii in Glanum: Kleiner, F. S., The Glanum Cenotaph Reliefs. Greek or Roman, BJ 180, 1980, 105–126; Botermann, H., Wie aus Galliern Römer wurden (Stuttgart 2005); Woolf, G., Becoming Roman. The Origins of Provincial Civilization in Gaul (Cambridge 1998); Küpper-Böhm, A., Die römischen Bogenmonumente der Gallia Narbonnensis in ihrem urbanen Kontext (Espelkamp 1996).

Laudatio Turiae als Zeugnis der Bürgerkriegszeit: Wistrand, E. K. H., The So-called ‹Laudatio Turiae›. Introduction, Text, Commentary (Gothenburg 1976); Flach, D., Die sogenannte Laudatio Turiae. Einleitung, Text, Übersetzung und Kommentar (Darmstadt 1991); Gowing, A. W., Lepidus, the Proscriptions and the Laudatio Turiae, Historia 41, 1992, 283–296.

Testament Caesars: Schmitthenner, W., Oktavian und das Testament Cäsars. Eine Untersuchung zu den politischen Anfängen des Augustus (München 1973²); Kienast a. O. (2009) 6–10; Bleicken a. O. (2000) 35–85; Schumacher, L., Oktavian und das Testament Caesars, ZRG 116, 1999, 49–70; Kienast, D., Augustus und Caesar, Chiron 31, 2001, 1–26.

2.

Zweites Triumvirat: Alföldi, A., Octavians Aufstieg zur Macht (Bonn 1976); Wallmann, P., Triumviri rei publicae constituendae. Untersuchungen zur politischen Propaganda im zweiten Triumvirat (43–30 v. Chr.) (New York u. a. 1989); Bleicken, J., Zwischen Republik und Prinzipat. Zum Charakter des Zweiten Triumvirats (Göttingen 1990); Pelling, Chr., The Triumviral Period, in: Cambridge Ancient History, a. O. (1996) 1–69; Gotter, U., Der Dictator ist tot! Politik in Rom zwischen den Iden des März und der Begründung des Zweiten Triumvirats (Stuttgart 1996); Wardle, Th. H., Munatius Plancus. Serving and Surviving in the Roman Revolution (Atlanta/Georgia 1997); Powell, A./Welch, K. (Hrsgg.),

Sextus Pompeius (London 2002); Sauron, G., Du triumvirat au début du principat. La construction du mythe augustéen, in: Hurlet, F./Mineo, B. (Hrsgg.), Le principat d'Auguste. Réalités et représentations du pouvoir autour de la Res publica restituta (Rennes 2009) 187–208.

Proskriptionen: Hinard, F., Les proscriptions de la Rome républicaine (Rom 1985); Zimmermann, M., Gewalt. Die dunkle Seite der Antike (München 2013) 278–306.

Bellum Perusinum: Hallett, J. P., Perusinae Glandes and the Changing Image of Augustus, Am. Journ. Anc. Hist. 2, 1977, 151–171; Bonamente, G. (Hrsg.), Augusta Perusia. Studi storici e archeologici sull'epoca del bellum Perusinum (Perugia 2012).

Augustus und Agrippa: Ameling, W., Augustus und Agrippa. Bemerkungen zu PKöln VI 249, Chiron 24, 1994, 1–28; Roddaz, J.-M., Marcus Agrippa (Rom 1984); Tietz, W., Die Bautätigkeit Agrippas auf dem Marsfeld (27–25 v. Chr.). Bestand und Programm, in: Ronning, Chr. (Hrsg.), Einblicke in die Antike. Orte – Praktiken – Strukturen (München 2006) 181–202.

Die Namenswahl des Imperator Caesar: Syme, R., Imperator Caesar. A Study in Nomenclature, Historia 7, 1958, 172–188; Deininger, J., Von der Republik zur Monarchie. Die Ursprünge der Herrschertitulatur des Prinzipats, in: ANRW I 1, 1972, 982–997; Kienast, D., Römische Kaisertabelle (Darmstadt 1996²) 61–68.

Livia – die Gattin des Imperator Caesar und Tochter Iulia: Barrett, A. A., Livia (New Haven/London 2002); Dennison, M., Livia. Empress of Rome. A Biography (New York 201); Fantham, E., Julia Augusta. The Emperor's Daughter (New York 2006); Severy, B., Augustus and the Family at the Birth of the Roman Empire (New York u. a. 2003).

Sieg über M. Antonius und Eroberung Ägyptens: Bellen, H., AEGYPTO CAPTA. Die Bedeutung der Eroberung Ägyptens für die Prinzipatsideologie, in: Albert, R. (Hrsg.), Politische Ideen auf Münzen. Festschrift zum 16. Deutschen Numismatikertag (Mainz 1991) 33–59; Sonnabend, H., Fremdenbild und Politik. Vorstellungen der Römer von Ägypten und dem Partherreich in der späten Republik und frühen Kaiserzeit (Frankfurt a. M. 1986); Clauss, M., Kleopatra (München 2010⁴); Schuller, W., Kleopatra. Königin in drei Kulturen (Hamburg 2006); Halfmann, H., Marcus Antonius (Darmstadt 2011); Pfeiffer, St., Octavian – Augustus und Ägypten, in: Coşkun, A./Heinen, H./Pfeiffer, St. (Hrsgg.), Identität und Zugehörigkeit im Osten der griechisch-römischen Welt (Frankfurt a. M. u. a. 2009) 55–179.

Obelisken in Rom: Alföldy, G., Der Obelisk auf dem Petersplatz in Rom. Ein historisches Monument der Antike (Sitzungsberichte der Heidelberger Akademie der Wissenschaften) (Heidelberg 1990); Schneider, R. M., Nicht mehr Ägypten, sondern Rom. Der neue Lebensraum der Obelisken, in: Bol, P. C. u. a. (Hrsgg.), Fremdheit – Eigenheit. Ägypten, Griechenland und Rom. Austausch und Verständnis (Städel Jahrbuch N. F.) (Frankfurt a. M. 2004) 155–179.

Von der Republik zum Principat: Meier, Chr., Augustus. Die Begründung der Monarchie als Wiederherstellung der Republik, in: ders., Die Ohnmacht des allmächtigen Dictators Caesar. Drei biographische Skizzen (Frankfurt a.M. 1980); Eder, W., Augustus and the power of tradition. The Augustan Principate as binding link between Republic and Empire, in: Raaflaub/Toher a. O. (1990)

71–122; Bleicken, J., Imperium consulare/proconsulare im Übergang von der Republik zum Prinzipat, in: ders. (Hrsg.), Colloquium aus Anlaß des 80. Geburtstages von Alfred Heuß (Kallmünz 1993) 117–133; Girardet, K. M., Rom auf dem Weg von der Republik zum Prinzipat (Bonn 2007); Kienast a. O. (2009) 78–98; Bleicken a. O. (2000) 297–371.; Börm, H./Havener, W., Octavians Rechtsstellung im Januar 27 v. Chr. und das Problem der «Übertragung» der res publica, Historia 61, 2012, 202–220; Bernstein, F., Der Anfang: Das vermeintliche Kaisertum des Augustus, in: Leppin, H. u. a. (Hrsgg.), Kaisertum im ersten Jahrtausend (Regensburg 2012) 17–54.

Reform des Heeres: Campbell, B., The Emperor and the Roman Army 31 B. C.–A. D. 235 (Oxford 1984); Raaflaub, K., Die Militärreform des Augustus, in: Binder, Saeculum Augustum I a. O. (1987) 264–307; Kienast a. O. (2009) 320–332; Bleicken a. O. (2000) 541–564; Schulz, R., Feldherren, Krieger und Strategen. Krieg in der Antike von Achill bis Attila (Stuttgart 2012) 278–320.

3.

Das Ende der republikanischen Konkurrenz und der Fall des Cornelius Gallus: Stickler, T., «Gallus amore peribat»? Cornelius Gallus und die Anfänge der augusteischen Herrschaft in Ägypten (Rahden/Westfalen 2002); Hoffmann, F./Minas-Nerpel, M./Pfeiffer, St., Die dreisprachige Stele des C. Cornelius Gallus (Berlin/New York 2009).

Die Krise des Jahres 23 v. Chr.: Kienast a. O. (2009) 99–109; Bleicken a. O. (2000) 346–355.

Die Neuordnung des Senats: Wiseman, T. P., New Men in the Roman Senate 139 B. C.–14 A. D. (Oxford 1971); Sattler, P., Augustus und der Senat. Untersuchungen zur römischen Innenpolitik zwischen 30 und 17 v. Chr. (Göttingen 1969); Syme, R., Augustan Aristocracy (Oxford 1987); Kienast a. O. (2000) 115–117.

Ehe- und Sittengesetze: Nörr, D., Planung in der Antike. Über die Ehegesetze des Augustus, in: Baier, H. (Hrsg.), Freiheit und Sachzwang. Beiträge zu Ehren Helmut Schelskys (Opladen 1977) 309–334; Baltrusch, E., *regimen morum.* Die Reglementierung des Privatlebens der Senatoren und Ritter in der römischen Republik und frühen Prinzipat (München 1989); Mette-Dittmann, A., Die Ehegesetze des Augustus. Eine Untersuchung im Rahmen der Gesellschaftspolitik des Princeps (Stuttgart 1991).

Marcellus als Nachfolger: Brandt, H., Marcellus «successioni praeparatus»? Augustus, Marcellus und die Jahre 29–23 v. Chr., Chiron 25, 1995, 1–17.

4.

Ein neues Saeculum und die Feier eines goldenen Zeitalters: Weiss, P., Die «Säkularspiele» der Republik – eine annalistische Fiktion. Ein Beitrag zum Verständnis der kaiserzeitlichen *ludi saeculares*, RM 80, 1973, 205–217; Cavallaro, M. A., Spese e

Spettacoli. Aspetti economici-strutturali degli spettacoli nella Roma giulio-claudio (Bonn 1984); Schnegg-Köhler, B., Die augusteischen Säkularspiele (München 2002).

Das organisierte Vergessen und die Konstruktion der Geschichte: Flower, H. I., The Art of Forgetting. Disgrace and Oblivion in Roman Political Culture (Chapel Hill 2006); Zimmermann a. O. (2013) 301–307; Bleicken a. O. (2000) 509–540; Spannagel, M., *Exemplaria Principis.* Untersuchungen zu Entstehung und Ausstattung des Augustusforums (Heidelberg 1999); Gowing, A., Empire and Memory. The Representation of the Roman Republic in Imperial Culture (Cambridge 2005); Muth, S., Reglementierte Erinnerung. Das Forum Romanum unter Augustus als Ort kontrollierter Kommunikation in: Mundt, F. (Hrsg.), Kommunikationsräume im kaiserzeitlichen Rom (Berlin 2012) 3–48.

Expansion und Mehrung des Reiches: Gruen, E. S., The Expansion of the Empire under Augustus, in: Cambridge Ancient History a. O. (1996) 147–197; Kienast a. O. (2009) 332–377; Bleicken a. O. (2000) 565–618; Rich, J. W., Augustus and the *spolia opima*, Chiron 26, 1996, 85–127; ders., Augustus' Parthian honours, the temple of Mars Ultor, and the Arch in the Forum Romanum, PBSR 66, 1998, 71–128; Aston, R., Augustan Imperialism, in: Hoyos, D. (Hrsg.), A Companion to Roman Imperialism (Leiden 2013) 197–212.

Triumphalfasten: Degrassi, A. (Hrsg.); Inscriptiones Italicae XIII/I. Fasti Consulares et Triumphales (Rom 1947); Itgenhorst, T., Augustus und der republikanische Triumph. Triumphalfasten und *summi viri*-Galerie als Instrumente der imperialen Machtsicherung, Hermes 132, 2004, 436–458.

Maison Carrée in Nîmes: Gros, P. u. a. (Hrsgg.), La Maison Carrée de Nîmes. Un chef-d'œuvre d'architecture romaine, Nîmes 2011.

Provinzialisierung Germaniens: Eck, W., Augustus und die Großprovinz Germanien, Kölner Jb. 37, 2004, 11–22; ders., Das augusteische Germanien links und rechts des Rheins, in: 2000 Jahre Varusschlacht (Stuttgart 2009) 188–195; von Schnurbein, S., Augustus in Germany and his new «town» at Waldgirmes, JRA 16, 2003, 93–107; Becker, A./Rasbach, G., «Städte in Germanien». Der Fundplatz Waldgirmes, in: Wiegels, R. (Hrsgg.), Die Varusschlacht. Wendepunkt der Geschichte? (Stuttgart 2007) 102–116.

Gaius und Lucius Caesar: Wolters, R., Gaius und Lucius Caesar als designierte Konsuln und *principes iuventutis.* Die Lex Valeria Cornelia und RIC I^2 205 ff., Chiron 32, 2002, 297–323; Ganzert, J., Das Kenotaph für Gaius Caesar in Limyra. Architektur und Bauornamentik (Tübingen 1984); Borchhardt, J., Der Fries vom Kenotaph für Gaius Caesar in Limyra (Wien 2002).

Vater des Vaterlandes: Alföldi, A., Der Vater des Vaterlandes im römischen Denken (Darmstadt 1971); Strothmann, M., Augustus – Vater der res publica. Zur Funktion der drei Begriffe *restitutio – saeculum – pater patriae* im augusteischen Principat (Stuttgart 2000); Benoist, S., Le prince en sa ville: *conditor, pater patriae* et *divi filius*, in: Belayche, N. (Hrsg.), Rome, les Césars et la Ville aux premiers siècles de notre ère (Rennes 2001) 23–49.

Kultische Verehrung des Augustus: Habicht, Chr., Die augusteische Zeit und das erste

Jahrhundert nach Christi Geburt, in: den Boer, W. (Hrsg.), Le culte des souverains dans l'empire romain, Entretiens Hardt XIX (Genf 1973) 39–100; Mellor, R., Thea Rome. The Worship of the Goddess Roma in the Greek World (Göttingen 1975); Fishwick, D., The Imperial Cult in the Latin West 2 in 4 Bd. (Leiden 1978 ff.); Ostrow, S. E., The *Augustales* in the Augustan scheme, in: Raaflaub/Toher a. O. (1990) 364–379; Lott, J. B., The Neighborhoods of Augustan Rome (Cambridge 2004); Scheid, J., To Honour the Princeps and Venerate the Gods. Public Cult, Neighbourhood Cults, and Imperial Cult in Rome, in: Edmondson, J. (Hrsg.), Augustus (Edinburgh 2009) 275–299; Price, S. R. F., Rituals and Power. The Roman Imperial Cult in Asia Minor (Cambridge 1984); Wörrle, M., Ein Weihaltar aus Kilepe/Yeşilköy, in: Blakolmer, F. u. a. (Hrsgg.), Fremde Zeiten. Festschrift für Jürgen Borchhardt Bd. I (Wien 1996) 153–160; Schuler, Chr., Augustus, Gott und Herr über Land und Meer. Eine neue Inschrift aus Tyberissos im Kontext der späthellenistischen Herrscherverehrung, Chiron 37, 2007, 383–404; Pfeiffer, St., Der römische Kaiser und das Land am Nil. Kaiserverehrung und Kaiserkult in Ägypten und Alexandria von Augustus bis Caracalla (30 v. Chr.–217 n. Chr.) (Stuttgart 2010).

Augusteische Inschriften und neue Schriftkultur: Gros, P., Aurea Templa. Recherches sur l'architecture religieuse de Rome à l'époque d'Auguste (Rom 1976); Haselberger, L., *Urbem adornare*. Die Stadt Rom und ihre Umgestaltung unter Augustus (Portsmouth 2007); Alföldy, G., Studi sull'epigrafia augustea e tiberiana di Roma (Rom 1992); ders., Augustus und die Inschriften: Tradition und Innovation. Die Geburt der imperialen Epigraphik, Gymnasium 98, 1991, 289–324; Witschel, Chr., Der Kaiser und die Inschriften, in: Winterling, A. (Hrsgg.), Zwischen Strukturgeschichte und Biographie. Probleme und Perspektiven einer neuen Römischen Kaisergeschichte (München 2011) 45–111.

Neue Formen der Selbstdarstellung in den Führungsschichten: Eck, W., Senatorial Self-Representation. Developments in the Augustan Period, in: Millar/Segal a. O. (1984) 129–168; Flower, H. I., Ancestor Masks and Aristocratic Power in Roman Culture (Oxford 1996); Alföldy, G./Panciera, S. (Hrsgg.), Inschriftliche Denkmäler als Medien der Selbstdarstellung in der römischen Welt (Stuttgart 2001); Eck, W./Heil, M. (Hrsgg.), Senatores populi Romani. Realität und mediale Repräsentation einer Führungsschicht (Stuttgart 2005).

5.

Tiberius als Nachfolger: Bringmann, K., Imperium proconsulare und Mitregentschaft im frühen Prinzipat, Chiron 7, 1977, 219–238; Bleicken a. O. (2000) 619–668; Kienast a. O. (2009) 136–149.

Germanisches Blei und Varuskatastrophe: Hanel, N./Rothenhöfer, P., Germanisches Blei für Rom. Zur Rolle des römischen Bergbaus im rechtsrheinischen Germanien im frühen Prinzipat, Germania 83, 2005, 53–65; Rothenhöfer, P./Bode, M., Römische Bleigewinnung und Bleihandel im Lichte neuer epigraphischer und naturwissenschaftlicher Forschungen. Das Beispiel Germanien, in: Olshausen, E./Sauer, V. (Hrsgg.), Die Schätze der Erde. Natürliche Ressourcen in der antiken Welt (Stuttgart 2012) 345–360; Timpe, D., Arminius-Studien (Heidelberg 1970); Wiegels, R. (Hrsg.), Die Varusschlacht. Wendepunkt der Geschichte? (Stuttgart 2007); 2000 Jahre Varusschlacht. Imperium – Konflikt – Mythos. 3 Bde. (Stuttgart 2009); Wolters, R., Die Schlacht im Teutoburger Wald. Arminius, Varus und das römische Germanien (München 2008[2]).

Integration und Verstädterung: Levick, B., Roman Colonies in Southern Asia Minor (Oxford 1967); Vittinghoff, F., Civitas Romana. Stadt und politisch-soziale Integration im Imperium Romanum der Kaiserzeit, hrsg. von Eck, W. (Stuttgart 1994); Galsterer, H., Untersuchungen zum römischen Städtewesen auf der Iberischen Halbinsel (Berlin 1971); Kolb, F., Die Stadt im Altertum (München 1984) 169–203; Jacques, F./Scheid, J., Rome et l'intégration de l'empire 44 av. J. C. – 260 ap. J.-C. (Paris 1990); K. Blümel, Die Inschriften von Knidos (Bonn 1992) Nr. 34; Halfmann, H., Städtebau und Bauherren im römischen Kleinasien. Ein Vergleich zwischen Pergamon und Ephesos (Tübingen u. a. 2001); Schäfer, N., Die Einbeziehung der Provinzialen in den Reichsdienst in augusteischer Zeit (Stuttgart 2000); Ando, C., Imperial Ideology and Provincial Loyalty in the Roman Empire (Berkeley/Los Angeles 2000); MacMullen, R., Romanization in the Time of Augustus (New Haven/London 2000); Millar, F., Rome, the Greek World and the East. Vol. I: The Roman Republic and the Augustan Revolution (Chapel Hill/London 2002); Kreikenbom, D./Mahler, K. U./Schollmeyer, P./Weber, T. M. (Hrsgg.), Augustus – Der Blick von außen. Die Wahrnehmung des Kaisers in den Provinzen des Reiches und in den Nachbarstaaten (Wiesbaden 2008).

Zum ambivalenten Barbarenbild in Rom: Schneider, R. M., Bunte Barbaren. Orientalenstatuen aus farbigem Marmor in der römischen Repräsentationskunst von Augustus bis Trajan (Worms 1986); ders., The making of Oriental Rome: shaping the Trojan Legend, in: Bang, P. F./Kołodziejczyk (Hrsgg.), Universal Empire. A Comparative Approach to Imperial Culture and Representation in Eurasien History (Cambridge 2012) 76–129.

Soziale Neuordnung der Führungsschichten: Weaver, P. R. C., Familia Caesaris. A Social Study of the Emperor's Freedmen and Slaves (Cambridge 1972); Alföldy, G., Die römische Gesellschaft. Ausgewählte Beiträge (Stuttgart 1986); ders. Römische Sozialgeschichte (Stuttgart 2011[4]); Yavetz, Z., Plebs and Princeps (New Brundwick 1988[2]); Eck, W., Die Ausformung der ritterlichen Administration als Antisenatspolitik?, in: ders., Die Verwaltung des römischen Reiches in der Hohen Kaiserzeit. Ausgewählte und erweiterte Beiträge I (Basel/Berlin 1995), 29–54; Demougin, S., L'ordre équestre sous les Julio-Claudiens (Rom 1988); Lendon, J. E., Empire of Honour. The Art of Government in the Roman World (Oxford 1997); Kienast, D., Der heilige Senat. Senatskult und «kaiserlicher» Senat, Chiron 15, 1985, 253–282; Winterling, A., *Aula Caesaris*. Studien zur Institutionalisierung des römischen Kaiserhofes in der Zeit von Augustus bis Commodus (31 v. Chr.–192 n. Chr.) (München 1999); Dettenhofer, M. H., Herrschaft und Widerstand im augusteischen Principat. Die Konkurrenz zwischen *res publica* und *domus Augusta* (Stuttgart 2000); Kienast a. O. (2009) 151–203.

Administration und Verwaltung: Eck, W., Augustus' administrative Reformen: Pragmatismus oder systematisches Planen?, in: ders. Verwaltung a. O. (1995) 83–102; Brunn, Chr., Der Kaiser, die republikanischen Institutionen und die kaiserliche Verwaltung, in: Winterling, A., (Hrsg.), Strukturgeschichte a. O. (2011) 161–179; Rivière, Y. (Hrsg.), Des réformes augustéennes (Rom 2012); W. Eck, Herrschaft durch Administration? Die Veränderung in der administrativen Organisation des Imperium Romanum durch Augustus, in: réformes augustéennes a. O. (2012) 151–169.

Res gestae (Monumentum Ancyranum): Scheid, J., Res Gestae Divi Augusti. Hauts faits du divin Auguste (Paris 2007); Cooley, A. E., Res Gestae Divi Augusti. Text, Translation, and Commentary (Cambridge 2009); French, D./Mitchell, St., The Greek and Latin Inscriptions of Ankara (Ancyra) Vol. I: From Augustus to the End of the third Century (München 2012); Heuß, A., Zeitgeschichte als Ideologie. Bemerkungen zu Komposition und Gedankenführung der Res Gestae Divi Augusti, in: Lefèvre, E. (Hrsg.), Monumentum Chiloniense. Studien zur augusteischen Zeit. Kieler Festschrift für E. Burck (Amsterdam 1975) 55–95; Simon, B., Die Selbstdarstellung des Augustus in der Münzprägung und in den Res Gestae (Hamburg 1993); Yavetz, Z., The *Res gestae* and Augustus' Public Image, in: Millar/Segal a. O. (1984) 1–36; Ramage, E. S., The Nature and Purpose of Augustus' Res Gestae (Stuttgart 1987).

6.

Nachleben und Urteil der folgenden Generationen: Lambrecht, U., Herrscherbild und Prinzipatsidee in Suetons Kaiserbiographien. Untersuchungen zur Caesar- und Augustus-Vita (Bonn 1984); Kienast a. O. (2009) 516 f.; Walter, U., Der Princeps als Produkt und Gestalter. Augustus, Tiberius und ihre neuen Biographen, in: Winterling, A. (Hrsg.) Strukturgeschichte a. O. (2011) 235–252.

Neue Formen der Herrschaftsrepräsentation: Alföldi, A., Die monarchische Repräsentation im römischen Kaiserreiche (Darmstadt 1980[3]); Wallace-Hadrill, A., The Emperor and his Virtues, Historia 30, 1981, 298–323; Bergmann, M., Die Strahlen der Herrscher. Theomorphes Herrscherbild und politische Symbolik im Hellenismus und in der römischen Kaiserzeit (Mainz 1998); Eich, A., Politische Literatur in der römischen Gesellschaft. Studien zum Verhältnis von politischer und literarischer Öffentlichkeit in der späten Republik und frühen Kaiserzeit (Köln 2000); Weber, G./Zimmermann, M. (Hrsgg.), Propaganda – Selbstdarstellung Repräsentation im römischen Kaiserreich des 1. Jh. n. Chr. (Stuttgart 2003); Zimmermann, M., Die Repräsentation des kaiserlichen Ranges, in: Winterling, A. (Hrsg.), Strukturgeschichte a. O. (2011) 181–206.

Augustus als Vorbild für Galba und Vespasian: Timpe, D. Untersuchungen zur Kontinuität des frühen Prinzipats (Stuttgart 1962); Zimmermann, M., Die *restitutio honorum* Galbas, Historia 44, 1995, 56–82.

Mussolini und Augustus: Schumacher, L., Augusteische Propaganda und faschistische Rezeption, ZRGG 40, 1988, 307–330; Baumeister, M., Eine Hauptstadt für ein Imperium. Rom unter dem Faschismus, in: Johrendt, J./Schmitz-Esser, R. (Hrsgg.), Rom – Nabel der Welt (Darmstadt 2010) 173–189.

BIBLIOGRAPHIE
ZUR ARCHÄOLOGIE DER AUGUSTEISCHEN ZEIT

Überblickswerke: Simon, E., Augustus. Kunst und Leben in Rom um die Zeitenwende (München 1986); Zanker, P., Augustus und die Macht der Bilder (München 1987/5. Auflage 2009; engl.: The Power of Images in the Age of Augustus, Ann Arbor 1990); Kaiser Augustus und die verlorene Republik, Ausstellung Berlin 1988 (Mainz 1988); Bringmann, K. / Schäfer, T., Augustus und die Begründung des römischen Kaisertums (Berlin 2002); Levick, B., Augustus. Image and substance (Harlow 2010); Galinsky, K., Augustus. Introduction to the life of an emperor (Cambridge 2012; deutsch.: Augustus. Sein Leben als Kaiser, Mainz 2013); La Rocca, E. (Hrsg.), Augusto, Ausstellung Rom (Rom 2013); Fündling, J., Das Goldene Zeitalter: Wie Augustus Rom neu erfand (Darmstadt 2013).

1.

Visuelle Stilisierung der Abkunft und das Sternzeichen des capricornus: Schütz, M., Der Capricorn als Sternzeichen des Augustus, Antike und Abendland 37 (1991) 55–67; Spannagel, M., *Exemplaria principis*. Untersuchungen zu Entstehung und Ausstattung des Augustusforums (Heidelberg 1999); Schmid, A., Augustus und die Macht der Sterne (Köln 2005); Terio, S., Der Steinbock als Herrschaftszeichen des Augustus (Münster 2006); Barbone, N., Augusto e i suoi astri, in: La Rocca, E. (Hrsg.), Augusto (Rom 2013) 89–91.

Münzen des L. Marcius Philippus (Abb. 5) und Familienpropaganda: Crawford, M., Roman Republican Coinage (London 1974) Nr. 425/1; Hölscher, T., Die Geschichtsauffassung in der römischen Repräsentationskunst, Jahrbuch des Deutschen Archäologischen Instituts 95 (1980) 265–321; Zanker, P., Augustus und die Macht der Bilder (München 1987) 21–28; Sehlmeyer, M., Stadtrömische Ehrenstatuen der republikanischen Zeit (Stuttgart 1999) 57–60.

Stadtbild Roms in republikanischer Zeit bis auf Caesar: Zanker a. O. (1987) 28–34; Gros, P./ Sauron, G., Das politische Programm der öffentlichen Bauten, in: Kaiser Augustus und die verlorene Republik, Ausstellung Berlin 1988 (Mainz 1988) 48–68; Coarelli, F., Rom. Die Stadtplanung von Caesar bis Augustus, in: ebenda 68–73; Favro, D., The Urban Image of Augustan Rome (Cambridge 1996); Freyberger, K. S., Das Forum Romanum (Mainz 2009); Tortorici, E., Roma nell'età di Cesare. La politica urbanistica, in: Tradizione, tecnologia e territorio 1 (Rom 2012) 11–43.

Sog. zweiter pompejanischer Stil der Wandmalerei (Abb. 7): Mielsch, H., Römische Wandmalerei (Darmstadt 2001) 29–53; Grüner, A., *Venus ordinis*. Der Wandel von Malerei und Literatur im Zeitalter der römischen Bürgerkriege (Paderborn 2004); Mazzoleni, D./Pappalardo, U., Pompejanische Wandmalerei. Architektur und illusionistische Dekoration (München 2005) 126–165; Stinson, P., Perspective systems in Roman Second Style wall painting, American Journal of Archaeology 115 (2011) 403–426.

Ehrenstatuen in der späten Republik: Sehlmeyer, M., Stadtrömische Ehrenstatuen der republikanischen Zeit (Stuttgart 1999); Muth, S., Reglementierte Erinnerung. Das Forum Romanum unter Augustus als Ort kontrollierter Kommunikation, in: Mundt, F. (Hrsg), Kommunikationsräume im kaiserzeitlichen Rom (Berlin 2012) 7–17; Hölkeskamp, K.-J., Im Gewebe der Geschichte(n). *Memoria*, Monumente und ihre mythhistorische Vernetzung, Klio 94 (2012) 380–414.

Bildnisse des Pompeius und Caesar (Abb. 8–9): Giuliani, L, Bildnis und Botschaft (Frankfurt 1986) 25–100; 200–205; Sehlmeyer a. O. (1999) 204–238; Osanna M./Schäfer, T./Weiss, R. M. (Hrsg.), Caesar ist in der Stadt. Die neu entdeckten Marmorbildnisse aus Pantelleria (Hamburg 2004); Junker, K., Die Porträts des Pompeius Magnus und die mimetische Option, Mitteilungen des Deutschen Archäologischen Instituts. Römische Abteilung 113 (2007) 69–93; Zanker, P., Le ritratti statue di Cesare e i suoi ritratti contradittori, in: Gentili, G./Liverani, P. (Hrsg.), Giulio Cesare: l'uomo, le imprese, il mito, Ausstellung Rom (Cinisello Balsamo 2008) 72–79; La Rocca, E. et al. (Hrsg.), Ritratti. Le tante facce del potere, Ausstellungskatalog Rom (Rom 2011); Fittschen, K./Zanker, P./Cain, P., Katalog der römischen Porträts in den Capitolinischen Museen und den anderen kommunalen Sammlungen der Stadt Rom 2 (Berlin 2010) 23–26 Nr. 13.

2.

Sidus Iulium: Zanker a. O. (1987) 42–45; Ramsey, J. T./Lewis Licht, A., The Comet of 44 B. C. and Caesar's Funeral Games (Atlanta 1997); Sehlmeyer a. O (1999) 238–245.

‹Octavians› Bildnisstatuen vor 27 v. Chr. und der erste Bildnistypus (Abb. 19): Zanker a. O. (1987) 46–52; Bergemann, J., Römische Reiterstatuen. Ehrendenkmäler im öffentlichen Bereich (Mainz 1990) 161–163; Boschung, D., Die Bildnisse des Augustus (Berlin 1993) 11–26; 51–65; 89–90; Sehlmeyer a. O. (1999) 245–260; Zanker, P., La costruzione dell' immagine di Augusto, in: La Rocca, E. (Hrsg.), Augusto (Rom 2013) 153–154; Cadario, M., Le forme di celebrazione del principe, in: La Rocca a. O. (2013) 208–215.

Mausoleum (Abb. 20): Hesberg, H. von/Panciera, S., Das Mausoleum des Augustus. Der Bau und seine Inschriften (München 1994); Hesberg, H. von, Mausoleum Augusti, in: Steinby, E. M. (Hrsg.), Lexicon Topographicum Urbis Romae 3 (Rom 1996) 234–237; Davies, P. J. E., Death and the Emperor. Roman Imperial Funerary Monuments from Augustus to Marcus Aurelius (Cambridge 2000); Bringmann, K./Schäfer, T., Augustus und die Begründung des römischen Kaisertums (Berlin 2002) 175–179; Rehak, P., Imperium and Cosmos. Augustus and the Northern Campus Martius (Madison 2006); Donderer, M., Zur Datierung des Augustus-Mausoleums, Jahreshefte des Österreichischen Archäologischen Instituts 78 (2009) 69–77.

Haus auf dem Palatin (Abb. 21) mit Apollotempel: Carettoni, G., Das Haus des Augustus auf dem Palatin (Mainz 1983); Gros, P., Apollo Palatinus, in: Steinby, E. M. (Hrsg.), Lexicon Topographicum Urbis Romae 1 (Rom 1993) 54–57; Iacopi, I., Domus: Augustus (Palatium), in: ebenda 2 (Rom 1995) 46–48; Tomei, M. A., Le case di Augusto sul Palatino, Mitteilungen des Deutschen Archäologischen Instituts. Römische Abteilung 107 (2000) 7–36; Bringmann, K./Schäfer, T., Augustus und die Begründung des römischen Kaisertums (Berlin 2002) 234–241; Hekster, O., Octavian and the Thunderbolt, Classical Quarterly 56 (2006) 149–168; Iacopi, I., La casa di Augusto. Le pitture (Mailand 2007); Strocka, V. M., Vergil und die Danaiden, in: Strocka, V. M. et al. (Hrsg.), Vergil und das antike Epos. Festschrift Hans Jürgen Tschiedel (Stuttgart 2008) 41–66; Wiseman, T.P., The House of Augustus and the Lupercal, Journal of Roman Archaeology 22 (2009) 527–545.

Das Forum Romanum unter Augustus (Plan S. 94): Zanker, P., Forum Romanum. Die Neugestaltung unter Augustus (Tübingen 1972); Gros, P./Sauron, G., Das politische Programm der öffentlichen Bauten, in: Kaiser Augustus und die verlorene Republik, Ausstellung Berlin 1988 (Mainz 1988) 56–68; Coarelli, F., Rom. Die Stadtplanung von Caesar bis Augustus, in: ebenda 73–80; Purcell, N., Forum Romanum (The Imperial Period), in: Steinby, E. M. (Hrsg.), Lexicon Topographicum Urbis Romae 2 (Rom 1995) 336–342; Favro, D., The Urban Image of Augustan Roma (Cambridge 1996); Haselberger, L., Urbem adornare. Die Stadt Rom und ihre Gestaltumwandlung unter Augustus, Journal of Roman Archaeology Supplement 64 (Portsmouth 2007); Freyberger, K. S., Das Forum Romanum (Mainz 2009); Muth, S., Reglementierte Erinnerung. Das Forum Romanum unter Augustus als Ort kontrollierter Kommunikation, in: Mundt, F. (Hrsg.), Kommunikationsräume im kaiserzeitlichen Rom (Berlin 2012) 3–47; La Rocca, E., La Roma di mattoni diventa di marmo, in: La Rocca, E. (Hrsg.), Augusto (Rom 2013) 92–104; Roller, M., On the intersignification of monuments in Augustan Rome, in: American Journal of Philology 134 (2013) 119–131; zum Berliner Projekt des Digitalen Forum Romanum s. http://www.digiforo.hu-berlin.de/ (Abruf 8.12.2013).

Triumphale Münzserie: Kraft, K., Zur Münzprägung des Augustus (Wiesbaden 1969); Zanker a. O. (1987) 61–65 ; Trillmich, W., Münzpropaganda, in: Kaiser Augustus und die verlorene Republik, Ausstellung Berlin 1988 (Mainz 1988), 483–485; 508–511; Mannsperger, D., Die Münzprägung des Augustus, in: Binder, G. (Hrsg,),

Saeculum Augustum, 3. Kunst und Bildersprache (Darmstadt 1991) 348–399; Assenmaker, P., CAESAR DIVI F et IMP CAESAR. De la difficulté de dater des émissions monétaires, in: Moucharte, G. et al. (Hrsg.), Liber amicorum Tony Hackens (Louvain-la-Neuve 2007) 159–177; Dillon, J. N., Octavian's finances after Actium, before Egypt. The CAESAR DIVI F/IMP CAESAR coinage and Antony's legionary issue, Chiron 37 (2007) 35–48.

Actium-Monument in Nikopolis (Abb. 23): Murray, W. M./Petsas, P. M., Octavian's campsite memorial for the Actian war (Philadelphia 1989); Schäfer, T., Zur Datierung des Siegesdenkmals von Actium, Mitteilungen des Deutschen Archäologischen Instituts. Athenische Abteilung 108 (1993) 239–248; Bringmann, K./Schäfer, T., Augustus und die Begründung des römischen Kaisertums (Berlin 2002) 182–185; Lange, C. H., *Res publica constituta.* Actium, Apollo and the accomplishment of the triumviral assignment (Leiden 2009) 106–111; Zachos, K. L./Pavlidis, E. A., Nikopolis, die Siegesstadt bei Actium, in: Frielinghaus, H./Stroszeck, J. (Hrsg.), Neue Forschungen zu griechischen Städten und Heiligtümern. Festschrift für Burkhardt Wesenberg zum 65. Geburtstag (Möhnesee 2010) 139–160.

Bildersprache nach Actium: Hölscher, T., Victoria Romana (Mainz 1967); Zanker a. O. (1987) 88–90; Hölscher, T., Monuments of the Battle of Actium. Propaganda and Response, in: Edmondson, J. (Hrsg.) Augustus (Edinburgh 2009) 310–333 = Denkmäler der Schlacht von Actium, Klio 67 (1985) 81–102.

3.

Symbolik des Jahres 27 v. Chr.: Alföldi, A., Die zwei Lorbeerbäume des Augustus (Bonn 1973); Zanker a. O. (1987) 96–106.

Das neue Bildnis des Augustus (Abb. 31): Zanker a. O. (1987) 103–106; Boschung, D., Die Bildnisse des Augustus (Berlin 1993) 38–50; 51–65; 90–91; Borbein, A. H., Augustus/Romulus. Italische Reminiszenzen in der augusteischen Bildsprache, in: de Angelis, F. et al. (Hrsg.), Kunst von unten? Stil und Gesellschaft in der antiken Welt von der ‹arte plebea› bis heute (Wiesbaden 2012) 142–148; Zanker, P., La costruzione dell' immagine di Augusto, in: La Rocca, E. (Hrsg.), Augusto (Rom 2013) 154–159.

Partherfeldzeichen und Statue von Primaporta (Abb. 33): Boschung, D., Die Bildnisse des Augustus (Berlin 1993) 179–181 Kat.-Nr. 171; Pollini, J., The Augustus from Prima Porta and the Transformation of the Polykleitan Heroic Ideal, in: Moon, W. G. (Hrsg.), Polykleitos, the Doryphoros, and Tradition (Madison 1995) 262–282; Schäfer, T., *Spolia et signa.* Baupolitik und Reichskultur nach dem Parthererfolg des Augustus (Göttingen 1998); Bringmann, K./Schäfer, T., Augustus und die Begründung des römischen Kaisertums (Berlin 2002) 243–248; Liverani, P., Der Augustus von Prima Porta, in: Bunte Götter. Die Farbigkeit antiker Skulptur, Ausstellung München (München 2004) 186–191; Parisi Presicce, C., Arte, imprese e propaganda. L'Augusto di Prima Porta 150 anni dopo la scoperta, in: La Rocca, E. (Hrsg.), Augusto (Rom 2013) 118–129.

Rundmonument in Pergamon und Monopteros auf der Athener Akropolis (Abb. 36–37): Schäfer, T., *Spolia et signa*. Baupolitik und Reichskultur nach dem Parthererfolg des Augustus (Göttingen 1998); Radt, W., Pergamon. Geschichte und Bauten einer antiken Metropole, Sonderausgabe (Darmstadt 2011) 162–163.

Sog. dritter pompejanischer Stil der Wandmalerei (Abb. 38): Zanker a. O. (1987) 281–284; Blanckenhagen, P. H. von, The Augustan Villa at Boscotrecase (Mainz 1990); Mazzoleni D./Pappalardo, U., Pompejanische Wandmalerei (München 2005) 258–260; Mielsch, H., Römische Wandmalerei (Darmstadt 2001) 67–70; Grüner, A., *Venus ordinis*. Der Wandel von Malerei und Literatur im Zeitalter der römischen Bürgerkriege (Paderborn 2004).

4.

Ara Pacis Augustae (Abb. 47): Zanker a. O. (1987) 177–188; Settis, S., Die Ara Pacis, in: Kaiser Augustus und die verlorene Republik, Ausstellung Berlin 1988 (Mainz 1988) 400–426; Castriota, D., The Ara Pacis Augustae and the imagery of abundance in later Greek and early Roman imperial art (Princeton 1995); Schörner, G., Römische Rankenfriese (Mainz 1995); Torelli, M., Pax Augusta, Ara, in: Steinby, E. M. (Hrsg.), Lexicon Topographicum Urbis Romae 4 (Rom 1999) 70–74; Bringmann, K./Schäfer, T., Augustus und die Begründung des römischen Kaisertums (Berlin 2002) 254–260; Rehak, P. Imperium and Cosmos. Augustus and the Northern Campus Martius (Madison 2006); Kleiner, D.E.E./Buxton, B., Pledges of Empire, American Journal of Archaelogy 112 (2008) 57–89; Mlasowsky, A., Ara Pacis. Ein Staatsmonument des Augustus auf dem Marsfeld (Mainz 2010); Parisi Presicce, C., L'invento di una nuova età dell'Oro, in: La Rocca, E. (Hrsg.), Augusto (Rom 2013) 230–241; s. ‹Ara-Pacis-Browser› der Bilddatenbank Arachne: http://arachne.uni-koeln.de/drupal/?q=de/node/99 (Abruf 7.12.2013).

Gartenmalerei und ‹Aurea aetas›-Motive (Abb. 49): Förtsch, R., Ein Aurea-aetas-Schema, Mitteilungen des Deutschen Archäologischen Instituts. Römische Abteilung 96 (1989) 333–345; La Regina, A., Museo Nazionale Romano: Palazzo Massimo alle Terme, English Edition (Rom 1998) 209–213; Mazzoleni D./Pappalardo, U., Pompejanische Wandmalerei. (München 2005) 189–209; Sauron, G., Mito e potere: la mystificazione augustea, in: La Rocca, E. (Hrsg.), Augusto (Rom 2013) 85–88.

Forum Augustum (Abb. 50–51): Zanker, P., Forum Augustum (Tübingen 1968); Zanker a. O. (1987) 196–217; Ganzert, J./Kockel, V., Augustusforum und Mars-Ultor-Tempel, in: Kaiser Augustus und die verlorene Republik, Ausstellung Berlin 1988 (Mainz 1988) 149–199; Kockel, V., Forum Augustum, in: Steinby, E. M. (Hrsg.), Lexicon Topographicum Urbis Romae 2 (Rom 1995) 289–295; Spannagel, M., *Exemplaria principis*. Untersuchungen zu Entstehung und Ausstattung des Augustusforums (Heidelberg 1999); Bringmann, K./Schäfer, T., Augustus und die Begründung des römischen Kaisertums (Berlin 2002) 248–

253; Ungaro, L, The Museum of the Imperial Forums in Trajan's Market (Rom 2007) 118–169; Muth, S., Reglementierte Erinnerung. Das Forum Romanum unter Augustus als Ort kontrollierter Kommunikation, in: Mundt, F. (Hrsg), Kommunikationsräume im kaiserzeitlichen Rom (Berlin 2012) 27–28; Ungaro, L. La decorazione scultorea del foro di Augusto, in: La Rocca, E. (Hrsg.), Augusto (Rom 2013) 302–305; Castillo, E., Sculture da Emerita Augusta, in: ebenda 306–308.

Siegesmonument von La Turbie (Abb. 52): Lamboglia, N., Le trophée d'Auguste à La Turbie, 4. Auflage (Bordighera 1976); Binninger, S., Le trophée d'Auguste à La Turbie (Paris 2009).

5.

Compitalkult und Larenaltäre (Abb. 59): Hesberg, H. von, Das Compitum Acilii, in: Kaiser Augustus und die verlorene Republik, Ausstellung Berlin 1988 (Mainz 1988) 398–400; Bringmann, K./Schäfer, T., Augustus und die Begründung des römischen Kaisertums (Berlin 2002) 261–264; Lott, J. B., The Neighborhoods of Augustan Rome (Canbridge 2004); Scheid, J., To honour the princeps and venerate the gods. Public cult, neighbourhood cults, and imperial cult in Augustan Rome, in: Edmondson, J. (Hrsg.) Augustus (Edinburgh 2009) 275–299.

Augustusstatuen in der Toga: Goette, H. R., Studien zu römischen Togadarstellungen (Mainz 1990); Boschung, D., Die Bildnisse des Augustus (Berlin 1993) 96–97.

Silberbecher von Boscoreale (Abb. 61): Zanker a. O. (1987) 229–232; Kuttner, A., Dynasty and Empire in the Age of Augustus. The Case of the Boscoreale Cups (Berkeley 1995); Kleiner, F. S., The Boscoreale Cups, Journal of Roman Archaeology 10 (1997) 377–380; von den Hoff, Ralf, Kaiserbildnisse als Kaisergeschichte(n). Prolegomena zu einem medialen Konzept römischer Herrscherporträts, in: Winterling, A. (Hrsg.), Zwischen Strukturgeschichte und Biographie. Probleme und Perspektiven einer Römischen Kaisergeschichte (München 2011) 37–38; Giroire, C., Coppe istoriate, in: La Rocca, E. (Hrsg.), Augusto (Rom 2013) 324.

‹Gemma Augustea› (Abb. 62): Zanker a. O (1987) 232–239; Zwierlein-Diehl, E., Antike Gemmen und ihr Nachleben (Berlin 2007) 149–154; vgl. Giuliani, L., Ein Geschenk für den Kaiser. Das Geheimnis des grossen Kameo (München 2010).

Grabstein des M. Caelius (Abb. 63): Schalles, H.-J./Willer, S. (Hrsg.), Marcus Caelius. Tod in der Varusschlacht (Xanten 2009).

Bildnisangleichung und Zeitgesicht: Zanker, P., Herrscherbild und Zeitgesicht, in: Römisches Porträt. Wege zur Erforschung eines gesellschaftlichen Phänomens, Wissenschaftliche Zeitschrift der Humboldt-Universität zu Berlin 31 Heft 2/3 (1982) 307–312; Fittschen, K., Il fenomeno dell'assimilazione delle immagini nella ritrattistica romana di età imperiale, in: La Rocca, E. et al. (Hrsg.), Ritratti. Le tante facce del potere, Ausstellungskatalog Rom (Rom 2011) 247–252.

6.

Bildnisse des Divus Augustus: Boschung, D., Die Bildnisse des Augustus (Berlin 1993) 73–81; Bergmann, M., Die Strahlen der Herrscher (Mainz 1998) 99–120.

Bildnisse der iulisch-claudische Herrscherfamilie (Abb. 68): Massner, A.-K., Bildnisangleichung. Untersuchungen zur Entstehungs- und Wirkungsgeschichte des Augustusporträts (Berlin 1982); Boschung, D., Die Bildnisse des Caligula (Berlin 1989); Rose, C. B., Dynastic commemoration and imperial portraiture in the Julio-Claudian period (Cambridge 1997); Boschung, D., Die Bildnistypen der iulisch-claudischen Kaiserfamilie. Journal of Roman Archaeology 6 (1993) 39–79; Boschung, D., Offizielle Bildnisse. Die Porträts der iulisch-claudischen Familie, in: 2000 Jahre Varusschlacht. Imperium, Ausstellung Haltern (Stuttgart 2009), 130–135; Hertel, D., Die Bildnisse des Tiberius (Wiesbaden 2013).

Iuba II. (Abb. 69) und andere Bildnisangleichungen: Seyrig, H., Antiquités syriennes, Syria 29 (1952) 236–239 Taf. 27, 4; 6 [Ring aus Emesa; Hinweis M. Konrad]; Fittschen, K., Die Bildnisse der mauretanischen Könige und ihre stadtrömischen Vorbilder, Madrider Mitteilungen 15 (1974) 156–173; Landwehr, C., Les portraits de Juba II, roi de Maurétanie, et de Ptolémée, son fils et successeur, Revue Archéologique (2007) 65–110.

Akzeptanz- und Kommunikationssystem: Zanker, P., Principat und Herrscherbild, Gymnasium 86 (1979) 353–368; Ando, C., Imperial Ideology and Provincial Loyality in the Roman Empire (Berkeley 2000); von den Hoff, Ralf, Kaiserbildnisse als Kaisergeschichte(n). Prolegomena zu einem medialen Konzept römischer Herrscherporträts, in: Winterling, A. (Hrsg.), Zwischen Strukturgeschichte und Biographie. Probleme und Perspektiven einer Römischen Kaisergeschichte (München 2011) 15–44.

Bildnisse Friedrich II. von Hohenstaufen (Abb. 70): Kowalski, H., Die Augustalen Friedrichs II., Schweizerische Numismatische Rundschau 55 (1976) 77–150; Hausmann, U., Zur Bedeutung des römischen Kaiserbildes im Mittelalter, Mitteilungen des Deutschen Archäologischen Instituts. Römische Abteilung 97 (1990) 383–393; Kluge, B., Die Augustalen Friedrichs II., in: Wieczorek, A. et al. (Hrsg.), Die Staufer in Italien 2, Ausstellung Mannheim (Mannheim 2010) 54–56.

Lotharkreuz (Abb. 71): Hausmann a. O. (1990) 388–393; Wibiral, N., *Augustus patrem figurat.* Zu den Betrachtungsweisen des Zentralsteines am Lotharkreuz im Domschatz zu Aachen, Aachener Kunstblätter 60 (1994) 105–130; Zwierlein-Diehl, E., Antike Gemmen und ihr Nachleben (Berlin 2007) 148; 432.

‹Hermannsdenkmal› (Abb. 72): Bemmann, K., Arminius und die Deutschen (Essen 2002); Köster, K., Mythos Arminius. Die Varusschlacht und ihre Folgen (Münster 2009); Mellies, D., in: 2000 Jahre Varusschlacht. Mythos, Ausstellung Haltern (Stuttgart 2009) 222–228; 263–272.

Augustus und Mussolini: Scriba, F., Augustus im Schwarzhemd? Die ‹Mostra Augustea della Romanità› in Rom 1937/38 (Frankfurt 1995); Giradini, A., Augusto tra due bimillenari, in: La Rocca, E. (Hrsg.), Augusto (Rom 2013) 57–72; s. o. S. 302.

BIBLIOGRAPHIE
ZUR LITERATUR DER AUGUSTEISCHEN ZEIT

Die folgenden Hinweise sind nicht in erster Linie für Fachleute bestimmt. Ich beschränke mich auf wenige umfassende oder repräsentative Darstellungen, Übersetzungen und zweisprachige Ausgaben der behandelten Autoren sowie diejenigen wissenschaftlichen Arbeiten, auf denen die oben gegebene Darstellung beruht. Dabei ist besonders an deutsche Leser gedacht. Die reiche Literatur zum Nachleben (Rezeption) der behandelten Autoren bleibt in der Regel unberücksichtigt. Bibliographische Ausführlichkeit ist nicht angestrebt, Untertitel werden in der Regel ausgelassen.

Verlässliche Information zur **Literaturgeschichte** des ganzen behandelten Zeitraums (Cicero bis Ovid) bietet immer noch das Handbuch von Martin Schanz/Carl Hosius, Geschichte der römischen Literatur bis zum Gesetzgebungswerk des Kaisers Justinian, Teil 1: Die römische Literatur in der Zeit der Republik, München ^{4}1927, dort S. 271–638; Teil 2: Die römische Literatur in der Zeit der Monarchie bis auf Hadrian, München ^{4}1935, dort S. 3–416. Nicht als Handbuch missbraucht werden sollte die ganz selbständige, geistvolle Darstellung von Michael von Albrecht, Geschichte der römischen Literatur von Andronicus bis Boethius, 2 Bde., München u. a. ^{2}1994 (3. Auflage angekündigt 2013), dort Bd. 1, 414–704. Berühmt für seine markigen Pointen ist der Abriss von Eduard Norden, Die römische Literatur, Stuttgart/Leipzig ^{7}1998 (durch Bernhard Kytzler bibliographisch ergänzter Neudruck von ^{3}1927), dort S. 27–67. Knappe kommentierte Literaturhinweise gibt Gian Biagio Conte, Latin Literature: A History, Baltimore/London 1994 (zuerst ital. 1987), 133–397. Ein kleines Meisterwerk in Darstellung und Informationsdichte bleibt Ludwig Bieler, Geschichte der römischen Literatur, Berlin 1961, Bd. 1, 104–152; Bd. 2, 4–75. Am knappsten jetzt: Thomas Baier, Geschichte der römischen Literatur, München 2010 (Darstellung nach Gattungen, nicht chronologisch). Etwas feuilletonistisch, aber anregend geschrieben ist Karl Büchner, Römische Literaturgeschichte, Stuttgart 1957 (= ^{4}1968), dort S. 173–389. Überraschend konventionell dagegen blieb Manfred Fuhrmann, Geschichte der römischen Literatur, Stuttgart 1999, dort S. 122–257. Ein Werk eigenen, freilich zeitgebundenen Gepräges ist Ernst Bickel, Lehrbuch der Geschichte der römischen Literatur, Heidelberg 1937 (^{2}1961), bes. S. 125–180.

Wer vor Altväterischem nicht zurückschreckt, lese auch die lebendig geschriebene (dem Nobelpreisträger Paul Heyse gewidmete) Darstellung des großen Latinisten Otto Ribbeck, Geschichte der Römischen Dichtung, 3 Bde., Stuttgart 1887–1892, dort die Bde. 1 und 2. Nicht überholt sind viele einschlägige Essays in Friedrich Klingner, Römische Geisteswelt, München (1943) [5]1965 (ND 1979). Die internationalen Lateinkoryphäen der Nachkriegszeit liest man versammelt in L'influence grecque sur la poésie latine de Catulle à Ovide, Vandœuvres 1956 (immer noch beachtlich). Die umfassendste Information (auf nun nicht mehr letztem Stand) bieten die 4 Bände von Aufstieg und Niedergang der römischen Welt, Teil II: Principat 31.1–31.4, Berlin/New York 1980–1981. Als Repetitorium für Studenten geeignet ist der durchaus selbständige Abriss von Dorothee Gall, Die Literatur in der Zeit des Augustus, Stuttgart 2006, [2]2013 (mit Lit.). Neueste Forschung erschließt: Joseph Farrell/Damien P. Nelis (Hg.), Augustan Poetry and the Roman Republic, Oxford 2013 (bunt gemischt); vgl. auch Karl Galinsky (Hg.), The Cambridge Companion to the Age of Augustus, Cambridge u. a. 2005, dort S. 281–358. Speziell das Verhältnis der augusteischen Autoren zum Princeps wird behandelt in Gerhard Binder (Hg.), Saeculum Augustum, Bd. 2, Darmstadt 1988. Ähnliche Sammlungen: Tony Woodman/David West (Hg.), Poetry and Politics in the Age of Augustus, Cambridge u. a. 1984; Kurt A. Raaflaub/Mark Toher, Between Republic and Empire, Berkeley u. a. 1990; Anton Powell (Hg.), Roman Poetry and Propaganda in the Age of Augustus, London 1992. Umfassend auch John F. Miller, Apollo, Augustus, and the Poets, Cambridge u. a. 2009. Weiter greift die wertvolle Sammlung von Richard Klein (Hg.), Prinzipat und Freiheit, Darmstadt 1969. Nützlich sind die ausführlichen Literaturhinweise bei Dietmar Kienast, Augustus, Darmstadt [4]2009, 261–307 («Die Propagierung der neuen Monarchie»).

1.

Die letzte umfassende, wissenschaftlich ambitionierte Gesamtdarstellung des Allroundgenies **Cicero** gab der Artikel «M. Tullius Cicero, der Redner», verfasst vom Althistoriker Matthias Gelzer, dem Rhetorikspezialisten Wilhelm Kroll, dem Philosophiehistoriker Robert Philippson und dem jungen Altphilologen Karl Büchner in Paulys Realencyclopädie der classischen Altertumswissenschaft Bd. VII A1 (1939) 827–1274; dazu kam in Supplementbd. XIII (1973) 1237–1347 ein Artikel über «Sprache und Stil» von Michael von Albrecht, jetzt bearbeitet: Cicero's Style, Leiden/Boston 2003. Die Reden als Kunstwerke blieben dort trotz des Titels unberücksichtigt. Andere kürzere Darstellungen: Otto Plasberg, Cicero in seinen Werken und Briefen, Leipzig 1926, ND 1962 (vorzüglich); Marion Giebel, Marcus Tullius Cicero, Reinbek, Neuausg. 2013 (1977), mit aktueller Bibliographie. Dort sind jetzt die wichtigsten neuen Übersetzungen und zweisprachigen Ausgaben der Werke genannt. Hervorgehoben sei die wertvolle deutsche Gesamtausgabe der Reden von Manfred Fuhrmann, 7 Bde., Zürich u. a. 1971–1982 (davon auch zweisprachige Einzelausgaben). Nachzutragen ist der gewaltige Kommentar zu De oratore von Anton D. Leeman u. a., 5 Bde.,

Heidelberg 1988–2008, außerdem jetzt De re publica – Vom Staat, zweispr. hg. von Michael von Albrecht, Stuttgart 2013. Überragend bleibt hierzu die Abhandlung von Richard Heinze: «Ciceros ‹Staat› als politische Tendenzschrift» (zuerst 1924), in: R. H., Vom Geist des Römertums, Stuttgart 1938, ^{3}1960, 141–159. Zum sachlichen Verständnis der Gerichtsreden: M. C. Alexander, The Case for the Prosecution in the Ciceronian Era, Ann Arbor 2002. Zur Gesamtbeurteilung der Reden: Wilfried Stroh, «Worauf beruht die Wirkung ciceronischer Reden?» (zuerst 1992), in: W. St., Apocrypha, Stuttgart 2000, 43–63.

Bequemen Zugang zu sämtlichen Texten Ciceros (wie zu den anderen klassischen lateinischen Texten) gibt im Internet The Latin Library, zugänglich auch über The Cicero Homepage http://sites.la.utexas.edu/cicero/, mit unübersichtlicher Bibliographie (zuletzt aufgerufen 18.10.2013). In die neuere Forschung führen ein die Sammelbände von J. G. F. Powell (Hg.), Cicero the Philosopher, Oxford 1995; Cicero the Advocate, Oxford 2004; dazu James M. May (Hg.), Brill's Companion to Cicero: Oratory and Rhetoric, Leiden u. a. 2002 (mit Lit.). Weitere (leicht veraltete) systematische Bibliographien unter http://stroh.userweb.mwn.de/main6.html

Umstritten bleibt die Gesamteinschätzung der Persönlichkeit Ciceros. Für seinen gründlichsten neueren Biographen Matthias Gelzer, Cicero, ein biographischer Versuch, Wiesbaden 1969 (eine Bearbeitung des Realencyklopädie-Artikels, s. oben) war er ein philosophischer Schöngeist, der sich zu seinem Unglück in die Politik verirrt hat (ähnlich mit anderer Wertung schon Petrarca); so noch dezidierter Christian Meier, in: Die Ohnmacht des allmächtigen Dictators Caesar, Frankfurt/M. 1980, 101–222, vgl. auch die populäre Darstellung von Manfred Fuhrmann, Cicero und die römische Republik, München/Zürich 1989, ^{4}1994. Etwas zurecht gerückt wurden die Dinge von Christian Habicht, Cicero der Politiker, München 1990. Die oben gegebene Darstellung wird genauer begründet bei Wilfried Stroh, Cicero, München 2008. Vgl. jetzt auch Klaus Bringmann, Cicero, Darmstadt 2010 (mit aktuellem Forschungsbericht S. 291–295) und Wolfgang Schuller, Cicero oder der letzte Kampf um die Republik, München 2013.

Zu **Varro** bleibt fundamental der Artikel «M. Terentius Varro» von Hellfried Dahlmann in der Realencyclopädie (wie oben) Suppl. VI (1935) 1172–1277. Kritik an seiner (traditionellen) Auffassung der Disciplinae äußert Ilsetraut Hadot, «Geschichte der Bildung; artes liberales», in: Fritz Graf (Hg.), Einleitung in die lateinische Philologie, Stuttgart/Leipzig 1997, 17–34 (mit Verweis auf Älteres). Varros Werk De lingua Latina ist nur durch eine englische Übersetzung erschlossen: R. G. Kent, 2 Bde., London/Cambridge (Loeb), Mass. 1938, ND 1967; zweisprachig ist die Ausg. von De re rustica durch Dieter Flach, Darmstadt 2006 (zuerst 1996–2002). Einen guten Überblick über die Werke gibt Thomas Baier, «Varro Reatinus», in: Metzler Lexikon antiker Autoren, Stuttgart/Weimar 1997; sehr spekulativ war dessen Buch Werk und Wirkung Varros im Spiegel seiner Zeitgenossen, Stuttgart 1997.

Auch **Caesar** (der Dictator) hat seinen exaktesten Biographen (und Lobredner) in Matthias Gelzer gefunden: Caesar, der Politiker und Staatsmann, Wiesbaden ^{5}1960. Eine andere Sichtweise bereitete vor Hermann Strasburger, Caesar im Urteil seiner Zeitgenossen (zuerst 1935), Darmstadt ^{2}1968, aufgenommen durch Zvi Yavetz, Caesar in der öffentlichen Meinung, Düsseldorf 1979. Vgl. auch Strasburger, Ciceros philosophisches Spätwerk als Aufruf gegen die Herrschaft Caesars, Zürich/New York 1990. Als zuletzt allmächtig, aber ratlos zeichnet ihn Christian Meier in einer berühmt gewordenen, populären Darstellung: Caesar, Berlin 1982 (Sonderausg. München 2004). Caesars commentarii liegen in vielen Übersetzungen vor. Hervorgehoben seien die zweispr., kommentierten Ausgaben von Otto Schönberger, Bellum Gallicum, München 1990, und Bellum civile, a. O. 1984.

Die verbreitete Ansicht von **Catull** als Angehörigem von «Neoterikern», die durch gemeinsames Programm verbündet wären, wurde zuerst erschüttert durch N. B. Crowther, «οἱ νεώτεροι, poetae novi, and cantores Euphorionis», Classical Quarterly 64 (N. S. 20), 322–327: Es handelt sich um je verschiedene Gruppen; dabei kann sich cantores Euphorionis m. E. nur auf Gallus beziehen). Eine schöne Ausgabe mit deutscher Versübersetzung schuf Otto Weinreich, Hamburg (Rowohlt) 1969 (ND bis 1974); eine Prosaübersetzung gibt Michael von Albrecht, Stuttgart (Reclam) 1995 u. ö., etwas deftiger: Niklas Holzberg, Düsseldorf 2009. Bleibenden Wert hat der Kommentar von Wilhelm Kroll, Leipzig/Berlin (1923) ^{2}1929 (= ^{5}1968, mit bibl. Anhang); zur Ergänzung vgl. man Hans Peter Syndikus, Catull: eine Interpretation, 3 Bde., Darmstadt 1984–1990 (ND 2001). Umstritten ist bei Catull, ob man, wie seit dem 16. Jahrhundert üblich, seine Geliebte Lesbia mit Clodia, der Witwe des Consular Metellus, gleichsetzen darf (dagegen etwa mit gutem Grund Timothy P. Wiseman, Catullus and his World, Cambridge u. a. 1985) und ob er selbst seine Gedichte in der uns überlieferten Folge zusammengestellt oder gar im Hinblick darauf komponiert hat; so mit problematischen Deutungen Niklas Holzberg, Catull, München (2002) ^{3}2003. Da sich das Einleitungsgedicht auf eine einzige Buchrolle bezieht, die diesen Umfang kaum gehabt haben kann, liegt es näher, an die postume Gesamtedition einzelner Gedichtbücher und Gedichte zu denken. Fundamental für alle, bes. auch biographische Fragen bleibt Max Rothstein, «Catull und Lesbia», Philologus 78, 1923, 1–34; vgl. dazu Wilfried Stroh, «Lesbia und Juventius» (zuerst 1990). In: W. St., Apocrypha, Stuttgart 2000, 79–99. Die ältere Forschung erschließen Rolf Heine (Hg.), Catull, Darmstadt 1975 und Ernst A. Schmidt, Catull, Heidelberg 1985; Neueres zuletzt bei Julia Haig Gaisser (Hg.), Catullus, Oxford 2007, Marilyn B. Skinner (Hg.), A Companion to Catullus, Malden u. a. 2007.

Einen deutschen **Lukrez** in hexametrischer Form schuf Goethes Freund Karl Ludwig von Knebel, Von der Natur der Dinge, Leipzig (1821) ^{2}1831 (ND 1901, 1947, 1960); dasselbe versuchte dann der Philosophiehistoriker Hermann Diels, Von der Natur, Berlin 1924 (ND 1993) und ließ sich von Albert Einstein ein Vorwort schreiben. Mehrere Übersetzer (Karl Büchner 1956, Josef Martin 1972) sind gefolgt. Die überragende Gesamtinterpretation gab Pierre Boyancé, Lucrèce et l'épicurisme, Paris 1963, leider nicht übersetzt. Auch für den Kommentar von Cyril Bailey, 3 Bde., 1947, gibt es keinen deutschsprachigen Ersatz. Immerhin hat zum 3. Buch Richard Heinze einen tiefschürfenden Kommentar, Leipzig 1897, verfasst. Ältere Literatur erschließt der knappe Forschungsbericht von Carl Joachim Classen, in: C. J. Cl. (Hg.), Probleme der Lukrezforschung, Hildesheim u. a. 1986, S. VII-XV; vieles referiert gründlich Michael Erler, «Lukrez», in: Hellmut Flashar (Hg.), Die Philosophie der Antike,

Bd. 4, Basel 1994, 381–481. In die neuere Forschung führt auch ein Lorenz Rumpf, Naturerkenntnis und Naturerfahrung, München 2003, 9–37. Wichtige Aufsätze (seit 1941) druckt ab Monica R. Gale (Hg.), Lucretius, Oxford 2007. Aus zahlreichen neueren Sammelbänden ist als systematisch informativ hervorzuheben Stuart Gillespie/Philip Hardie (Hg.), The Cambridge Companion to Lucretius, Cambridge 2007. Aufsehen erregte jüngst das Buch von Stephen Greenblatt, Die Wende: Wie die Renaissance begann, München 2012 (am. 2011): zur Bedeutung der Wiederauffindung des Lukrez (1417) für die Neuzeit.

Die Fragmente von **Augustus'** eigenen Werken (samt den Zeugnissen) ediert, übersetzt und kommentiert eindringlich Klaus Bringmann (Hg.), Augustus: Schriften, Reden und Aussprüche, Darmstadt 2008.

2.

Die Geschichte von Ciceros Auseinandersetzung mit Octavian schrieb der dänische Sozialdemokrat (und Kultusminister) Hartvig M. Frisch, Cicero's Fight for the Republic, Kopenhagen 1946. Die **Philippiken** selbst liest man in der Übersetzung von Fuhrmann (Bd. 7, s. oben S. 312); wozu Ciceros Briefe den packenden Kommentar geben; dazu ist noch immer nützlich die chronologisch geordnete, kommentierte Ausgabe von R. Y. Tyrrell/L. C. Purser, The Correspondence of M. Tullius Cicero, Bd. 5 und 6, Dublin/London 1897/1899 (deutsche Übersetzungen in den Ausgaben der Cicero-Briefe von Hermann Kasten, München 1964 u. ö.). Die Philippiken kommentiert ausführlich Gesine Manuwald, Cicero, Philippics 3–9, Berlin 2007. Zum historischen Hintergrund ist neben den Cicerobiographien zu vergleichen bes. Ulrich Gotter, Der Diktator ist tot!, Stuttgart 1996. Zum Literarischen: Wilfried Stroh, «Ciceros Philippische Reden», in: Martin Hose (Hg.), Meisterwerke der antiken Literatur, München ²2010, 76–102 (mit Verweis auf ältere Untersuchungen, bes. zur Genese des Zyklus).

Cornelius Gallus wurde als Vater der römischen Liebeselegie (die keine direkten griechischen Vorbilder hat) erwiesen durch Felix Jacoby in dem noch jetzt packenden Aufsatz «Zur Entstehung der römischen Elegie», Rheinisches Museum 60, 1905, 38–105 (das daneben als Standardwerk zitierte Buch von Archibald A. Day, The Origins of Latin Love-Elegy, Oxford 1938, ND 1972, ist unerheblich). Partielle Bestätigung brachte ein sensationeller Papyrusfund (dessen Echtheit umsonst bestritten wurde, s. Jürgen Blänsdorf, «Der Gallus-Papyrus – eine Fälschung?», Zeitschrift für Papyrologie und Epigraphik 67, 1987, 43–50): Robin G. M. Nisbet u. a., «Elegiacs by Gallus from Qasr Ibrîm», Journal of Roman Studies 69, 1979, 125–155. Vgl. dazu Wilfried Stroh, «Die Ursprünge der römischen Liebeselegie», Poetica 15, 1983, 205–246 (weitere Hinweise bei W. St. in: Der Neue Pauly, Bd. 3, 1997, 192–193, s. v. «Cornelius Gallus»).

Die letzte kommentierte Gesamtausgabe **Vergils** in deutscher Sprache stammt von Theodor Ladewig u. a., 3 Bde., Berlin (1850–1853) ⁹1915, ¹³1912, ⁹1904; danach: John Conington u. a., 3 Bde., London (1858–1871) ⁵1889, ⁴1884, ³1883. Die umfassendste

Information bietet Francesco Della Corte (Hg.), Enciclopedia Virgiliana, 5 (6) Bde., Rom 1984–1991; ältere Literatur ist aufgearbeitet bei Werner Suerbaum, «Hundert Jahre Vergil-Forschung», Aufstieg und Niedergang der römischen Welt II 31.1 (1980), 3–358; II 31.2 (1981)1359–1399. Als Einführung in die etwas neuere Forschung ist zu empfehlen Philip Hardie, Virgil, Oxford 1998; dazu kommen Sammelbände von Nicholas Horsfall (Hg.), A Companion to the Study of Virgil, Leiden etc. 1995 (sehr gediegen) und Charles Martindale (Hg.), The Cambridge Companion to Virgil, Cambridge 1997. Populäre Einführung geben Marion Giebel, Vergil, Reinbek 1986 und Jasper Griffin, Virgil, Oxford/New York 1986 (selbständig!), jetzt auch Michael von Albrecht, Vergil, Heidelberg 2006 (^{2}2007) und R. Alden Smith, Vergil: Dichter der Römer (engl. 2011), Darmstadt 2012 (mit kommentiertem Litvz.). Eher enttäuschend war seinerzeit die lang erwartete Gesamtdarstellung von Friedrich Klingner, Virgil, Zürich/Stuttgart 1967. Als abgetan gilt heute die einst viel gelesene und übersetzte Studie des bekennenden Katholiken (und Nazigegners) Theodor Haecker, Vergil: Vater des Abendlandes (zuerst 1931 u. ö.), in: Th. H. (Übers.), Vergil: Hirtengedichte, Frankfurt M./Hamburg 1958, 49–156. – Die antiken Biographien Vergils sind bequem zweisprachig zu lesen in Karl Bayer (Hg.), «Vitae Vergilianae: Vergil-Viten», in: Johannes/Maria Götte (Hg.), Vergil: Landleben: Catalepton, Bucolica, Georgica, Zürich (^{3}1958) ^{6}1995 (zweispr. Ausgabe).

Speziell dem Verhältnis zum späteren Princeps gelten die Arbeiten von Viktor Pöschl, «Virgil und Augustus» (zuerst 1981), in: Lebendige Vergangenheit (Kleine Schriften III), Heidelberg 1995, 53–72 sowie (temperamentvoll und selbständig) Hermann Strasburger, «Vergil und Augustus», Gymnasium 90, 1983, 41–76. Besonders weit in einer «panaugusteischen» Deutung des Gesamtwerks (unter Einbeziehung sogar der 4. Ekloge) geht Niklas Holzberg, Vergil, München 2006.

Von den zahlreichen Übersetzungen der **Bucolica** (s. oben Haecker, Götte) ist immer noch lesenswert die klangschöne von Johann Heinrich Voss, Des P. Virgilius Maro ländliche Gedichte, Bd. 1–2, Altona 1797. Originell ist jetzt die Versfassung der Dichterin Anna Elissa Radke, Brüchige Idylle, Marburg 2013. Eine Prosaversion von Bucolica und Georgica geben Michael von Albrecht und Otto Schönberger (Hg.), Vergilius: Leben auf dem Lande, Stuttgart (Reclam) 2001 (mit Komm.). Wertvoll (bes. wegen der Einleitung) ist die kommentierte Ausgabe von Robert Coleman, Cambridge u. a. 1977, nicht ersetzt durch die von Wendell Clausen, Oxford 1994. Auch die älteren Kommentare (wie von Christian Gottlob Heyne, 1788; Paul Jahn, ^{9}1915) bleiben wertvoll. Aus der Literatur zur ersten Ekloge ragt durch sachliche Gediegenheit hervor Friedrich Leo, «Vergils erste und neunte Ecloge» (zuerst 1903), in: F. L., Ausgewählte Kleine Schriften II, Rom 1968, 11–28. Die Beziehung auf Octavian wurde zuerst entschieden bestritten von Colin Hardie, «Der iuvenis der ersten Ekloge» (engl. 1975), Der Altsprachliche Unterricht 24, 5, 1981, 17–28. Die oben vorgetragene Interpretation ist meine eigene. Zur Geschichte der allegorischen Vergilinterpretation: Ernst A. Schmidt, Poetische Reflexion: Vergils Bukolik, München 1972 (mit eigenwilliger Gesamtdeutung), 120–139. Eine gute Auswahl neuerer Arbeiten bei Katharina Volk (Hg.), Vergil's Eclogues, Oxford/New York 2008.

Wertvolles Material zum Verständnis der vierten Ekloge bieten (unabhängig von der Gesamtinterpretation) bes. Hildebrecht Hommel, «Vergils ‹messianisches› Gedicht» (zuerst 1952), in: Hans Oppermann (Hg.), Wege zu Vergil, Darmstadt (1966) ^{2}1976, 182–212 und Walther Kraus, «Vergils vierte Ekloge: Ein kritisches Hypomnema», Aufstieg und Niedergang der römischen Welt II 31.1 (1980) 604–645. Fast ebenso verwirrend wie gelehrt ist das berühmte Buch von Eduard Norden, Die Geburt des Kindes: Geschichte einer religiösen Idee, Leipzig/Berlin 1924. Meine eigene Auffassung ist begründet in Wilfried Stroh, «Horaz und Vergil in ihren prophetischen Gedichten», Gymnasium 100 1993, 289–322.

Versübersetzungen der **Georgica** gibt es u. a. von Voss und Götte (beide oben S. 316); eine zweisprachige Ausgabe mit Prosaübersetzung und Kommentar stammt von Manfred Erren, 2 Bde., Heidelberg 1985/2003. Zu vergleichen sind die kommentierten Ausgaben von R. A. B. Mynors, Oxford 1990 (sehr gut) und Richard F. Thomas, 2 Bde., Cambridge 1988, der eine oktaviankritische Deutung versucht; vgl. dagegen etwa Llewelyn Morgan, Patterns of Redemption in Virgil's Georgics, Cambridge 1999. Die Frage, wie weit das Werk nach Actium überarbeitet wurde, behandelt aufschlussreich Eckart Schäfer, «Die Wende zur Augusteischen Literatur: Vergils Georgica und Octavian», Gymnasium 90, 1983, 77–101. Die noch umstrittenere Frage, ob Vergil das vierte Buch nach dem Selbstmord des Gallus umgearbeitet hat, diskutiert ausführlich (mit negativem Ergebnis) Johannes Hermes, C. Cornelius Gallus und Vergil, Diss. Münster (1979) 1980.

Eine feine (mit britischem Humor gewürzte) Einführung in alle Aspekte gibt L. P. Wilkinson, The Georgics of Virgil, Cambridge 1969. Eine Sammlung repräsentativer neuerer Aufsätze findet man bei Katharina Volk (Hg.), Vergil's Georgics, Oxford/New York 2008. Klingners ältere Gesamtinterpretation (Virgils Georgica, zuerst 1963) ist eingegangen in das oben zitierte Vergilbuch. Gegen die heute gängige Meinung, dass das Gedicht keine ernstliche Belehrung über Landwirtschaft beabsichtige, sondern im Hinblick auf tiefere Weltdeutung als «transparent» zu lesen sei (dieser Terminus nach dem einflussreichen Buch von Bernd Effe, Untersuchungen zur Typologie des antiken Lehrgedichts, München 1977, bes. 80 ff.), machte Eckhard Christmann («Zur antiken Georgica-Rezeption», Würzburger Jahrbücher für die Altertumswissenschaft 8, 1982, 57–67) auf das ganz andere, sachliche Interesse der meisten antiken Vergilleser aufmerksam. In ähnliche Richtung argumentiert auch Katharina Volk, The Poetics of Latin Didactic, Oxford 2002, ND 2010, 119–156.

Zweisprachige Gesamtausgaben des **Horaz** gibt es von Hans Färber, München 1960 (Hexametergedichte in Prosa) und – weniger glücklich – Bernhard Kytzler, Stuttgart 1992. Der unüberholte deutsche Gesamtkommentar stammt von Adolf Kiessling und Richard Heinze, Oden und Epoden (1884) ^{7}1930, Satiren (1886) ^{5}1921, Episteln (1889) ^{4}1914 (zahlreiche, z. T. von Erich Burck bibliographisch ergänzte Nachdrucke). Einen neueren Kommentar zum Gesamtwerk (in nacherzählender Form) gibt Gregor Maurach: Horaz: Werk und Leben, Heidelberg 2001.

Als wissenschaftliches Standardwerk gilt das gelehrte, eher dünnblütige Buch von Eduard Fraenkel, Horaz (engl. 1957), Darmstadt 1967. Eine populäre Gesamtdarstellung gab Eckart Lefèvre, Horaz, München 1993; eher launig gehalten ist Niklas Holzberg, Horaz, München 2009. Die ältere bes. deutsche Forschung erschließt Hans

Oppermann (Hg.), Wege zu Horaz, Darmstadt 1972; vgl. auch Ernst Doblhofer, Horaz in der Forschung nach 1957, Darmstadt 1992 und Aufstieg und Niedergang der römischen Welt II 31.3 (1981). Neueres bei Walther Ludwig (Hg.), Horace, Genf 1992 (wertvoll); S. J. Harrison (Hg.), Homage to Horace, Oxford 1995; Stephen Harrison (Hg.), The Cambridge Companion to Horace, Cambridge u. a. 2007; Gregson Davis (Hg.), A Companion to Horace, Malden 2010; besonders nützlich dank einer «paraphrastic interpretation of of Horace's works» ist Hans-Christian Günther (Hg.), Brill's Companion to Horace, Leiden/Boston 2013. Die umfassendste Information bietet die dreibändige Enciclopedia Oraziana, Rom 1996–1998.

Die unübertroffene zweisprachige, kommentierte Ausgabe von Horazen **Satiren** stammt von Christoph Martin Wieland, Leipzig ²1819, auch als Rowohlt-TB 1963 (die Übersetzung in Jamben). Eine neuere zweispr. Ausgabe der Satiren (mit etwas ungelenker Versübersetzung) gab Karl Büchner, Stuttgart 2006 (1972); die Satiren und Episteln wurden (mit Prosaübersetzung) herausgegeben von Otto Schönberger, Berlin 1975. Die neuere Literatur ist sorgfältig aufgearbeitet in dem Kommentar von Emily Gowers (Hg.), Horace Satires Book I, Cambridge u. a. 2012. Repräsentativ sind die Beiträge in Kirk Freudenburg (Hg.), Horace: Satires and Epistles, Oxford/New York 2009. Für die philosophische Grundhaltung war neben dem Kommentar Kiesslings (in 1. Aufl., vgl. oben S. 317) grundlegend Robert Philippson, «Horaz' Verhältnis zur Philosophie», in: Festschrift König-Wilhelms-Gymnasium zu Magdeburg 1911, 77–110. Zu sat. 1,5 vgl. man besonders Ekkehard Stärk, «Wallfahrten auf der Appischen Straße», in: Helmut Krasser/Ernst A. Schmidt, Zeitgenosse Horaz, Tübingen 1996, 371–391.

Neben dem fast überdimensionalen Werk von Lindsay C. Watson (Hg.), A Commentary on Horace's **Epodes**, Oxford/New York 2003 (604 S., ohne Text) bleibt beachtlich die kommentierte, zweispr. Ausgabe von Alberto Cavarzere (Hg.), Orazio: Il libro degli Epodi, Venezia 1992. Eine (etwas einseitige) Gesamtinterpretation gab Ernst A. Schmidt, «Amica vis pastoribus: Der Jambiker Horaz in seinem Epodenbuch», Gymnasium 4, 1977, 401–423. Meine eigene Auffassung der 16. Epode, die nach Ansicht mancher der 4. Ekloge Vergils vorausgehen soll, ist dargestellt in dem oben (S. 317) zitierten Aufsatz «Horaz und Vergil in ihren prophetischen Gedichten».

3.

Zur römischen **Liebeselegie** (vgl. oben zu Cornelius Gallus) gibt es wohl noch keine angemessene Gesamtdarstellung. Leichtfüßig, nicht ohne Gelehrsamkeit, informiert Georg Luck, Die römische Liebeselegie, Heidelberg 1961 (erweitert gegenüber engl. 1959). Von Späterem ist besonders wertvoll R. O. A. Lyne: The Latin Love Poets from Catullus to Horace, Oxford 1980. Zum realen Hintergrund ist aufschlussreich Jasper Griffin, Latin Poets and Roman Life, London ²1994; dagegen lokalisiert der bekannte Paul Veyne, Roman Erotic Elegy, Chicago 1988 (zuerst franz. 1983) die Gattung «in a fictional world», die in sich widersprüchlich sei. Problematisch ist, besonders wegen seinner Thesen zu «Tibull» III, Niklas Holzberg, Die römische Liebeselegie: Eine

Einführung, Darmstadt ^{2}2001, ^{5}2011 (vgl. eher ^{1}1990). Die formende Idee der römischen Elegien erschließt Wilfried Stroh, Die römische Liebeselegie als werbende Dichtung, Amsterdam 1971. Wichtig für das Verständnis war Wolf Steidle, «Das Motiv der Lebenswahl bei Tibull und Properz» (zuerst 1962), in: W. St., Ausgewählte Aufsätze, Amsterdam 1987, 139–179. Aktuelle wissenschaftliche Fragestellungen bringen Ronnie Ancona/Ellen Greene (Hg.), Gendered Dynamics in Latin Love Poetry, Baltimore 2005.

Zu dem sprachlich eigenwilligen **Properz** stammt der noch immer überragende Kommentar von Max Rothstein, 2 Bde., Berlin ^{2}1920/ ^{2}1924, der seinerzeit von den Lateinkoryphäen nicht gebührend anerkannt wurde. Ausführlichere Kommentare gab Paolo Fedeli zu Buch I, Florenz 1980; II, Cambridge 2005; III, Bari 1985; IV, Bari 1965. Nach der klassischen Übersetzung des Goethefreunds Karl Ludwig von Knebel (zuerst, anonym, Leipzig 1798) gibt es jetzt zweisprachige Ausgaben von Wilhelm Willige, München ^{2}1960, Rudolf Helm, Berlin 1965 (beide mit Versübersetzung) und Georg Luck, Properz und Tibull: Liebeselegien, Zürich/Stuttgart 1964, ND 1996 (Prosa); Burkhard Mojsisch u. a., Stuttgart 1993 (grauenhaftes Deutsch); Dieter Flach, 2 Bde. (mit Kommentar), Darmstadt 2011. Ein interpretierender Gesamtkommentar stammt von Hans Peter Syndikus, Die Elegien des Properz, Darmstadt 2010 (erschließt Lit.). Zur Einführung: Margaret Hubbard, Propertius, London 1974. John P. Sullivan (Propertius, Cambridge u. a. 1976, bes. 91 ff.) suchte die Eigenart der Erotik des Properz mit Freuds Kategorie der «Dirnenliebe» zu erfassen, was wegen deren sozialer Bedingtheit problematisch ist. Die Entwicklung der Erotik stellt dar Karin Neumeister, Die Überwindung der elegischen Liebe bei Properz (Buch I–III), Frankfurt a. M./Bern 1983. Nicht nur das Politische behandelt Hans-Peter Stahl, Propertius: ‹Love› and ‹War›, Berkeley u. a. 1985. Zu Augustus auch: Francis Cairns, Sextus Propertius: The Augustan Elegist, Cambridge/New York 2006 (S. 320 ff.), der sonst vor allem das Verhältnis zu Gallus bestimmen will. Zur Ablehnung des Epos (aus rein literarhistorischer Sicht): Walter Wimmel, Kallimachos in Rom, Wiesbaden 1960. Die Dichtungsauffassung des Properz (bes. in Buch I, das eine «allégorie de la poésie érotique» sein soll) behandelt die gigantische Arbeit von Éric Coutelle, Poétique et métapoésie chez Properce, Louvain u. a. 2005 (668 S.). Als Antiklassizisten würdigt Properz D. Thomas Benediktson, Propertius: Modernist Poet of Antiquity, Carbondale and Edwardsville 1989. Einen gediegenen Einblick in die Properzforschung gibt Hans Christian Günther (Hg.), Brill's Companion to Propertius, Leiden u. a. 2006.

Zu dem leicht zu lesenden, aber letztlich schwer fassbaren **Tibull** werden Spezialisten immer noch auf den feinsinnigen Kommentar von Christian Gottlob Heyne, Leipzig ^{3}1808 und den stoffreichen von Kirby Flower Smith, New York u. a. 1913 (ND 1964) zurückgreifen. Wertvoll sind nun auch die Kommentare von Paul Murgatroyd, 2 Bde., Pietermaritzburg 1980 (Buch I), Oxford 1994 (II) und besonders (mit kritischem Forschungsbericht) von Robert Maltby, Cambridge 2002. Neue zweisprachige Ausgaben (meist mit Versübersetzung) stammen von Rudolf Helm, Berlin ^{3}1968, Wilhelm Willige, o. O. (München) 1960, Joachim Lilienweiß u. a., Stuttgart 2001, Hans-Christian Günther, Würzburg 2002 (etwas holperig, mit interessanter

Einleitung), Niklas Holzberg, Mannheim 2011 (Prosa); zu Luck s. oben unter Properz. Einen erhellenden Überblick über das Werk gibt Fritz Heiner Mutschler, Die poetische Kunst Tibulls, Frankfurt a. M. u. a. 1985; nur Buch I behandelt in fortlaufender Interpretation Parshia Lee-Stecum, Powerplay in Tibullus, Cambridge u. a. 1998. Nicht gleichmäßig, aber instruktiv ist Christoff Neumeister, Tibull: Einführung in sein Werk, Heidelberg 1986. So einseitig wie der Titel ist Francis Cairns, Tibullus: A Hellenistic Poet at Rome, Cambridge u. a. 1979. – Das dritte Buch des «Tibull» kommentiert geradezu erschöpfend Hermann Tränkle (Hg.), Appendix Tibulliana, Berlin/New York 1990: Es könnte nach ihm erst im 2. Jahrhundert n.Chr. entstanden sein. Die neuerdings vorgebrachte These, der Autor des ganzen Buchs fingiere, Tibull zu sein, widerspricht der Evidenz.

Zu den **Oden des Horaz** (vgl. oben S. 317) stammen die modernen Standardkommentare von Robert G. M. Nisbet/Margaret Hubbard: Horace, Odes Book I, Oxford 1970 (ND 1989); dies., Book II, 1978 (ND 1991); Nisbet/Niall Rudd, Book III, 2004; verdienstvoll ist der interpretierende Gesamtkommentar von Peter Syndikus, Die Lyrik des Horaz, 2 Bde., Darmstadt ^{3}2001; ebenso der «Lehrerkommentar» von Karl Numberger, Münster ^{3}1997. Die Übersetzung der artifiziellen Oden gehört zu den reizvollsten und hoffnungslosesten Aufgaben für Lateiner. «Oden fünf Bücher» (Epoden mitgezählt) übersetzte poetisch in Auswahl der (dafür von Lessing geschmähte) Samuel Gotthold Lange, Halle 1752 (ND 1971). Eine rhythmische Prosaversion schuf Christian F. K. Herzlieb, 3 Theile, Stendal 1787–1791 (unter dem Titel Glanz der Bescheidenheit hg. von Walter Killy/Ernst A. Schmidt, Zürich/München ^{2}1987). Im Originalversmaß, soweit möglich, waren zuerst verfasst Karl Wilhelm Ramlers Oden aus dem Horaz, Berlin 1769 (Auswahl), dann Johann Heinrich Voss, Q. Horatius Fl. Werke, Bd. 1, Braunschweig ^{2}1820, manieriert, aber sprachgewaltig. Eher noch exzentrischer ist die Übersetzung durch Rudolf Alexander Schröder, Die Gedichte des Horaz, Wien 1935. – Horazoden als früher krönende Gymnasiallektüre boten sich besonders an für Travestien: Man lese Christian Morgenstern, Horatius travestitus: Ein Studentenscherz (1896), ND München 1961; Eduard Stemplinger, Horaz in der Lederhos'n, München o. J. (^{3}1925); Anna E. Radke, Mein Marburger Horaz, Marburg 1990 (überragend).

Bahnbrechend in der Forschung war die Abhandlung von Richard Heinze, «Die horazische Ode» (zuerst 1923), in: R. H., Vom Geist des Römertums, Darmstadt ^{3}1960, 172–189 (Abgrenzung vom modernen Lyrikbegriff), der umsonst widersprochen wurde; Heinze hat auch dem Verständnis der Versmaße neue Bahnen gewiesen (a. O. 224 ff.). Gegen seine und die heute immer noch gängige Ansicht machte Günter Wille (Musica Romana, Amsterdam 1967, 237 ff.) plausibel, dass die Lyrik des Horaz wie die der griechischen Vorbilder zum Singen bestimmt war (grundlegend schon der Mozartbiograph Otto Jahn, «Wie wurden die Oden des Horaz vorgetragen?» Hermes 2, 1867, 418–433). Für das Fortleben des Horaz in der Musik gaben Beispiele Joachim Draheim/Günter Wille, Horaz-Vertonungen vom Mittelalter bis zur Gegenwart, Amsterdam 1985; vgl. Draheim, Vertonungen antiker Texte vom Barock bis zur Gegenwart, Amsterdam 1981, 41–70; 184–208; die Humanistenkompositionen erschließt Eduard Stemplinger, Das Fortleben der horazischen Lyrik seit der Renaissance, Leipzig 1906, ND1976). – Die oft unterschätzte Liebeslyrik des Horaz (der im Gegensatz zu den jugendlichen Elegikern die Liebe des älteren Mannes darstellt) wurde gewürdigt besonders von Viktor Pöschl, in: Horazische Lyrik, Heidelberg (1970) ²1991, 366–380 u. ö.. Lesenswert ist auch hierzu Lyne (oben S. 318) 201–238. Insgesamt immer noch zu empfehlen bleibt L. P. Wilkinson, Horace and his Lyric Poetry, Cambridge 1951. Hervorgehoben seien auch zwei Aufsätze von Ernst Zinn, «Aporos soteria: Horaz im Rettungsboot» (zuerst 1961), in: Hans Oppermann (Hg.), Wege zu Horaz, Darmstadt 1972, 225–257; «Erlebnis und Dichtung bei Horaz», a. O. 369–388 (zur Geschichte des Horazverständnisses).

Die Einstellung des Lyrikers zu Augustus wurde verschieden beurteilt. Gegen die zumal in der deutschen Vorkriegsphilologie herrschende Vorstellung von Horaz als Verkünder, vielleicht sogar Anreger der Prinzipatsideologie (vgl. noch Ernst Doblhofer, Die Augustuspanegyrik des Horaz in formalhistorischer Sicht, Heidelberg 1966) hielt etwa Antonio La Penna (Orazio e l'ideologia del principato, Turin 1963) das Augustuslob für zwar nicht ironisch, aber doch nicht «authentisch»; andere gingen weiter. Besonders umstritten bleibt das «Bekehrungsgedicht» carm. 1,34; informativ dazu Helmut Krasser, «Büßer, Spötter oder Künstler», in: Krasser/Schmidt (wie oben S. 318) 311–343. Zu den «Römeroden» fesselt unser Interesse immer noch eine dem jungen Wilhelm II. gewidmete Geburtstagsrede (24.1.1889) von Theodor Mommsen (in: Reden und Aufsätze, Berlin 1905, 168–184), der diese Oden als «höfische Gedichte», ja «Advokatendienst» las und doch bewunderte. Mommsens Deutung des Carmen saeculare als Prozessionslied (a. O. 356–358) ist oft widersprochen worden; eine Eingliederung ins Ganze der rekonstruierten Feierlichkeiten gibt jetzt Bärbel Schnegg-Köhler, Die augusteischen Säkularspiele, München/Leizig 2002, dort S. 229–244 (mit Lit.). – Die Epistulae hat Richard Heinze in einem klassischen Essay gewürdigt: «Horazens Buch der Briefe», abgedruckt in seinem Kommentar (oben S. 317). Vgl. dagegen aber auch Carl Becker, Das Spätwerk des Horaz, Göttingen 1963, 14–53. Dem philosophischen Gehalt widmet sich tiefdringend Roland Mayer, «Horace's Epistles I and philosophy», American Journal of Philology 107, 1986, 55–73; von ihm stammt auch ein Kommentar, Cambridge u. a. 1994. Die klassische kommentierte Übersetzung von Christoph M. Wieland (²1792, mit «Epist. II» und Ars poetica wurde neu herausgegeben von Gerhard Wirth, o. O. (rowohlts klassiker) 1963.

Die **Aeneis Vergils** (zu ihm schon oben S. 315) ist genialisch in deutsche Hexameter übersetzt worden von Rudolf Alexander Schröder, Berlin/Frankfurt a. M. 1952 (hg. mit einem lesenswerten Nachwort von Ernst Zinn, Frankfurt a. M./Hamburg 1963). Noch berühmter ist Friedrich Schillers Nachdichtung von Buch II und IV in Stanzen. Sonst sind an neueren Versübersetzungen zu nennen: Thassilo von Schaeffer (1943), Wiesbaden 1953; Johannes Götte (1958 u. ö.), Wiesbaden 1987 (mit Holzschnitten der Ausgabe Straßburg 1502); Emil Staiger, Zürich/München 1981 (schön). Zweisprachig mit Prosaübersetzung sind die Ausgaben von Edith und Gerhard Binder, Stuttgart 2012 (zuvor in Einzelbänden 1994 ff.) und Gerhard Fink, Düssseldorf/Zürich 2005. Von Einzelkommentaren sind besonders berühmt, zu Buch IV: Arthur Stanley Pease, Cambridge, Mass. 1935, ND 1967; zu Buch VI: Eduard Norden, Leipzig (1903) ³1927, ND 1957 (jeweils Schatzhäuser diverser Gelehrsamkeit). Von Neueren sind hervorzuheben, zu Buch II: Nicholas Horsfall, Leiden u. a. 2008; zu Buch III: ders., a. O. 2006; zu Buch VI: ders., Berlin 2013; zu Buch VII: ders., Leiden u. a. 2000; zu Buch IX: Joachim Dingel, Heidelberg 1997; zu Buch X: S. J. Harrison, Oxford 1991; zu Buch XI: Nicholas Horsfall: Leiden u. a. 2003. – Als Pionierleistung der Forschung gilt mit Recht Richard Heinze, Virgils epische Technik, Leipzig/ Berlin (1903) ³1915, ND 1957; auch wichtige neuere Arbeiten wie Viktor Pöschl, Die Dichtkunst Virgils (1950, engl. 1962), Berlin/New York ³1977 (mit Betonung des Symbolischen) und – ganz anders – Georg Nicolaus Knauer, Die Aeneis und Homer, Göttingen 1964 (mit abschließender Aufarbeitung des Materials) konnten diese Wirkung nicht haben. Für die Gestalt des Aeneas war besonders aufschlussreich Karl Galinsky, The Herakles Theme, Oxford 1972. Die moderne augustuskritische Deutung (Schlagwort: «two voices») wurde eingeleitet von Milman Parry (1983), vertreten besonders durch Michael C. J. Putnam, The Poetry of the Aeneid, Cambridge, Mass. 1965. Die entschiedene Gegenposition vertraten deutsche Forscher, wohl am entschiedensten Antonie Wlosok, «Vergil in der neueren Forschung», Gymnasium 80, 1973, 129–151 u. ö., ohne den Streit (bis heute) zu beenden. Einen gewissen Ausgleich versuchte z. B. Reinhold F. Glei mit seinem dem Krieg bei Vergil gewidmeten Buch Der Vater der Dinge, Trier 1991. Die gesamte ältere Forschung resümiert Werner Suerbaum, Vergils «Aeneis», Stuttgart 1999, der auch wertvolle Forschungsberichte verfasst hat.

Zweisprachige Ausgaben des **Livius** gibt es von Josef Feix und Hans Jürgen Hillen, München u. a. 1974 ff. und von Robert Feger u.a, Stuttgart 1981 ff. Ein besonders für Sprachliches immer noch nützlicher Gesamtkommentar stammt von Wilhelm Weissenborn/Hermann J. Müller, 10 Bde., Berlin 1853 ff. (in verschiedenen Auflagen). Ihn ersetzen bzw. ergänzen nun zu Buch 1–5: R. M. Ogilvie, Oxford 1965 (verbesserte Nachdrucke), zu Buch 6–10: S. P. Oakley, 4 Bde., Oxford 1997–2005 (monumental, mit ausführlicher Einleitung zu Buch 6); zu Buch 31–45: John Briscoe, 4 Bde., Oxford 1973–2012.

Im neunzehnten Jahrhundert interessierte sich die Wissenschaft vor allem für die historische Glaubwürdigkeit des Livius und seine Quellen (zu diesen wichtig jetzt bes. Hermann Tränkle, Livius und Polybios, Basel/Stuttgart 1977). Dann widmete man sich stärker dem künstlerischen Gestaltungswillen und zugleich dem moralischen Programm des Historikers. Einflussreich war das Buch von Erich Burck, Die Erzählungskunst des Titus Livius, Berlin 1934 (ND mit Forschungsbericht 1964). Ob und wie weit Livius dabei gläubiger Anhänger des Augustus war, blieb umstritten; die Standpunkte diskutiert E. Badian, «Livy and Augustus», in: Wolfgang Schuller (Hg.), Livius: Aspekte seines Werks, Konstanz 1993, 9–52; s. auch etwa Raban von Haehling, Zeitbezüge des T. Livius in der ersten Dekade seines Geschichtswerkes, Stuttgart 1989, 13 ff. Einen polemischen Beitrag zur Diskussion schrieb Klaus Thraede, «Außerwissenschaftliche Faktoren im Liviusbild», in: Saeculum Augustum, Bd. 2 (s. S. 312) 395–425 (die «augusteische Erneuerung» als Reflex der nationalkonservativen Stimmung nach dem Ersten Weltkrieg). Auch die Religiosität des Livius wird verschieden beurteilt. Über Neues berichtet W. Liebeschuetz im Nachdruck seines Aufsatzes «The Religious Position of Livy's History» (zuerst 1967), in: Jane D. Chaplin/Christina S. Kraus (Hg.), Livy, Oxford/New York 2009, vgl. auch Jerzy Linderski, «Roman Religion in Livy», in: Schuller (wie oben), 53–70. Speziell zur Darstellung des Romulus und Numa sind zu beachten D. S. Levene, Religion in Livy, Leiden u. a. 1993, 129–137 und Gary B. Miles, Livy: Reconstructing Early Rome, Ithaca and London 1995, 137–178. Zu den religionspolitischen Maximen des Numa ist lehrreich Klaus Döring, «Antike Theorien über die staatspolitische Notwendigkeit der Götterfurcht», Antike und Abendland 24, 1978, 43–56. – Einen Eindruck von der neueren wissenschaftlichen Diskussion geben die erwähnten Sammelbände von Schuller und Chaplin/Kraus. Von älteren Sammlungen sind instruktiv Erich Burck (Hg.), Wege zu Livius, Darmstadt [2]1977 und Eckard Lefèvre (Hg.), Livius: Werk und Rezeption, München 1983. Eine klassische Gesamtdarstellung stammt von P. G. Walsh, Livy: His Historical Aims and Methods, Cambridge u. a. 1961.

Das Standardwerk zur römischen **Deklamationsrhetorik** ist immer noch Stanley F. Bonner, Roman Declamation in the Late Republic and Early Empire, Liverpool 1949. Als kurze Einführung nützlich ist die Einleitung zur zweisprachigen Ausgabe von Michael Winterbottom (Hg.), The Elder Seneca: Declamations, Bd. 1, Cambridge, Mass./London 1974; viel findet man im Kommentar von Tobias Reinhardt/M. Winterbottom (Hg.), Quintilian Institutio Oratoria Book II, Oxford 2006. Umfassende Information bietet jetzt die Einleitung zu Stefan Feddern (Hg.), Die Suasorien des älteren Seneca, Berlin/Boston 2013 (mit Komm.). Vgl. auch Wilfried Stroh, Die Macht der Rede, Berlin 2009 (ND 2010 u. ö.), 411–422.

4.

Zu den **Oden** des Horaz vgl. oben S. 320. Speziell das **4. Buch** behandelt gedankenreich Becker, Spätwerk (oben S. 321), 113–193 (gegen die Überbewertung äußerer Anstöße); sonst am ausführlichsten Michael C. J. Putnam, Artifices of Eternity, Ithaca/London 1986 (fortlaufende Interpretation). Ein gigantischer Kommentar stammt von Paolo Fedeli und Irma Ciccarelli, Florenz 2008; kürzer (mit Carmen saeculare) ist der von Richard F. Thomas, Cambridge u. a. 2011.– Die heute häufige Vereinigung der Literaturbriefe an Augustus «II 1» und Florus «II 2» mit De arte poetica zu einem gemeinsamen Buch II hat keine handschriftliche Autorität. Lesenswert zum Augustusbrief ist neben Becker (oben S. 321) 194–237 bes. Friedrich Klingner, «Der Brief an Augustus» (zuerst 1950) in: F. K., Studien zur griechischen und römischen Literatur, Zürich/Stuttgart 1964, 410–432; vgl. auch Karl Bringmann: «Struktur und Absicht des horazischen Briefs an Kaiser Augustus», Philologus 118, 1974, 236–256 (zu einer immanenten Kritik an Augustus). – Zu De arte poetica geht die moderne Forschung, die sich vor allem am Verständnis des Aufbaus abmüht, aus von dem grandios verfehlten Aufsatz von Eduard Norden, «Die Composition und Literaturgattung der Horazischen Epistula ad Pisones» (zuerst 1905), in: E. N., Kleine Schriften zum Klassischen Altertum, Berlin 1966, 314–357. Seiner schematischen Einordnung widersetzten sich etwa Friedrich Klingner, Horazens Brief an die Pisonen (zuerst 1937), in: Studien (wie oben) 352–405 und Wolf Steidle, Studien zur Ars poetica des Horaz, Würzburg

1939 (ND 1967). Wichtig war Helfried Dahlmann, Varros Schrift De poematis und die hellenistisch-römische Poetik, Mainz 1953. Nordens Idee wurde modifiziert wieder aufgegriffen von Charles O. Brink, Horace on Poetry, Cambridge 1963, der dann fundamentale Kommentare zur «Ars poetica» (Cambridge 1971) und den Literaturbriefen verfasste (a. O. 1982). Kürzer, aber wertvoll ist der Kommentar zu allen drei Werken von Niall Rudd, Cambridge u. a. 1989. Einen eleganten Überblick über die anhaltende Kontroverse gibt Manfred Fuhrmann: «Komposition oder Schema?», in: Ludwig (Hg.), Horace (oben S. 318) 171–206. Lesenswert ist auch Ross S. Kilpatrick, The poetry of criticism: Horace, Epistles II and Ars poetica, Edmonton 1990. Der geistreiche Versuch von Bernard Frischer (Shifting paradigms, Atlanta 1991) das Gedicht selbstironisch zu deuten, hat mit Recht keinen Anklang gefunden. – Eine brauchbare zweisprachige Ausgabe stammt von Eckart Schäfer, Stuttgart ^{2}1997.

Zu **Properz IV**: vgl. oben S. 319 Eine gute kommentierte Spezialausgabe stammt von Gregory Hutchinson, Cambridge/New York 2006. Monographie: Jeri Blair Debrohun, Roman Propertius and the Reinvention of Elegy, Ann Arbor 2003 (ohne Kenntnis der deutschen Forschung). Die ältere deutsche Forschung ist resümiert bei Michael von Albrecht, «Properz als augusteischer Dichter», in: Binder, Saeculum Bd. 2 (oben S. 312) 360–377.

Der «oberflächliche» **Ovid**, vor 100 Jahren fast ein Outcast in der klassischen Philologie, ist in den letzten Jahrzehnten zum Lieblingskind der Wissenschaft wie des bücherkaufenden Publikums geworden. Nachdem Richard Heinze (Ovids elegische Erzählung, Berlin 1919) gezeigt hatte, wie man ihn überhaupt ernsthaft behandeln kann, gab Walther Kraus 1942 in einem bis heute fundamentalen Artikel («P. Ovidius Naso», überarbeitet nachgedruckt in: v. Albrecht/Zinn, Ovid [s. unten] 67–166) neue Winke zum Verständnis. Mehr Aufsehen erregte dann ein Buch des Gräzisten Hermann Fränkel, Ovid: A Poet Between Two Worlds, Berkeley/Los Angeles 1945 (dt. 1972), der Ovid als geradezu vorchristlichen Dichter zeigen wollte – aber nicht nur mit dieser These die Forschung stimulierte. Konventioneller war die humorvolle Monographie von L. P. Wilkinson, Ovid recalled, Cambridge 1954 (kürzer: Ovid surveyed, 1962). Dann gab das Ovidjahr 1957 mit einem Kongress neue Impulse, nachzulesen in: N. I. Herescu (Hg.), Ovidiana, Paris 1958; und Michael von Albrecht und Ernst Zinn erstellten im Sammelband Ovid, Darmstadt 1968, einen bis jetzt als Longseller beliebten Überblick über die damalige Forschung. Die nächste Bilanz bot dann der 4. Band von Aufstieg und Niedergang der römischen Welt II 31, Berlin/New York 1981; einen gewissen Überblick gaben auch die Beiträge in W. Schubert (Hg.), Ovid – Werk und Wirkung, 2 Bde., Frankfurt a. M. u. a. 1999. Über Neueres informiert man sich jetzt vor allem in drei der beliebten «Companions»: Barbara W. Boyd (Hg.), Brill's Companion to Ovid, Leiden 2002 (gute Einführung); Philip Hardie (Hg.), The Cambridge Companion to Ovid, Cambridge 2002 (mehr essayistisch); P. E. Knox (Hg.), A Companion to Ovid, Malden 2009. Einen mustergültigen Bericht für die Literatur der Zeit nach etwa 1990 gab Ulrich Schmitzer in «Neue Forschungen zu Ovid», Gymnasium 109, 2002, 143–166; 190, 2003, 147–181. Eine regelrechte Forschungsgeschichte «in der aetas Nasonis seit 1968» skizzierte Markus Janka, in: M. J. u. a. (Hg.), Ovid: Werk – Kultur – Wirkung, Darmstadt 2007, 1–25:

Er unterscheidet eine «spätpositivistische Phase» (mit Ausgaben und Kommentaren), die sich seit den 70er Jahren mit einer «strukturalistischen Phase» (in der Intertextualität und Narratologie dominieren) und seit Mitte der 80er Jahre einer «poststrukturalistischen Phase» überschneiden soll. In letzterer werde der Bezug zur Geschichte, aber auch zu «Dekonstruktion» und «Metapoetik» hergestellt. Demnach befinden wir uns nun in einer «didaktischen Phase», in der sich die Ovidforscher wieder mehr um die Ovidleser kümmern.

Unter neueren Monographien zum Gesamtwerk stechen durch gesunden Menschenverstand hervor Michael von Albrecht, Ovid: Eine Einführung, Stuttgart 2003 (Lit.) und (thematisch, nicht nach Werken angelegt) Katharina Volk, Ovid, Malden u. a. 2010 (deutsch: Darmstadt 2012). Nützlich für Studenten (aber kritisch zu lesen) ist Ulrich Schmitzer, Ovid, Hildesheim u. a. 2001. Eine anmutige Einstiegslektüre bietet Marion Giebel, Ovid, Reinbek 1991; zugleich in Ovid und Ovidforschung führt ein (gut verständlich) Friedmann Harzer, Ovid, Stuttgart 2002. Die antibiographische Interpretation führt zu anfechtbaren Thesen bei Niklas Holzberg, Ovid, München 1997 u. ö.

Zu den **Amores**: Eine biedere Gesamtübersetzung im Rahmen von Ovid, Die erotischen Dichtungen, gab Viktor von Marnitz, Stuttgart 1958 (mit umfassender Einführung von Wilfried Stroh neu hg., ^{3}2001). Zu den Amores existiert eine sprachlich brillante, mit Anmerkungen und Nachwort versehene zweisprachige Ausgabe durch die Gräzisten Walter Marg und Richard Harder, München (1956) ^{3}1968 = ^{7}1992 (die inzwischen vom Verlag durch eine neue von Niklas Holzberg, Düsseldorf/Zürich 2002 [1999], ersetzt wurde); daraus die deutsche Übersetzung mit originellen Illustrationen von Benno Huth, Memmingen 1996. Zweisprachig (Prosaübersetzung): Michael von Albrecht, Stuttgart ^{2}2010. Der alte Kommentar von Paul Brandt, Leipzig 1911 wird ersetzt durch einen umfangreichen von James C. McKeown, bisher 3 Bde. (Text, Prolegomena, Buch I und II), Liverpool u. a. 1987–1998

Als wichtig zum Verständnis galt einmal Erich Reitzenstein, «Das neue Kunstwollen in den Amores Ovids», (zuerst 1939), in: v. Albrecht/Zinn, Ovid (s. oben S. 324) 206–232. Die Originalität Ovids betont unter Beachtung des Rhetorischen besonders John T. Davis, Fictus Adulter, Amsterdam 1989; vgl. auch Barbara Weiden Boyd, Ovid's Literary Loves, Ann Arbor 1997 (mit ungenügender Literaturkenntnis). Weniger glücklich ist Barbara Weinlich, Ovids Amores: Gedichtfolge und Handlungsablauf, Stuttgart/Leipzig 1999. Ihrem Titel entspricht die Arbeit von Gerlinde Bretzigheimer, Ovids Amores: Poetik in der Erotik, Tübingen 2001. Alle erotischen Jugendwerke (und die Metamorphosen) behandelt Siegmar Döpp, Werke Ovids: Eine Einführung, München 1992. Die politische Anstößigkeit von Amores und Ars beleuchtet Wilfried Stroh, «Ovids Liebeskunst und die Ehegesetze des Augustus», Gymnasium 86, 1979, 323-352.

Ovids **Epistulae** (heroidum), sein Meisterwerk, gibt es in zweisprachigen Ausgaben von Bruno W. Häuptli, München/Zürich 1995 und von Detlev Hoffmann u. a., Stuttgart 2000 (Prosaübersetzung). Der letzte Gesamtkommentar stammt von Arthur Palmer, Oxford 1898; auch eine zuverlässige wissenschaftliche Textausgabe ist noch ein Desiderat. Zahlreiche neuere Teilkommentare sind in deutscher, italienischer und englischer Sprache erschienen, als relativ knapp seien hervorgehoben P. E. Knox, Select Epistles, Cambridge u. a. 1995 und E. J. Kenney, Heroides XVI–XXI, Cambridge u. a. 1996. Bahnbrechend zum Verständnis war (trotz einzelner Fehlurteile) Howard Jacobson, Ovid's Heroides, Princeton 1974 (vielleicht das erhellendste Ovidbuch seit Fränkel). Wertvoll war auch Friedrich Spoth, Ovids Heroides als Elegien, München 1992. Nur teilweise befriedigend zu den Doppelbriefen: Cornelia M. Hintermeier, Die Briefpaare in Ovids Heroides, Stuttgart 1993. Oft wurde die Echtheit einzelner Elegien oder auch des Gesamtcorpus bestritten (kühn: Wilfried Lingenberg, Das erste Buch der Heroidenbriefe, Paderborn u. a. 2003), bisher erfolglos. Den (oft bestrittenen) Briefcharakter und die Gesamtstruktur der ersten drei Bücher erhellt Wilfried Stroh, «Heroides Ovidianae cur epistulas scribant» (zuerst 1991), in: W. St., Apocrypha, Stuttgart 2000, 144–174. Verwegene Hypothesen zur Intertextualität riskiert jetzt Laurel Fulkerson, The Ovidian Heroine as Author, Cambridge u. a. 2005.

5.

Ovids berüchtigtstes, wenn auch nicht bestes Werk, die **Ars amatoria**, liest man jetzt in verschiedenen zweisprachigen Ausgaben. Sogar Schillers Urenkel, Alexander von Gleichen-Rußwurm, hat sich, metrisch weniger korrekt als sein Vorfahre, an einer Versübersetzung versucht (Berlin 1907, ND 1948). Sonst seien neben v. Marnitz (oben S. 325) an Neueren genannt: Friedrich W. Lenz, Berlin 1969 (mit Prosaübersetzung); Wilhelm A. B. Hertzberg/Franz Burger, München (1923) [12]1976 (schön!); Niklas Holzberg, München (Tusculum) 1985 (mit Remedia amoris, Düsseldorf/Zürich [4]1999; ohne Rem., Berlin [5]2011); ders., München (dtv) 1998; Michael von Albrecht, Stuttgart 1992 (Prosaübersetzung), als Hardcover-Taschenbüchlein a. O. 1996. Ein Kabinettstück lieferte mit einer Fassung in gereimten Jamben Otto M. Mittler, München 1920, ND 1957. Ausdrucksstarke Illustrationen gab Benno Huth, Memmingen 1997 (zweisprachig mit Übers. von v. Marnitz). Travestien konnten nicht ausbleiben: Carl Brinitzer, Liebeskunst ganz prosaisch, Reinbek 1966 (gefällig illustriert von Franziska Bilek); Eduard Stemplinger, Vom Dirndel- und Buab'nfang, Freising/München 1922, ND 1974. – Nach dem (überholten) Gesamtkommentar von Paul Brandt (Leipzig 1902, ND 1963) gibt es nun brauchbare Kommentare zu Buch I von A. S. Hollis, Oxford 1977; zu Buch II von Markus Janka, Heidelberg 1997; zu Buch III von Roy K. Gibson, Cambridge u. a. 2003.

Drei sehr verschiedene Monographien sind hervorzuheben: Mario Labate (L'arte di farsi amare, Pisa 1984) ordnet mit großer Gelehrsamkeit das Werk in den Zusammenhang des antiken Dichtens und Lebens ein. Geistreich ist das Buch von Molly Myerowitz (Ovid's Games of Love, Detroit 1985), die «Spiel» als Ovids Leitbegriff für die Liebe wie Kultur und besonders Dichtung fasst. Jula Wildberger (Ovids Schule der «elegischen Liebe», Frankfurt a. M. u. a. 1998) würdigt die Ars als echte Lehrdichtung (ähnlich auch Volk, Poetics [oben S. 317] 157 ff.), gegen die Auffassung, sie sei Parodie eines Lehrgedichts. Entschieden anders Konrad Heldmann, Dichtkunst oder Liebeskunst, Göttingen 2001. Auf berechtigte Kritik stieß die «metapoetische» Deutung durch Alison Sharrock, Seduction and Repetition in Ovid's Ars Amatoria 2, Oxford 1994. Zu Weiterem s. unten.

Die **Remedia amoris** sind gelegentlich zusammen mit der Ars übersetzt worden (s. oben); selbständig (in Prosa: Heilmittel gegen die Liebe) von Friedrich W. Lenz, Berlin (Darmstadt) 1960. Fast kongenial war die Versfassung des schwäbisch-lateinischen Poeten und Journalisten Josef Eberle (P. L.), Zürich/Stuttgart 1959. Ausführliche Teilkommentare schrieben Hans Joachim Geisler, Berlin 1969 (zu V. 1–396) und Christina Lucke (V. 397–814); Gesamtkommentare stammen von A. A. R. Henderson, Edinburgh 1979 und Paola Pinotti, Bologna ^{2}1993 (vorzüglich). Zur Einordnung in die Geschichte der Elegie: Gian Biagio Conte, «Love without Elegy» (zuerst ital. 1986), in: G. B. C., Genres and Readers, Baltimore 1994, 34–65; die Beziehung zur Moralphilosophie erhellt kenntnisreich Jula Wildberger, «Ovids Remedia amoris aus affektpsychologischer Sicht», in: Janka u. a., Ovid (s. oben S. 324) 85–109. Die Bedeutung des Überredens in Ars wie Remedia behandelt Wilfried Stroh, «Rhetorik und Erotik», Würzburger Jahrbücher für die Altertumswissenschaft 5, 1979, 117–132. Prominente Essays zu beiden Werken liest man in Roy Gibson u. a. (Hg.), The Art of Love, Oxford 2006, ND 2010 (mit ausführlichem Forschungsbericht von Stephen J. Green).

Auch eine Teilübersetzung der **Metamorphosen** (Verwandlungen) schuf der berühmte Johann Heinrich Voss, 2 Theile, Braunschweig ^{2}1829 (^{1}1798 = ND 1990). Noch bekannter wurde die Version von Reinhart Suchier, Stuttgart (1862) ^{3}1868, nachgedruckt z. B. (mit den Zeichnungen von Picasso), Leipzig 1971, ND 1986; vielgelesen war auch die zweisprachige Ausgabe von Erich Rösch, München u. a. ^{14}1996 (mit Einführung von Niklas Holzberg). Eine zweispr. Ausgabe mit Prosaversion (diese zuerst 1981) gibt Michael von Albrecht, Stuttgart 1994 u. ö., ebenso Gerhard Fink (nach August von Rohde, 1791), Düsseldorf/Zürich 2004. Ein gigantischer, als Fundgrube verwertbarer Kommentar stammt von Franz Bömer, 7 Bde., Heidelberg 1969–1986; die ältere Forschung ist eingearbeitet in den Nachdruck des Kommentars von Moriz Haupt u. a. (^{9}1915) durch Michael von Albrecht, Dublin/Zürich 1966. Zu vielen Einzelbüchern gibt es Kommentare in englischer Sprache; hervorgehoben seien jetzt die zu Buch 13 von Neil Hopkinson, Cambridge u. a. 2000 und zu Buch 14 von K. Sara Myers, a. O. 2009 .

Hatte früher einmal die Frage nach Ovids Quellen im Vordergrund gestanden, so widmete man sich in neuerer Zeit zunächst besonders dem Aufbau des äußerlich in 15 Bücher gegliederten Werks. Walter Ludwig (Struktur und Einheit der Metamorphosen Ovids, Berlin 1965), der wichtige Hinweise auf den Bezug zur Universalhistorie gab, gliederte in zwölf (oft symmetrisch geordnete) «Großteile», Brooks Otis (Ovid as an Epic Poet, Cambridge 1966, ^{2}1970) wollte nur vier thematisch zusammenhängende (in sich raffiniert gegliederte) Teile erkennen. Gegen solche Schemata wandte sich Otto Steen Due (Changing Forms, Kopenhagen 1974) und besonders temperamentvoll G. Karl Galinsky (Ovid's Metamorphoses, Oxford 1975) – wohl das Beste überhaupt zum Werk. Eine grundsätzlich andere Betrachtungsweise versuchte Ernst A. Schmidt in einer etwas esoterischen Studie Ovids poetische Menschenwelt, Heidelberg 1991. Vgl. jetzt auch Stephen M. Wheeler, Narrative Dynamics in Ovid's Metamorphoses, Tübingen 2000. Daneben traten politische Aspekte in den Vordergrund, bes. bei Sven Lundström, Ovids Metamorphosen und die Politik des Kaisers, Uppsala 1980 und Ulrich Schmitzer, Zeitgeschichte in Ovids Metamorphosen, Stuttgart 1990 (mit z. T. gewagten Thesen); völlig überzogen: A. W. J. Holleman, «Zum Konflikt zwischen Ovid und Augustus», in: Binder, Saeculum Augustum II (oben S. 312) 378–393.

Die Frage nach dem Gattungscharakter beschäftigte (z. T. im Anschluss an Heinze) Peter E. Knox, Ovid's Metamorphoses and the Traditions of Augustan Poetry, Cambridge 1986; Stephen Hinds, Metamorphosis of Persephone, Cambridge u. a. 1987; K. Sara Myers, Ovid's Causes, Ann Arbor 1994 (Verhältnis zu den Aitia des Kallimachos). Vor allem seit dem sensationell erfolgreichen Ovidroman von Christoph Ransmayr, Die letzte Welt, 1988, ist die die Literatur zum Werk so angewachsen, dass der Überblick schwer fällt. Elaine Fantham (Ovid's Metamorphoses, Oxford 2004), gibt jetzt eine kurze Einführung an Hand ausgewählter Sagen. Als Standardwerk zur Erzähltechnik gilt Stephen M. Wheeler, A Discourse of Wonders, Philadephia 1999; er interpretiert das Gedicht als fiktive viva-voce performance. Nach Büchern geordnet gibt einen nützlichen Überblick (mit z. T. eigenwilligen Deutungen) Niklas Holzberg, Ovids Metamorphosen, München 2007. Allgemeine Essays und Einzelinterpretationen findet man bei Michael von Albrecht, Das Buch der Verwandlungen, Düsseldorf/Zürich 2000.

Zu den **Fasti**: Eine zweisprachige Ausgabe stammt von Niklas Holzberg (bearbeitet nach Wolfgang Gerlach, München 1960), Berlin 42012. Mit deutscher Prosaübersetzung versehen ist auch die große kommentierte Ausgabe von Franz Bömer, 2 Bde., Heidelberg 1957/1958. Ein Klassiker der Religionswissenschaft war einmal der Kommentar von James G. Frazer, 5 Bde., London 1929. Nicht zu verachten ist der kluge Schulkommentar von Hermann Peter, Leipzig 21879. Moderne Spezialkommentare gibt es zu Buch 2 von Matthew Robinson, Oxford 2011; zu Buch 4 von Elaine Fantham, Cambridge u. a. 1998; zu Buch 6 von R. Joy Littlewood, Oxford 2006. Wichtig zum Literarischen ist John F. Miller, Ovid's Elegiac Festivals, Frankfurt a. M. u. a. 1991 und Carol E. Newlands, Playing with Time: Ovid and the Fasti, Ithaca/London 1995. Zur Erzähltechnik: Paul Murgatroyd, Mythical and Legendary Narrative, Leiden /Boston 2005. Stärker historisch ausgerichtet ist Molly Pascoe-Pranger, Founding the Year, Leiden/Boston 2006. Zum Politischen: Alessandro Barchiesi, The Poet and the Prince, Berkeley 1997 (zuerst ital. 1994). Viel an neuerer Forschung erschließt auch Geraldine Herbert-Brown (Hg.), Ovid's Fasti, Oxford/New York 2002.

Die ältere Forschung zu dem unsterblichen Problem der Ursachen von Ovids **Verbannung** ist aufgearbeitet in J. C. Thibault, The Mystery of Ovid's Exile, Berkeley/Los Angeles 1964 und kürzer bei Eckhard Meise, Untersuchungen zur Geschichte der Julisch-Claudischen Dynastie, München 1969, 223–235 (er vor allem dachte an die Verschwörung des Aemilius Paullus); vgl. zuletzt Aldo Luisi/Nicoletta F. Berrino, Carmen et error, Bari 2008. Neuere Hypothesen – etwa: Ovid sei Augenzeuge der Vergewaltigung einer Vestalin durch Augustus geworden; seine «Corinna» sei die Frau des Maecenas und zugleich Geliebte des Augustus gewesen; er habe an einem verbotenen Mysterienkult teilgenommen oder einer oppositionellen neupythagoreischen

Gesellschaft angehört; er habe die Ars als Verbannungsgrund selber erst erfunden; er habe sich auch die ganze Verbannung nur ausgedacht – werden wohl keine bleibende Beachtung finden. Die Lebensverhältnisse in Tomis erläutert ausführlich Alexander Podossinov, Ovids Dichtung als Quelle für die Geschichte des Schwarzmeergebiets, Konstanz 1987. Für den historischen, bes. prosopographischen Hintergrund wichtig ist Ronald Syme, History in Ovid, Oxford 1978.

Die Verbannungsgedichte **Tristia** und **Epistulae ex Ponto** wurden mit der älteren Übersetzung von Wilhelm Willige (1963) neu herausgegeben von Niklas Holzberg, Düsseldorf/Zürich ^{2}2005 (Lit.). Von demselben stammt eine Auswahlausgabe (mit Prosaübersetzung), Stuttgart 2013. Nur die Tristia sind nachgedichtet als Lieder der Trauer von Volker Ebersbach, Frankfurt a. M./Leipzig 1997. Eine kritische zweisprachige Ausgabe der Tristia mit (etwas enttäuschendem) Kommentar stammt von Georg Luck, 2 Bde., Heidelberg 1967/1977. Den klassischen Kommentar zu Trist. 2 verfasste Sidney Owen, Oxford 1924, ND 1967; neue Kommentare jetzt von Irma Ciccarelli, Bari 2003 und Jennifer Ingleheart, Oxford 2010. Zu Epistulae ex Ponto I–II schrieb einen ausführlichen Kommentar Martin Helzle, Heidelberg 2003, derselbe schon zu IV 1–7 und 16, Hildesheim 1989; nur zu Buch I: Jan Felix Gaertner, Oxford/New York 2005. Ovids im Exil verfasstes Schmähgedicht In Ibin wurde (mit anderen Texten) zweisprachig herausgegeben von Bruno W. Häuptli, Zürich/Düsseldorf 1996.

Wichtig für die Beurteilung der Exilgedichte war Helmut Rahn, «Ovids elegische Epistel» (zuerst 1958), in: v. Albrecht/Zinn, Ovid (s. oben S. 324) 476–501. Populär, aber gediegen: Hartmut Froesch, Ovid als Dichter des Exils, Bonn 1976; ähnlich zusammenfassend Harry B. Evans, Publica Carmina, Univ. of Nebraska Pr. 1983. Viele eigene Arbeiten resümiert Jo-Marie Claassen in Ovid Revisited: The Poet in Exile, London 2008. Die bahnbrechend neue «Poetik» der Exilgedichte stellte heraus Wilfried Stroh, «Tröstende Musen», Aufstieg und Niedergang der römischen Welt II 31.4 (1981) 2638–2684; zum Thema auch: Betty Rose Nagle, The Poetics of Exile, Brüssel 1986. Gegen diese angeblich «biographistische Interpretationsrichtung» wendet sich dezidiert (wie schon der Titel andeutet) Burkard Chwalek, Die Verwandlung des Exils in die elegische Welt, Frankfurt a. M. 1996; vorsichtiger zum Thema ist Gareth Williams, Banished Voices, Cambridge u. a. 1994. Vgl. auch Matthew M. McGowan, Ovid in Exile, Leiden/Boston 2009.– Das Verhältnis zu Augustus behandelte grundlegend Walter Marg, «Zur Behandlung des Augustus in den Tristien» (zuerst 1960), in: v. Albrecht/Zinn, Ovid (s. oben S. 324) 502–512; dazu auch (religionsgeschichtlich) Michael Drucker, Der verbannte Dichter und der Kaiser-Gott, Diss. Heidelberg 1977 und (historisch) Th. Wiedemann, «The Political Background to Ovid's Tristia 2», Classical Quarterly N. S. 25, 1975, 264–271. In den größeren Zusammenhang der Exildichtung stellt Ovids Werke Ernst Doblhofer, Exil und Emigration, Darmstadt 1987 (mit Verweis auf ältere Arbeiten). Ihm und den meisten widerspricht Widu-Wolfgang Ehlers («Poet und Exil», Antike und Abendland 34, 1988, 144–157): Nicht der unschuldige Ovid sei Opfer des Tyrannen, sondern «Augustus das Opfer Ovids geworden». In anderer Weise überrascht Christine Walde («Aus weiter Ferne so nah», in: Detlev Kreikenboom u. a. [Hg.], Augustus – Der Blick von außen, Wiesbaden 2008, 1–14), die Ovid zum «affirmativsten Dichter der augusteischen Zeit» erklärt.– Sonstige Fälle literarischer «Zensur», von Augustus bis Domitian, analysiert Armin Eich, Politische Literatur in der römischen Gesellschaft, Köln u. a. 2000, 295–349.

6.

Einen Gesamtüberblick über das Thema des **Herrscherlobs** in der römischen Literatur gab vor längerer Zeit Klaus Thraede, «Die Poesie und der Kaiserkult», in: Elias Bickermann (Hg.), Le culte des souverains dans l'empire romain, Genf 1973, 273–303 (von Vergil bis Prudentius, unter Betonung der literarischen Traditionen). In späterer Zeit wurde kontrovers diskutiert, wie weit sich hinter der manifesten Kaiseradulation vor allem des ersten nachchristlichen Jahrhunderts ein «hidden criticism» verberge (der bei Ovid ja teilweise evident ist). Besonders Frederick Ahl («The Art of Safe Criticism in Greece and Rome», American Journal of Philology 105, 1984, 174–208 und in Aufstieg und Niedergang der römischen Welt II 32.1 [1984] 40–110) machte auf die in der Rhetorik gelehrten Möglichkeit der «figurierten Rede» (vgl. oben S. 260 f.) aufmerksam, die auch von den Literaten genutzt werden konnte (sie wird oft mit der Ironie verwechselt). Ihm und der damit inaugurierten Forschung widersprach generell Franz Römer, «Mode und Methode in der Deutung panegyrischer Dichtung der nachaugusteischen Zeit», Hermes 122, 1994, 95–113. Dort ist ältere Literatur aufgearbeitet, hier müssen wenige Hinweise auf Neueres genügen.

Bei Velleius Paterculus scheint nur fraglich, ob man ihn geradezu als «Propagandist» des **Tiberius** ansehen dürfe, s. dazu Ulrich Schmitzer, Velleius Paterculus, Heidelberg 2000, 18 ff. Bei Lucan versuchte man längere Zeit den Gegensatz zwischen republikanischer Tendenz und Preis **Neros** durch dessen «ironische» Deutung aufzulösen. Dagegen am entschiedensten Wolfgang D. Lebek, Lucans Pharsalia, Göttingen 1976, 74–107 (grundsätzlich S. 74–78). Vieles referiert Werner Rutz, Aufstieg und Niedergang der römischen Welt II 32.3 (1985) 1481–1485; zuletzt bes. Claudia Wiener, Stoische Doktrin in römischer Belletristik, München/Leipzig 2006, 239–241. Weniger bestritten werden konnte die Adulation bei Seneca. Für sein Verhältnis zu den Kaisern ist grundlegend Miriam T. Griffin, Seneca: A Philosopher in Politics, Oxford ²1992; populärer: Manfred Fuhrmann, Seneca und Kaiser Nero, Berlin 1997. Die philosophischen Prosawerke liest man bequem in der zweispr. Ausgabe von Manfred Rosenbach, 5 Bde., Darmstadt 1976–1989; ebenso die Apocoloyntosis hg. von Gerhard Binder, Düsseldorf/Zürich 1999. Ein Klassiker bleibt Otto Weinreich, Senecas Apocolocyntosis, Berlin 1923. Zu De clementia hat kein Geringerer als der Reformator Calvin einen Kommentar geschrieben (1532, kommentierte Neuausg. von Ford L. Battles/André M. Hugo, Leiden 1969); jetzt vergleicht man die kommentierten Ausgaben von Ermanno Malaspina, Alessandria 2001 und Susanna Braund, Oxford/New York 2009 (S. 12–16: zur Literatur um den jungen Kaiser Nero); wichtig bleibt Traute Adam, Clementia principis, Stuttgart 1970. Seneca, Lucan und Petron behandelt aus der Sicht eines langjährigen Dissidenten in der Sowjetunion Vasily Rudich, Dissidence and Literature under Nero, London/New York 1997.

Zu den **Flaviern**: Die Herrscherlobthematik bei Martial fasst kurz zusammen John P. Sullivan, Martial: The Unexpected Classic, Cambridge u. a. 1991, 137–145. Die Vorstellung, dass Martial Kaiser Domitian versteckt kritisiere, in vielen Arbeiten (seit 1978) vertreten von John Garthwaite, wurde in Deutschland aufgegriffen besonders von Niklas Holzberg (Martial, Heidelberg 1988, 80–85), der aber seine Auffassung inzwischen widerrufen hat (Martial und das antike Epigramm, Darmstadt 2002, 9–11; 65–74). Etwas anders urteilt noch Holzbergs Schüler Sven Lorenz (Erotik und Panegyrik, Tübingen 2002, 45–50), der einen nützlichen Forschungsüberblick gibt. Versteckte Domitiankritik bei Statius suchte etwa William D. Dominik, The Mythic Voice of Statius, Leiden u. a. 1994, 135 ff. (zur Thebais). Für Martial wie für Statius hat Jens Leberl inzwischen festgestellt (Domitian und die Dichter, Göttingen 2004, 15–17, mit Lit.), dass diese Forschungsrichtung jedenfalls für die Flavierzeit unergiebig geblieben sei. Leberl gibt eine historisch fundierte Darstellung dessen, was wir über das Verhältnis dieser Dichter zu Domitian sagen können. Vgl. dazu auch die grundsätzlichen Bemerkungen von Peter Hibst, «‹Periculosae plenum opus aleae›: Zur Frage der Herrscherkritik in der Achilleis des Statius», Eos 91, 2004, 251–273 (mit Lit.) und Ruurd R. Nauta, Poetry for Patrons: Literary Communication in the Age of Domitian, Leiden u. a. 2002, bes. 412 ff.

Das Herrscherlob setzt sich fort im Corpus der mit Plinius beginnenden, in die christliche Ära reichenden **Panegyrici** Latini (übersetzt mit Komm. von C. E. V. Nixon/Barbara Saylor [Hg.], In Praise of Later Roman Emperors, Berkeley u. a. 1994. Deren Topik behandelt Michael Mause, Die Darstellung des Kaisers in der lateinischen Panegyrik, Stuttgart 1994; repräsentativ für die neuere Forschung ist Roger Rees (Hg.), Latin Panegyric, Oxford/New York 2012. Die Verspanegyrik der Spätantike (von Claudian bis Corippus) stellt vor Claudia Schindler, Per carmina laudes, Berlin/New York 2009.

Einige antike und neuere **Urteile über Augustus** sind zusammengestellt in dem immer noch nützlichen Werk von Victor Gardthausen, Augustus und seine Zeit, Leipzig 1891–1904, 1. Theil, 489 ff.; 2. Theil, 279 ff.; weit mehr bietet der bis zur römischen Mostra Augustea 1937/38 reichende (den «Augustus im Schwarzhemd» aber aussparende) Vortrag von Karl Hönn, Augustus im Wandel zweier Jahrtausende, Leipzig 1938. Ein insgesamt augustusfeindliches Urteil der neronischen Zeit sucht zu erweisen Sonja Wolf, Die Augustusrede in Senecas Apocolocyntosis, Königstein/Ts. 1986, bes. 135–155. Anders Friedrich Klingner bei seiner Interpretation des «Totengerichts» (Tacitus über Augustus und Tiberius [zuerst 1954], in: F. K., Studien [oben S. 323], 624–658), der im Urteil des Tacitus eine völlige Neuerung sah; sorgfältig behandelt die Frage Bernd Manuwald, Cassus Dio und Augustus, Wiesbaden 1979, 162–167. Die Diskussion über Augustus in der ps.-senecanischen Octavia wird erläutert im Kommentar von A. J. Boyle, London/NewYork 2008 (zu V. 477 ff.). – Das Augustusbild der Christen dokumentiert K. Gross, «Augustus, B», Reallexikon für Antike und Christentum I (1950) 999–1004; dazu auch wertvoll Werner Dahlheim, Augustus, München 2010, 370–384, vgl. 396–404 (zum «Urteil der Nachwelt»).

BILDNACHWEIS

Abb. 1: aus H. Rolland, Le Mausolée de Glanum, Centre National de la Recherche Scientifique, Paris 1969, Abb. 37

Abb. 2, 16: Numismatische Bilddatenbank Eichstätt

Abb. 3: *http://www.novaroma.org/vici/images/Laudatio_Turiae_2.jpg*

Abb. 4, 66, 67: bpk/Münzkabinett, SMB/Reinhard Saczewski

Abb. 5, 11, 15, 18: bpk/Münzkabinett, SMB/Dirk Sonnenwald

Abb. 6: Abguss-Sammlung Antiker Plastik der Freien Universität Berlin

Abb. 7: akg-images/Purkiss Archive

Abb. 8: akg-images

Abb. 9: Koppermann, Neg. D-DAI-Rom 74.1565

Abb. 10: Faraglia, Neg, Neg. D-DAI-Rom 32.412

Abb. 12: Stanford Digital Forma Urbis Romae Project. *http://formaurbis.stanford.edu/fragments/color_mos_reduced/038_MOS.jpg*

Abb. 13: aus Zanker, Augustus und die Macht der Bilder, München 1987 (^{5}2009), Umschlagmotiv, Rom, Konservatorenpalast, Museo Nuovo Inv. 2776

Abb. 14: aus Carlo Fontana, Templum Vaticanum et ipsius origo, cum aedificis maxime conspicuis antiquitus, & recens ibidem constitutis, … Opus in septem libros distributum. Rom 1694, Doppelblatt bei S. 169

Abb. 17: bpk/Münzkabinett, SMB/Lutz-Jürgen Lübke

Abb. 19: aus Zanker, a. a. O., Abb. 33 (DAI Madrid, Photo: P. Witte)

Abb. 20: Rekonstruktion Henner v. Hesberg (Zeichnung J. Boll)

Abb. 21: Photo: Helmuth Nils Loose

Abb. 22: bpk/Münzkabinett, SMB/Reinhard Saczewski

Abb. 23: (oben) aus Journal of Roman Archeology 16 (2003), S. 69, Abb. 5 (Konstantinos Zachos, Ioannina); (unten) Heide Frielinghaus/Jutta Stroszeck (Hrsg.), Neue Forschungen zu griechischen Städten und Heiligtümern, Möhnesee 2010, Taf. 65, Abb. 3

Abb. 24: Stadtmuseum Wiesbaden, Sammlung Nassauischer Altertümer

Abb. 25: bpk/Antikensammlung, SMB/Johannes Laurentius
Abb. 26: © 2013, Museum of Fine Arts, Boston. Alle Rechte vorbehalten Scala, Florenz
Abb. 27: aus H. G. Lyons, A Report on the Island and Temples of Philae, London 1896. Taf. 51 (II)
Abb. 28: aus Zanker, a. a. O., 76b
Abb. 29: aus Zanker, a. a. O, 79 (Arles, Musée Lapidaire)
Abb. 30: Antikenmuseum der Universität Heidelberg
Abb. 31: *http://arachne.uni-koeln.de/item/marbilder/699063*; Photo: H. Kaehler
Abb. 32: © Archäologisches Institut der Universität Göttingen, Sammlung der Gipsabgüsse, Photo: Stephan Eckardt
Abb. 33: (links) *http://arachne.uni-koeln.de/item/marbilder/699114*; (rechts) *http://arachne.uni-koeln.de/item/marbilder/699103*; Photos: H. Kaehler
Abb. 34: bpk/Scala
Abb. 35: akg/Museum Kalkriese
Abb. 36: Photos: Ralf von den Hoff
Abb. 37: Digitalarchiv der Universität Heidelberg
Abb. 38: De Agostini Picture Library/A. Dagli Orti/The Bridgeman Art Library
Abb. 39: Heide Behrens/Neg. D-DAI-Rom 2007.7301
Abb. 40: aus P. Gros, La Maison Carrée de Nîmes, Nîmes 2001, S. 77 (Verany Guérin)
Abb. 41: aus Römische Präsenz und Herrschaft im Germanien der augusteischen Zeit, hrsg. von Gustav Adolf Lehmann u. Rainer Wiegels, Göttingen 2001, S. 323 (Armin Becker)
Abb. 42: © Jürgen Bahlo, RGK
Abb. 43: © ÖAI, N. Sautner
Abb. 44: (links) Numismatische Bilddatenbank Eichstätt; (rechts) Collection Feuardent
Abb. 45: Photo: Michael Wörrle
Abb. 46: aus Martin Spannagel, Exemplaria Principis. Untersuchungen und Ausstattung des Augustusforums. Heidelberg, 1999. Taf. 7, Abb. 7
Abb. 47: (oben) Kaiser Augustus und die verlorene Republik, Ausstellungskatalog Berlin 1989, S. 422, Kat. 226; (unten) Koppermann/Neg. D-DAI-Rom 66.104
Abb. 48, 51: Photos: Anne Kleineberg
Abb. 49: The Art Archive/Museo della Civiltà, Rom/Gianni Dagli Orti
Abb. 50: (oben) aus Zanker, a. a. O, Abb 149 (Ausschnitt); (unten) *http://arachne.uni-koeln.de/item/marbilder/638306;* Photo: G. Fittschen-Badura
Abb. 52: Photo: Bernward Ziegaus

Abb. 53:	© ÖAI, C. Kneringer
Abb. 54:	Photo: Musée départemental Arles antique © Martin A. Inv. Nr. STM. 89.58.4286, aus dem Schiffswrack Saintes-Maries 1, 1989
Abb. 55:	Photo: Martin Zimmermann
Abb. 56, 57, 58:	Photos: Stephen Mitchell
Abb. 59:	Photos: Photothek der Abteilung Klassische Archäologie der Universität Freiburg
Abb. 60:	The Art Archive/Museo Nazionale Terme Roma/Gianni Dagli Orti
Abb. 61:	aus Zanker, a. a. O., Abb 180. Paris, Privatbesitz, inzwischen stark zerstört. Hier nach Mon. Piot V. 1899
Abb. 62:	akg-images/Erich Lessing
Abb. 63:	akg-images
Abb. 64:	Ny Carlsberg Glyptotek, Kopenhagen. Photo: Ole Haupt
Abb. 65:	Archiv Leonhard Schumacher
Abb. 68:	Galleria Chiaramonti, Inv. 1511, Neg. D-DAI-Rom-2396
Abb. 69:	*http://arachne.uni-koeln.de/item/marbilder/2015621*; Photo: G. Fittschen-Badura
Abb. 70:	bpk
Abb. 71:	Album/Prisma/akg-images
Abb. 72:	akg/Bildarchiv Steffens
Abb. 73:	aus 2000 Jahre Varusschlacht: Mythos, Detmold 2009, S. 270, Abb. 9
Abb. 74:	Emilio Balbo, Augusto e Mussolini, 1937, (DHI Rom, Historische Bibliothek, Signatur: La 8656 c)

Pläne auf S. 35 und S. 94 sowie Karte auf S. 168/169:
© Peter Palm, Berlin

Orts- und Personenregister